1959 年 9 月 26 日，中华全国新闻工作者协会主席吴冷西同志会见智利新闻工作者代表团，作者担任译员

1987 年 3 月 31 日，随同中国国际广播电台台长丁一岚同志为外国专家祝寿（时任国际台副台长）

2002 年 4 月 10 日，在中国广播电视学会第四届理事会第一次常务理事会闭幕式上和国家广播电影电视总局局长、中广学会会长徐光春同志交谈

2004 年 5 月 20 日，在中国广播电视学会电视经济节目研委会会议上发表讲话

2004 年 9 月，在家中撰写学术论文

2006 年 1 月 25 日，代表中国翻译协会（时任中国译协会
会长）到 301 医院探望季羡林先生

2006 年 10 月 22 日，参观陕西省延安清凉山新闻纪念馆
广播窑洞

2009 年 6 月 25 日，在中国传媒大学（时任博士生导师）
参加研究生毕业典礼，与四名获毕业证书的博士生合影，
左起李莉、凌昊滢、作者、谢进川和胡在新

2011 年 10 月 26 日，在河北省沧州市举办的中国广播电视协会"第十一届全国电视文艺'百家奖'终评会"期间，向评委王录同志颁发聘书

2012 年 10 月 11 日，参观山东广播电视台，和总编辑祝丽华同志交谈

知还集

刘习良 著

中国国际广播出版社

目 录

中观篇

微观篇

自 序

翻阅、整理近十几年来撰写的文稿，一句俗话突然冒了出来："光阴似箭，日月如梭。"一眨眼，我在中国广播电视学会（协会）工作已有 15 载了。15 年间，主要做了一件事：调查、思考、研究广播电视的改革和发展问题。成果可以分为两个部分。

第一部分是主编了四部学术著作：《改革开放中的广播电视》（中国国际广播出版社 2001 年 11 月出版）、《中华人民共和国广播电视简史》（徐光春任主编，笔者任常务副主编，中国广播电视出版社 2003 年 6 月出版）、《中国电视史》（中国广播电视出版社 2007 年 2 月出版）、《中国广播电视改革发展十年回眸》（中国国际广播出版社 2012 年 10 月出版）。

在编写这四部史学著作的过程中，除了动手撰写少部分内容外，大部分精力放在审读各位合作者提供的文稿。目前，正在参与杨波主编的《中国广播电视编年史》的编写工作，负责 1949 年～1963 年初稿的编写。

此外，还带领一个课题组（成员有曾静平、单亦励、张务纯），于 2008 年 9 月完成了《新媒体的出现与广播电视环境态势分析》。

另一部分就是整理历年来撰写的文章、讲话、讲课提纲等。已经成书出版的有《冷热集》（中国广播电视出版社 2001 年 4 月出版），还有手头上这本准备付梓的《知还集》。

《知还集》收集了 60 篇文稿。除了删节部分内容外，仅做了一些技术性处理，尽量保留原文的本来面貌，其中可见时代留下的印记（例如，新世纪开端究竟是 2000 年，还是 2001 年）。一段时间内，曾对同一问题做过多次阐述，内容、用语难免重复。为了保持叙述的逻辑完整，未做删除。不当之处，还望读者见谅。

最后，说一说为什么起了这么个书名。"知还"二字源于陶渊明的《归去来兮辞》中的"云无心以出岫，鸟倦飞而知还"。究竟发生了什么事，才引得我想起这两句词语？

那是 1990 年。当年 9 月 21 日，按照部领导的安排，我离开了相依相伴 30 年的国际台，到部总编室工作，担任总编室主任。1991 年 5 月 27 日，国务院李鹏总理颁发《中华人民共和国国务院任命书》，任命我为广播电影电视部副部长。两次提升，均出乎意料，思想缺乏准备。从内心讲，一方面十分感谢中央领导和部领导对我的培养和重用，深感此事体现了党的知识分子政策的重要变化；另一方面对有些事情还是恋恋不舍。依恋什么？就是翻译！

如果从 1955 年首次担任口译译员算起到那时，我从事翻译工作已有 35 年的历史。口译、笔译、中译西、西译中——凡属翻译的各种传递方式都曾干过。20 世纪 90 年代初，我正热衷于利用业余时间翻译拉丁美洲、西班牙作家的小说，而且已经翻译出版了六部长篇小说。当时，我心里很明白，部领导的工作十分繁忙，必须专心致志，心无旁骛，方能保证不出大的失误。这就意味着要立马中断心爱的翻译。于是，我请中央电视台副台长洪民生用隶书写下"知还室"三个大字，并把横幅张挂在书房门上端，以便时时提醒自己。一位老同志曾经问我："刚当上副部长，就想着'知还'。你想回到哪里去？"我回答说："终有一天回归翻译队伍。"这是我的心里话。那时候，只有一个浅显的想法：副部长是职业，早晚要被免职；翻译是事业，可以终其一生地干下去。

后来，又有了另外的想法：本来我就是一名平头百姓，从事行政管理工作不过十余年，最终还是要回归平民队伍。

如今，第一个回归已经完成：我和笋季英费心费力合译的《幽灵之家》已经再版；《玉米人》、《恶时辰》、《枯枝败叶》、《格兰德大妈的葬礼》即将再次问世。余愿足矣！

最近，中国广播电视协会将要召开第六届理事会会议。本人也将退出最后一个公职——中广协会第三届学术委员会主任。此后，将和左邻右舍、新朋老友一起读书看报，公园散步，上街买菜，打扫庭院，安度晚年。

是为序。

2012 年 11 月 11 日
于知还室

怀念篇

在人生道路上，每个人在转折期都需要引路人。他们就是我在青年步入社会、中年业务转型时期的引路人。当年，我是他们的学生；如今，他们依旧是我的老师。

崇高的人品，渊博的学问

——缅怀敬爱的周总理

2008 年 3 月 5 日是我们敬爱的周恩来总理诞辰 110 周年。

周总理把毕生精力全部献给振兴中华的伟大事业，特别是在他晚年，在极端艰难困苦的条件下，忍辱负重，顾全大局，以抱病之身，依然一如既往地为党和人民的事业鞠躬尽瘁，给后人留下了一笔宝贵的精神财富，成为所有真诚的共产党人学习的楷模。如今，我们生活在改革开放的新时代，党中央领导集体继承包括周总理在内的先人遗志，正在率领全国各族人民奔向全面建设中的小康社会。抚今追昔，不胜感慨系之！

17 岁那年，我服从国家分配，进入北京外国语学校（后来改称"北京外国语学院"，就是现在的"北京外国语大学"，我们通常只说"北外"）学习西班牙语。1957 年秋季毕业后，我又进入高级翻译班深造。在上学期间以及参加工作之后，我曾经有幸多次为周总理担任口译译员。周总理的崇高人品和渊博学问给我留下了终身难忘的印象。在纪念这位名垂千古的伟人诞辰的时候，回忆往事，历历在目，仿佛又回到总理身边。

1959 年 10 月 1 日是中华人民共和国国庆 10 周年。各个涉外单位请来了许多外国客人。一天，毛泽东主席和周恩来总理会见参加国庆观礼的拉丁美洲朋友。中拉友协领导派西班牙语老翻译蔡同廓同志和我给两位领导做口译译员。外宾尚未到场，周总理就提前来到会见大厅。他问我们："今天你们两人当翻译？"老蔡回答说："我给主席当翻译，他（指我）给您当翻译。"总理笑着说："好，好。"当时，我还在北京外国语学院高级翻译班进修，那是第一次给总理当翻译，心里未免十分紧张。

那次会见是"游动式"的。毛主席和周总理没有坐下来，而是随便地边走边和外宾交谈。有时候站下来，外宾聚拢在他们周围，谈得很亲切。总理站在人群中侃侃而谈，向大家介绍 10 年来我国经济建设取得的成就，引用了大量数字。对初做口译工作的人来说，翻译大数字是个难题，因为西班牙语中数字单位的划分和汉语不完全一样。西班牙语中的"百"、"千"、"百万"和汉语一样，但是，"万"、"千万"、"亿"就用"十千"、"十百万"、"百百万"来表达。临时换算很容易出错。平时做口译,遇到"十亿",就在小本子上画出 9 个圈儿,再把每 3 个圈儿后面画上逗号,才能找准译法。那天,总理使用的大数字特别多,而且走动或站立时都不像坐在椅子上画圈儿那么容易。因此,总理一开始谈数字,我就很紧张,生怕译错。可能是总理看出我是"初出茅庐",神态紧张,于是每说到一个大的数字,马上就换算为西语惯用的单位,比如说了"50 亿",立刻补充说"就是 5 千百万"。我当时真是喜出望外,一则心里十分感激周总理对年轻的翻译如此悉心照顾,二则非常佩服总理换算数字之快捷。

1960 年上半年的一天,"北外"领导通知我说,总理要接见两位智利外宾,接待单位请学校派一名译员,校方领导决定派我去。能够再次给总理当翻译,心里自然很兴奋。起初,我以为总理日理万机,和一对名气不是很大的智利夫妇见面,估计只是短时间的礼节性会见。谁知谈话竟持续了三个多小时,而且话题十分广泛。刚一坐下来,总理就说:"你们提出了这么多的问题,我知道是想借我之口向贵国人民介绍中国的真实情况。我很感谢你们的好意。"几句话,就把谈话双方的感情一下子拉近了。接着,总理旁征博引,谈古论今,回答了外宾提出的十几个问题,其中特别谈到中国和拉美国家具有遭受帝国主义侵略的共同经历。总理从发现新大陆说起,谈到 19 世纪外国殖民主义对拉丁美洲、对中国的入侵。可能是我不小心,把"殖民主义"翻译成"帝国主义"了。总理两次提醒说:"讲这段历史的时候,我说的是'殖民主义',不是'帝国主义'。"我这才马上警觉起来,原来总理不是只顾自己谈话,同时还注意翻译得是否准确。

1960 年 9 月 28 日,中国和古巴建立外交关系。古巴是拉丁美洲、也是西半球第一个和中国建立外交关系的国家。两国建交后不久,11 月 17 日到 12 月 1 日,古巴银行行长埃尔内斯托·切·格瓦拉少校率领古巴政府经济代表团访问我国。1961 年 9 月底到 10 月初,古巴总统奥斯瓦尔多·多尔蒂科斯来华访问。为了接待好这两个重要的古巴代表团,外交部从各单位调集了好多名翻译,我也是其中之一。当时,因工作需要,我已经在翻译班提前结业,分配到中央广播事业局对外部工作。周恩来总理会见了两个代表团,并且主持了实质性谈判。

1960 年 11 月 18 日下午,总理在中南海会见古巴政府经济代表团。总理和格瓦拉分宾主落座,我坐在两位闻名遐迩的领导人后面中间的椅子上,又是激动,又是紧张。总理首先询问了古巴和拉丁美洲各方面的情况,谈话气氛逐渐活跃起来。总理随后告诉格瓦拉,在古巴最困难的时候,中国愿意提供力所能及的经济支持,承诺从 1961 年到 1965 年给予古巴一笔折合 6000 万美元的无息贷款。对方对此表现得十分兴奋。

当时，我国面临的国际形势十分复杂。一方面，支持各国民族解放运动，和美帝国主义进行尖锐的斗争；另一方面，和苏联的矛盾日益公开化。在这种情势下，如何处理和古巴这类国家实际存在的矛盾，维护国家利益，的确需要高超的外交艺术。古巴盛产蔗糖，希望中国每年购买他们生产的 100 万吨食糖，而且盼着卖个高价。那时候，国际糖价是每公斤 7 美分，苏联从古巴购买原糖只给 4 美分。古巴人一直不肯透露实情，只是询问我国政府出多少钱。总理很清楚苏古之间达成的协议，就用了一个很聪明的说法："苏联是老大哥，他出多少钱，我们就出多少钱，我们不能越过老大哥去。"一句话说得对方无话可说。

谈话当中，格瓦拉少校告诉总理："古巴大使正在来华途中。"我顺口翻译成："古巴外长正在来华途中。"总理面现诧异，马上问道："我怎么不知道?"我立刻意识到翻译错了，赶紧更正过来。总理没有发火，笑了笑，说："你也算老翻译了，怎么连'大使'和'外长'也搞混了!"本来准备挨几句严厉的责怪，听到的却是充满和蔼口气的善意批评，心中非常感动。当时，只觉得愧疚，脸上红一阵白一阵的，可并不感到紧张。

在其他几次给总理当翻译的过程中（最后一次是 1962 年），对总理的博学多才、思维敏捷、言谈生动、待人谦和以及他充沛的精力、过人的记忆力都留下了深刻的印象。虽时隔多年，每每忆及，还是宛如昨日。

1966 年，"文化大革命"开始了。那时，我已经退出了口译工作，专门从事汉译西的笔译。除了翻译对外广播稿件外，还参加了一些党和政府的重要文件、声明等的翻译工作。

最难忘的是党的"九大"期间，周总理五次接见"九大"文件翻译班子，回答翻译中遇到的难题。

中国共产党第九次全国代表大会于 1969 年 4 月 1 日开幕，24 日闭幕。整个会议是在严格保密的状态下进行的。4 月 4 日下午，来自 10 个单位的 74 名翻译（包括我们西班牙语组 15 名翻译）集中到新华社，组成"九大"文件翻译班子。工作期间，大家吃住在新华社，一步不能离开，直到大会结束。

当时，"文化大革命"席卷全国，"九大"文件的重要性可想而知，翻译人员丝毫不敢马虎。凡是弄不懂中文含义的地方，我们都提出来，请有关方面解答。

翻译的第一份文件是《中国共产党党章》（草案）。4 月 8 日晚上，周总理以及陈伯达、康生等在人民大会堂召集翻译开会，解答翻译"党章"中提出的问题。周总理来到会场后，和所有参加翻译工作的人一一握手。在和我握手的时候，说："噢，你也来了。"那时候，知识分子是"臭老九"，社会地位低下，人人都觉得抬不起头来。没想到时隔数年，总理居然还能认出我这个头顶"白专"帽子的小翻译。看着总理清瘦的面庞，我不禁热泪盈眶，心情许久难以平静。

4月26日上午，我们得到通知：当天要拿出报告的全文。中午1点半，总理和其他人在钓鱼台第四次接见翻译班子以及电台和《人民日报》的代表，询问大家还有什么问题。5月1日晚6点45分到7点，总理和其他人在人民大会堂接见"九大"翻译班子的中外人士，对大家的辛勤劳动表示感谢。接着，安排我们到天安门观礼台观看烟火。

在不到一个月的时间，总理在百忙中接连五次接见翻译人员，真是空前绝后。尤其是他对翻译的照顾、回答问题的简明准确、举重若轻地扭转尴尬局面，确实让人钦佩。

1971年，组织上派我到河南淮阳干校劳动。转过年的3月底，校方通知我回北京，参加广播事业局接待随同墨西哥总统路易斯·埃切维里亚访华的电视报道组工作。4月19日，埃切维里亚总统率领的墨西哥代表团抵达北京，周总理到首都机场迎接。4月24日，墨西哥总统离开上海。在这段时间里，我只能远远地望着日渐消瘦的周总理，没有机会给他当翻译了。

谁曾想到，见到总理最后一面，竟然是在北京医院的太平间！

1976年1月，我正在《毛泽东选集》翻译组工作。8日下午，组里传开了一条惊人的消息：我们敬爱的周恩来总理因身患癌症于当日与世长辞。听到这条不幸的消息，一时惊呆了，简直难以相信真有其事。和全国人民一样，全组同志陷入深深的悲痛之中。9日上午，中央人民广播电台广播了中共中央、人大常委会和国务院关于周恩来同志逝世的讣告，证实了人人不愿意相信的噩耗。全组同志潸然泪下，根本无心继续工作。

10日，天气严寒。上午，我们冒着刺骨的寒风前往北京医院，向总理的遗体告别。当时，我正闹严重的胃溃疡。一着寒风，肚子疼痛难忍。尽管如此，我还是要亲眼看看总理的遗容。1点30分，我们和其他人排成两行长长的队伍，鱼贯进入太平间。太平间门口悬挂着黑黄两色的绸带。在那间不大的房子里，躺着一代伟人。只见他两颊下陷，脑门显得特别宽大，仿佛装满了人类的智慧。眼望着总理遗容，顿时觉得一股强烈的悲痛从心底往上涌，泪水模糊了双眼，心里不断念叨：正是全国人民需要您支撑时局的时候，您怎么就走了呢？回到办公室，一连数日，难忍悲痛。13日晚，我去到天安门广场，只见人山人海，哭声感天动地。白色花圈布满烈士纪念碑下面，白色小花缀满柏树枝头。时至深夜，群众自发组织的队伍仍然不断涌向天安门广场。巨星陨落，唤起了千百万人的觉醒，历史毕竟要由人民书写！

　　回忆往事，总理的高贵品德、坚强意志、艰苦朴素的作风、平易近人的态度已经永远铭刻在我心中，成为鼓舞我不断前进的不竭动力！

（2008 年 3 月 5 日）

怀念冷西同志

6月16日晚，我正在家中收看2002年世界杯足球赛，突然接到总局值班室小何打来的电话，说当天下午4点多钟，冷西同志不幸逝世。听到噩耗，我只觉得脑袋里"嗡"的一下，几乎惊呆了。今年春节前夕，我和郭宝新同志到北京医院探望冷西同志。看上去，人虽然有些消瘦，谈起话来，还是那么精神矍铄，还是那么条理清晰。他谈到当前广播影视改革，谈到中国广播电视学会工作，谈到要组织记者去西部采访，显示出对广播影视事业的一片真情。不想那次畅谈一别，竟成永诀！我们失去了一位劳苦功高的新闻界老前辈！我失去了一位诲人不倦的严师！

18日上午，我和中国广播电视学会的几位工作人员前往冷西同志家中吊唁我们的名誉会长。走进灵堂，眼望着面带微笑的冷西同志的遗像，不禁潸然泪下。悼念后，我们一起看望萧岩大姐。大姐拉着我的手，一再叮嘱我帮助写好冷西同志的生平。回到家里，坐在书桌前，思念老部长之情油然而生，一件件难以忘怀的往事又浮现在眼前。

1958年，我在北京外国语学院高级翻译班进修。当时，学院经常邀请社会知名人士为学员作形势报告。有一天，学院通知：吴冷西同志应邀来校介绍人民公社发展情况。听讲的人数很多，不能全到大会会场，我们只能通过有线广播在教室里收听。冷西同志讲了整整半天，旁征博引，条分缕析，把人民公社的来龙去脉讲得清清楚楚。第一次听冷西同志讲话，他那丰富的知识、精到的分析、卓越的口才给我这样的年轻学生留下了深刻印象。事后听人说，冷西同志讲话的时候，根本没有讲稿，单凭几张纸条（或是卡片）就讲了半天。这件事更是让我佩服得五体投地。

1959年9月，我被借到中华全国新闻工作者协会，帮忙接待一批拉丁美洲的新闻记者。我的工作是做口译译员。做过口译的人都知道，最怕的是主人讲话啰唆、重复、逻辑混乱。碰到这种情况，译员就得善于抓住讲话的主旨，重新组织讲话的段落，方能让对方听懂。当时，冷西同志是记协主席。9月26日，他在会见智利新闻工作者的时候，全面介绍了我国的形势以及新闻界的情况。他讲话的特点是逻辑清晰，段落分明，重点突出，用词准确，翻译起来十分便当。用"出口成章"来形容他的讲话，那是再确切不过的了。

　　这两件事都已经过去了四十多年，然而，至今我依然记忆犹新，而且一直把冷西同志视为学习的榜样。

　　和冷西同志直接接触，开始于1982年。当年5月，冷西同志任广播电视部部长。当时，和全国一样，广电系统的干部队伍正处在新老交替的关键时候。他到任不久，就动手解决中央三台的干部老化问题。那时候，我在中国国际广播电台对拉丁美洲广播部任副主任。5月17日下午4点半，冷西同志把我叫到他的办公室，开门见山，向我提出了四个问题：（1）你对国际台改进工作有什么想法？（2）你对如何使用外语干部有什么意见？（3）你对国际台的班子有什么想法？（4）你的第二外语学得怎么样？此次谈话前，在国际台已经流传可能要任命我做副台长的消息。有了前面的铺垫，我当然很清楚冷西同志提出这些问题的目的是什么。我简单回答了他的提问后，冷西同志说：现在正在研究国际台班子的组建问题。他希望我发挥懂外语的优势，为全台提高外语水平多做一些考虑；还说，我的汉语也有一定基础，可以在编辑工作中发挥一些作用；还认为，我的思路比较开阔，比较活跃，考虑问题比较周到；最后，希望我好好努力，争取成为宣传方面的人才。

　　这次谈话委实令我十分感动。1949年新中国成立的时候，我只有13岁。上中学，上大学直到参加工作，可以说我完全是在党的培养教育下长大的。高中毕业前，我提出了入党申请。由于大家都知道的原因，20多年来，我不但难酬夙愿，而且一直顶着个"走白专道路的典型"的帽子。我废寝忘食地钻研业务，不敢说没有丝毫私心，主导想法还是要用真本事为祖国服务，为党的事业服务。这份苦衷一旦得到理解，激动之情真是难以用语言表达。冷西同志的谈话既是贯彻党中央的干部路线，也是他个人爱护干部、培养干部的实际行动。

　　1982年6月10日下午，部领导召开全部处级以上干部会议。冷西同志在会上宣布经过中宣部批准的中央三台负责干部名单。当时，我还是预备党员。他在念到我的"政治面貌"时，特别加重了语气。是表示"遗憾"？是强调"破格"？还是有其他用意？我就说不清了。不过，他当时的语气至今还在我耳边回响。

　　1982年9月，党的"十二大"在北京召开。党中央总结了"拨乱反正"的经验，制定了"全面开创社会主义现代化建设的新局面"的宏伟纲领。会后，冷西同志结合广播电视业的实际情况，坚决贯彻大会制定的重大方针。召开"第十一次全国广播电视工作会议"，制定《关于广播电视工作汇报提纲》是他在广播电视部工作的短短的三年时间内为发展我国广播电视事业作出的最杰出的贡献。

　　"第十一次全国广播电视工作会议"是在 1983 年三四月间召开的。会前，他花费了相当长的时间，进行了认真详尽的调查研究，召开了二三十次座谈会。会议按照邓小平同志提出的建设有中国特色的社会主义思想和党中央制定的全面开创社会主义现代化建设新局面的纲领，确定了"立志改革，发挥优势，努力开创广播电视新局面"的总任务，并就广播电视宣传改革、事业发展的新政策以及队伍建设和管理工作拟订了一系列切合实际情况的重大措施，尤其是提出了"四级办"的发展事业的新方针，充分调动了中央和地方两个积极性，大大推动了广播电视事业的发展。会议还研究确定了到 20 世纪末广播电视事业的奋斗目标和近期内需要完成的各项工作。会后，他主持起草了在我国广播电视发展史上具有划时代意义的《关于广播电视工作的汇报提纲》。经中共中央批转后，《汇报提纲》成为广播电视发展和改革的指导性文件，解决了广播电视系统多年来存在的一些重大问题，为广播电视事业的飞跃式发展规划出一条切实可行的道路，也为 20 世纪 80 年代中期以来我国广播电视事业突飞猛进的发展和日新月异的变化奠定了坚实的基础。我没有参加这次会议。会后，读到冷西同志在大会上所作的报告，特别是《汇报提纲》，我的心情十分振奋，暗地里说：冷西同志真不愧为新闻界的"帅才"。

　　在担任国际台副台长期间，我主要负责对外宣传，特别是国际问题报道。从此，和冷西同志接触的机会多起来了。他的深湛的理论修养、明朗的政治态度、严谨的工作作风、令人敬佩的工作魄力、丰富的知识，等等，都给我留下了深刻的印象。要举例子，可以说俯拾即是。

　　1983 年 11 月，在印度新德里举行第九届亚洲运动会。按照部领导的要求，中央三台都拟订了亚运会报道计划，报部审批。在部编辑会上，一开头，冷西同志就说，三台的报道计划他都看过，已经写进计划的内容不用再重复了，问还有什么补充的没有。在听取了大家简单的补充说明后，他提出：报道亚运会，我们要做到最全面、最完整、最系统、最权威。一句话把报道要求提到了一个新高度。我听到这句话，不由得精神为之一振。随后，他又讲了几点补充修改意见，绝无半点重复。在我的记忆中，冷西同志主持的类似会议都是这样干脆利落，简单明了，从不拖泥带水。

　　我要特别详尽地谈谈冷西同志对发展广播电视驻外记者站的贡献。建立广播电视驻外记者站是广播电视"自己走路"的重要措施，是广播电视形成完整的国际问题报道系统的"龙头"。"文革"以前，广播电视系统没有自己的驻外记者。从 1980 年 12 月起，国际台受广播事业局的委托开始派出为中央三台服务的驻外记者，到 1981 年 12 月，一共建立了 5 个驻外记者站，形成驻外记者站发展的第一个高潮。1982 年 6 月，我接手驻外记者站的管理工作。突出的感觉就是困难重重。费了九牛二虎之力，到 1983 年 11 月才向美国派出了两名记者。1984 年 6 月中旬的一天，时任国际台台长的丁一岚大姐向我传达了冷西同志的意见，中心意思是：驻外记者站在 1985 年应该有个大发展，可考虑先在波恩、罗马、伦敦、平壤和莫斯科建站。后来，又具体提出把驻外记者站发展到 20 个。我当即意识到在部的"一把手"大力推动下，驻外记者站发展的第二个高潮快要到来了。经过慎重研究，我们向部党组报送了一份发展广播电视驻外记者站的报告。8 月 2 日，冷西同志主持召开了部编辑会议。会议开始前，我偷眼望去，只见冷西同志手中的报告上用红笔做了多处修改，还加了一些旁注。在听取大家的发言后，冷西同志一针见血地指出国际台存在的根本问题，就是要尽快解决业务干部"两个瘸腿"问题（指编辑大多不懂外语；翻译多数人没有学过新闻，没有参加过新闻实践），否则难有大的作为。接着，他提出国际台的领导干部中一定要有专人全面熟悉国际问题，研究国际形势的发展，能够承担起全面指导国际问题宣传的任务。顺带说一句，在一次个别谈话中，他明确要求我承担起这项任务。今天，我只能惭愧地说，我没能如期完成任务。另外，他还提出驻外记者站除了完成国际问题的报道任务外，还要成为广播电视部驻外代表机构。这是一项我们从未考虑过的新任务，至今仍然需要研究如何落实。最后，他要求国际台代部起草一份关于广播电视系统驻外记者网的规模和实施步骤的完整规划，上报中宣部。

开过这次会议后，一方面，我们按照部领导的意见积极修改报告；另一方面，心中也不无顾虑，主要是担心派出那么多业务骨干，日常的宣传工作怎么办？正在我们准备报告的时候，不料，冷西同志突然患病。即使在养病期间，他依然一如既往地关心这项工作。1985 年 3 月 21 日，冷西同志在国际台报送的《关于驻外记者站的请示报告》上批示："意见内详。总的应积极开拓，宁可内部紧一些也要挤出人派去。我部完全有条件迅速铺开国外记者网。"看到这段批示，我觉得他仿佛看透了我们的心思。4 月中旬，我们得知冷西同志因病不能继续工作，中央决定由艾知生同志任广播电视部部长。后来，由于调整三台领导班子，还有其他工作，直到 1986 年 3 月 17 日广播电视部才将《广播电视驻外记者站发展规划》上报中宣部。从 1986 年到 1988 年，我们在国外一共建立了 9 个记者站，形成第二个发展高潮。如今，广播电视驻外记者网已经基本形成。在欢庆广播电视驻外记者站大发展的时候，谁也不会忘记冷西同志对这项工作的推动和指导，而且他的一些真知灼见还有待进一步落实。

冷西同志退居二线后，我曾经多次到他在红霞公寓的住处看望。每次见面，他总是不知疲倦地侃侃而谈，有时候竟长达 3 小时之久。谈形势，谈改革，谈广播电视的发展前景，谈学会的工作方针，谈培训干部，总之，谈工作远远超过谈病情。我特别感激冷西同志的是他不止一次地对我提出严格的要求，要我钻研国际问题，熟悉新闻业务，掌握管理知识，希望我能成为合格的广播电视管理干部。这对我后来的工作影响很大。我心里很清楚，这不只是对我个人的关怀，更是出于对发展事业的关心。

冷西同志离开了我们。我国新闻界、广播电视界的损失是难以弥补的。我们只有像他那样尽心尽力地工作，努力完成他的未竟事业，才能弥补损失于一二。

（2002 年 6 月 22 日）

怀念梅益同志

去年今日，我的老领导梅益同志与世长辞。噩耗传来，心情万分悲痛。9月25日上午，到八宝山参加梅益同志遗体告别仪式。眼望着那副安详的遗容，往事历历，犹如电影画面一般在眼前闪过。

近年来，每逢春节，我都要到梅益同志家中探望。2003年1月29日，我和张振华同志一起去看他。当时，他坐在书桌前的椅子上，说起话来，断断续续，边想边说，显得吃力不小。然而，思路还是那么清晰，条理还是那么明白。他说，关于我国广播电视发展情况，有不少具体材料，特别是中央领导同志的一些指示，存留在他脑海里，希望能和我们当面谈谈。那时，中国广播电视学会正在组织编写《中国电视史》，自然很想听到第一手材料。我们当即表示：什么时候您感到精神头儿好，我们立刻来聆听。不想几个月过去了，我们一直没有听到梅益同志的召唤，最后得到的却是他驾鹤西去的消息。

和许多人一样，我第一次知道"梅益"的大名还是在中学时期阅读尼·奥斯特洛夫斯基的名著《钢铁是怎样炼成的》中译本。对于像我这样年龄的知识分子来说，这部小说的确起到了思想启蒙作用，尤其是书中那段关于一个人应该如何度过一生的名言，多少年来一直深深地刻印在我的心中，成为我毕生努力奋斗的座右铭。

1953年秋季，我被分配到北京外国语学校攻读西班牙语。1955年，我被评为"1954～55学年优秀学生"，刘仲容校长颁发给我的奖品恰恰就是梅益同志翻译的新版《钢铁是怎样炼成的》。除了从中再次受到深刻的教育外，还对译者萌发了深深的景仰之情。原因很简单。我清楚地知道自己未来的职业就是翻译，因此翻译界卓有成就的前辈自然也就成为我仰慕的偶像。然而，我从来没有奢望过有朝一日能和这些大师们近距离接触。

50年代末60年代初，中苏矛盾日益尖锐，赫鲁晓夫撕毁苏联过去和我们签订的所有合同，撤退在华工作的苏联专家。当时，广播事业局下属的担负对外广播任务的北京电台（即现在的中国国际广播电台）也受到冲击。有的外国专家擅自改动我们发表的重要文章的观点；有的表示拒绝为这些文章播音。那时候，在北京电台西班牙语组工作的外国专家都是在西班牙内战后转到苏联居住的。他们也表示有些文章他们不能播。在这种情况下，西班牙语组急需我国自己培养的翻译和播音员。正是由于这种机缘，1960年11月，我被调到广播事业局工作。从此开始从事长达40多年的广播电视工作，其中有6年是梅益局长主持广播事业局工作的时期。

梅益同志是局长，我只是一个语言组的翻译、播音员，按说直接接触的机会是十分有限的。没想到机缘很快就来了。那就是陪同以梅益同志为团长的中国新闻代表团访问拉丁美洲四国。

代表团由中华全国新闻工作者协会组织，主要任务是参加在古巴首都哈瓦那召开的国际记协执委会会议。当时，我国和拉美国家来往很少。代表团的另一项任务，就是寻找机会顺访几个拉美国家，开辟中拉新闻工作者交往的渠道。代表团共有五人，包括《人民日报》著名评论员谭文瑞和后来为中德建交立下汗马功劳的新华社记者王殊。他们都管梅益同志叫"梅公"，我也就跟着一起这样叫了。

代表团于1961年12月18日离开北京，1962年4月8日回来，前后历时3个月零20天。

国际记协执委会会议预定1962年1月中旬召开。那时候，从我国去古巴，需要绕道欧洲，所以我们提前一个月就上路了。一路上，我们经过莫斯科、布拉格、伯尔尼，最后才从瑞士搭乘飞机前往哈瓦那。在古巴访问了一个多月之后，又辗转经过加勒比海上的库拉萨俄岛才到达厄瓜多尔、智利和巴西。

那一年，梅公47岁。身材高大，腰板笔挺，声音略带沙哑，十分健谈。论年龄，我和梅公相差22岁，属于两代人；论级别，我和梅公更是无法相比。不过，毕竟朝夕相处三个多月，可以就近观察梅公的为人处世。

在哈瓦那举行的国际记协执委会会议是当时"反修斗争"的一部分。那时候，我还年轻，加之中苏分歧还没有完全公开化，我对那场大辩论的内幕、争执的焦点、激烈的程度都不大清楚。我只是按照一名译员的要求，将谈话各方的发言如实地翻译过去。今天，只记得无论是在会议上发言，还是和卡斯特罗五次会面谈话，梅公都是毫不含糊地贯彻中央确定的方针。据我记忆所及，讲话的核心内容就是呼吁团结起来，进行反对美帝国主义的斗争，支持一切国家人民的革命行动，尤其是身处美国"后院"的古巴人民的反美斗争。不管今天如何评价那场"反修斗争"，当时梅公的确在政治上和党中央完全保持了一致。将来如果有机会找到有关档案，或许可以更详尽地回忆起当时的情景。

在我的记忆中，最为清晰的是梅公对广播电视事业的深谋远虑。

在一次闲谈中，他告诉我们一个建设广播电视城的设想。具体来说，是以现在的广播大楼为中心征一大片土地，东起西便门路，西到真武路，北起复兴门外大街，南到盖板河一带。计划将广播电视所有机构全部设在这片地区之内。据他说，这个设想已经得到了周恩来总理的首肯。可惜的是后来政治运动连绵不断，特别是"文化大革命"一来，一切美好的计划都成了泡影。如今，广播影视系统的各个机构几乎遍布北京全城，来往办事十分不便。

另外，梅公还单独和我谈过设立广播驻外记者站的设想。刚一离开国境，他就要我跟着王殊同志在各国海关办理过境手续，学会在国外独立活动的本领；还鼓励我在掌握西班牙语的基础上再好好学习英语、法语，准备成为第一批驻外记者队伍中的一员。在访问巴西期间，新华社驻里约热内卢的记者王唯真同志曾经向梅公提出要把我留在巴西协助工作。梅公没有答应，还是想安排我筹建广播驻外记者站。得知这件事，我不但没有感到丝毫遗憾，反而体会到梅公培养青年人的一片苦心。

既然想当驻外记者，总得练练笔。回国以后，我试着撰写几篇拉美通讯。第一篇是《可触及的赤道线》。写好后，我把这篇短文送给梅公审查，内心希望他能向某家报纸推荐。过了几天，梅公把我叫到他的办公室，对我说：内容不错，题目起得也好，但是，一定要我自己去投稿。梅公的用意，我心里明白，他想让我靠个人本事当一名合格的记者，而不是靠名人"打天下"。这篇稿子投到《人民日报》。过了几天，在国际版上刊出。习作见报，对我鼓舞很大。随后，又写了十来篇报道，均在报刊上发表了。另外，我还尽力按照梅公的要求，做好各种准备。但是，同样因为运动的冲击，设立驻外记者站的计划被摆在了一旁。直到"文革"以后才开始实施。虽然我个人的夙愿始终未能实现，落实梅公的设想却成为我在任国际台副台长期间的一项主要工作。如今，设立30个广播驻外记者站的计划已经全部完成，梅公也可以含笑于九泉了。

在国外共同度过的日子里，梅公在处理具体事务中表现出来的性格特点给我留下了深刻印象，随经岁月消蚀，至今记忆犹新。

欢快与急躁互见。梅公善于言谈。一有闲空，他总爱用浓重的"广式普通话"给我们讲故事。讲他做地下工作的历险，讲他外出旅行的趣闻，讲他翻译外国小说的经验，讲充满曲折情节的案件侦破。他讲得娓娓动听，我们听得津津有味。我当时就想，无怪乎中央把他安排在广播领域工作，他的确是个讲故事的能手。但是，有些时候，他急躁起来，也委实令人害怕。有一次，代表团在智利邀请各界人士座谈。我们几个在一家饭店里摆放桌子。梅公进入会场，对桌子的摆法不满意，告诉我们应该如何如何摆。我们一时没听清楚，他马上急赤白脸地把我们斥责了一顿，随即自己动手重新摆放桌子，弄得我们很下不来台。不过，事情过后，他好像完全忘记了这回事，大家很快就回到融洽的气氛了。

实事求是地处理日常事务。出国前，我们每个人买了一件棉衬衣、一件绸衬衣。不想国外洗绵绸衬衣很贵，一件衣服索价一美元。那时候，国外已经出产尼龙衬衣了，一件也是一个美元，而且可以自己洗涤。但是，按照国家规定，买衣服不能报销，洗衣服不管多少倒可以报销。显然，这是合法不合理的规定。在瑞士的时候，梅公说："为了给国家省点儿钱，你们每个人都买两件尼龙衬衣吧。查起来，由我负责。"

回来以后，我作为一名普通翻译，和局长之间隔着好多层，接触的机会不多。有几次，梅益同志找讲西班牙语的外国专家谈话，我给他当翻译。那时候，谈话的主要内容是介绍党中央领导和苏联领导人之间的斗争情况。他讲得生动具体，讲到细节处，真让人有身临其境的感觉，颇受专家欢迎，我也受到很多教育。

1962年，国家机关提工资。梅益同志知道专业干部报酬太低，就极力为大家争取多涨一些工资。播音员提两级工资，本人也是受益者之一，从每月56元提到70元。那时候，我们全家每月收入只有100多元，要养活老母亲，还有一个刚刚出生的孩子。如今回忆起来，当时我的欣喜程度超过了近两年中央电视台得到每月一万到一万五千元奖励的播音员和节目主持人。这恐怕就是"雪中送炭"和"锦上添花"的差别吧。

1964年，为了召开第八次全国广播工作会议，梅益同志按照党的发扬民主的传统，开展一次广泛的调查研究。我记得，他曾经召集北京电台各个语言组分别开会，听取关于改进对外广播节目的意见。我是西班牙语组业务骨干之一，也参加了一次座谈会，和同组的其他人一起汇报对西班牙和拉美国家广播宣传的情况和存在的问题。梅益同志一边记录大家的发言要点，一边坦率地谈他的看法。后来，他在《宣传业务整改提纲》里专门阐述了如何改进对外广播节目。其中，关于对外广播对象的论述最为著名。他认为："一般说来，我们应该以政治上的中间分子为主。但是还须根据不同时期的政治需要以及不同国家的地区的特殊情况分别作出具体的规定，例如有时就必须以'左派'为主要对象。"这就是在"文革"当中作为梅益同志修正主义观点之一的"中间听众论"。每当回忆起这段往事，我都感到惭愧和内疚，因为我也积极参加了对"中间听众论"的错误批判。

"文革"十年，梅益同志受到残酷斗争和无情打击，身体遭到严重摧残。到了20世纪80年代，我再次见到梅益同志的时候，只见他腰背伛偻，行走艰难，原来高大的身材仿佛矮了一大截，但是，交谈起来，依然谈笑风生，自然而然地让我回忆起在国外三个多月度过的难以忘怀的时光。

斯人已逝，给我们留下了两笔宝贵财富。一是他按照中央领导同志的指示，带领全系统工作人员为广播电视事业奠定了坚实的物质基础；二是他发挥个人才识，发表了探索我国广播电视事业发展道路的大量言论文章以及那本教育了千百万青年的《钢铁是怎样炼成的》。

（2004 年 9 月 13 日）

怀念知生同志

1997年7月20日上午,我和家里人在奥华国际影院观看美国影片《空中大灌篮》。9点40分,突然接到秘书杨乃利的通知,说知生同志病危,部领导要我赶到北京医院。那天,市区内车辆堵得很厉害。待我赶到医院,知生同志已然合上双眼,永远离开了我们。我默默地走进446号病房,只见知生同志面色平静地躺在雪白的被单里。在知生同志的遗体前,我鞠了三个躬,不禁潸然泪下,脑海里浮出的第一句话就是:"在我们这个班子里他身体最棒,怎么这么早就走了呢?!"

光阴荏苒,转眼间一年过去了,每每忆及与知生同志交往数年而未能在他临终前见上一面,心中总觉得十分遗憾。知生同志生前是我的直接领导,曾经给予我许多支持和具体帮助;逝世前三个月,他被选为中国广播电视学会会长,我本来期望和以往一样,在他的直接领导下努力做好学会工作,为我国广播电视事业的健康有序发展再尽一份绵薄之力。谁知4月一别,竟成永诀,再也听不到他爽朗的笑声和独到的见解。在知生同志忌辰临近之际,我更感到应该写篇缅怀文章,以寄托哀思。

从1985年到1994年,艾知生同志在广播电视部(1986年更名为广播电影电视部)担任了九年的部长职务。这九年中,我国广播电视事业,尤其是电视,经历了日新月异的变化,取得了突飞猛进的发展。改革开放的社会大背景,高科技的迅猛发展,中央以及各级地方党委和政府的正确领导和决策,亿万听众观众的热情支持以及广播电视系统全体职工的艰苦奋斗,都是促成我国广播电视事业发展变化的重要因素。其中,知生同志的个人贡献是绝不可忽视的。我们不大爱讲个人的贡献;其实,爱讲也好,不爱讲也好,个人对事业的贡献总是客观存在的,尤其是一位在位长达九年的部长,他的品德、学识、见解以至风格肯定会在他领导的事业上打下明显的烙印。

知生同志对我国广播电视事业的贡献是多方面的。我以为,其中很重要的一项是他一直坚持不懈地努力以马克思列宁主义、毛泽东思想、邓小平理论的基本原理为指导,研究、分析我国广播电影电视工作中的实际问题,在广播影视领域中全面正确地贯彻党的路线、方针、政策,推动广播影视事业不断向前发展。五十多年前,在延安整风期间,毛泽东同志就说过,"如果你能应用马克思列宁主义的观点，说明一两个实际问题，那就要受到称赞，就算有了几分成绩。被你说明的东西越多，越普遍，越深刻，你的成绩就越大。"知生同志在这方面确实取得了成绩，确实值得称赞。

广播电视工作的中心是宣传，这是知生同志刚一到部工作就明确提出来的。他说，领导和群众评价我们的工作，主要看什么？主要看荧屏上播出什么节目，节目办不好，其他工作做好了，也是白搭。作为广播影视部的"一把手"，他把主要精力放在了抓宣传上，而且一直坚持部领导班子中一定要有专人"统抓宣传"。据我的理解，知生同志主张的"统抓宣传"包含两方面内容。一方面，他主张部领导抓宣传，要把新闻报道和艺术创作、对外传播和对外交往一起抓起来。1993 年年初，部领导班子更迭前夕，我曾向他建议将新闻报道和艺术创作分别由两位副部长负责。他沉吟了一下，说："还是由一个人统抓吧。"他的理由是：对广播影视系统各项工作，要考虑到它们互相之间的有机联系；具体到宣传，新闻，专题，文艺等节目制作部门的工作人员应该精心设计、制作本部门承担的节目；而作为部、台管理人员则要多研究各类节目之间的配合、协调，使一个台的各类节目呈现出独具特色的统一的风格，后来的事实证明知生同志的主张确实有利于对各类节目和各项工作的统筹兼顾，有利于各个工作部门形成合力，有利于圆满完成一个时期中央交付的特定的宣传任务。另一方面，他主张部领导抓宣传，要深入节目制作第一线，从"源头"抓起。具体来说，就是多看、多听节目。他说过，把握舆论导向，不外乎十二个字，就是"团结稳定鼓劲"，"正面宣传为主"。但是，要把这十二个字落实到广播电视节目中去，就必须和节目制作人员一道研究工作，尽可能多看节目、多听节目。只有这样，才能取得发言权，才能谈得出在贯彻党的宣传方针方面存在什么带倾向性的问题，才能对制作节目的人员提出指导性意见，否则，只会干巴巴地空发议论。

这里，我想谈一个有争议的问题，就是部领导要不要审看审听重点新闻节目。知生同志到部里工作以后，一直坚持每天审看中央电视台的"新闻联播"节目。对此，一些人颇有微词，甚至有人讽刺挖苦，有所抵制。他明知这种情况，仍然一直坚持不懈。我想，首先是因为他牢记中央领导同志对他的嘱托，要他认真把好广播电视宣传关；其次他的确从心底里认为这是"统抓宣传"的好办法。

1990 年下半年到 1994 年上半年，按照知生同志的要求，我几乎每天下午都赶到中央电视台，和新闻中心的同志们一起审看当天准备播出的"新闻联播"节目。只要没有更重要的活动，知生同志也是准时到场。据我观察，他从来不把审看节目当成例行公事，敷衍了事，而是态度专注，十分认真。审看电视节目是个苦差事。对于非专业人员来说，更是件难差事。耳朵一边听，眼睛一边看，既要看画面，又要看字幕，更要调动起头脑中储存的全部信息对每条新闻的价值及时作出判断。知生同志真是有本事，就在人来人往、纷乱嘈杂的环境中他能耳眼并用，不但能发现政治性、政策性的问题，还能发现常识性、文字性的差错。和他一起多次审看新闻节目，我清楚地看到，他对形势的了解，对政策的把握以及他的国际问题知识、科技知识、历史知识和地理知识，都高出我们一大截，实在令人佩服。

作为部领导，是否一定要以这种方式抓宣传，大家可以有不同的看法。但是，知生同志日复一日地坚持这样做，确实收到了明显的效果。每次谈到新闻宣传工作，他都能滔滔不绝地举出许多生动具体的实例说明工作中的成绩和问题，让人听得津津有味。不靠平时的深入一线日积月累，这是根本做不到的。

对于广播影视艺术创作，他同样是兢兢业业，一丝不苟，而且时常发表一些独到的见解。广播影视艺术涉及诸多艺术门类。自从我分管广播电视艺术创作以来，一直深感知识准备不足和知识结构的缺陷。因此，时不时地就要向他请教，例如，我在职期间在几次广播电视艺术创作会议上的讲话均是送他审阅，他总是及时退回，并且提出中肯的修改意见。从 1993 年到 1997 年，我曾就电视艺术创作思想和创作倾向问题和知生同志交谈过多次。我们谈了电视艺术创作中单一化、模式化问题，"追风"、"媚俗"问题，电视文艺晚会奢侈浪费问题，某些电视艺术家缺乏职业道德问题，电视艺术生产管理分散问题，以至具体到"舞伴歌"泛滥问题，等等。在这些问题上，知生同志都有十分明确的看法。有些时候，我对一些不良现象深感焦虑，由焦虑又产生急躁情绪，例如，对一些电视台大量引进美国 MTV 首创的"电视音乐"节目，甚至形成欲取代其他声乐表演形式的倾向，我十分着急，在一些场合明确地表述过我的看法，引起了不少争议（关于这个问题，我准备在适当时候再深入谈谈我的看法）。知生同志一方面表示中国音乐电视作品"没有一首是成功的"，另一方面又多次劝我不能着急。他说，在艺术创作上进进退退是很自然的事，不管不行，急了也无济于事。有些问题一时辨不清，可以留待实践检验，群众评说。我得承认，在处理这类棘手问题时，知生同志比我老练得多。

知生同志对真正的艺术家十分尊重。他主张要让那些艺术创作的"幕后英雄"多在荧屏上露面，好让广大观众更多地熟悉他们。每逢举办电视文艺晚会，他总要邀请词曲作者（例如刘炽、乔羽等同志）坐在台下，并且指示要多出他们的镜头。

　　知生同志的勤政廉政在广播影视界有口皆碑。在位九年，他没有休过一次假，工作总是"从早忙到晚，一年忙到头"，而且越是节假日就越忙碌，拿审看"新闻联播"节目为例，一般来说，审看完"新闻联播"，总要超过下午6点半，有时到7点播出时还没有完全审完。工作结束后，他不像我们赶快"打道回府"，而是赶回机关，看完当天必须看完的重要文件，那副精力充沛的样子，谁也不会想到他是年逾花甲的人。

　　讲到廉政，他严于律己，清正廉洁，生活俭朴，从来不搞特殊化，从来不为个人生活方便提出任何要求。即使别人主动为他安排，他也是婉言谢绝。机关内发钱发物，他一直从严掌握。他的业余爱好是游泳。我从来没听说过他用公款去卡拉OK厅、钓鱼、打高尔夫球、网球。知生同志廉政，有其十分可贵之处，那就是他是完全自觉地严格要求自己，而没任何强行约束的成分。我以为，这是由于他长期在学校工作和由此养成的强烈的"平民意识"。

　　知生同志口才很好，善于演讲。我陪他参加过几次电视艺术创作会议。他讲起话来总要在3个小时以上，除了传达正式文件和上级领导讲话外，就凭一两张写满字迹的纸侃侃而谈。这和他平时爱读书看报、知识积累丰厚有关系。他讲话的特点，一是条理清楚，从不东拉西扯；二是信息量大，不讲"车轱辘"话；三是结合实际，不发空洞议论。我听过他几次讲话，虽说讲得较长，但是并不啰唆，我以为主要是因为他的讲话里有新信息，新观点，新要求。

　　1994年5月19日上午，知生同志在广播影视部党组会上向大家告别。当时他引用一副对联，这副对联是"政声人去后，民意闲谈中"。是啊！这真是两句至理名言！"当官的"卸任后才有可能听到发自"老百姓"内心的评判声，这是任何人都逃脱不开的。

　　世上没有"完人"。知生同志也有他的弱点，也有他的难言之隐。我以为能做到问心无愧，也就很难得了。

　　斯人已去，风范犹存。知生同志去世时，年68岁，长我7岁，凭他的人品、学问，我一直视之为老师和兄长。他在我国广播电影电视界的影响是广泛的、永远的。我相信，在他逝世周年之际，怀念他的绝不只是我一个人。

（1998年7月20日）

一身正气，永驻人间

——怀念丁一岚同志

光阴荏苒，转瞬间丁一岚同志离开我们已经八年了。

时光的流逝丝毫没有消损我对丁一岚同志（我们常叫她"老丁"）的深刻印象和感激之情。她在艰难时刻对发展我国对外广播事业作出的贡献，她那正直善良的人品，她对我个人的谆谆教诲，令我永志不忘。

记忆的闸门一打开，历历往事奔涌而来，一时间真不知从何说起……

一

我是 20 世纪 50 年代初来北京求学的。学业忙碌，再加上手头儿很紧，平时难得外出。偶尔到王府井逛大街，在一家古玩店的橱窗里看到一幅郭沫若先生的书法作品。郭老的大名如雷贯耳。虽然我不懂书法，对他的作品还是非常佩服的。有一天，看到了另一位书法家的作品，摆在同样的位置上。心里想，这又是哪位大家的作品，竟然和郭老的条幅"并驾齐驱"？走到跟前，看到了署名"邓拓"二字。说来惭愧，当时，我竟然不知道邓拓是何许人也！然而，邓拓同志的名字却从此深深地印入我的脑海。

60 年代初，我被分配到中央广播事业局，参加对外广播工作。逐渐知道了邓拓同志是新闻界的主要领导人之一；还知道了邓拓同志的夫人丁一岚同志就在广播事业局任职。

1961 年 12 月，我作为翻译，随同梅益同志率领的中国新闻代表团出访拉美四国。临行前，为了做好准备工作，代表团成员四处拜访有关领导。有一天，梅益同志带着我们去到邓拓同志的家里。大概就是遂安伯胡同 5 号吧。我只记得院落宽阔，不止一重。丁一岚同志出来迎接我们。那是我第一次见到她。谈话的内容已经模糊不清了，可是丁一岚同志和蔼的笑容、落落大方的举止以及播音员特有的清晰的说话方式，至今记忆犹新。

三年困难时期，物质匮乏，只好从精神方面寻求营养。《燕山夜话》成为我最喜欢阅读的文章，从中汲取了大量中华传统文化的知识，对作者的渊博学问很是钦佩。从 1961 年 7 月到 1962 年 10 月，"夜话"陆续出版了五集，我全部购买下来。待到"文化大革命"开始后，方才知道原来"马南邨"就是邓拓同志的化名。"文革"期间，我也曾随着"主流思潮"鸡蛋里面挑骨头，从那些文章里寻找"反党言论"，但是，却舍不得丢掉一本书，反而把五本《燕山夜话》统统深藏在书箱底部，生怕被人抄走。

1966 年 5 月，邓拓同志愤然离去。丁一岚同志成了"造反派"瞄准的第一批批判重点。"坐飞机"，挂牌子，受尽人身侵害。我参加过几次批判大会。听起来，似乎批判者从老丁的言谈中找不到任何哪怕是可供歪曲批判的东西，只能给她硬扣上"三家村老板娘"的帽子。身处逆境，老丁并没有表示屈服。有一次，一个"造反派"要给她挂上一面重重的"黑帮"牌子，我从远处看到老丁对他怒目而视，愤愤地拒绝这种非人行为。还有一次，一个"造反派"质问她："邓拓写的'风雨同舟战友贤'里面的'战友'是不是你？"老丁坦然回答说："不是我，那是邓拓 1959 年写给《人民日报》同事的。"在那个是非颠倒、无理可讲的时代，单凭个人的力量，是无法摆脱厄运的。但是，老丁那种临危不惧、大义凛然的气概却给我（我相信也会给其他人）留下深刻印象。

1972 年 11 月到 1973 年 11 月，我在淮阳"五七"干校参加农业劳动，有幸和老丁在农村相遇。那时候，她已经年过半百，又经历了那么多的磨难。但是，依然精神饱满，和干校学友相处得十分融洽，甚至还组织我们下乡演出，看不出半点沮丧情绪。"文革"结束后，我才从报纸上得知，就在那个时期，老丁将邓拓同志"亲笔题写的《题帕》和《战地歌四拍》的两方丝帕缝在棉衣里"，度过了艰难岁月。可见她是以多么坚强的毅力将悲痛埋在心底，满怀着对共产主义理想的信念，乐观地静候光明时刻的到来。

二

1982 年 6 月到 1985 年 8 月，丁一岚同志担任中国国际广播电台台长。在老丁的直接领导下，我们齐心协力为开创对外广播事业新局面共同工作了三年。

1982 年 5 月初，关于国际台组建新领导班子的消息不胫而走，关于新班子成员的各种版本广泛流传。5 月 17 日下午，时任广播电视部部长的吴冷西同志找我谈话。他说："现在正在研究组建国际台领导班子问题，希望成立一个宣传干部比较强的班子。"还说，本来想由原来负责宣传工作的一位老同志担任台长，考虑到他年龄偏大，只能留在顾问班子里，另选别人为台长，问我有什么意见。当时，我并不熟悉国际台领导成员的情况，只是谈了自身的不利条件。6月10日上午，老丁找我谈话，告诉我，此次国际台领导班子已经基本确定了，其中有我。她告诫我说，要戒骄戒躁，平易待人，严格要求自己。下午，部领导召开全部处以上干部会。冷西同志在会上宣布了三台负责人名单。国际台台长是丁一岚同志，副台长有崔玉陵、胡耀亭、我和卢杰，平均年龄53.2岁。张纪明、邹晓青同志任顾问。11月下旬，中宣部正式发文，通知中央同意国际台领导成员的任职。1983年1月，中宣部发文，通知决定在中央三台成立分党组，丁一岚同志任分党组书记，四位副台长为分党组成员。至此，国际台领导班子才算是正式建立了。

老丁在国际台主政三年，对她领导的工作应该如何评价？临近离休时，她曾经说自己"守业有余，创新不足"。事实究竟如何？

回想当年，在走过两年徘徊后，党中央领导全国人民积极探索适应我国国情的发展道路。但是，围绕着建立什么样的经济体制问题，存在很大争论。国民经济处在恢复阶段，政府拿不出足够的资金发展对外广播事业。"文革"的后遗症有待消除，各种思潮相互激荡，拨乱反正尚须大力推进。人人都在谈"改革"，然而到底如何"改"，心中无数。

国际台同样面临着"百废待兴"的局面。办公室拥挤，工作条件很差，通讯工具落后，一切文件、报告全靠手写；住房紧张，待遇偏低，干部队伍不稳；改进对外广播节目既缺乏理论指导，又受到种种制约。物质条件困难尚在其次，人们对新班子缺乏信心确是首要问题。记得6月中旬在一次台长碰头会上，一位顾问坦率地说：对你们能否领导好国际台，说老实话，我们并不放心。过了不久，一位老处级干部私下对我说，跟着你们干，我们没什么信心。这些话大体上代表了当时相当多的人的心情，正像老丁说的，"有些人还要看一看"。

那一年，老丁已经年过花甲。说是"临危受命"，可能有夸大之嫌；说是面临物质、精神两方面的重重难题，还是符合实际情况的。

1982年9月上旬，中国共产党第十二次全国代表大会召开，胡耀邦总书记代表党中央向全党发出了"全面开创社会主义现代化建设新局面"的号召。从此，"开创新局面"成为使用频率最高的词儿。1983年3月底到4月上旬，为贯彻"十二大"精神，广播电视部召开了第十一次全国广播电视工作会议，提出了一系列改革措施。研究我国广播电视史的学者普遍认为，这次会议具有里程碑意义。以这次会议为标志，我国国际广播也进入了一个新阶段。1983年10月26日，中共中央关于批转广播电视部党组《关于广播电视工作的汇报提纲》的通知中明确提出我国对外广播的方针任务："对外广播要努力为全世界人民服务，做到有的放矢，在宣传中准确而又鲜明地树立社会主义中国的形象，实事求是地向各国听众介绍中国的情况，宣传我国的政策和主张，增进各国人民对中国的了解。"

大政方针已然明确，国际台的任务就是如何贯彻落实。响应党中央和广电部的号召，在老丁的领导下，国际台全台职工做了大量工作。如今，国际台经过一次又一次的"开创新局面"，情况已非昔日可比。说那三年"为开创对外广播新局面做了很好的奠基工作"，我以为是恰当的评价。以"开创性"（过去没有做过，后来又延续做下去，或对后来产生重要影响）为标准，我想列举以下 13 项工作。

第一，1984 年，根据党中央和部党组的统一部署，开展整党工作。在整党过程中，认真学习文件，查找问题，听取意见，制定整改措施，为对外广播改革奠定了思想基础。

第二，多次开会研究国际广播的客观规律，解决"内外有别"、"外外有别"问题，探讨国外听众的接受心理，为改进节目提供理论依据。

第三，组建各类记者队伍，从源头上解决对外广播稿件的稿源问题。其中包括时政记者、外事采访记者、驻外记者、体育记者等。

第四，1984 年 10 月召开首届地方记者、通讯员会议，确立地方记者"内外并重"的报道方针，为广泛深入报道我国情况开辟了更多的稿件来源。

第五，1982 年 5 月 5 日，开始编辑出版内部刊物《对外广播日报》，逐日详细记载我国对外广播的发展情况；1982 年 2 月，国际新闻部创办内部刊物《驻外记者工作通讯》，加强对驻外记者的业务指导；1983 年 10 月，国内部创办《对外广播通讯》，加强对地方记者站的业务指导。

第六，根据对外广播的方针任务以及国外听众的需求，国内新闻部开办新的专题，各个语言部组纷纷制定或修订办节目的方针。

第七，大力开展对外交流，三年间，台级领导随同部领导或率团出访十几个国家；同时，频繁派人出国考察、培训或采访重大事件；不断接待来华访问的各国广播界人士。

第八，和国外广播机构建立传送广播节目业务。

第九，1984 年 1 月 1 日，以在华外国人为主要对象的对首都地区英语广播正式开播。

第十，1983 年 9 月 27 日，创办专门研究对外广播宣传业务的内部学术刊物《研究与实践》。

第十一，1985 年 3 月 7 日，经文化部批准，正式成立中国国际广播出版社。

第十二，开始寻找适合建设国际台新大楼的地址。

第十三，从 1983 年 3 月开始，在全台范围内开展专业职称评定工作。

这里列的 13 项工作，远不是老丁主政时期的全部工作。如今罗列出来，似乎不费什么工夫。然而，想当初完成哪一件工作不是费尽九牛二虎之力！

比如，建立外事采访记者队伍。改革开放以来，我国外交活动越来越活跃。每年，党和国家领导人都要出访。每次出访都是对外宣布我国各项政策、介绍我国发展情况的大好时机。当然也是对外广播的最重要的题材。但是，哪些新闻单位有资格派出随团记者，却有严格的限制。为了给国际台争取到随团采访的资格，在老丁的指挥下，我们不停地拜访主管部门，反复说明国际台报道这类活动的重要性。终于在 1984 年 4 月和 11 月先后得到外交部和中共中央办公厅的同意，确认国际台为采访党和国家领导人出访活动的中央新闻单位之一。我们随即正式组建了包括熟悉国际问题和掌握各种外语的 30 多人的外事采访队伍。俗话说，"万事开头难"。时至今日，国际台参加外事采访已经顺理成章；我想，参与过当年艰苦创业的同志们不会忘记那时的艰难情景吧！

其他各项工作也大体如此。当然，我不会说，这些成绩都是老丁一人之功。不过，在我国的行政管理体制下，一切事情成功与否在很大程度上取决于"一把手"的坚定决心和指挥得当，却是不争的事实。

我被任命为国际台副台长以前，多年从事的是播音、翻译、编辑以及处理听众来信等纯粹的业务工作，只在 1979 年到 1982 年担任过对拉丁美洲广播部的副主任。可以说，对行政管理工作纯属外行。特别是我担任台领导职务的时候，还是预备党员。刚到台里，每天都要面对各种需要化解的矛盾。遇到难题，往往表现出情绪急躁或则失去信心。和老丁共事三年，她像一位和蔼可亲的老大姐一样，带着我步步前进。既给我压担子，又是鼓励，又是表扬；同时，也不断提醒、告诫、批评。提醒我最多的是"谦虚谨慎，戒骄戒躁"；告诫我最多的是"有事多商量"，"多向老同志请教"；批评最多的是"急于拍板"，"对本职工作和兴趣活动安排不当"。时至今日，这些话言犹在耳。

三

1983 年 10 月 5 日下午，老丁召开台务会，传达中央关于选拔第三梯队的意见，要求把好"政治关、知识关和年龄关"。中央要求，1985 年以前，凡是到了规定年龄的干部一律退下来。我从旁观察，她的神情十分平静，似乎心中早有准备。此后，她亲自主持这项重要工作。

经过多次提名，反复酝酿，到 1985 年 8 月 12 日部党组召开会议，宣布任命国际台新班子的决定。崔玉陵同志接替老丁，担任国际台台长。在会上，老丁表示：希望新班子各展所长，互相协作。第二天上午，新老班子成员举行谈心会。老丁语重心长地对我们说：要搞好上下左右的关系；体谅下面的困难，不要过多指责；处理好集中和分散的关系；加强团结，加强自信。

10 月 9 日，崔玉陵台长率领国际台代表团访问澳大利亚。回国后，即感到身体不适。经医院检查，须住院开刀，短时间内无法上班。国际台刚刚成立两个月的新班子一时陷于"群龙无首"的境地。

我是国际台分党组副书记，责无旁贷地要担起这份重担。掌管一个大台，非是我力能胜任的，尤其是政治思想工作、党务工作、人事工作等更是非我所长。这时候，我首先想到的就是请老丁回台坐镇。此事和老丁一说，她就以事业为重，慨然应允，每天都来台里上班。紧跟着，闲话就来了。有人对我说：撑不住了吧？干吗又把老的请回来？对这类话，我倒是无动于衷。其实，我并不指望老丁再做多少具体工作，只要她坐在台里，我就觉得心里踏实。就这样，老丁在离休之后，又继续工作了半年多的时间。1986 年 4 月，部党组任命我为国际台代理台长。大约在这个时候，老丁才放心地离开。

此后，我还到老丁家里去过几次。每次见面，她都要问起台里的工作进展以及我个人的情况，不断叮嘱我要善于处理各方面的关系。

那时，老丁住在懋林居，时不时地还到台里来。我多次向她表示，虽然国际台经济不宽裕，给她派辆车接送，还是完全可以做到的。但是，她一直不要台里派车。有一次，在跨越大街隔离墩的时候，还跌伤了，真叫我们过意不去。

老丁生病后，我去看她。为了治病，她每隔一段时间就要到医院做血液透析。尽管病情未见大的好转，她依然保持乐观情绪，还和病友们办起了一张小报。

1998 年 9 月 16 日上午，得知老丁病危的消息，我连忙赶往友谊医院。眼看着老大姐临终前的痛苦，不由得泪水直往下淌。我国人民广播的第一代播音员、为对外广播事业鞠躬尽瘁的老领导，就这样与世长辞了！

如今，国际台已经进入兴旺发达的新阶段。老丁从九天之上俯视这番情景，定会露出欣慰的笑容吧！

高风亮节，一身正气，是老丁留给我们的最宝贵的精神遗产。

（2006 年 6 月 13 日）

一部常读常新的书

——《丁一岚传》代序

大凡喜好读书的人都有这样的体会：一本好书，越读越有兴味，越读越有收获，越读越能读出新意。由此，一遍一遍读下去，直至爱不释手，即所谓"常读常新"。识人也是如此。接触越多，了解越深，越能感到亲切，越能理解其所言所行。

想法由来已久，近日再次触发是下面这件事。

9月12日，邓壮打来电话，邀我为即将出版的《丁一岚传》撰写一篇序言。我毫不犹疑地当即答应下来。为一生献身革命的老大姐的传记写序言，我没有这个资格；但是，我有这个义务。原因是我一直把老丁视为良师益友，视为我中年工作转型（从翻译业务转为行政管理）期间的主要引路人。

14日，收到邓小岚通过快递送来的《丁一岚传》书稿。尽管一段时间以来视力日渐减退，仍然一口气读完全书。紧随着作者的叙述，羡慕、钦佩、兴奋、悲伤、遗憾、敬仰之情油然而生，可谓百感交集。静下心来想一想，竟有一种"恍然大悟"的感觉。

本来自以为对老丁有所了解，读过《丁一岚传》，才知道过去的了解是那么肤浅，仅仅局限于她人生的一个小段落。

这不是一部单纯讲述传主人生经历的书。

这是一部透过传主人生经历讲述中国现代革命史、社会主义建设史起伏跌宕、曲折发展历程的书；这是一部诠释邓拓、丁一岚这对亲密伴侣诗魂的书。

2006年6月，为纪念丁一岚同志逝世8周年，我曾经写过一篇题为《一身正气，永驻人间》的怀念文章。重点在于讲述老丁晚年对发展我国国际广播的贡献以及对我个人的言传身教。在写这篇文章的时候，我就想过："识人好比读书。"对一个熟人做个系统回顾，哪怕只是人生的某一阶段，就像再次系统阅读一本熟读过的旧书，又一次看到新意。

2009年是新中国成立60周年。中国广播电视协会以"四个六十，见证辉煌"为题评选60年来影响我国广播电视进程的60件大事、60位人物、60个节目和 60 个栏目。在广泛征求意见的过程中，我看到国际台推荐的人物名单里"丁一岚"名列第一。在多次讨论中，评委们一致同意把老丁评为"影响广播电视进程的 60 位人物"之一。对她晚年工作的评价是："任国际台台长期间，带领全台工作人员克服重重困难，推进改革，建章立制，加强思想工作，为我国国际广播大发展奠定了坚实的基础。"评价简洁公允，老丁当之无愧。

在那篇纪念文章里，我开列了 13 项在老丁领导下推进的带有开创性的工作，可以作为上述评价的佐证。然而，读过《丁一岚传》以后，深感那篇文章只限于展示行为，描述现象，至于现象背后的思想支撑完全没有述及。以我当时对老丁的了解，也没有可能述及思想层面的深刻内涵。

几天来，边阅读《丁一岚传》，边回忆，历年来耳闻目睹的点点滴滴往事终于和老丁的人生观、思想脉络、道德准则联系起来了。

"文革"期间，我曾经在广播大楼音乐厅旁观过一场老丁的"批斗会"。面对气势汹汹的"造反派"，老丁大义凛然，既坦然又如实地回答各种无理责问，无声抗议在挂牌中加入重物的过火行为，以此捍卫个人的尊严。"士可杀，而不可辱"应是老丁早已熟读的古训；"威武不能屈"其实是老丁在民主革命阶段已经练就的品格。

在淮阳"五七"干校期间，老丁掌管伙房，和同期学员和睦相处，甚至还积极鼓动、协助我们到各地演出文艺节目。当时，邓拓冤案尚未平反，她是强忍悲痛，乐观面对现实。显然，这和她在长期革命斗争中养成的"相信群众、相信党"以及"正义终将战胜邪恶"的坚定信念密切相关。

在改革开放时期，和老丁接触多了，目睹老丁处世风格的事情也更多了。

20 世纪 70 年代末到 80 年代初，我担任对拉丁美洲广播部（简称拉美部）副主任。"文革"期间，许多年轻的干部来到拉美部西班牙语组工作。为了尽快提高他们的外语水平，我动员西班牙语组的老翻译给他们上课。每讲一次课，发给 1 元人民币讲课费。不知道是哪位"仁兄"把这件事报告了台领导。一天，老丁把我找到她的办公室，问我："你们的知识是从哪里来的？"我当然回答："是党的培养。"老丁说："既然是党的培养，为什么还要钱？"一句话，问得我哑口无言。我当面表示服从，心里却埋怨老台长"太保守"。其实，老丁说的话完全符合她多年从事革命事业达到高尚境界的思维逻辑。

从 1982 年起，和老丁共事三年多，更有机会直接观察她的处世哲学。

1982 年 6 月，以丁一岚同志为台长的新班子成立后，面临的是"精神、物质两方面的重重困难"。

究竟难到什么程度？仅举办公室极度紧张为例。

台长办公室只有十余平方米。三位台长、副台长和两位顾问同在一室办公。科处干部想和某位台领导谈话，只能另找地方，或者站在走廊里交谈。

华侨部工作人员每人可以分到一张办公桌。可是，办公室没有足够的地方安放那么多办公桌，只好把一些桌子摞放起来。

其他语言部组、行政科室即使稍好一些，也说不上宽裕。

那时候，在广播大楼的大院冷却水池西面盖了一排木板房，冬冷夏热，谁都不愿意去。老丁决定各个编辑部和语言组留在大楼里，机关工作人员一律搬到木板房办公。这可是一道大难题。老丁亲自出马，动员搬迁，还不时到那里去，向干部嘘寒问暖。夏天，发给每间办公室一台电风扇；冬天，发给每人一件军用棉大衣。办事果断，优先照顾一线"战士"；关心干部，于细微处下工夫，几乎再现了她在战时铸就的军事作风。

物质困难再大，也比不上精神压力来得厉害。

读了《丁一岚传》，特别是老丁自述部分，我才了解了她在会议上的发言以及个别交谈中流露出来的兴奋、喜悦、担忧、烦闷、焦急背后合乎逻辑的思想变化，才明白了她的良苦用心。

老丁常说她是"过渡台长"，需要在三年内完成的一项重要任务，就是组建新班子，调整台、处（部）、科（组）各级领导班子的年龄结构。此事谈何容易！

"文革"留下了成堆的后遗症：人心思散，情绪波动，在人事问题上矛盾重重，尤其是对新班子缺乏信心。老丁把处理各种难解的人与人之间的矛盾全部包揽起来，好让我们专心致志地改进对外广播。因为她心里明白只有不断改革创新，开创我国国际广播新局面，才能赢得大家的信任。想想看，一位年过花甲的老人承担起超重的负荷，这该是多么大的压力！所幸的是她以坚持不懈地努力完成了历史交于她的任务。

老丁多次找我个别谈话。那种诚心诚意，那种直言不讳，有批评，有提醒，有关怀，有表扬，次次都是有的放矢，至今我还记忆犹新。

记忆最深的是她屡次正面提醒我要谦虚谨慎、加强团结、办事沉稳、心无旁骛地完成本职工作。反过来说，就是批评我容易骄傲自满，喜欢单打独斗，不懂得请示汇报，不善于与人商量，遇事急于拍板，还恋恋不舍西语专业（这些的确是像我这样一个刚刚进入台级领导班子的人的缺点）。如果话说到这里为止，那就不合乎老丁一贯的辨证思维方式了。几乎每次谈话结束时，她总是反复叮嘱：要保持一股锐气，要勇于探索、勇于负责，要提高工作效率，要着眼于提高国际台干部的外语水平。

每次谈话后，我感到的不是压抑，不是垂头丧气，而是要进一步加强党性锻炼,尽快提高水平,以适应台级领导的工作要求。我想,这才是老丁找我谈话的目的:精心培养国际台的接班人。

1990年离开国际台后,我又做了七年行政管理工作。如果说大体上没有辜负领导的重托和群众的厚望,也是得益于老丁的谆谆教导。

我没有可能经历老丁经历过的历史锻炼。但是,在进一步了解了她的人生经历后,我将一如既往地学习她公而忘私的精神、坚忍不拔的意志、沉稳干练的工作作风、平易近人的待人方式。

如今《丁一岚传》即将问世。我在老丁这部"常读常新的教科书"外,又多了一部"常读常新的参考书"。

愿老丁的熟人以及未曾谋面的朋友们也读读这本书。

开卷有益,诚哉斯言!

（2010 年 10 月 10 日）

宏观篇

　　大至宇宙，小到个体，均可从"宏观"、"中观"、"微观"三个视角加以观察、分析。只要观察准确，分析得当，即可获得对事物的整体认识。此处"宏观"仅指广播电视范围而言，包括国际广播电视的发展趋势、国内广播电视改革发展状况、广播电视学术研究的基本原则。一家之言，仅供探索者参考。

90 年代国际电视业的发展趋势

20 世纪匆匆过去了，人类跨进了新世纪的门槛。

电视是 20 世纪科学技术人员对人类文明的一大贡献。90 年代是国际电视业蓬勃发展的年代，是国际电视业急遽变化的年代。在新世纪之初，回顾刚刚过去的 10 年国际电视业的发展变化，我们可以从中得到很多有益的启示。"他山之石，可以攻玉"，借鉴国际电视业在发展变化中积累下来的经验教训，我们可以少走弯路，更科学、更精确地规划我国电视业在新世纪里的发展道路。

笔者从 90 年代初开始介入我国电视业的管理工作，亲眼目睹了一些国家——特别是电视强国（例如美国）——在发展电视业方面采取的若干措施。我以为，国际电视业在 90 年代有四个发展趋势值得我们高度重视。

这四个发展趋势是：企业大型化、传播国际化、技术数字化和传输网络化以及频道专业化。

一、企业大型化

在全球 189 个开办电视广播的国家和地区里，绝大多数电视机构是营利性的私营企业，靠出售播出时间方式（出售给广告商或者提供赞助的单位）维持运营。美国的全国广播公司、哥伦比亚广播公司和美国广播公司就是典型的例子。

所谓"企业大型化"，就是指通过跨媒体，甚至跨行业的兼并，形成一些规模巨大的综合性的电子传媒公司。

以美国为例，自 1993 年起，出现了 20 世纪初以来的第五次企业兼并浪潮。在这个经济大背景下，1995 年开始了电子传媒间的大规模兼并活动。那年的 7 月 31 日，沃尔特·迪斯尼公司以 190 亿美元合并了大都会/美国广播公司；8 月 1 日，西屋电气公司以 54 亿美元合并了哥伦比亚广播公司；8 月 22 日，时代-华纳公司以 75 亿美元合并了特纳广播公司。在热浪滚滚的夏季，各国媒体纷纷报道这三起大规模兼并活动。当时，我们曾经在几次会议上提醒业内人士密切关注这类活动及其可能产生的影响，主要原因是我们看到这三起兼并活动具有不同以往的特点，不是"以大吞小，以强并弱"，而是以高科技为基础的强强联合，优势互补，就是说，具有强大的节目制作能力的公司和具有强大传输网络的公司合并为既能制作节目、又有播出渠道的全能公司。

1996年2月8日，美国通过了《1996年电信法》，允许电信业、传媒业与其他企业互相渗透。在随后的几年里，各类企业和媒体之间的合并、购并、合作经营等形式的兼并案件接连不断，许多大型电视公司、娱乐公司、网络公司纷纷介入。

2000年1月10日，美国在线公司和时代-华纳公司合并，涉及的总金额达到3500亿美元，成立了一个融互联网和传统媒体于一体的多元媒体公司——"美国在线—时代-华纳公司"。这次合并在全世界掀起了巨大波澜，不仅因为合并涉及的金额空前巨大，而且因为这次合并代表着未来传媒业发展的新趋势，即高科技与传统传播方式的日趋结合。新公司的董事长史蒂夫·凯斯认为，这次合并将创造"网络时代第一家全球性媒体与通讯公司，这是历史性的一刻，将改变世界网络与通讯的面貌，带动下一次网络革命"。

企业大型化的必然结果就是经营多元化。美国这些大型电子传媒公司无一不是实行跨媒体、跨行业经营，比如，"美国在线—时代-华纳公司"经营范围就十分广泛，包括电影、电视、动画片制作、计算机、网络、杂志、娱乐业，等等。

企业大型化不是偶然现象。据报道，美国公司的最高决策层认为：在经济全球化趋势日益加剧的背景下，公司面临的唯一选择是或者成为本行业的前两三名"选手"，或者被淘汰出局。

二、传播国际化

电视节目传播国际化，在世界各地电视市场形成激烈竞争，是20世纪90年代初以来的国际电视业呈现出的另一个重要发展趋势。

电视诞生以后，在长达五十多年的时间里，由于受到技术条件的限制，一家电视台的节目只能靠地面传输（电缆传输或微波传输），传播范围限制在一个小的区域，例如一个城市，甚至一个城区。到了80年代，一些电视机构（例如美国有线电视新闻网）开始使用通讯卫星向用户提供节目。到80年代中期，在欧洲出现了为数不多的卫星电视台或卫星电视频道，实现了跨国界传输。

90年代是世界范围内卫星电视迅猛发展时期。电视大国纷纷开办大面积覆盖的卫星电视频道，真正实现了电视传播国际化，在电视节目传播和接收上引发一场革命性的变化。一方面，使信息传递打破了国界的限制，大大开阔了观众的眼界；另一方面，把"世界范围各种思想文化互相激荡"的局面推进到一个"短兵相接"的新阶段。

从 90 年代初起，美国官方成立了从事国际声音广播和卫星电视广播的统一的对外电子传媒机构。嗣后，美国商业电视机构也开办了面向全球或面向某一大洲的电视专业频道。欧洲国家不甘落后，英国、德国、法国、意大利、西班牙等国也先后开办了面向世界的国际卫星电视频道。到了 1995 年，欧洲天空上出现了四十个左右的卫星电视频道，播出 120 套电视节目，一场空前激烈的电视"空中大战"在欧洲率先展开了。

与此同时，亚洲天空也不平静。从 1990 年 4 月起，亚洲卫星公司和亚太卫星公司先后成功地发射了几颗通讯卫星，为世界各国和各地区的电视机构提供了开办卫星电视的技术手段。再加上日本、印度尼西亚、泰国、菲律宾、新加坡等国拥有的卫星以及泛美卫星提供的服务，争夺亚洲电视市场的卫星电视大战也越演越烈。

香港卫星广播有限公司捷足先登，于 1991 年 5 月办起预映台，到 12 月五个频道全部启播。从 1993 年到 1995 年，"新闻集团"的鲁珀特·默多克分两次购买了香港"卫视"的全部股份。这件事曾经引起了我们密切关注，并且采取了一些防范措施。1996 年以后，默多克又出售部分股份，把"中文台"和"电影台"出让给一家由新加坡华人开办的公司，更名为"凤凰卫视"。1995 年，日本广播协会正式开始面向海外的电视广播。另外，蒙古国、越南、巴基斯坦、泰国、印度、印度尼西亚、马来西亚、菲律宾、新加坡、文莱、土耳其等国以及香港、台湾地区也都陆续开播了卫星电视节目。美国、英国、法国、西班牙、德国、意大利等国的电视机构也纷纷租用能够覆盖亚洲地区的卫星上的转发器，试图把节目推进到人口最多、最有潜力的亚洲电视市场。

在拉丁美洲、非洲，卫星电视大战也是方兴未艾。

近年来发展迅猛的国际互联网是加速电视节目传播国际化的更加有力的推进器。

三、技术数字化和传输网络化

电视原本是科学技术进步的产物；电视的进一步发展还要依靠科技进步。几十年来，电视一直使用模拟技术，而今天从模拟技术到数字技术的转变已经成为全球电视业发展的大方向，可以毫不夸大地说：技术数字化是世界电视业的一场革命。

数字电视应该包括从采访、制作、播出、传输直到接收各个环节全部数字化。使用数字压缩技术把电视节目送上卫星在许多国家已经成为现实。如今，地面电视数字化是许多国家正在着手解决的重大课题。

从20世纪90年代初起，欧洲、美国以及其他发达国家开始研究如何发展数字电视，包括有线电视、卫星电视和地面电视的全面数字化，把数字电视视为本世纪的新兴产业。1992年，欧洲成立了"数字电视"发展组织。率先提出完成地面电视数字化日程表的是英国。1995年8月，英国政府发布了《关于数字地面电视的政府议案》，宣布最快可能在1997年正式开始数字电视广播。在实践中抢先一步开播数字电视的是美国。1997年4月，美国联邦通讯委员会发布了数字电视实施进程表。1998年11月，在美国十个大城市有43家电视台开播了数字电视，美国随之成为世界上第一个播出数字地面电视的国家。1999年5月1日，又有大约六十家电视台介入数字电视行列。美国提出2002年完成电视数字化，到2006年将强制取消模拟电视。欧洲一些国家、日本、韩国均已对外宣布开播数字电视的时间表。

电视节目传输网络化同样是各国电视界正在努力追求的目标。

首先是有线电视网。有线电视发端于20世纪40年代末，我们一直把它定位为无线电视的"延伸和补充"。进入90年代，随着数字技术的日益成熟，有线电视的作用也发生了根本性变化。许多国家正在铺设宽带光纤网，将原来的单向传输节目的有线电视发展成为可以传输几百套节目，具有双向传输功能，提供多种服务的综合信息网。

其次就是计算机网。1969年，美国国防部建设了"阿帕网"，也就是"因特网"的前身。"因特网"又叫国际互联网，是目前全球规模最大的、开放性的、由众多计算机互联而成的计算机网络。90年代初，互联网开始向公众开放，发展势头迅猛，仅在4年的时间内用户就达到了5000万。据报道，到2005年，全球"因特网"用户将达到10亿。一旦带宽问题得到解决，"因特网"将成为世界范围内传输电视节目的强大网络。

在不少国家，广播电视网、计算机网和电信网正在朝着"三网合一"的方向发展，必将推动信息全球化的进程。

四、频道专业化

电视频道必须有特色，才能争取到尽可能多的观众。这是个普通的道理，尤其对商业电视机构来说，收视率就是生命线，一定要把节目办得与众不同，突出自身特色，才能在激烈的竞争中立于不败之地。从 70 年代开始，美国几家电视公司陆续开办了专业频道。一些电视节目制作公司也专门从事专业化生产。到了 20 世纪 80 年代末，又把这些专业频道的节目推向海外。90 年代，专业频道获得前所未有的成功。

开办专业频道曾经引发过争议，比如，美国有线新闻电视网在 1980 年开播专门的新闻节目的时候，就有人认为以专门的新闻节目和美国三大传统电视台的综合节目竞争，简直是异想天开，并且讥讽它是"鸡汤面条网"（有线新闻电视网的英文名称是 Cable News Network 简称为 CNN；讥讽者把这个简称说成是 Chicken Noodle Network）。但是，1991 年，有线新闻电视网在报道海湾战争方面独占鳌头，吸引了大量观众和各国政要，人们只能承认特德·特纳独具慧眼。另外，"家庭影院"的电影和娱乐报道，"娱乐与体育节目有线电视网"转播的体育比赛，"探索"频道的科教节目，"音乐电视网"为青少年服务的音乐节目，都获得很大成功，显示出专业频道的巨大吸引力和广阔的发展前景。

90 年代专业频道获得成功，一方面是因为数字压缩技术大大扩充频道数量，除了综合频道以外，可以容纳数量众多的专业频道；另一方面是观众收视个性化倾向日益发展，随着观众的分流，电视"窄播化"时代到来了。正是适应这样的客观形势，频道专业化才得以大展宏图。"频道经营商"和"频道节目供应商"也就成为目前美国电视界流行的名称。

频道专业化，首先便于观众按照个人兴趣爱好选择喜欢看、需要看的节目。当一个家庭可以同时接收到几百套电视节目的时候，频道专业化恐怕是选看节目的唯一可行的办法。其次可以推动成立一批高度专业化的电视节目制作公司，培训一批高度专业化的电视节目制作人员。高度专业化是在某类节目中多出精品的切实保证。无怪乎一些欧洲电视界人士忧心忡忡，深感无法超越上面提到的美国几家号称"龙头老大"的电视公司出品的节目。

本文只是根据笔者了解到的材料客观地介绍了 20 世纪 90 年代国际电视业的发展趋势。各国有各国的国情，经验无法照搬。但是，电视业总有自身的发展规律，他人的做法总可以作为我们研究问题的参照系。

（2000 年 11 月 27 日）

新世纪国际电视发展趋势

进入新世纪，企业大型化、传播国际化、技术数字化和传输网络化以及频道专业化这些发展趋势更加明显，而且随着时代的前进，显现出一些新特点。

2000年1月10日成立的"美国在线—时代-华纳公司"尽管出现一些曲折，却成为其他公司效仿的先例。在新世纪，有线网络公司Comcast以660亿美元收购迪斯尼，加拿大汤姆森公司以172亿美元收购英国路透集团，默多克的新闻集团以56亿美元收购道·琼斯公司的控股权等，都是近十年中的事。总之，实力强大的广电企业通过收购等方式扩大自身体量，实现多样化经营，已经成为电子传媒企业经营的重要战略。

新世纪头十年里，国际卫星电视大战越演越烈。老牌电视公司竞相开办或重组国际频道，努力扩大影响，抢占市场份额；新生电视频道也积极加入竞争行列，例如，2006年11月15日，半岛电视台推出英语新闻频道，播放非西方观点的新闻节目，加强在国际事务中的话语权。开办一年后，全世界的用户达到1亿户。在互联网加大带宽的条件下，电视公司又得到一个新的国际传播渠道。

另外，电视巨头争先到我国抢滩占地，也是传播国际化的新现象。在我国扩大对外开放，特别是加入世界贸易组织之后，早已觊觎进入我国传媒市场的国际传媒大鳄新闻集团、维亚康姆、时代-华纳、索尼、迪斯尼等公司乘机采用各种合作方式进入我国传媒市场。

在技术领域，大力开发新媒体、新业态，如网络电视、视频点播、音乐下载、网络游戏、网络博彩、手机电视、移动电视、车载电视等。发展高清电视，开发3D技术。

进入新世纪，各家电视机构下足力气推动节目创新，电视节目新形态层出不穷。美国电视剧花样翻新。"真人秀"、"游戏秀"节目大行其道，"脱口秀"节目被广泛采用，其中优秀节目个性鲜明。"韩流"电视剧行销各地，日产动画片风靡全球，等等。

(2011年5月21日，摘自《中国广播电视改革发展十年回眸》"绪论")

【附】

卫星电视发展历程相关资料

　　电视出现以后，在相当长的时间内靠的是地面传输，被称为"地面电视"。地面电视的传输方式是电缆传输和微波传输，传播范围十分有限。拿微波传输来说，每隔一定距离就需要设置一个中继站。在大城市里，需要设立多个转播站才能传送同一个电视节目。在人口稀少的边远地区，设置中继站费用过高，很难顾及。使用通讯卫星传输电视节目就大大扩大了传播范围。一颗位于赤道上空 36000 公里的通讯卫星可以覆盖地球表面三分之一的地区。如果在赤道上空均匀设置三颗卫星，就可以使电视信号覆盖除了两极地区以外的全球各地。卫星电视的出现是电视节目传播的一场真正的革命。

　　通讯卫星可以向社会提供百余种服务业务，例如电话、电报、传真、数据传输，等等。传输电视节目只是其中的一项业务。

　　首先使用通讯卫星传输电视节目的是美国。1980 年 6 月 1 日，美国特纳广播公司（总部设在亚特兰大）董事长特德·特纳创办了有线电视新闻网（CNN）。初办时，只是通过卫星向国内有线电视网和卫星电视用户提供新闻节目。1984 年，CNN 通过国际通信卫星把新闻节目送到欧洲，逐步打开了欧洲电视市场。同年 11 月 15 日，美国新闻署开办了"世界电视网"，任务是使用电视手段向国外观众宣传美国的社会、政策、价值观念和生活方式。先是向美国驻外机构播发电视新闻，继而扩大为向世界各大地区的国外观众播送电视节目。

　　20 世纪 80 年代，在欧洲也出现了为数不多的国际卫星电视台，例如鲁珀特·默多克在 1982 年 4 月创办的"英国天空电视台"和卢森堡广播公司和德国贝特斯曼出版集团在 1984 年 1 月合办的"卢森堡新频道"。

　　90 年代是世界范围内卫星电视迅猛发展时期。电视大国纷纷开办大面积覆盖的卫星电视，真正实现了电视传播全球化。以美国为首的西方国家拥有资金、技术、人才的优势，从而占据强势地位。

　　美国。1990 年 10 月 1 日，美新署的"世界电视网"、电视电影处和美国之音、马蒂广播电台合并，成为一个既从事国际声音广播又从事国际卫星电视广播的统一的对外电子传媒机构。1991 年海湾战争爆发，CNN 大显身手，成为现场报道海湾战争的唯一一家电视机构，观众数量迅速增加，显示出电视传播国际化的威力。美国商业电视机构也利用卫星技术在欧洲开办了几个频道的电视节目，著名的有"家庭影院电缆电视公司"（HBO）、"娱乐和体育节目广播公司"（ESPN）、"音乐电视台"（MTV），等等，而且都获得巨大成功，卫星电视成为传播美国文化的又一个有力的工具。

欧洲。1991年3月11日，英国广播公司办起了"BBC世界电视台"。1994年调整机构，成立了"BBC环球电视公司"。1995年1月1日，开办了"BBC世界新闻频道"和"BBC娱乐频道"这两个对外卫星电视频道，覆盖地区从欧洲扩大到美洲、亚洲、中东和北非。另外，"英国超级电视台"、"英国天空卫星广播公司"（天空电视台和英国卫星广播公司合并而成）继续开展业务。

1992年4月1日，"德国之声"开办了"德国卫星电视台"，先是覆盖欧洲、美洲和北非、西非地区以及部分南美地区。1995年年底，又租用"亚洲卫星2号"向亚洲地区发送节目。

"法国国际电视台"从1989年5月开始运营。这是一家向非洲法语国家公共电视台提供节目的电视机构，主要覆盖地区是非洲，还有中欧、中东、亚洲和拉美的部分国家。"法兰西国际电视"也是一家面向国际广播的电视机构。

意大利（RAI）、西班牙（TVE）等国也积极开办了面向世界的国际卫星电视节目。

这样，到了1995年，欧洲天空上就出现了四十个左右的卫星电视频道，播出120套电视节目，一场空前激烈的电视太空大战在欧洲率先展开了。

亚洲。就在欧洲电视太空大战越演越烈的时候，亚洲的天空也不平静。1990年4月，亚洲卫星公司（英国大东电报局、中国国际信托投资公司和和记黄埔有限公司持有相同股份）使用我国长征3号火箭发射成功了"亚洲卫星1号"，定位在东经105.5度，为在亚洲发展卫星电视提供了技术条件。"亚卫1号"有24个各为36兆赫（MHz）的转发器（每个转发器可以传送800条电话线或者一个电视频道）。其中，南波束12个转发器（1号至12号），北波束12个转发器（1号至12号）。覆盖范围是38个国家和地区，27亿人口。

首先租用"亚卫1号"转发器播出电视节目的是香港卫星广播有限公司。香港卫星广播有限公司原是由和记黄埔有限公司（主席是李嘉诚）和一家由李嘉诚及其家族控制的公司合办的以香港为基地的电视广播公司。1990年12月，这家公司租用了"亚卫1号"南北波束各5个转发器。1991年5月开办预映台，主要是向各地观众介绍各个频道的节目。8月"体育台"正式开始24小时播出节目。12月，"卫视"的5个频道全部启播。这5个频道分别是："卫星电视中文台"、"卫星电视体育台"、"MTV音乐台"、"合家欢台"（STAR PLUS）以及"新闻台"。5个台都是24小时播出，其中，"中文台"用普通话广播，其余4个台以英语为主。"新闻台"全部转播"BBC世界新闻"（就是英国广播公司的环球电视台——BBC World Service TV——的新闻节目）；"音乐台"转播美国音乐电视网（MTV）的节目；"体育台"转播美国体育电视网（Prime Sports）的节目，"合家欢台"播出娱乐性节目。香港卫视由此成为第一家向亚洲各国直接广播的电视机构。

这5个频道具有相当浓厚的西方色彩的节目覆盖我国大陆，加上90年代初我国卫星地面接收设施发展迅速，所以在大陆收看"卫视"节目从一开始就成为一个十分敏感的问题。

1993年6月15日，默多克新闻集团开始插手香港电视业。他本想以18亿港元收购香港"无线"电视（电视广播有限公司TVB）22％的股权。因为违反香港电视条例的规定，未能成功。此后，转而打算购买"卫视"的股权。经过几番交涉，7月21日，李嘉诚的儿子李泽楷在地中海的一艘游艇上和默多克举行"秘密谈判"，终于和新闻集团达成出售"卫视"股权的协议。7月26日，和记黄埔公司、李嘉诚及其家族联合宣布已将他们在"卫星广播"有限公司持有的63.6％的股权以5.25亿美元（折合41亿港元）的价格出售给默多克新闻集团。默多克新闻集团也同时在美国发布了这个消息。据我们了解，"卫视"总资产价值为10亿港元，通过这笔交易，和记黄埔公司和李氏家族各赚得15亿港元。在出售后的"卫星广播"公司里，和记黄埔公司和李氏家族仍持有36.4％的股权。

这笔交易怎么做成的呢？主要是绕过了香港法例的限制。"卫视"的母公司叫"卫星广播"，是在英属维尔京群岛注册的。维尔京群岛位于加勒比海、大西洋和北太平洋中间，不受港英政府法例的限制。"卫星广播"负责节目制作、片源事务和有关资产；"卫星电视"负责按港英政府制定的标准、规则安排节目和广告的播出、监管。换句话说，"卫星广播"是节目、片源的提供者；"卫星电视"是节目播出单位。出售后的"卫星电视"，新闻集团占30.5％的股权，和记黄埔和李氏家族占69.5％的股权。

鲁珀特·默多克生于1931年，澳大利亚人。20世纪70年代崛起。已经加入美国国籍。目前，他在澳大利亚、英国、美国和香港地区拥有近百家报纸、杂志以及遍布世界各地的电影、电视网络和卫星电视，被称为"国际传媒大王"。

默多克收购"卫星广播"部分股权后，又采取了几个后续行动。

首先是人事调动。1993 年 8 月，他从美国调来纪云思（James F. Griffiths），任香港卫星电视董事总经理。纪云思原是美国"20 世纪福克斯"的收费电视和国际家庭影带总裁。9 月，又任命邓士亭（Gut Dunstan）为卫星电视公司总经理。此人曾任澳洲第十电视网络公司发展部总经理。

其次是通过舆论界宣传他收购卫视的意图。1993 年 10 月，默多克在伦敦发表演说，表示："最近电讯方面革命被证明是对独裁统治的明确的威胁，卫星广播使那些封闭社会中渴望信息的居民能够绕过国家控制的电视频道。"

再次是宣布对发展卫星电视的设想。10 月，默多克向英国报界透露他要开辟印度、中国和印尼三个市场，特别注重中国市场。他说，中国的"收费电视正在发展"，打开这个市场"可以采取与当地广播机构合资的办法进行"。他认为，"中国经济特区经济繁荣，广告市场就大有潜力。这不是明天的事，而是非常快的事"。

1993 年 10 月，国务院公布了《卫星电视广播地面接收设施管理规定》，对默多克把"卫视"节目打入中国显然是个重大障碍。默多克亲自坐镇香港，商讨对策，并且亲自出马，四处游说。同时，提出希望来华访问，提出种种优惠条件，加强同我们的合作，最终目的还是想方设法把"卫视"的节目打入我国市场。香港"卫视"是"亚星 1 号"上覆盖我国整个国土的最重要的越境电视节目，我们和默多克"新闻集团"的斗争具有很大典型性。默多克"新闻集团"在某种意义上起到了"带头羊"的作用。就在他收购"卫视"部分股权后不久，美国道·琼斯公司也宣布买下了"亚洲商业新闻"电视网29.5％的股份。随后，时代-华纳公司、美国电话电信公司、美国广播公司等也纷纷加入亚洲电视市场的角逐。

默多克经过长达近两年的联系，终于接到了我们的邀请，于 1994 年 12 月底来华访问。在和当时的广播电影电视部的会谈中，默多克着重解释他在各种场合的谈话不是针对中国的，而且一再表示愿意和我国电视界开展多方面的合作，比如帮助我们培训技术人员，向我们提供先进的技术设备，允诺我们随便使用"新闻集团"在香港的设备，等等。默多克还说，愿意成为一名中国公民，做一个合法的电视制片人。钱其琛外长会见了默多克，并且表示可以先从技术合作开始，加深双方的了解。那次访问的结果之一是默多克承诺香港卫视转播中央电视台即将播出的春节联欢晚会。

1995 年 7 月，默多克又以 3.45 亿美元买下了香港"卫视"余下的36.4％的股份。从此香港"卫视"全部归属默多克所有。

1996 年，默多克把香港"卫视"中文台的 55％的股份出售给一家由新加坡华人开设的公司，并且把中文台的经营权交给了这家公司，中文台更名为"凤凰卫视"。

1997 年 6 月，香港回归祖国前夕，我在香港会见了默多克。当时他表示，为了适应亚洲的情况，他不打算再开办新的电视频道，而是转而经营平台，谁愿意把电视节目送上卫星，他的公司可以提供服务。

1994 年 7 月 21 日，亚太卫星公司发射了"亚太 1 号"卫星；1995 年 1 月 26 日，发射"亚太 2 号"卫星，没有成功。1995 年 11 月 28 日，亚洲卫星公司发射了"亚洲 2 号"卫星。1996 年 7 月 3 日，成功地发射了"亚太 1 号 A"通讯卫星。1997 年 10 月 17 日，成功地发射了"亚太 2 号 R"通讯卫星。这几颗卫星发射成功，再加上其他国家发射的卫星，为亚洲天空的卫星大战开辟了更大的空间。

1994 年 6 月，日本政府修改了广播法。1995 年 4 月 3 日，日本广播协会（NHK）正式开办面向海外的电视广播。它通过"泛美卫星 2 号"向亚洲 18 个国家和地区的 36 家有线电视网每天播送 12 小时的节目。另外，蒙古国、越南、巴基斯坦、泰国、印度、印度尼西亚、马来西亚、菲律宾、新加坡、文莱、土耳其等国都开办了卫星电视节目。

香港电视广播有限公司（"无线"）也积极发展卫星电视（香港电视广播有限公司的老板是著名的电影界人士邵逸夫。无线电视在 1967 年 11 月 19 日正式开播。目前有两个台，即"翡翠台"和"明珠台"，每天播出 33 小时的节目，每年制作 5000 多小时的节目，在香港的收视率为 80%）。1993 年 8 月，"无线"提出开办卫星电视。合作伙伴是台湾年代国际公司（总经理是邱复生）和福隆制作公司。第一步计划是使用印度尼西亚"帕拉帕"卫星，主要覆盖台湾。据台湾报纸报道，1999 年 9 月 28 日，"无线卫星台"已正式开播，每天播出 12 至 15 小时的新闻、专题和娱乐性节目。第二步计划（他们称为"星河计划"）是 1994 年年中租用"亚太卫星 1 号"上的转发器，节目传送范围主要是中国大陆，还有韩国、日本及东南亚国家。届时，准备设 4 个台：体育节目、电影、以儿童和家庭观众为对象的娱乐性、教育性节目和以科学技术为主的纪录片。预计投资 1 亿多美元。"无线电视"为了向国际扩展，去年成立了相对独立的"电视广播（国际）有限公司"（TVBI），制定了《公司在中国之计划》。为谋求在中国大陆的更大发展，这个公司提出：（1）在国内投资设立制作厂房；（2）用卫星讯号向国内传送节目；（3）其他，像培训人员，等等。

总括起来说，目前有 9 颗播出电视节目的卫星基本上覆盖了我国全部领土，它们是：泛美卫星 2 号、4 号、8 号；亚洲卫星 2 号、3S；亚太卫星 1 号、

1A、2R 和鑫诺 1 号（中国鑫诺卫星公司）。还有 4 颗播出电视节目的卫星覆盖我国南部部分地区，它们是：印度尼西亚的帕拉帕 C2 卫星，泰国电信的泰星 2/3 卫星，新加坡和我国台湾合作的中新 1 号卫星和菲律宾的马布海 2 号卫星。9 颗卫星上约有 135 个广播电视频道，其中约 60 个频道加密，75 个频道不加密。国外大的广播电视公司均使用这些卫星播出节目，例如，CNN、TNT、MTV、CNBC、BBC、ESPN、HBO、NHK、Discovery、Animal Palent、路透社新闻、美联社新闻，等等。另外，香港、澳门、台湾地区的电视节目也通过这些卫星播出。

除此而外，俄国、法国、英国、德国、澳大利亚等也都争先恐后地参与亚洲电视市场竞争。

（2000 年 10 月）

WTO 和我国的广播影视

1999 年 11 月 15 日，中美双方签署了关于中国加入世界贸易组织的双边协议，为中国"入世"迈出了重要的一步。2000 年 5 月 19 日，中国和欧盟又就中国加入世界贸易组织达成双边协议，标志着我国"入世"的进程又向前迈进了一大步。在我国加入世界贸易组织的前夕，人们自然十分关心"入世"对我国各行各业将会产生哪些影响。1999 年以来，报刊上就此发表了许多文章，出版了一些书籍。广播影视界理所当然地也十分关心这个问题。那么，加入世界贸易组织对我国广播影视业将会产生什么影响？我们应该采取什么对策？也就成了人们经常议论的热门话题。

2000 年 8 月 18 日，由三家单位联合主办的"WTO 与中国传媒"论坛正式召开。我认为很必要，也很及时。论坛的主办者要我就"WTO 和我国的广播影视"发个言。本人实在感到汗颜。坦率地说，在这个问题上，本人了解的情况不多，研究不深，特别是我方至今还没有正式公布协议文本，谈起来总有点"瞎子摸象"的感觉。

不过，既然来参加会议，总不能装聋作哑。谈些肤浅看法，大家也就"姑妄听之"吧。我先声明一句：今天谈的意见，既没有受人委托，也不代表任何他人，只是个人的一些初步想法。

一、我们承诺了什么

在和美方谈判当中，我国电影市场的"开放"和"准入"是双方争执的焦点问题之一。据我所知，在这方面我们作出了两项承诺。一是"入世"后，我国进口外国分账影片从现在每年的 10 部增加到 20 部；二是外资可以参与改造中国影院，不超过 49％的股份。需要说明的是：（1）1996 年 6 月 19 日国务院发布的《电影管理条例》中规定，"放映单位年放映国产电影片的时间不得低于年放映电影时间总和的三分之二"。这就是说，每年进口影片总量，包括以分账和买断两种经营方式进口的影片在内，不能超过中国市场发行电影总量的 1/3；（2）分账片并不是单指某一个国家，例如美国。

围绕这件事，我们听到了不同的声音。有人惊呼"狼来了"；有人认为难得的机遇终于来到眼前。

就这个问题，电影界权威人士指出，"'入世'后意味着我们的市场经济规则要与国际规则接轨，按国际惯例办事；意味着电影市场进一步开放，外国的资本、产品、服务以及技术可以部分进入中国，参与中国市场的竞争；同时，我们的民族电影产品也将进一步进入国际市场。这说明，中国作为发展中国家，不是百分之百地开放市场，不是无条件地开放市场，也不是马上全面地开放市场，而是部分开放"。就是说，加入世贸组织对我国民族电影业有利有弊，我们要通过有控制地开放电影市场的办法，取得利大于弊的结果。

2000 年 7 月上旬，国家广播电影电视总局和文化部联合下发了《关于贯彻落实〈关于进一步深化电影业改革的若干意见〉的通知》。《意见》就制片单位、发行单位、放映单位在股份制改造过程中非国有资本和外资参股问题制定了具体规定。换句话说，国务院行政管理部门就我国电影市场开放到什么程度，外资进入到多大程度明确地做出了法规性的规定。

关于广播电视市场的"开放"和"准入"问题，美方也提出了不少要求。据报道，美国的音像娱乐产品是第二大出口产品，每年为美国赢得 40 多亿美元的收入。当然，他们不会对中国的庞大市场视若不见。我们只是答应"以后再谈"，没有作出任何承诺。

二、"入世"对我国广播电视业的影响

既然我们没有就广播电视市场开放和准入问题作出任何承诺，是不是"入世"对我国广播电视事业就没有任何影响呢？当然不是。

依我个人看，这种影响可以分为近期和长远（例如 2005 年以后。《服务贸易总协定》允许少数成员在 2005 年以前，存在与最惠国待遇不符的暂时性措施，在 2005 年之后，最惠国待遇原则上应是无条件的、永久的在所有成员国间实施），可以分为正面和负面，可以分为直接和间接这样几个方面。总的来说，还是那句话，机遇和挑战并存。

开放广播电视市场意味着什么？据我想，无外是在我国的广播电视市场上引进国外的竞争对手，大家在同一个市场内按照统一的"游戏规则"展开公平竞争。竞争领域大体上包括产品（节目）、资金、经营、服务、信息、广告、技术、频道、网络、人才、受众这几个方面，其中，受众是争夺的核心；产品（节目）是竞争的关键手段。在深层次上，广播电视市场的竞争是世界范围内思想文化相互激荡的具体表现。应该说，这场竞争并非始自今日，更不是"入世"以后的事情，而是早已有之。

首先是广播电视节目交流。这是世界各国文化交流不可缺少的重要组成部分，是各国广播电台、电视台必须开展的活动。其次是广播电视传播国际化。广播传播国际化早在 20 世纪 30 年代已经实现。80 年代初期，借助通讯卫星，电视传播国际化也成为现实。90 年代初，亚洲上空出现了"卫星电视大战"。目前，国际互联网已经成为广播电视传播国际化的又一重要渠道。广播电视节目交流和广播电视跨国境传播，实质上，也就是以节目争夺受众。只不过我们采取了若干限制措施，不让国外广播电视节目随意进入我国的广播电视市场，比如，对引进的境外节目，特别是带情节性的节目，我们在引进渠道、引进办法、节目审查、播出时间比例以至播出时段，都有明确规定。对境外卫星电视，1993 年 10 月 5 日国务院发布了《卫星电视广播地面接收设施管理规定》。

广播电视节目交流也好，广播电视传播国际化也好，同样给我们带来正负两方面的影响。小平同志说过，"社会主义要赢得与资本主义相比较的优势，就必须大胆吸收和借鉴人类社会创造的一切文明成果，吸收和借鉴当今世界各国包括资本主义发达国家的一切反映现代社会化生产规律的先进经营方式、管理方法"。他又说，"开放会带来一些资本主义腐朽的东西和消极的影响，要说有风险，这是最大的风险"。就广播电视而言，也是同样的道理。从积极方面来说，我们可以借此开阔视野，获取信息，了解丰富多彩的世界；吸收先进的制作、传输技术；学习科学的经营管理方式和成功的经验；引进必要的资金和人才；从而提高我们节目制作水平；同时，还可以对外传播我们的节目，让世界了解中国的真实情况。从消极方面来说，境外广播电视节目必然传播他们的政治观点、思想意识、价值观念、人生追求以至生活方式，甚至还有可能散布"黄"、"黑"、"赌"、"毒"一类的文化垃圾。能否使积极影响达到最佳效果，使消极影响受到最大限制，完全取决于我们的管理是否得法。

"入世"后，如果开放广播电视市场，我们还会面对这样一些问题。但是，到那时候，情况将会有所不同。我们已经承诺，中国"入世"后，作为该组织的一个成员，在享受其权利的同时，也承担相应的义务。世界贸易组织所遵循的"最惠国待遇"原则和"国民待遇"原则、"透明度"原则，等等，都会成为其他国家向我们讨价还价，甚至施加压力的口实。而长期地完全依靠政府行为，往往就行不通。未雨绸缪，这是从现在起我们必须考虑的问题。

三、几点具体估计

如果大家觉得前面谈的这些想法还比较抽象，比较原则，比较空泛，我愿意再做几点具体估计。

广播电视业包括节目制作、节目播出、节目发射和节目传输几个环节。

就节目制作来说，我们已经制定了一套对外开放的措施。以电视剧为例，我们规定了境内外合作制作电视剧的三种方式，就是联合制作（境内方与境外方共同投资，共派主创人员，共同分享利益，共同承担风险）、协助制作（境外方出资并提供主创人员，境内方提供劳务或设备、器材、场地予以协助，在境内拍摄全部或部分场景，双方根据协议进行利益分配）和委托制作（境外方委托境内方在境内制作）。这套做法已经实行多年，我们已经积累了很多经验。近年来，社会上出现了为数众多的广播电视节目制作机构，就其资产而言，既有国有的，也有民营的、个体的，还有股份制的。根据现行政策，尚不允许境外广播电视公司在我国设立节目制作机构。据我估计，"入世"以后，有可能适当放开。如果是这样，在广播电视节目制作领域，就会出现远比现在激烈的竞争，一些势单力薄的制作单位可能会被冲垮。

就节目播出来说，目前，全国共有 293 座广播电台、653 座电视台（包括无线电视台、有线广播电视台和教育电视台）以及 1269 座县级广播电视台。这些播出机构全部是由各级政府的广播电视行政部门或者教育行政部门设立的。1997 年 8 月 11 日国务院发布的《广播电视管理条例》规定："国家禁止设立外资经营、中外合资经营和中外合作经营的广播电台、电视台。"这就是说。在广播电视播出机构中完全排除了外资进入。据我估计，考虑到广播电视播出机构负责把广播电视节目直接送到千家万户，而广播电视节目又有浓厚的政治性和意识形态性质，起码在相当长的时间内是不会放开的。

就节目传输来说，我们已经基本建成多技术、多层次混合覆盖的现代化的广播电视网。全国共有 748 座广播发射台和转播台、41252 座电视发射台和转播台、188798 座卫星地面接收站、8 万公里专用微波线路、3436 座微波站、三十多万公里的有线电视光缆、电缆干线、三百多万公里的宽带有线电视用户分配网、7700 万有线广播电视用户。目前需要做的是技术改造、设备更新和全国联网，当然需要大笔资金。有关外资是否可以进入的政策，正在研究当中，其中发射台、转播台纯属需要不断投入的提供技术支撑服务的单位，想赚钱的人未必有多大兴趣。而有线电视网却是人人看好、大有前途的基础设施。今后，除了广播电视商业广告的收入外，有线网络经营将是广播电视业十分重要的经济增长点。据我估计，这块"肥肉"是不会轻易让与外人的。

以上说的是"入世"对我国广播电视业的直接影响。

间接影响也是不可小视的。间接影响同样可以分为积极和消极两种情况，比如，进出口商品的大量增加，可能为广播电视带来可观的广告收入；降低关税，可以节省不少我们购买进口设备的资金；内外商业交流的活跃，可以为广播电视节目提供新的题材；而电影分账片的增加肯定要和电视争夺观众，影响电视的收视率；电子产品降价会引导消费者购买计算机、机顶盒、DVD机、VCD机，改变观众的收视习惯，如此等等。

"入世"对广播电视工作者思想观念的影响也不可低估。我曾经在几次会议上谈过社会主义市场经济的发展引起广播电视工作者观念的三个变化，即节目是精神产品，又是特殊商品；频道是播出渠道，又是创收的宝贵资源；广播电视是传播精神文明的事业，又是第三产业的重要部门。但是，并不是所有广播电视工作者都自觉地树立了这样的观念，也不是所有广播电视界管理人员都认同这样的变化。"入世"后，我们可以更广泛地、更直接地接触到境外广播电视机构的人员，可以更深入地、更具体地了解境外广播电视机构的运作方式。我相信，这可以促使我们深入研究社会主义市场经济体制下广播电视的特性。

以上说的只是我个人的初步估计。肯定是不全面的。至于准确与否，还要靠今后实践来检验。

四、我们的对策

经过 50 年的发展、20 年的改革，我国广播电视已经具备相当的规模。1999 年年底，广播人口综合覆盖率达到 90.35％，电视人口覆盖率达到了 91.59％，覆盖了全国近 10 亿的人口。这是世界上最大的广播电视市场，外国广播电视机构迫不及待地要进入我国，原因正是这个广大市场具有巨大的吸引力。我国无愧为世界级的广播电视大国。但是，我们还不是广播电视强国。

目前，我国广播电视事业还不够强大，还存在许多急待解决的问题，比如，广播电台、电视台数量虽多，真正有实力的屈指可数（据英国的《国际电视业务》统计，1997 年中央电视台以 4.95 亿美元的收入被列为世界电视百强的 57 位；1998 年以 6 亿美元的收入提升到 51 位；可是名列第一的美国时代-华纳公司的年度电视收入分别是 123 亿和 184 亿美元；在世界电视百强中，美国占了 26 家，英国、德国和日本各占 8 家，加拿大和澳大利亚各占 6 家，法国占了 5 家，总共是 67 家；默多克新闻集团 1998 年的资产总值是 360 亿美元）；传输网络虽然较长，但是相当分散，没有形成互相连通的完整体系；资金不足；选拔人才的机制不灵；频道资源使用不尽合理；节目制作水平还不高，等等。我国广播电视市场只是初步形成，还很不成熟，秩序还比较混乱，可是，马上又要考虑市场开放问题。不能不说"入世"对我们是个严峻的考验，压力的确很大，风险的确不小。

当前的关键问题是我们要拟订正确的、科学的、符合实际的对策。出路就在于深化广播影视改革。

最近两年，广播电影电视总局已经提出了深化广播影视改革的具体措施。据我的理解，深化改革的目标就是：联合起来造大船。正如总局领导所说，我们要打造广播影视的"航空母舰"和"联合舰队"。

第一项措施是推进广播影视集团化。综观世界广播电视大国的动向，广播影视企业大型化已经成为 20 世纪 90 年代出现的重要发展趋势。在经济全球化的大背景下，要么在本行业中成为"龙头老大"，至少也要占据二三的位置，要么被淘汰出局。广播影视集团化是触及广播影视体制问题的根本性改革。根据总局最近提出的意见，我们要在中央和省、直辖市、自治区这两级建立几个确有实力的广播影视事业性集团，在集团内部实行企业化经营管理。通过集团化，彻底解决广播影视业的"散""乱"和"离心力"问题。

第二项措施是转变地市县级广播电视机构的职能，以转播中央和省级台的节目为主。把无线电视台和有线电视台合并，合理使用频道资源，减少内部矛盾。这是涉及整合播出机构，调整布局的根本性改革。

与此相配套的是加快广播影视立法进程；大力提高广播影视各类节目的制作水平；以"数字化、网络化、信息化"为目标加速广播电视技术的全面进步；组建广播电视网络传输公司；开发有线电视网络的增值业务；培养各个工作领域的复合型人才；努力推进广播影视机构的管理制度和运行机制的改革，特别是改革人事管理制度、财务管理制度；培育广播影视节目市场，整顿市场秩序，等等。

从以往的工作经验来看，我个人十分赞成总局提出的各项深化改革的措施。

在本月 12 日召开的中国广播电视学会三届五次常务理事会会议上，新近当选的学会会长徐光春同志提出要求学会对当前重大改革措施提供理论指导和理论支持。这是一个很高的要求，起码远远超过了我个人的学术水平和研究能力。不过，我非常赞成他提出的要求。我认为，我们应该大力加强广播影视理论研究，尽快实行科学决策、民主决策。目前，改革的深度和广度非比寻常，需要有科学理论的指导，以大量数据和事实为依据。只有这样，才能准确地审时度势，才能在改革中趋利避害，比如，集团化问题，必须防止"翻牌现象"；坚持集团的事业性质，必须为资本运营找到出路；地市县级台转变职能，必须合理解决一系列实际问题。类似的问题，只有加强调查研究，充分考虑到我国经济发展不平衡以及由此带来的广播影视业发展不平衡的现实情况，才能得到妥善解决。为此，我建议总局调集各方面的得力人才，尽快成立一个决策研究中心，为总局各项决策提供参考意见。

我们有邓小平理论为指导，有以江泽民总书记为核心的党中央的正确领导，有几代广播电视工作者通过艰苦奋斗奠定下的坚实基础，有 50 万广播电影电视工作者的团结协作，只要决策正确，我们完全有信心抓住机遇，应对挑战，把我国广播影视事业搞强，搞大，在世界范围的激烈竞争中立于不败之地，尽早跻身于世界广播影视强国之林。

（2000 年 8 月 18 日）

"入世"后，我国广播电视面临的机遇和挑战

经过 15 年的艰苦谈判，我国终于在 2001 年 12 月 11 日正式成为世界贸易组织的成员。这件事标志着我国对外开放和现代化建设进入了一个新阶段。

在"入世"谈判的过程中，特别是最近几年，我们一直关注一个问题，就是："入世"究竟会对我国广播影视业产生什么影响？目的是未雨绸缪，预做准备。当时，关于"入世"谈判的文件没有公布，我们只能到处打听消息。得到的回答是谈判根本没有涉及媒体，对你们广播电视没有什么影响。说句老实话，那时候，我就不大相信这个回答，我们千万不能有虚假的安全感。

后来，陆续透露出两条消息。一条说我国承诺"入世"后以分账形式进口的影片要从现在的 10 部增加到 20 部；另一条说我们承诺允许外商从事除电影以外的音像制品的分销和录像带的出租。当时没有公布谈判的细节，但是这两项承诺已经直接关系到我国的广播影视业，当然引起了我们极大关注。后来公布的"中国加入世界贸易组织法律文件"中有关"服务贸易"部分果然包括这两项承诺。

在这种情况下，我曾经向总局一位领导同志提出：是不是应该召开一次有关我国加入世贸组织对广播影视业的影响的研讨会？总局领导认为：文件没有正式公布，不适宜由官方召开这类研讨会。其实，在那段时间里，这类研讨会已经开过多次，报刊上也发表了不少文章。2000 年 8 月 18 日，中央电视台研究室和其他两个单位联合主办了一次"中国传媒论坛"，主题是"WTO和中国传媒"。在会上听了几位专家的发言，我也讲了一些个人的看法。

现在，"入世"的法律文件中文参考译文（正本是英文、法文和西班牙文）已经公开发表，报刊上刊登了大量研究"入世"对各行各业影响的文章，尤其是一些政府部门的负责同志发表了本行业应对"入世"挑战的措施，我们就有条件进一步研究一下我国"入世"给广播电视业带来的影响了。

今天，我想谈些个人的想法，分五个问题。

一、形势

主要谈一谈我们为什么要加入世界贸易组织。

　　加入世贸组织既给我们带来机遇，也给我们带来挑战。在短期内，一些行业、企业和产品肯定要受到冲击；某些市场化程度不高、竞争力不强的行业会受到大的冲击。单纯从某些行业的利益考虑，肯定会得出"弊大于利"的结论。然而，从整体来看，从长远来看，加入世贸组织肯定会给我国带来多方面的益处。是否加入世贸组织，从一开头，就是个有争议的问题。

　　去年12月，在"省部级干部WTO规则及吸收外资政策法规研究班"上，朱镕基总理指出："加入世贸组织，是党中央在全面分析国内外形势的基础上，为加快我国改革开放和社会主义现代化建设作出的决策，符合我国的根本利益和长远利益，是促进我国经济持续快速健康发展的必然选择，是我国对外开放进入一个新阶段的标志，是对我国完善社会主义市场经济体制的有力推动，也必将促进中国经济现代化的进程。"这段话可以说是对我国为什么加入世贸组织的明确回答。

　　朱总理首先指出：加入世贸组织是全面分析国内外形势后作出的正确决策。

　　当前国际形势有哪些基本特点？主要是三条：世界多极化、经济全球化以及科技进步带来的社会信息化。

　　20世纪80年代末，苏联解体，东欧剧变，两极格局结束，世界加快向多极化战略格局发展，形成"一超多强"的局面。

　　世界多极化给我们带来什么机遇？主要是一个有利于进行社会主义现代化建设的国际环境。这是容易理解的。想当初，美苏两个超级大国争夺世界霸权，整天剑拔弩张，搞军备竞赛，操纵各地的军事冲突，确实存在着大战的危险。如今，美国成了唯一的超级大国，国内生产总值近10万亿美元，占全世界经济总量的30%以上。美国老想"领导"世界，但是它的确没有力量单独"主宰"世界，原因是其他几个强国的实力也不可小视。欧盟各国国内生产总值和美国大体相当；日本一国的国内生产总值大约相当于美国的一半；俄罗斯虽然不如以前，但是发展潜力很大，而且不甘心处于"二等国家"的地位；2001年，中国国内生产总值达到九万多亿人民币，也就是一万多亿美元，超过了意大利，上升到世界排行第六位。这样，大国之间就出现了相互制衡的力量结构。另外，发展中国家在国际事务中的作用不容忽视，像联合国这类国际组织还有地区性组织的作用也在日益增强。国际关系中，综合国力竞争占据了主导地位。在国际竞争当中，军事因素在下降，经济因素、文化因素、科技因素在上升。综合考虑这一切因素，我们才得出这样的结论：和平和发展是时代的主题。"9·11事件"后，国际关系发生了重大变化，恐怖主义成了各国的头号敌人，非传统的国家安全变成各国政府十分关心的问题。但是，就总体来说，国际战略格局并没有改变。正如朱总理在今年的《政府工作报告》中指出的那样，总体和平、局部战争，总体缓和、局部紧张，总体稳定，局部动荡，是今后一个时期国际局势的基本态势。我国和各个大国的关系得到发展和改善，和周边国家保持着睦邻友好合作关系，加强了和广大发展中国家的友好关系。这样的国际环境正是我们集中精力进行经济建设的难得时机。在如此有利的国际环境下，加入世贸组织可以促进我国经济持续快速健康发展。

经济全球化的基本内涵是世界经济融为一体，一个国家、一个地区出现的经济变动能够产生"牵一发而动全身"的效果。经济全球化的标志是跨国公司的出现以及先进的交通工具和现代通讯技术的发展。当前，经济全球化已经是经济发展的客观趋势，是人力不可阻挡的。但是，经济全球化又是一柄"双刃剑"，经济大国尽享全球化的"红利"，而广大发展中国家却饱受贫穷落后之苦。关键在于每个国家都要根据自己的国情采取适当措施，趋利避害，在经济全球化的进程中为本国谋取最大利益。

经济全球化为我国经济建设提供了什么机遇呢？主要是可以充分利用国内外两个市场和两种资源。我国是一个幅员辽阔、人口众多的大国。国内市场相当广阔，发展经济主要靠开发国内市场。1997年亚洲金融危机爆发以来，商品出口遇到不少困难，我国靠着拉动内需，尤其是基本建设投资增长，保持了国内生产总值每年7％以上的增长速度。凡是不怀偏见的人士都承认：在世界经济普遍衰退的情况下中国经济"一枝独秀"。但是，在经济全球化的时代，任何一个国家都不可能单靠国内市场推动经济发展，还是尽可能参与国际市场的竞争，在国际市场上占有一定份额。至于自然资源，过去我们常说我国"地大物博"，其实，并不是样样丰富，比如木材、石油都是短缺物资。一些高精尖的产品，我们自己还制造不了，比如电脑芯片。利用国外资源，进口必需的商品，有利于我国加快经济发展，何乐而不为呢？世界贸易组织、国际货币基金组织和世界银行被称为世界经济的"三大支柱"，在世界经济发展中担负着举足轻重的作用。加入世贸组织，我们可以更深入地参与经济全球化的进程，我国对外开放进入了一个新阶段。

科学家预言，21世纪将会发生三场重大产业革命，就是生物工程产业革命，生命工程产业革命以及信息产业革命。应该说，这三个领域都和人类生活密切相关。以信息技术为例，这些年来，信息技术发展迅速，日新月异，主要标志是数字压缩技术、卫星通讯技术和互联网的发展。人才因素、技术创新、智慧投入在经济增长中的作用越来越明显，越来越重要，从而出现了具有划时代意义的"知识经济"（举例来说，美国微软公司初创时，只有3名员工，年收入只有 16 亿美元，经过 20 年的发展，微软已经成为世界闻名的高科技公司，净资产达到 850 亿美元，市值高达 5000 亿美元，比尔·盖茨成为美国的首富）。技术无国界，先进技术人人可以利用。我们既要在技术创新上努力取得突破性成果，也要加强和各国的技术交流，缩短差距。科学技术进步导致社会信息化。如今，信息传递的速度，传播的范围，方便的程度大大超过以往。"闭关锁国"不但是愚蠢的行为，而且事实上也是不可能了。加入世贸组织，我们不仅可以更方便地引进先进技术，而且可以以更开放的姿态融入世界。

中央在认真分析了以上这三方面的情况，审时度势，作出了加入世界贸易组织的决定。只有这样做，我们才能在更大的范围和更深的程度上参与国际经济合作与竞争。

国内形势，大家都很清楚。1992 年，邓小平同志发表南方谈话和召开党的"十四大"是我国的发展和改革进入新阶段的标志。后来的经济发展一直走的是建立社会主义市场经济体制的道路。进入新世纪，中央宣布我国进入全面建设小康社会，加快推进社会主义现代化建设的新阶段。一方面，经济建设保持高速增长的势头；另一方面，还有许多深层次的问题需要解决。拉动经济增长的"三驾马车"是基本建设、居民消费和对外贸易。在扩大国内需求方面，我们已经取得了举世公认的成绩。加入世贸组织有助于我国扩大对外贸易，有助于更多地吸引外资。

加入世贸组织，我们当然要承担应尽的义务，同时也享受相应的权利。从国家的整体利益考虑，加入世界贸易组织给我们带来的好处是：

首先，促进我国对外贸易的发展，进而带动 GDP 的增长。目前，世界贸易组织共有 144 个成员，它们之间的贸易额占世界贸易的 95%。世贸组织有三项基本职能。第一项职能是制定、实施和监督多边贸易规则。作为世贸组织的成员，我们可以在制定国际"游戏规则"的过程中享有发言权，维护自身权益。第二项职能是组织多边贸易谈判。作为世贸组织的成员，我们可以享受多边贸易谈判的成果，别人争得多少权益，我们也能享有多少权益，消除在国际贸易中的歧视性待遇。第三项职能是解决成员国之间的贸易争端。作为世界贸易组织的成员，我们可以利用争端解决机制，解决可能产生的贸易纠纷。这样一来，我们就能够大大改善对外贸易环境，加强同各国、各地区的经贸关系。对外贸易的发展对推动经济增长关系很大。国际经济界权威人士估计，我国加入世贸组织可以使我国 GDP 增加两个百分点。经验证明，GDP 每增加一个百分点，可以带来 500 万人的就业机会。

其次，推动我国市场经济体制的完善。党的"十四大"确定我国经济体制改革的目标是建立社会主义市场经济体制。但是，社会主义市场经济体制的特点是什么，不是一下子能够说清楚的。世贸组织基本原则和规则体现了市场经济的一般规律，比如，非歧视原则、透明度原则、公平竞争原则、开放市场原则都是市场经济的基本原则。加入世贸组织，就要按世贸组织的规则办事。在这个过程中，我们可以加快我国经济活动适应市场经济体制的要求，解决许多在新旧体制转换中难以解决的问题。最明显的变化是政府管理经济的行政部门转变职能，中介组织开始真正发挥政府和企业之间的桥梁作用，规范行业行为，维护行业权益。

第三，促使我国对外开放达到新水平。党的十一届三中全会以来，我国进入了改革开放的新时期。对外开放取得了世人公认的成绩，对我国现代化建设作出了巨大贡献。但是，对外开放是个逐步前进的过程。加入世贸组织，我们就要按世贸组织的规则办事，逐步开放国内市场，降低关税，取消非关税措施。这样做的结果，就是进一步改善外商投资环境，提高我国市场对外资的吸引力，更多地引进外国资本、技术和管理经验。利用外国资金、技术改造我国传统产业，加快高新技术产业和服务业的发展，提高我国产业发展的整体水平。

我们还可以举出其他许多好处，比如加快观念的更新，"创品牌，守规矩，讲信用"会逐渐成为人们的普遍意识。没有这种意识的人在商界就无法立足。再比如，可以加强与各国间的文化交流，在碰撞当中，吸取他人的文化营养。

总之，加入世贸组织是中央审时度势，为了国家的长远利益作出的重大决策。

二、承诺

加入世贸组织，我国作出了一系列承诺，包括货物贸易和服务贸易。

在"乌拉圭回合"谈判过程中，首次达成了《服务贸易总协定》。《总协定》把服务贸易分为 12 个部门，其中大部分涉及文化领域。这里，我们只谈与广播影视相关的承诺，包括电影、音像制品、电信和广告。

在电影方面，我们的承诺是：1）"在不损害与中国关于电影管理的法规的一致性的情况下，自加入时起，中国将允许以分账形式进口电影用于电影院放映，此类进口的数量应为每年 20 部"；2）"自加入时起，将允许外国服务提供者建设和/或改造电影院，外资不得超过 49%"。

需要说明几点：1）我国关于电影管理的法规就是 1996 年 6 月 19 日国务

院发布的《电影管理条例》。为了适应加入世贸组织和我国电影改革发展的需要，2001年12月25日，国务院又发布了经过修订的《电影管理条例》，从2002年2月1日起施行。《条例》当中有不少属于保护民族电影的规定（例如，第24条规定"国家实行电影审查制度"。第25条具体规定了电影片不得载有的10项内容和"电影技术质量应当符合国家标准"。第31条规定"进口供公映电影片，进口前应当报送电影审查机构审查"。这样就可以防止一些内容反动的或者不健康的影片进来）。2）我国进口电影片包括两种经营方式，一种是分账，另一种是买断，承诺每年进口的20部电影片只是指分账式，不包括买断式，就是说每年进口的电影片会超过20部；3）《电影管理条例》第44条规定"放映单位年放映国产电影片的时间不得低于年放映电影时间总和的三分之二"，这就是说，每年进口影片总量，包括以分账和买断两种经营方式进口的影片在内，不能超过中国市场发行电影总量的1/3；4）进口分账片并不是单指某一个国家，就是说，除了美国以外，我国还要从其他国家进口分账片。

在音像制品方面，我们的承诺是："自加入时起，在不损害中国审查音像制品内容的权利的情况下，允许外国服务者与中国合资伙伴设立合作企业，从事除电影外的音像制品的分销"。

需要说明几点：1）"音像制品"是指录有内容的录音带、录像带、唱片、激光唱盘和激光视盘等音像载体，不包括广播电视节目和电影片；2）"分销"包括零售、批发和租赁音像制品；3）音像制品的中外合作企业的合同条款必须符合我国有关的法律、法规以及其他规定。我国涉及音像制品管理主要有两个条例：一个是《音像制品管理条例》，1994年8月25日由国务院发布。为了适应我国音像事业的发展和"入世"承诺，对原条例进行了修改。2001年12月25日，国务院颁布了经过修改的《音像制品管理条例》，2002年2月1日起实施。按照新条例的规定，国务院文化行政管理部门负责音像制品的进口、批发、零售和出租的监督管理工作，从而结束了"三国演义"的局面。新条例明确规定：国家允许设立从事音像制品分销业务的中外合作企业；另一个是《中外合作音像制品分销企业管理办法》。这是由文化部和外经贸部在2001年12月10日颁布的，2002年1月10日起实施，其中规定"中国合作者在合作企业中所拥有的权益不得低于51%"。中国合作者在合作企业中具有最终的决策权；董事长必须由中国合作者担任；合作期限不超过15年。

在电信方面，我们的承诺包括基础电信服务（包括国内外基础电信、移动话音和数据服务、寻呼服务）和增值服务，其中和广播影视有关的是网络服务。加入时，有一定地域限制（部分业务只限于上海、北京和广州），从加

入后一年起到第六年逐步取消地域限制；在中外合资企业中，外资不超过
49％（国内外基础电信业务和移动话音和数据服务）和50％（寻呼服务和增
值电信）。

需要说明几点：1）世界贸易组织的《服务贸易总协定》的《关于电信服
务的附件》中规定：公共电信服务只包括电话、电报、电传和数据传输，不
包括广播和电视节目的传输服务；2）外国企业参与互联网业务，主要是 ISP
和 ICP 两项业务，均不涉及广播电视网络；3）但是，网上传输广播影视类节
目的业务将会逐步增多，这属于广播影视行政管理部门的管理范畴。

在广告方面，我们的承诺是：在加入时，允许外国服务提供者在中国设
立中外合营广告企业，外资比例不超过 49％；加入两年内，允许外资控股；
加入 4 年内，允许外国服务提供者在华设立外资独资子公司。外资广告公司
将涉足广播影视广告领域。

三、影响

"入世"对我国广播影视事业有哪些影响呢？

在电影方面，我们作出了承诺。中国作为发展中国家，不是百分之百地
开放市场，不是无条件地开放市场，也不是马上全面地开放市场，而是部分
开放。就是说，加入世贸组织对我国民族电影业有利有弊，我们要通过有控
制地开放电影市场的办法，取得利大于弊的结果。

在广播电视方面，我们没有就开放广播电视市场作出任何承诺。"入世"
对广播电视业还有什么影响呢？我想，这种影响可以分为正面的和负面的，
近期的和长远的，直接的和间接的这样几个方面。总的来说，还是那两句话：
机遇和挑战并存；工作做好了，机遇大于挑战。

所谓"正面"和"负面"，讲的是影响的性质。

2002 年年初，总局局长徐光春在一次报告会上提出了"入世"对广播影
视业将会产生六点影响。1）增加了广播影视业改革发展的紧迫感和推动力；
2）拓展了广播影视业国际合作和对外交流的发展空间；3）开辟了广播影视
学习借鉴国外先进科技和管理经验的新渠道；4）广播影视将面临西方意识形
态及价值观念的更大冲击；5）广播影视将面临境外文化产品涌入的更大压
力；6）广播影视将面临相关行业激烈市场竞争的更大挤压。

这六点是把广播电视和电影放在一起谈的，讲得很全面，很实际。正面
影响是增加推进改革的动力；扩大对外交流的空间；更有效地吸取国外先进
技术和管理经验。负面影响是面临异国文化的更大冲击；面临境外文化产品

的更大压力；面临相关行业的更大挤压。

所谓"近期"和"长远"，讲的是影响发生作用的时间。

近期内，由于广播电视市场没有开放，影响还是有限的。所谓"长远"，也就是五年的时间。我国是发展中国家，又是从中央计划经济向市场经济转型的国家。按照《服务贸易总协定》的规定，作为这种类型的国家，我国在全面实施协定各项规定方面可以享有五年的过渡期。五年后，就应该全面执行"总协定"的规定。我们必须充分利用好这宝贵的五年。

所谓"直接"和"间接"，讲的是影响发生作用的方式。

为了说明这个问题，我们先来研究一下"开放广播电视市场"意味着什么？据我想，"开放广播电视市场"，无外是在我国的广播电视市场上引进国外的竞争对手，大家在同一个市场内按照统一的"游戏规则"展开公平竞争。竞争领域大体上包括产品（节目）、资金、经营、服务、信息、广告、技术、频道、网络、人才、受众这几个方面。其中，受众是争夺的核心；产品（节目）是竞争的关键手段。在深层次上，广播电视市场的竞争是世界范围内经济竞争和思想文化相互激荡在广播电视业内的具体表现。应该说，这种竞争并非始自今日，更不是"入世"以后的事情，而是早已有之。所以光春同志在谈到负面影响的时候，用了三个"更大"。

从经济竞争来看，这是一场实力悬殊的竞争。换句话说，我国的广播电视业的实力和发达国家广播电视业的实力不在一个量级上。

根据《世界广播电视参考》提供的材料：

2000年，美国在线-时代-华纳的收入是318亿美元；沃尔特·迪斯尼的收入是234亿美元；维阿柯姆的收入是128.6亿美元；新闻集团的收入是135亿美元。

与此相比，2000年，我国全国电视广告营业额是169亿元人民币。

中国广播影视集团是我国广播影视集团的"老大"，2001年12月6日成立的时候，对外宣布固定资产为214亿元人民币，年总收入111亿元；"老二"是上海文化广播影视集团，固定资产146亿元，2000年市场营业收入42.3亿元；北京广播影视集团的固定资产是50亿元，广告收入是10个多亿元；湖南广播影视集团拥有固定资产30多亿元，广告收入4亿元左右；浙江广播影视集团的总资产是22亿元，年经营收入8.6亿元。

数字是枯燥的，数字又是无情的。从这组数字对比当中，我们看得很清楚：在资金上，我们和世界大型综合传媒集团相比，差距很大。不过，这也没什么奇怪。像广播电视业这样的大投入、重装备、高消耗的事业，其发展总要依托于国民经济发展的整体水平。2001年，我国的国内生产总值是

95933 亿元人民币，而美国的国内生产总值大约是十万亿美元，高出我们九倍多。除了资金外，办好广播电视业需要各类高素质的人才、先进的技术设备、科学的管理办法、有效的营销手段，等等，都得要有积累的时间。美国电视业始于 1939 年，比我们（1958 年）早 20 年；彩色电视始于 1954 年，也比我们（1973 年）早 20 年。更不用说我们还搞了 10 年"文化大革命"，浪费了不少时间。

从思想文化角度来看，竞争主要表现在两个方面。

首先是广播电视节目交流。这是世界各国文化交流不可缺少的重要组成部分，是各国广播电台、电视台必须开展的活动。

其次是广播电视传播国际化。广播传播国际化早在 20 世纪 30 年代已经实现。80 年代初期，借助通讯卫星，电视传播国际化也成为现实。90 年代初，亚洲上空出现了"卫星电视大战"。目前，国际互联网已经成为广播电视传播国际化的又一重要渠道。

广播电视节目交流和广播电视跨国境传播，实质上，也就是以节目争夺受众。只不过我们采取了若干限制措施，不让国外广播电视节目随意进入我国的广播电视市场，比如，对引进的境外节目，特别是带情节性的节目，我们在引进渠道、引进办法、节目审查、播出时间比例以至播出时段，都有明确规定。对境外卫星电视，1993 年 10 月 5 日国务院发布了《卫星电视广播地面接收设施管理规定》，对安装卫星地面接收设施做了限制，实际上，就是对境外电视节目入户做了限制。

广播电视节目交流也好，广播电视传播国际化也好，同样给我们带来正负两方面的影响。小平同志说过，"社会主义要赢得与资本主义相比较的优势，就必须大胆吸收和借鉴人类社会创造的一切文明成果，吸收和借鉴当今世界各国包括资本主义发达国家的一切反映现代社会化生产规律的先进经营方式、管理方法"。他又说，"开放会带来一些资本主义腐朽的东西和消极的影响，要说有风险，这是最大的风险"。

就广播电视而言，也是同样的道理。从积极方面来说，我们可以借此开阔视野，获取信息，了解丰富多彩的世界；吸收先进的制作、传输技术；学习科学的经营管理方式和成功的经验；引进必要的资金和人才，从而提高我们节目制作水平；同时，还可以对外传播我们的节目，让世界了解中国的真实情况。从消极方面来说，境外广播电视节目必然传播他们的政治观点、思想意识、价值观念、人生追求以至生活方式，甚至还有可能散布文化垃圾。能否使积极影响达到最佳效果，使消极影响受到最大限制，完全取决于我们的管理是否得法。

"入世"后，如果开放广播电视市场，我们还同样会面对这样一些问题。但是，情况也会有所不同。今后的竞争肯定会更加激烈，但是也更讲究规则，更讲究平等，更讲究透明度，因此也就更讲究实力。我们已经承诺，中国"入世"后，作为该组织的一个成员，在享受其权利的同时，也承担相应的义务。世界贸易组织所遵循的"最惠国待遇"原则和"国民待遇"原则、"透明度"原则，等等，都会成为其他国家向我们讨价还价，甚至施加压力的口实。而长期地完全依靠政府行为，往往就行不通。未雨绸缪，这是从现在起我们必须考虑的问题。

接下来，我们就可以研究一下直接影响和间接影响。

广播电视业包括节目制作、节目播出、节目发射和传输以及节目接收这样几个环节。

1. 节目制作

我们已经制定了一套对外开放的措施。以电视剧为例，我们规定了境内外合作制作电视剧的三种方式，就是联合制作（境内方与境外方共同投资，共派主创人员，共同分享利益，共同承担风险）、协助制作（境外方出资并提供主创人员，境内方提供劳务或设备、器材、场地予以协助，在境内拍摄全部或部分场景，双方根据协议进行利益分配）和委托制作（境外方委托境内方在境内制作）。这套做法已经实行多年，积累了很多经验。近年来，社会上出现了为数众多的广播电视节目制作机构，就其资产而言，既有国有的，也有民营的、个体的，还有股份制的。根据现行政策，尚不允许境外广播电视公司在我国设立节目制作机构。据我估计，"入世"以后，有可能适当放开。如果是这样，在广播电视节目制作领域，就会出现远比现在激烈的竞争，一些势单力薄的制作单位可能会被冲垮。

2. 节目播出

目前，全国共有304座广播电台、354座电视台以及1272座广播电视台。这些播出机构全部是由各级政府的广播电视行政部门设立的。1997年8月11日国务院发布的《广播电视管理条例》规定："国家禁止设立外资经营、中外合资经营和中外合作经营的广播电台、电视台。"这就是说，在广播电视播出机构中完全排除了外资进入的可能。据我估计，考虑到广播电视播出机构负责把广播电视节目直接送到千家万户，而广播电视节目又具有浓厚的政治性和意识形态性质，起码在相当长的时间内是不会放开的。

3. 节目发射和传输

我们已经基本建成多技术、多层次混合覆盖的现代化的广播电视网。全国共有67936座广播电视发射台和转播台、388173座卫星地面接收站、8万公里专用微波线路、2492 座微波站、三十多万公里的有线电视光缆、电缆干线、三百多万公里的宽带有线电视用户分配光电缆。目前需要做的是技术改造、设备更新和全国联网，当然需要大笔资金。有关广播电视网络融资政策已经明确（广播电视网络公司只能由广播电视部门组建；国有企事业单位及国有控股公司可以参与广播电视传输干线网建设；广播电视系统内资金可以参与广播电视分配网络的建设；外资和私人资本不能进入广播电视网络）。其中发射台、转播台纯属需要不断投入的提供技术支撑服务的单位，想赚钱的人未必有多大兴趣。而有线电视网却是人人看好、大有前途的基础设施。今后，除了广播电视商业广告的收入外，有线网络经营将是广播电视业十分重要的经济增长点。据我估计，这块"肥肉"是不会轻易让与外人的。

4. 节目接收

我国的广播电视消费市场是全世界第一号的大市场。据统计，目前，我国拥有 5 亿台收音设备和 3.5 亿台电视机。广播人口覆盖率达到 92.74%，电视人口覆盖率达到 93.65%，覆盖人口为 10 亿，还有近 1 亿的有线广播电视用户。国外广播电视界长期觊觎的就是这样一个广阔的广播电视消费市场。争夺这块市场的基本手段是广播电视节目。谁的节目能够适应受众的需求，谁的品牌叫得响，谁就能占到较大的市场份额。我们一再提倡节目创新、节目创优，就是为了在"眼球经济"中站稳脚跟。除此而外，别无他法。

以上说的是"入世"对我国广播电视业的直接影响。

间接影响也是不可小视的。间接影响同样可以分为积极和消极两种情况，比如，进出口商品的大量增加，可能为广播电视带来可观的广告收入；降低关税，可以节省不少我们购买进口设备的资金；内外交流的活跃，可以为广播电视节目提供新的题材；而电影分账片的增加、音像制品分销业务的活跃肯定要和电视争夺观众，影响电视的收视率；电子产品降价会引导消费者购买计算机、机顶盒、DVD 机、VCD 机，改变观众的收视习惯，等等。

以上说的只是我个人的初步估计，肯定是不全面的。至于准确与否，还要靠今后实践来检验。

四、对策

拟订对策要贯彻"解放思想、实事求是"原则。"解放思想"，就是按照江泽民总书记提出的"三个代表"重要思想，坚持与时俱进，"自觉地把思想从那些不合时宜的观念、做法和体制中解放出来"。要敢于冲破陈旧的观念，改变过时的做法，改革束缚事业发展的体制。"实事求是"就是按客观规律办事。其中包含三层含义：一个是在调查研究的基础上制定符合实际情况的改革原则、方针、政策；另一个是贯彻执行统一的改革原则、方针、政策的时候，要制定符合各地实际情况的灵活性措施；第三是对改革的进展要给予符合实际的评价，有一说一，有二说二。当然，还要贯彻小平同志一再强调的"发展是硬道理"的原则，就是说，改革的终极目的是推动我国影视业的健康发展。我国地域辽阔，各地经济发展水平参差不齐，影视业的发展道路和发展状况同样存在很大差异，要求各地采取完全相同的措施，是不现实的。比如，［2001］"17号"文件规定广播影视集团的管理机构是"管理委员会"，一把手应该叫"主任"。中国广播影视集团、北京广播影视集团采用了规定的模式。到了其他地方，叫法就是"五花八门"了。上海文广集团的一把手是"总裁"；湖南广播影视集团的一把手是"董事长"；山东只有总台，一把手是"总台台长"。名称只是一种叫法，却反映了不尽相同的经营理念。总局领导并没有要各地强行统一名称，而是认为可以采用多种实验的办法，从实践的效果来看哪种经营形式更为合适。

贯彻"解放思想、实事求是"的原则，就要研究竞争对手的实际情况和战略意图，也要切实地估量我们自己的情况和长远打算。

我们的竞争对手主要是发达国家的广播影视机构，论经济实力确实和我们不在一个量级上。

他们的战略意图是尽可能广泛深入地进入我国广播影视消费市场。具体来说，可以分为政治意图、文化意图和商业意图。办法就是实施"本土化"。

改革开放二十多年来，我国影视业不断进行改革，最根本的目的就是发展自己，缩短差距，参与国际竞争，而且取得了显著的成效。和20年前相比，我们的事业规模、基础设施、技术水平、节目年生产量和播出量、人才状况、市场体量已经大大超过以往。这些都是我们参与国际竞争的物质基础。

目前，我国广播电视事业规模宏大，但是实力还不强，除了资金不足外，还存在许多急待解决的问题，比如，全国各地广播影视事业发展极不平衡；广播电台、电视台数量虽多，真正有实力的屈指可数；传输网络相当长，但是处于分散状态，没有形成互相贯通的完整体系；选拔人才的机制不灵；频道资源使用不尽合理；节目制作水平还不高；法制建设还有待加强，管理水平还有待提高；广播影视市场只是初步形成，还很不成熟，秩序还比较混乱，等等。

我们的长远打算是什么？中国广播影视集团提出的目标是把集团建设成为"国家主力，亚洲一流，世界前列"。有的省级集团也向社会公布了自己的发展目标（比如，2001年，湖南广播电视集团宣布将在5到10年内实现100

亿的产值收入,自制电视节目 1 万小时、广播节目 1 万小时、电视剧 1000 部集;今年,上海文广集团提出集团力争销售收入年均增长 10%,总资产 5 年翻一番,达到 300 亿元)。

制定对策是广播影视行政部门的责任。关于"入世"后的对策,徐光春同志提出了六条:1)深化改革,加快发展;2)提高质量,丰富节目;3)完善法规、健全制度;4)加强管理,规范秩序;5)借船出海,走向世界;6)提高素质,建设队伍。

六条对策涉及广播影视改革、节目、法规、管理、对外宣传和队伍建设,针对性都很强。每一条当中包括许多具体内容。

我想就广播电视业深化改革的几个问题谈些个人的看法。

广播电视业的改革大体上可以划分为四个阶段:

第一阶段是改革的起步阶段,从 1979 年到 1982 年。开始的标志是党的十一届三中全会的召开。

第二阶段是改革的推进阶段,从 1983 年到 1992 年。开始的标志是在党的"十二大"以后召开的第十一次全国广播电视工作会议。

第三阶段是改革的展开阶段,从 1992 年到 1997 年。开始的标志是小平同志发表南方讲话和党的"十四大"召开。

第四阶段是改革的深化阶段,从 1998 年到现在。开始的标志是在党的"十五大"以后召开的全国广播影视厅局长会议,会议上提出了"全面推进广播影视业的改革和发展"。

前三个阶段的改革,大家都是亲身经历过的,不必多说。

我以为,当前的深化改革是全面性的、战略性的改革。是不是可以概括为"四管齐下",就是:

第一,建立以集团化为重点的新的管理体制;

第二,建立以数字化、网络化为基础的新的技术体制;

第三,建立以频道专业化、栏目对象化和节目精品化为目标的新的节目创优体制;

第四,建立以产业化为核心的新的经营体制。

目前的"四级办"的事业格局以及不同样式的管理体制,不管是局台合一,还是局台分开,都是 1983 年第十一次全国广播电视工作会议以及中共中央 1983 年 17 号文件下发以后逐渐形成的,而且一直延续至今。现在正在进行的改革,是要通过集团化贯彻"政事分开"、"管办分开"的原则彻底改变多年来大家习惯的"管理、事业一肩挑"的办法;是要通过县级台转变职能、省级台开办公共频道改变"四级办"规定的在一定条件下县级台可以自办电视频道的办法。所以我认为这次改革是战略性改革。

改革是探索，改革是试验。格局变动势必引起利益重新调整，也就会出现诸多矛盾。因此，对当前的改革存在各种想法是很自然的。

首先，关于组建广播影视集团问题。

我赞成以集团化为核心的改革。在当前的形势下，建立综合性大型传媒集团是一个有远见的选择。理由有三：

1. 和国际广播影视业的发展潮流相适应。综观世界广播电视大国的动向，广播影视企业大型化、综合化已经成为 90 年代出现的重要发展趋势。

2. 和我国社会转型相适应。改革开放以来，我国正处在社会转型期，从计划经济体制向市场经济体制转变。和社会转型相适应，社会组织势必也要发生变化。在计划经济体制条件下，"系统"、"单位"是我国的主要社会组织形式。优点是便于管理，缺点是各自封闭。在市场经济体制条件下，各个"系统"、"单位"封闭式运行不利于资源的合理配置，造成各种资源的浪费，需要创造新的社会组织形式。集团这种形式有利于资源共享，开展综合性经营。

3. 和高新科技进步相适应。90 年代是高新科技取得重大进步的时代。对广电行业来说，数字化、网络化显得特别重要。数字化使各种传播手段互相融合，导致综合性传媒的产生。卫星通讯技术、有线电视技术、互联网技术的共同效应就是把世界、把中国连成一体。广播电视宽带光缆网好比是一条宽阔的四通八达的高速公路，只有各个路段畅通无阻，才能充分发挥其效益。这就是为什么要组建全国性的广播电视传输网络公司的基本原因。

根据中办发［2001］17 号文件的规定，要在中央和省、直辖市、自治区以及有相当实力的省会城市和计划单列市建立若干确有实力的广播影视集团。通过集团化，彻底解决广播影视业的"散"、"乱"问题，把我国广播电视业做大做强。

从 2000 年 12 月 27 日湖南广播影视集团建立起，上海、北京、浙江、江苏、山东等地已经建立了广播影视集团或集团性质的总台。2001 年 12 月 6 日，中国广播影视集团成立。其他省级集团有的已经审批完毕，有的方案已经报到总局，有的正在拟订方案。应该说，集团化的进展还是相当快的。

其次，关于广播影视集团的性质问题。

按照"17 号"文件的规定，"广电集团属于事业性质"，但是实行企业化管理。事业单位实行企业化管理是近年来不断听到的一种说法。为什么主张这样做？据我的理解，大概有三个原因。一个是有人担心，事业单位，尤其是像广播电视这样的政治性很强、意识形态性质很强、以传播新闻为主的事业单位（这一点和电影制片厂有所不同），一旦成为企业，可能会出现"失控"现象。另一个是广播电视界的管理人员大都认识到原来的管理模式的缺欠，希望找到一个适应市场经济体制下的新的管理办法，这个办法就是事业单位吸收现代企业管理的成功经验。第三是业内一些人士认为，这种模式既可以享受国家对事业单位的各种优惠政策，又可以尽可能多地占有市场份额。

这几年，一些广播电视机构开始注重"成本核算"，讲究投入产出的比率，采取了一些相应的措施。还有少数广播电视机构加入了资本运作行列，把经营性单位集合起来进入股市，比如上海的"东方明珠"、中央电视台的"中视股份"、湖南的"电广传媒"、北京的"歌华有线"。这些都是企业化管理的试验，而且取得了可供参考的经验。

但是，作为定性为事业单位的广播影视集团，在整体上如何实行企业化管理，特别是执行一种什么样的财务管理制度，还是一个有待解决的问题。我国对事业单位和企业单位的财务管理采取了完全不同的办法。企业单位是"自主经营、自负盈亏"。事业单位是财政拨款，包括"全额拨款"、"差额补贴"、"自收自支"等。这两种办法泾渭分明，不能混淆。拿中央三台为例，财政部对三台的财务管理采用了不同办法。现在，三台均已成为中国广播影视集团的成员，财务管理究竟采用哪个台的办法？这是一个问题。整个集团实行企业化管理，财务管理应该是什么样？这又是一个问题。按照与时俱进的要求，应该创造出适合事业单位企业化管理的财务制度。这可不是一个简单的问题。即使新的财务制度创造出来了，也还要经过国务院正式批准，才能付诸实施。

再次，关于组建广播影视集团的步骤问题。

目前已经成立的广播影视集团基本上是把原有的若干单位组合到一个集团里去，加盟集团的各个单位在开展业务、人事管理、财务管理、事业建设、技术建设等各个方面仍然保持原来的状况。这就是人们常说的"物理反应"，改革还没有完全到位。"17号"文件规定："组建集团要着力推进体制改革和机制转换，防止拼凑集团和搞翻牌集团"。这就是说，下一步要着力推进体制改革和机制转换，也就是人们常说的进行"化学反应"。

我个人理解，"化学反应"是指广播影视资源（节目、技术设备、人才、财力、网络）的合理配置和机构的重新调整。总局领导提出下一步的具体任务是"三个统一"，就是人员统一调配，财务统一管理，事业统一开发。显然"三个统一"是必须做的。而完成"三个统一"又是一项相当艰巨的任务。

也有一种意见，就是先进行"化学反应"，然后再进行"物理反应"。基本意思是按照"自下而上，先易后难"的原则逐步调整机构，整合资源，理顺关系，建立新的运行机制，直至"水到渠成"，建立集团。依照这样的步骤走，可能时间需要长一些。还没有组建集团的地方，也可以尝试一下。

最后，关于地市级广播电视机构转变职能问题。

1999 年年初召开的全国广播影视厅局长会上，提出了县级台有无必要存在的问题。当时，不少人认为可能要改变事业发展的方针，从"四级办"改为"三级办"。这件事在县级台引起了不小的震动，对事业发展也造成了一定影响。过了不久，总局领导宣布：从来没有提过取消县级台，只是要求地县级广播电视播出机构转变职能。目前，这个问题的有关政策经过几次调整，已经明确。

但是，在一些地方，尤其是在东南沿海广播影视业发达地区，还存在争论。原因是的确存在一些不能回避的实际问题，比如，在浙江、江苏，一些县级电视台每年创收一两千万，甚至到了 3000 万。一旦取消自办频道，这笔收入就会大大减少。有的广播电视机构建造办公大楼，靠的是银行贷款，需要用电视频道的广告收入偿还贷款。还有，现有的人员如何安置，现有的设备如何处理，等等。这些问题都需要妥善处理。

解决这个问题，需要一系列配套措施，比如，中国广播影视集团计划利用已经铺设好的广播电视传输网络开办上百个收费的专业频道。开办这么多专业频道，肯定需要依靠中央和省级电视台、确有实力的地级电视台以及社会上的节目制作公司来制作满足一个专业频道常年需要的节目。县级台的优势不在节目制作，而在完善广播电视网络，扩大电视用户，开拓电视消费市场。这样一来，各级电视机构都能发挥固有的优势，都能在发挥优势的过程中取得相应的利益。这就叫各得其所，相得益彰。

除了前面谈到的四个问题外，我们还有许多工作要做，比如，加快广播影视立法进程；大力提高广播影视各类节目的制作水平；开发有线电视网络的增值业务；培养各个工作领域的复合型人才；努力推进广播影视机构运行机制的改革，特别是改革人事管理制度、财务管理制度；培育广播影视节目市场，整顿市场秩序，等等。

五、八点估计

我国加入世界贸易组织，我国广播影视业加快深化改革，将会引起哪些变化？将会导致什么样的局面？我想试做以下八点估计，顺带提一些建议。

第一，随着集团化的发展，将会涌现出几个以广播影视为主业的综合性大型传媒集团和若干中型集团（集团数量究竟多少合适，是个很值得研究的问题）。大型传媒集团将迅速实现跨媒体经营，向新兴传媒领域（例如互联网）拓展业务，同时将采用一些新的播出方式（例如视频点播）；将缓慢地实现多种形式的跨地区经营，将自身影响辐射到外地；将逐步参与资本运营，开辟多元化的融资渠道，壮大自身实力；将努力推进运行机制改革，特别是财务管理必须创造一套新的制度，以适应事业集团实行企业化管理的要求。

第二，与此相应，将会出现几个实力强大的广播影视节目制作机构。这些机构将以适应市场需求、节目质量高超、诚实守信、经营有方创造出巨大的品牌效应，占有可观的市场份额，成为各家广播电台、电视台和音像市场的主要供应商，以至国际闻名的文化企业。至于那些中小型节目制作机构，有两条路可供选择：一条是以兼并、重组、入股、联营、项目合作等方式融入大型节目制作机构；另一条是以"小本微利"在夹缝中求得生存。当然，也不排除有的中小型节目制作机构会创造"奇迹"。

第三，有线电视台和无线电视台合并，地县级电视台转变职能，将会导致频道数量减少，专业频道增多。电视台播出的节目总量可能下降，对节目的质量要求会进一步提高。在电视剧仍然保持吸引商业广告的主体地位的同时，电视台对各类高质量的广播电视专栏节目的需求将会增加，特别是文化类、科技类、法制类、纪录片以及对象性很强的节目需求量会更大。节目制作社会化将有助于改变广播电台、电视台"自产自销"的带有自然经济特点的节目生产方式，同时有助于节目制作机构走专业化分工的路子，从而出现一些专门制作某类节目的权威性公司和专业水平高超的人员。

第四，数字技术的逐步推广，将会导致出现一个模拟技术与数字技术并存阶段，而经济发达地区将在十几年内全面实现电视播出数字化。国家广播电视光缆干线网已经全线贯通，投入运行。数字技术将创造出诸多新的节目播出形式（例如交互电视），而宽带网络将为节目传输和播出开辟出巨大空间（宽带有线网可以安排60到200个频道），也为社会提供多种服务创造了条件。数字广播影视节目平台建设已经提上日程。广播电台、电视台和广播影视节目制作机构必须更新技术设备，增聘懂得数字技术和网络技术的技术人员和节目制作人员；制作节目时，必须考虑观众多样化、个性化的需求，从而打破"千篇一律"的创作模式。

第五，总局计划建立常年固定的全国性广播影视节目市场。我个人建议：在国内南北方选择两处（最多三处，再多就会分散注意力）地方建立常设的广播电视节目市场。广播影视行政部门负责监管，向节目制作机构发放市场准入证，制定市场交易规则和规范化交易文本，对价格实行浮动制监控，在适当时机逐步取消场外交易。建立节目交易市场以招标方式选择可靠的企业投资，靠租赁摊位、提供服务以及多种经营回收资金。上市节目要求品种多样（不只是影片和电视剧），不论何时生产，只要内容合格，均可现场销售。市场使用计算机管理，上市节目全部录入计算机，各个节目交易市场用计算机联网，便于购买者查询、检索、审看样片。同时，利用遍布全国的广播电视宽带网络进行网上销售。这种做法既便于行政部门管理、监控，又可使节目制作机构降低成本、盘活存货，也为购买者提供前所未有的方便。

第六，社会中介组织将会发挥越来越大的作用。加入世界贸易组织以后，我国政府在管理方式上势必发生重要变化。在经济管理领域，已经建立了若干行业性中介组织。社会管理领域推动社会中介组织的发展是迟早的事。鉴于电子传媒社会影响广泛，存在诸多敏感问题，行政部门管理职能不宜削弱。目前，一时难下决心建立广播影视全行业的协会。我建议：先建立影视节目制片业协会，作为试点。在影视业中，制片业属于和市场联系最密切的行当之一。制片业协会可以承担起协调内部关系的职责，规范行业行为，维护行业权益，探索社会中介组织在广播影视业中如何发挥作用。加入世贸组织之后，行业性社会团体也最适合和境外同行业打交道，成为行政部门对外交往的得力助手。

第七，广播影视节目市场的法制建设将会进一步加强。市场经济是法制经济，一切都要有法可依，依法办事。近年来，行政部门已经制订了若干有关广播影视的法规，立法成绩显著。但是，还没有一个直接涉及影视节目市场的法规。整顿市场秩序，广播影视行政部门也有一份责任。我建议：首先从调查研究入手，摸清广播影视节目市场确实存在的混乱现象；其次针对存在的问题，制订相应的法规；再次在有法可依的前提下，严格执法，铲除一切不良现象；第四为了做到严格执法，必须建立得力的执法队伍。

第八，懂得市场营销的人才、懂得资本运营的人才将会成为广播影视播出机构和节目制作机构的急需人才。在计划经济体制下，广播影视节目制作完全服从计划要求，从来不讲究成本核算，不讲究投入产出比率，不讲究市场调查。我们拥有一大批善于制作节目的人才，但是缺少懂得市场营销的人才、懂得资本运营的人才。尽管经过十几年的市场运作，涌现出一些在节目制作、市场营销以至资本运营三方面显露出才华的人才，然而人数还是太少。加入世贸组织之后，在国内外两个广播影视节目市场上展开的竞争将会十分激烈。面对国外广播影视机构采取"本土化"战略，第一仗必然是人才争夺。因此，培训"三能"人才确是当务之急。摸清现有人才的底数，测算所需人才的数量，开辟多种人才来源，确定培训基地和培训方式，制定留住人才的措施，都是需要马上进行的工作。

改革本身就包含了探索，包含了创新。谁也不敢百分之一百地保证改革会一帆风顺，起初的设计会一成不变。前面说到的估计不免会有偏颇，建议也仅供参考。

（2002 年 7 月 28 日）

【附笔】本文是作者在上海和广州两次会议上的讲课提纲，其中部分论述和《WTO 和我国的广播影视》有重复的地方。为了照顾论述的逻辑完整性以及两年间的发展变化，未加删除。

面向 21 世纪的广播电视发展战略的初步思考[*]

在即将到来的 21 世纪，广播电视究竟如何发展？近来，在北京、江苏、浙江等地广播电视界围绕这个问题进行过多次研讨，一些学术刊物发表了不少研究文章。这个问题涉及对未来的预测，而预测总需要一定的胆识，同时带有一定的风险。20 世纪初，八国联军占领北京，闹得人心惶惶，当时恐怕没有人会预测到 1949 年建立中华人民共和国；建国的时候，大家欢欣鼓舞，恐怕没有人会预测到 1966 年发生"文化大革命"，而且延续十年之久。

今年，中国广播电视学会拟订的重点研究课题之一，就是"2000 年—2010 年我国广播电视事业发展战略"，把展望性研究的下限定在 2010 年，无非是考虑到预测的困难；另一方面也是因为国家已经在 1996 年 3 月确定了国民经济和社会发展"2010 年远景目标纲要"，为我们的课题研究提供了基本依据。到现在为止，这项课题的研究还没有正式启动。也许再过上一年半载，学会组织的集体攻关课题组可以拿出一份比较像样的研究报告。

我今天发言的题目是《面向 21 世纪的广播电视发展战略的初步思考》。只能就这个题目谈几点个人的很不成熟的看法，作为"引玉之砖"，和大家交换意见。

思考之一：研究问题的依据

在我们国家，广播电视是党和国家文化事业的重要组成部分。1997 年 8 月 11 日，国务院公布了《广播电视管理条例》，其中规定广播电台、电视台只能由各级政府的广播电视行政部门设立；其他任何单位和个人不得设立广播电台、电视台；还禁止设立外资经营、中外合资经营和中外合作经营的广播电台、电视台。换句话说，一不准许私人办台；二不准许外资投入；三除了广播电视行政部门外不准许其他单位办台，只有教育部可以办教育台。这些规定肯定要管到下个世纪。这一点和资本主义国家的广播电视是不同的。在资本主义国家，虽然也有官方主办的广播电视机构（像"美国之音"）和非

---

* 本文是作者在"浙江人民广播电台建台 50 周年报告会"上的讲话摘要。

营利性的公共广播电视机构（像"日本广播协会"、"英国广播公司"），但是大量存在的，甚至在社会上占主导地位的还是私营的商业广播电视公司。

在我们国家，无论任何时候，广播电视事业的发展不可能脱离国家政治、经济、文化的总体发展。从 1949 年到 1976 年，我国广播电视事业是在传统的计划经济体制的大框架内发展起来的；改革开放 20 年，随着国家经济体制的转轨，广播电视事业逐渐适应社会主义市场经济体制的规范，得到了长足发展。50 年来，几代人的努力为下个世纪广播电视事业的发展奠定了坚实的基础。另外，我国广播电视事业的发展还要受到国际形势变化以及世界范围内科学技术进步的影响。因此，研究面向 21 世纪我国广播电视发展战略，不能采取孤立的方法，而要从以上所说的互相联系的各种因素中找到依据。那么，有哪些依据呢？

1. 作为党的行动指南的邓小平理论；

2. 党和政府对国际形势发展方向的科学论断以及对国内政治、经济、文化发展的战略部署，其中包括广播电视行政部门和企事业单位制定的方针政策、工作规划和工作安排；

3. 过去几十年我国发展广播电视积累的经验教训；

4. 国外（特别是发达国家）发展广播电视的经验教训以及未来的走向；

5. 对与广播电视相关的科学技术进步的预测。

只有充分掌握以上五个方面的资料、数据，才能保证研究工作的严肃性、科学性和前瞻性，把盲目性减少到最低限度。这就需要集中各方面专家学者的力量，进行集体攻关，才能达到预期的目的。

思考之二：改革开放 20 年广播电视的变化

大家一致公认，改革开放 20 年是我国广播电视发展的最好时期。社会环境、政治形势、经济发展、科技进步都为我国广播电视事业的发展创造了前所未有的优越条件。我国广播电视工作者以邓小平理论为指针，按照党和政府制定的方针政策，艰苦奋斗，开拓进取，使我国广播电视事业呈现出一个全新的局面。我们常用两句话来形容这个新局面，一句是突飞猛进的发展，一句是日新月异的变化。前一句话指的是"数量"；后一句话指的是"质量"。

支撑这两句话的不是空谈，而是一系列数据和事实。

从物质方面看，我国广播电视事业的规模空前扩大；技术手段不断更新；从业人员大量增加，专业水平提高较快；固定资产和资金增加较多。这些都为我国广播电视事业进一步发展打下了良好的物质基础。

从精神方面看，20 年来，我们在"实践—认识—再实践—再认识"的循环往复的过程中探索前进，观念不断更新，对有关广播电视的一些基本问题的认识有了质的变化。我个人看，起码有三点认识带有根本性质。首先，我们过去把广播电视看作是政治性强的纯粹的公益性事业，现在认为它还是第三产业的重要部门，或者是公益—经营性事业。其次，过去我们认为广播电视是党的宣传工具（在"文化大革命"中甚至说广播电视是无产阶级专政的工具），单纯强调它的宣传教育功能；现在认为它是党、政府和人民的喉舌，是社会主义精神文明建设的重要阵地，应该具有传达政令、传播信息、普及知识、进行社会教育、提供娱乐和服务等多种功能。再次，过去我们在广播电台、电视台内部实行行政型管理；现在，正在逐步改为实行引进企业管理机制的事业型管理。这三点是我们对广播电视的性质、功能和管理模式认识的深化，是带有根本性的变化。之所以说这些是根本性的变化，是因为这些观念的变化，加上技术进步提供的可能性，导引出其他一系列变化。

比如，在适当程度上把听众观众的需要作为办节目的出发点和归宿；由单向传输转变为多种形式的双向交流；由单一的播音员的播报形式转变为播音员和节目主持人交互出现的播报与讲述相结合的形式；由单纯对内传播转变为内外兼顾的传播；由封闭式的播音室内办节目转变到开放式的公共场所办节目，等等。

至于加强本台评论，向各地派出常驻记者或特派记者进行现场采访，重视现场直播，使用现场图像和音响效果，开办板块节目，在新闻节目中充分运用图表、动画、地图，等等，在不少电台、电视台已经成为"家常便饭"。

亲身经历过这些变化的同志都知道，这些变化不是偶然的，不是凭空而来的，而是来源于新时期党的基本理论和基本路线。党中央把"解放思想，实事求是"确定为党的思想路线，这就使我们认识到没有什么现成的东西是不可改变的，一切做法都要接受实践的检验。小平同志提出建设有中国特色的社会主义，这就促使我们认真思考什么是有中国特色的社会主义广播电视？怎么样建设有中国特色的社会主义广播电视？过去哪些传统做法违背了建设有中国特色的社会主义广播电视的基本要求？党的"十四大"提出把建立社会主义市场经济作为我国经济体制改革的目标，这就促使我们认真思考过去有哪些传统做法是计划经济体制的产物？作为上层建筑的广播电视如何适应社会主义市场经济体制的要求？如此等等，才带来了广播电视领域的巨大变化。

改革开放 20 年，我们的经验集中起来就是要按照广播电视的客观规律办广播电视。这条基本经验得来不易，我们在研究面向 21 世纪的广播电视发展战略的时候必须牢牢记住这条基本经验，既不能走回头路，也不能胡乱蛮干。

思考之三：我们的困难和不足

讲成绩，讲变化，要实事求是；讲困难，讲不足，也要实事求是。只有准确地找到困难和不足之处，才能谈得上如何克服，如何弥补。

江泽民总书记在"十五大"报告中说，"我国现在处于并将长时期处于社会主义初级阶段"，并且概括地说明了社会主义初级阶段的几个特征。当前我国广播电视的困难和不足之处，从根本上说，就是源于我国仍然处在社会主义初级阶段这个"最大的实际"。

我国广播电视事业的困难和不足表现在哪几个方面？程度如何？

这里，我想引用孙家正部长在 1998 年 1 月 16 日的讲话中的一段话。他在列举了 1997 年十项工作成绩后，指出，我们还要"清醒地看到，在前进中还存在一些不足和困难，工作中还有诸多薄弱环节。主要是：我们的许多思想观念、工作方法还不适应社会主义市场经济的要求，改革和发展的力度仍然不够大；广播影视艺术生产还不适应人民群众日益增长的精神文化需求，优秀作品仍然偏少；事业建设还不适应科学技术迅猛发展的要求，扩大广播电视有效覆盖的任务仍然艰巨；管理工作还不适应事业迅速发展的要求，管理意识还比较淡薄，管理水平仍然亟待提高；队伍素质还不适应跨世纪广播影视事业发展的要求，人才培养、干部培训的任务仍然十分繁重"（孙家正：《高举邓小平理论伟大旗帜，努力建设有中国特色社会主义的广播影视事业》）。

我认为，这五个"不适应"（即思想观念和工作方法、艺术生产、事业建设、管理工作和队伍素质）的提法概括得很实事求是，抓住了广播电视工作中存在的主要问题。我试图把这段话再扩展一些。是不是可以这样说，我们的困难和不足程度不同地表现在理论研究、创新思维、经营管理、技术、人才和资金这六个方面。

理论研究：广播电视系统内对软科学研究普遍重视不够，投入不多，学术空气淡薄，尤其是基础性理论研究空白甚多；建设有中国特色的社会主义广播电视理论体系尚处于若明若暗状态，适应社会主义市场经济体制的发展我国广播电视的道路尚在摸索当中；在中央一级和多数省级广播电视机构缺少软件研究部门；一些决策缺乏认真的可行性科学论证，依然是靠经验决策；广播电视理论工作者处于分散状态，尚未形成多层次、有组织的理论队伍；

对国外新出现的广播电视理论信息不灵，了解不多，对外学术交流几乎还是空白，等等。

创新思维：从总体来看，思想观念还没有完全摆脱计划经济体制条件下形成的模式限制，和经济领域的改革相比，广播电视改革力度不大；理论研究还处在回顾过去、总结经验阶段，缺少前瞻性；节目构思处于模仿阶段，出现诸多"克隆"和"再克隆"现象（有的文章说是三模仿，一模仿外国，二模仿港台，三模仿中央电视台）；节目设置单一化，雷同化，"千人一面"，造成频率频道资源浪费；技术手段处于以引进为主的阶段，独创性成果不多，等等。

经营管理：经营管理处于由计划经济模式向市场经济模式过渡阶段，仍然保存了许多过时的管理思想，缺乏强烈的现代经营意识；管理滞后于事业发展，少的是先见之明，多的是亡羊补牢；企事业单位保留了相当多的行政管理机制，"官本位"依然占据主导地位；管理分工过于交叉，管理手段相当落后，等等。

技术：广播电视技术问题，我不在行，也没有找到介绍技术方面困难和不足的权威性文章，所以，只能谈谈印象。据我的印象，我国广播电视技术一直走在技术先进国家后面。相对来说，广播领域好一些，电视差一些。拿电视发展的几个阶段为例，美国电视开播时间是 1939 年 4 月 30 日，我们是 1958 年 5 月 1 日；美国的彩色电视开播时间是 1954 年，我们是 1973 年 5 月 1 日。这两项都晚于美国近二十年。美国开办卫星电视是 1983 年 11 月，我们是在 1985 年 8 月开始租用国际通讯卫星传送节目。目前，美国正在加紧实施播放数字电视节目计划。1998 年 11 月，43 家电视台开播了数字电视节目；今年 5 月 1 日，又有大约 60 家电视台加入这个行列。美国已经提出 2002 年完成电视数字化；2008 年（有人说是 2005 年）强制取消模拟电视。在我国，数字电视还在研究开发的过程中。另外，我国的电子工业也比不上美国、日本和一些西欧国家，电视专用设备基本上还要靠进口。最近，《光明日报》刊登一篇文章说，我国的大规模集成电路工业技术比发达国家落后 12 年。

人才：广播电视事业发展迅速，学校培养的专业人员（包括编播人员、技术人员）供不应求；从其他各个工作领域转到广播电视部门的人员众多，缺少及时的专业培训；特别缺少既懂专业、又会管理而且善于经营的作风正派、廉洁奉公的高级管理人才；人事管理制度改革进展不快，能进不能出、能上不能下的现象继续存在，等等。

资金：总的来看，资金缺乏是制约广播电视快速发展的主要因素；各地经济发展不平衡，广播电视部门创收能力有大有小，差距极大；相当多的单位没有实行成本核算，开支不合理，存在浪费现象；政府对事业单位将在三年内逐步实施"断奶"，一些创收门路不多、创收能力不强的事业单位将会遇到较大困难，等等。

上面列举的困难和不足，说得轻了，还是说得重了，很希望听听大家的意见。有一点可以肯定，就是这些问题在沿海地区和内地、在广播电台和电视台的严重程度还是各不相同的。针对其中一些问题，总局已经提出了解决办法。

思考之四：面向 21 世纪广播电视的发展战略

目前，我国广播电视事业正面临着机遇与挑战并存的关键时刻。决策得当，可以抓住机遇，应对挑战；决策失误，也有可能与机遇擦肩而过，被挑战弄得手忙脚乱。

总的来说，21 世纪的社会环境有利于我国广播电视事业的发展。

国际环境：中央对国际形势的估计是"和平与发展是当今时代的主题"。"在相当长的时期内，避免新的世界大战是可能的，争取一个良好的国际和平环境和周边环境是可以实现的"（江泽民：《高举邓小平理论伟大旗帜，把建设有中国特色社会主义事业全面推向二十一世纪》）。良好的国际和平环境是我国进行现代化建设的必不可少的外部环境，当然也是我国广播电视事业进一步发展的必不可少的外部环境。

国内环境："十五大"报告中提出了几点预测：

第一点是"我们讲一切从实际出发，最大的实际就是中国现在处于并将长时期处于社会主义初级阶段。"这个阶段有多长？回答是："这样的历史进程，至少需要一百年时间。"从什么时候算起？回答是：从 50 年代中期我国进入了社会主义初级阶段。这就是说，我国社会主义初级阶段至少要到 21 世纪的 50 年代。这是一个总的估计。

第二点是在未来的五十多年的时间内，将会发生什么情况？"第一个十年实现国民生产总值比 2000 年翻一番，使人民的小康生活更加宽裕，形成比较完善的社会主义市场经济体制"。第一个十年，就是到 2010 年。"再经过十年的努力，到建党一百年时，使国民经济更加发展，各项制度更加完善"。建党一百年或第二个十年，就是 2017 年到 2020 年。"到世纪中叶建国一百年时，基本实现现代化，建成富强民主文明的社会主义国家"。建国一百年，就是 2049 年。这个表述和前面的表述是一致的，就是说，到下个世纪中叶走完社会主义初级阶段，把我国建成现代化的社会主义国家。第三点是"至于巩固和发展社会主义制度，那还需要更长得多的时间，需要几代人、十几代人，甚至几十代人坚持不懈地努力奋斗。"这一大段话，讲的重点在经济方面，也就是党的中心工作，其中也包括了政治（民主）和文化（文明）方面。

我以为，党中央对 21 世纪的国际、国内形势的科学预测应该是我们思考面向 21 世纪的广播电视发展战略的根本依据。

今年 4 月 27 日，我参加了常州人民广播电台举办的"面向 21 世纪广播发展谋略研讨会"。在会上，不揣冒昧地讲了广播发展的"七化"问题，即频率窄播化、节目市场化、技术数字化、传输网络化、传输渠道多样化、管理企业化、经营集团化。当时考虑得很不成熟，讲的也很粗略。今天，结合广播电视的发展战略问题，从另一个角度重新归纳一下。

首先，面向 21 世纪的广播电视发展战略的第一条是继承优良传统和发扬创新思维相结合

按照"十五大"报告的论述，广播电视事业是有中国特色社会主义文化建设的重要内容，必须服从于我国文化建设的总体目标。广播电视新闻"必须坚持党性原则，坚持实事求是，把握正确舆论导向"。文艺节目必须"坚持为人民服务、为社会主义服务的方向，贯彻百花齐放、百家争鸣的方针，弘扬主旋律，提倡多样化"，坚持思想性和艺术性相统一的创作原则。除此而外，像坚持社会效益和经济效益相统一，弘扬中华民族的优秀传统文化，吸收外国的优秀文化，遵守职业道德，等等，都是中央制定的行之有效的方针政策。违背了甚至偏离了这些原则，就会给社会主义精神文明建设带来损害。因此，我认为，在 21 世纪我们要继承这些优良传统并长期坚持下去。

在坚持这些原则的前提下，我们还必须高度发扬创新思维。21 世纪，我国人民的文化教育水平将会得到普遍提高，对广播电视节目会提出更高的要求。21 世纪是信息时代，信息传播渠道会大大增加，信息传播速度会大大加快。21 世纪是知识经济的时代，人们对现代知识，特别是科技知识的追求会更加强烈。21 世纪是经济全球化的时代，各国之间的经济、文化、科技交流会更加频繁。21 世纪，在我国，政治体制改革将继续深入，到 2010 年将形成有中国特色社会主义法律体系，按照"依法治国"的原则，我国将建设成社会主义法治国家。在这样的情况下，广播电视新闻改革必将更加深入，需要进一步提高新闻的时效性，加大新闻的信息量，增加新闻的可听性和可视性，加强深度报道和舆论监督，增强平民视角。艺术类节目应该丰富多彩，花样繁多，发扬独创性，适应不同层次的听众观众的需要；娱乐性节目必须增加知识含量，提高文化品位。频率和频道设置将会朝着窄播化、对象化发展，以争取相对固定的听众观众。21 世纪将会出现两个新现象，对广播电视节目

结构将产生相当影响。一个是总局决定到本世纪末全国基本实现村村通广播电视，居住在农村的听众观众将会迅速增加，"城市人办电视，为城市人办电视"的现状必须有所改变；另一个是随着公路建设的进展和人民生活水平的提高，"有车族"会大量增加，"汽车文化"会发展起来，广播将更能发挥流动收听的优势。总之，我们应该充分考虑新世纪将出现的新情况，未雨绸缪，预做准备。广播电视对外传播要有一个大发展，在介绍中国真实情况、参与国际舆论斗争中发挥更大的作用。

其次，面向 21 世纪的广播电视发展战略的第二条是全面实现向社会主义市场经济体制下的第三产业转轨

社会主义市场经济体制的建立和发育将为广播电视事业注入新的活力。在国家走向现代化的过程中，第三产业将会得到更大发展。我们的目标应该是把广播电视事业真正办成第三产业的重要部门。为此，广播电台、电视台要逐步引进企业化管理的先进经验和运行机制，从实施成本核算入手，实行节目经费评估，更加注重投入和产出的比率，避免铺张浪费，讲求合理的经济效益。熟悉和运用现代企业惯用的方法筹集资金，发展事业。积极创造条件，开办与广播电视相关的企业，组建各种类型的广播电视集团，以资本为纽带实现强强联合，以强带弱，减少无谓竞争和内部消耗，实现规模化经营，把广播电视事业全面推向前进。除了新闻性节目和必须由广播电台、电视台自己开办的专栏节目外，实行节目招标，尽量使专题、文艺、服务类节目进入市场买卖，建立公平有序的固定的广播电视节目市场，逐步实现播出单位和制作单位分离。全面改革人事管理制度，企事业单位取消行政级别，彻底改变目前存在的"官本位"现象；精简固定用工，全面推行聘任制、合同制，形成能进能出、能上能下的人事管理制度。

再次，面向 21 世纪的广播电视发展战略的第三条是依靠科技进步，采用最新技术成果，实现广播电视的现代化

广播电视本来就是科学技术进步的产物；广播电视进一步发展还要靠科技进步。目前，与广播电视事业相关的技术（通讯技术、卫星技术、微电子技术、数字技术、虚拟技术等）和技术设备发展迅猛，而党和政府特别重视"科教兴国"战略，这两个情况都有利于广播电视在下个世纪依靠科技进步，实现飞跃式发展。

由于我不大懂得广播电视技术，只能介绍一下从其他同志撰写的文章中看到的一些观点。

关于广播电视重点科技研究项目，在新世纪里，我们将完成高清晰度电视、数字音频视频广播、有线电视综合业务网、直播卫星、广播电视同步覆

盖等重点科技项目。关于广播电视卫星，我们将完成从模拟向数字、从 C 波段向 Ku 波段、从转发到直播和从兼用到专用的过渡。关于地面传输，我们要充分利用已经铺设的光缆专线（据统计，光缆骨干网总长度已经达到 20 万公里）完成各省和全国有线电视联网，大力发展有线电视用户接入网，力争到 2010 年全国拥有电视机（总数为 3.2 亿台）的用户有三分之二进入有线电视网；同时对无线传输及发射设备进行数字化、固态化改造。大力推进广播电视的数字化、网络化、信息化，提高传输、发射和播出质量。开发应用各种信息资源，建立综合数据库，在"三网（邮电通讯网、广播电视网、计算机网）一平台"的建设中使广播电视信息平台成为全国信息平台中的最重要的子平台。

最后，面向 21 世纪的广播电视发展战略的第四条是积极开展对外交流，广泛吸收各国的成功经验，同时对外深入介绍我们独特的发展道路和经验

对外开放是我国一项长期的基本国策。"十五大"报告中提出，"我们要以更加积极的姿态走向世界，完善全方位、多层次、宽领域的对外开放格局"。这就为广播电视大力开展对外交流指明了方向。

在开展对外交流中，广播电视是一个敏感的领域。一方面，广播电视属于意识形态范畴，传播的内容具有很强的政治性，负有维护本民族文化传统、抵制外来文化垃圾的重任。因此，世界各国对引进外国的广播电视节目都持慎重的态度，包括一些西欧国家对在世界音像市场上占据绝对优势的美国也保持一定的距离，甚至采取抵制措施。最近，在国际上出现的一些现象，像以美国为首的北约集团对南斯拉夫联盟狂轰滥炸，甚至用导弹袭击我国驻南使馆，而美国的传媒，包括电子传媒又一次暴露了他们隐瞒真相、欺骗公众的真面目。这件事只会使我们在与这些国家的广播电视界交往中更加提高警惕。另一方面，广播电视运用声音或兼用声音和图像进行传播，对受众影响的广度大大超过文字传媒，尤其是在我国当前文盲众多的情况下，广播电视的影响力更是广泛而深入。因此，在谈判加入世界贸易组织的时候，音像市场的开放问题一直是另做处理。

这样说，当然不等于广播电视在对外交往中缩手缩脚，畏缩不前。邓小平同志说过，"社会主义要赢得与资本主义相比较的优势，就必须大胆吸收和借鉴人类社会创造的一切文明成果，吸收和借鉴当今世界各国包括资本主义发达国家的一切反映现代社会化生产规律的先进经营方式、管理方法"。关于文化对外交流，江泽民总书记也说过，"我国文化发展，不能离开人类文明的共同成果。要坚持'以我为主、为我所用'的原则，开展多种形式的对外文化交流，博采各国文化之长，向世界展示中国文化建设的成就。坚决抵制各

种腐朽思想文化的侵袭"。这里讲的是对外文化交流（包括广播电视对外交流）的大方向和基本原则。至于广播电视开放到什么程度，广播电视市场是否对外放开，何时放开，放开到什么程度，要听从中央的决定。不过，积极开展广播电视对外交流是大势所趋。

在新世纪里，我们在从国外引进先进技术和管理方法应该更加广泛，更加注重实用。从国外引进资金，应该明确设定允许的领域，按照政府的规定，采取更加积极的态度。向国外派出留学人员、进修人员的数量应该更加扩大。从国外引进广播电视节目，应该设立相关的信息中心，扩大选择范围，改变"手工业"的操作方式。在开展广播电视学术交流方面，应该从思想上更加重视，措施更加得力。这些工作做好了，将会使我们少走弯路，多得收益，促进我国广播电视更快地发展。

（1999 年 5 月 26 日）

我国电视业改革的进程及前景展望*

2001年12月6日，中国广播电影电视集团宣布成立，在我国广播影视史上翻开了新的一页。这是我国广播影视业深化改革的必然结果，引起了国内外的广泛关注。我想借此机会向大家介绍一下我国电视改革的进程及前景展望，顺便谈谈我个人对我国电视业改革的一些看法。

到目前为止，我国广播、电影和电视还是在一个系统内运转。电视业的改革和广播业的改革是紧密相连的，和电影业的改革关系也相当密切。因此，我在叙述当中，有时可以单独谈电视业的改革，有时只能把二者或三者合在一处介绍。

一、我国电视业改革的进程

1976年10月，党中央粉碎了"四人帮"夺取党和国家最高领导权的阴谋，结束了长达十年的"文化大革命"，我国进入了一个新的历史发展时期。从1976年10月到1978年12月，我们党在徘徊中前进。1978年12月，召开了党的十一届三中全会，决定把全党工作的着重点和全国人民的注意力转移到社会主义现代化建设上来，标志着建国以来党的历史上具有深远意义的伟大转折。正是在这样一个社会大背景下，我国广播电视业的改革开始启动。

邓小平说："改革是社会主义制度的自我完善，在一定的范围内也发生了某种程度的革命性变革。"又说："我们把改革当作是第二次革命。"对小平同志的论述可不可以做这样的理解，就是说改革可以分为两种形态：一种是制度的自我完善，其中包括某种程度的革命性变革；另一种是革命性的举动，是根本性的变化。如果这样的理解可以成立，那么我国的广播影视改革既有在新的历史条件下继承优良传统的一面，也有革故鼎新，彻底变革的一面。换句话说，广播影视的改革不是从零开始，而是在继承中发展。改革是对旧有的不合理的东西的否定，一次又一次的否定，改革也就步步登上新台阶。

根据我个人的观察，我国广播电视的改革可以划分为四个阶段。

---

　*　本文是作者在北京大学百年纪念堂召开的一次会议上的讲话。

第一阶段是改革的起步阶段，从 1979 年到 1982 年。

第二阶段是改革的推进阶段，从 1983 年到 1992 年。

第三阶段是改革的展开阶段，从 1992 年到 1997 年。

第四阶段是改革的深化阶段，从 1998 年到现在。

先说第一阶段。十一届三中全会提出的"解放思想，实事求是"的党的思想路线在广播电视工作者中产生了极大的影响。人们开始考虑如何摆脱"文革"的消极影响，把我国的广播电视事业迅速向前推进。结论是改革是唯一的出路。从 1979 年到 1982 年，广播电视业有哪些变化可以作为改革的标志呢？

我想举出以下两件事。

首先是播出商业广告。我国的广播电视机构是事业单位，按照国家的规定，凡是由国家机关举办，或者由其他组织利用国有资产举办的、从事教育、科技、文化、卫生等活动的社会服务组织，叫事业单位。在计划经济体制下，事业单位的基本特点是经费全靠政府拨款，自身没有增值任务，所以也不搞成本核算。建国以后直到 1979 年以前，我国的广播电视机构一直是纯粹吃财政饭的。

1979 年 1 月 28 日，也就是阴历正月初一，上海电视台在祖国大陆播出了第一条商业广告，介绍"参桂养荣酒"，片长一分半钟。这件事可不简单，应该看作是新中国电视商业广告历史的正式开始。3 月 5 日，上海人民广播电台率先播出商业广告。3 月 15 日，上海电视台又播出了我国内地第一条外商提供的"瑞士雷达表"的广告。9 月 30 日，中央电视台播出第一条商业广告。12 月，中央电视台开办专门播出商业广告的"商业信息"节目。1980 年元旦，中央人民广播电台播出第一条广告。在此前后，一些地方台也陆续开始播出商业广告。这是一件具有重大历史意义的改革。

在国外，一般来说，公共性质的广播电视播出机构都不允许播出商业广告，例如日本的 NHK、英国的 BBC、澳大利亚的 ABC。在我国，政府允许广播电台、电视台播出商业广告是一项根据我国国情（财政无力向广播电视机构拨发足够的资金，广播电视事业又需要一个大发展）采取的特殊政策，应该看作是政府的一种政策投入。它标志着我国广播电视业开始改变单纯依靠政府财政拨款，自主开辟新的资金来源，向后来称为"社会主义市场经济体制"的要求转变。这是一项以市场为取向的改革，为后来广播电视业的大发展提供了有力的资金保证。

在国外，营利性的商业广播电视机构播出商业广告是司空见惯的事，他们的生存、发展靠的就是广告。在我国，这却是新鲜事。大家千万不要小看这件事，因为它意味着不管自觉还是不自觉，我国广播电视工作者终于认识到广播频率、电视频道是可以增值的宝贵资源，而且在实践中已经动手开发起这个资源了。

其次是在广播电视宣传工作中重新提出"自己走路"的方针。广播电视是现代化电子传媒工具。广播依靠声音传播信息，电视以图像为主、兼用声音、图像、文字传播信息。广播电视的传播方式必须有别于报纸、通讯社，才能显示自身的存在价值，才能把电子传媒的时效性、形象性、穿透力、感染力发挥得淋漓尽致。

早在新中国成立初期，胡乔木就对广播电台提出"你们要自己走路"的要求。1966 年以前，广播电视部门为此作出了很大努力，例如设立地方记者站，派出记者到现场采访。但是，"文化大革命"开始以后，这些努力全部化为乌有，广播电视成为报纸、通讯社的"声音版"和"图像版"。1980 年 10 月召开的第十次全国广播工作会议提出，为了实现广播电视宣传业务的奋斗目标，应该坚持贯彻"自己走路"的方针。

什么是"自己走路"的方针的含义呢？一是根据党的路线、方针、政策，确定自己的报道思想和报道计划，开展新闻、评论工作；二是稿件的编写，节目制作都要体现广播电视的特色和风格。在这个阶段，执行"自己走路"的方针取得了初步效果，例如，有广播电视特色（"短"、"快"）的新闻显著增多；广播电视新闻评论重新上马；电视剧得以复苏和发展，等等，为后来的节目改革打下了良好的基础。

这里我特别要强调一下开办主持人节目的重要性。长期以来，广播电视节目都是采用播音员按照事先撰写的文字稿件播报的形式传播信息。1980 年7 月 12 日，中央电视台开播《观察与思考》栏目，庞啸出镜尝试主持节目。这件事被认定为我国开办主持人节目的开端（中央电视台由沈力主持的"为您服务"节目创办于 1979 年，到 1983 年才成为设有固定节目主持人的专栏节目）。1981 年元旦，中央人民广播电台开始播出由徐曼主持的"空中之友"节目；4 月，广东人民广播电台由李一萍、李冬主持的"大众信箱"节目和听众见面。主持人节目不是我们的发明，而是从美国引进的节目形式。这种节目形式的特点是个性化、口语化、便于和受众交流，更能发挥广播电视独有的优势。主持人节目的出现表明我国广播电视事业所处的政治环境大为宽松，表明我国广播电视工作者追赶现代广播电视潮流的意识大大增强。经过 20 年的努力，如今主持人队伍已经达到几万人，主持人节目已经遍地开花，受到听众观众的热烈欢迎。

这一阶段广播电视改革具有起步性质。有些新做法可以说是自觉的，但是对新做法的长远意义认识得并不十分清楚；另外一些新做法甚至带有"不得已而为之"的特点。但是，这个阶段的改革方向是非常正确、非常重要的，因为它是在党中央直接领导下按照邓小平理论进行的改革，是遵循社会主义市场经济发展规律进行的改革，是遵循广播电视自身发展规律进行的改革。

再看第二阶段。第二阶段起始的标志是第十一次全国广播电视工作会议。

1982 年 5 月 4 日，五届人大常委会第 23 次会议通过了《关于国务院部委机构改革实施方案的决议》，宣布撤销中央广播事业局，成立广播电视部，吴冷西被任命为广播电视部第一任部长。1982 年 9 月，中国共产党召开了第十二次全国代表大会，制定了全面开创社会主义现代化建设新局面的纲领。此后，我国城乡经济体制改革全面展开，科技、教育等领域的改革也全面启动。这是我国广播电视改革展开阶段的社会政治背景。

在这样的社会背景下，1983 年 3 月 31 日到 4 月 10 日召开了第十一次全国广播电视工作会议。这是一次十分重要的会议。据一些老同志说，为了开好这次会议，部领导召开了三十多次各种范围的座谈会，对广播电视的发展和改革的各项措施进行了认真的调查研究和坦率的讨论。9 月 23 日，广播电视部党组就会议讨论的几个问题，向党中央做了书面汇报。10 月 26 日，中共中央批转了党组《关于广播电视工作的汇报提纲》，同时发出了一个通知，这就是我们通常讲的"37 号文件"（文件对我国广播电视的性质［"广播电视是教育、鼓舞全党、全军和全国各族人民建设社会主义物质文明、精神文明的最强大的现代化工具，也是党和政府联系群众的最有效的工具"］、任务、奋斗目标以及各项方针政策都做出了明确规定）。

从广播电视事业改革的角度看，文件规定的"四级办"是事业建设方面的一项影响深远的重大决定。

到 1982 年年底，我国共有 118 座广播电台和 47 座电视台。主要是中央一级和省一级的广播电视播出机构，另外在大城市和一些中等城市（目前的副省级市和地级市）也有广播电视播出机构，在县一级开办了有线广播。基本上是两级办电视，四级办广播，分级覆盖。1982 年，广播人口覆盖率是 64.1%，电视人口覆盖率是 57.3%。这就出现了一个大的矛盾。一方面，中央十分重视广播电视事业，认为"从宣传手段来说，广播电视比起其他手段来，更现代化一些，能够更直接、更迅速地同广大群众见面"，对各级党政领导提出广泛使用广播电视动员群众贯彻党的方针政策的任务。另一方面，广播电视覆盖率偏低，不尽快提高广播电视覆盖率，就无法完成党中央交给的任务；另外，中央政府财政又拿不出足够的资金很快解决提高广播电视覆盖率的问题。"四级办"就是根据这样的客观情况提出的解决矛盾的办法。

"四级办"就是全国实行"四级办广播、四级办电视、四级混合覆盖"的事业发展方针。具体来说，除了中央和省（自治区、直辖市）办广播电台和电视台外，凡是具备条件的省辖市（地、州、盟）和县（旗），也可以根据当地的需要和可能开办广播电台和电视台。市、县广播电台、电视台的任务主要是转播中央和省级的广播电视节目，也可以播出自办的节目，共同覆盖个该市、县。这是广播电视事业发展中的一项重大政策调整，目的在于充分发挥中央和地方两个积极性。事实证明"四级办"的方针确实收到了实际效果，主要表现在随着地方广播电视机构的增加，广播电视人口覆盖率迅速提高。到1992年，全国共有812座广播电台和586座电视台；广播人口覆盖率达到75.6%，电视人口覆盖率达到81.3%，分别比1982年提高了11.5个和24个百分点，电视的人口覆盖率超过了广播的人口覆盖率。从1982年提出"四级办"方针起，广播电视播出机构的四级格局一直保持到目前，没有发生什么变化。这是在广播电视改革第二阶段内的第一项重大改革措施。今天，在提出地（市）、县级台转变职能的时候，我以为还是要充分肯定"四级办"的历史功绩。

在这个时期，中央不断调整对计划和市场关系的提法。党的"十二大"的提法是"计划经济为主，市场调节为辅"。过了两年，1984年10月召开了中共中央十二届三中全会，通过了《中共中央关于经济体制改革的决定》。《决定》明确指出"社会主义经济是公有制基础上的有计划的商品经济"。于1987年11月召开的党的"十三大"又把这个命题概括为"社会主义商品经济"。这就给了人们一个明确的信号：党中央越来越重视市场在经济体制改革中的作用。在这样的社会背景下，我国广播电视事业的第二项重大改革就是继续进行以市场为取向的改革。

首先是有线电视收费。看戏看电影，要买票；看报纸看杂志，要花钱，唯独听广播、看电视，全部免费。这种现象存在多年，人人都习以为常。从20世纪80年代中期起，我国城市区域性有线电视开始蓬蓬勃勃地发展起来，其特点是采用"取之于民，用之于民"的办法筹集资金，向观众提供有偿服务。有线电视用户要交纳一次性的初装费和每月的维护费。与发达国家相比，我们的两项收费都很低（美国基本收视费是20美元，我们只收8元左右人民币的维修费)，仍然带有社会福利性质。这是由人们当时的观念决定的。那时候，给有线电视定位为"无线电视"的补充和延伸。无线电视是公益性事业，有线电视自然也是公益性事业了。尽管如此，有线电视收费还是打破了"花钱看报纸，免费看电视"的传统习惯，从而成为我国广播电视事业向适应"社会主义市场经济体制"的要求转变的又一标志；同时，也在公众的心目中培养了第三产业不会提供免费服务的概念。到目前为止，在政府没有投资的情况下，有线电视积累了上千亿的资产，成为人人看好的具有巨大发展前景的产业。

其次是部分广播电视节目进入市场。在计划经济体制下，人们历来把广播电视节目看作是纯粹的精神产品，讲究的是舆论导向、文化品位、教化作用、社会效益。由于长期以来听广播、看电视不用花钱，更加助长了这种全社会性的共识（比起书报刊、电影和舞台演出来，这一点更加严重）。正因为如此，广播电视节目制作从来也不计成本，不讲究投入产出的比率。其实，大家都很清楚，任何一个广播电视节目的制作都是需要投入资金的，有些节目还需要投入大量资金。在政府对广播电视事业实行"全额拨款"的时候，不计成本对广播电视节目制作的影响还不算突出。进入新时期以后，经济体制逐步由计划经济体制向市场经济体制转变，政府对广播电视事业的投入政策也在变化，对有经济收益的单位，开始实行"差额拨款"。制作节目所需资金从哪里来，就成为人们不得不考虑的问题。与此同时，广播电台、电视台大量增加，频率频道增加得更快，节目供给赶不上播出的需要。家家都感到节目不足（俗称"节目荒"），需要从其他制作节目的单位引进节目。节目无偿交换早在各台之间存在了。节目无偿交换的最大缺点就是不等价交换，有人吃亏，有人占便宜。解决这个问题的唯一途径就是开辟广播电视节目市场。

在国内，原来并不存在电视节目市场，需要开辟。1986 年 12 月 10 日，在上海举办了"上海国际友好城市电视节"。从此开始，广播电影电视部（1986 年 1 月 20 日，第六届全国人民代表大会常务委员会第十四次会议审议通过了《全国人民代表大会常务委员会关于将广播电视部改为广播电影电视部的决定》）每逢双年举办为期一周的上海国际电视节。从 1991 年起，每逢单年举办四川国际电视节。在国际电视节上，一项主要活动就是进行电视节目交易，所以这两个电视节也就成为国内定期开设的电视节目交易市场。参加交易活动的既有国内电视节目制作部门，也有外国和港澳台的电视节目制作公司。除此而外，在北京、广州等地也举行过不同范围、不同规模的电视周或者展销会，电视片交易也是其中的一项重要活动。在国际电视节上出售的电视节目主要是电视剧，还有动画片、纪录片、专题片，等等。定期举办的电视节目市场不可能完全满足各台对节目的需要，因此，平时节目交易活动也日益频繁。交易方式，最早是"以货易货"和"低价补偿"。这两种交易方式都不能看作是市场行为。20 世纪 90 年代初，制片业人士提出"拍片的'饿死'，播片的'撑饱'"问题，认为分配不合理，电视剧创作生产缺乏活力。在此先后，中央电视台以 150 万元买下了《杨家将》，以 350 万元买下了

《爱你没商量》的版权。这种交易方式是典型的市场行为，完全符合国际通行的交易惯例。但是，并不是所有的电视台都具有这样的经济实力。接下来，出现了"贴片广告"的交易形式，例如《京都纪事》、《北京人在纽约》等。这种交易形式比较符合国内大多数电视台的实际状况，比较容易为大家接受，因此成为一种适应我国社会主义市场经济体制要求的电视剧购销形式。

电视节目进入市场交易是很不简单的事。它说明人们终于认识到电视节目本身也是可以用来买卖的商品，只是我们把电视节目这类精神产品定为"特殊商品"。

随着电视节目交易的开展，社会上出现了专门生产电视节目的制作公司和独立制片人。他们手中没有播出工具，专门靠制作、销售电视节目维持生存，完全以商业运作方式参与电视节目的流通。

再次是宣传改革。第十一次全国广播电视工作会议提出了以新闻改革为突破口带动整个广播电视宣传改革。从 1983 年到 1992 年，广播电视新闻工作者在新闻改革方面做了许多工作。

"以宣传为中心"是广播电视事业工作布局的正确选择，是由党和政府规定的广播电视的基本任务决定的，因此，一切改革的最终效果要体现在广播电视宣传的改革上来。有的同志认为，到目前为止广播电视宣传上的变化只能说是改进节目，谈不上宣传改革。我个人看，从改革是制度的自我完善的意义上说，这段时间的广播电视宣传变化还是应该如实地认定是一种改革。

新闻节目是所有广播电视节目的骨干，"新闻立台"是绝大多数广播电视管理人员的共识。广播电视新闻改革的方向是在坚持新闻的党性原则、坚持正确的舆论导向的前提下按广播电视新闻规律办事，发挥广播电视新闻的优势。新闻改革的内容包括：

1. 提高新闻报道的时效性；

2. 增加新闻报道的信息量；

3. 加强新闻报道的深度；

4. 广泛吸引受众参与节目，加强双向交流以及充分使用电子传媒的特有手段。

在这些方面取得成功的事例很多。特别值得提出的广东"珠江台"为代表的广播节目的改革。

在电视兴起以后，广播面临听众分流、收听率下降、收入减少、人员流失的严重困难。面对这样的局势，广播工作者没有气馁，而是以改革的精神千方百计地寻找突破口。在传播内容上，他们实现了由强调单一功能转向突出主功能、兼顾多功能；由指导转向引导，更加贴近生活；由"官场"转向市场，更加关注经济生活；由"假"、"空"、灌输转向实用、娱乐；由纯内向型转向内外结合。在传播形式上，采用了主持式、直播式、板块式、双向式、窄播式、全日式、户外式，拉近了传播者和听众的距离。1986年12月15日，广东珠江经济广播电台开播，为广播事业改革找到了一条出路。从那时起，在经济台蓬勃发展的同时，拥有较多频率资源的广播电台对不同频率进行调整，重新定位，开办系列台，例如，北京电台、天津电台开办了新闻台、经济台、交通台、音乐台、文艺台、生活台，等等。其他地方台还开办了英语台、金融台、股市台、外语教学台、少儿节目台，等等。在珠江经济广播电台的带动下开办系列台，符合广播进入"窄播时代"的客观要求，这些台的内部人事制度、财务制度的改革符合社会主义市场经济体制的要求，因此多数台都从改革中收到了实效。我以为，他们的经验可以概括为三条，就是：适应市场需要，走专业化的路子以及开门办台。这些经验具有普遍意义。

　　大家可能都还记得，80年代后半期社会不够稳定，广播影视业的改革进度当然会受到相当大的影响。不过，经过第二阶段的改革，人们的观念已经开始发生了重要变化。改革需要人的观念变化为先导，而改革实践又会促进人们观念的进一步变化。如此循环往复为推动改革不断深入奠定了思想基础。

　　现在，我们来看一看第三阶段的我国广播电视业改革情况。

　　1992年是我国历史上非常重要的一年。1月18日到2月21日，邓小平视察南方几个城市，发表了意义深远的讲话。10月，召开了党的第十四次全国代表大会。江泽民总书记在报告中提出"我国经济体制改革的目标是建立社会主义市场经济体制，以利于进一步解放和发展社会生产力"。社会主义市场经济的观念日益深入人心。在此之前，1992年6月，中共中央发布了《关于加快发展第三产业的决定》，把广播电视业列入第三产业范围。文件要求现有大部分福利型、公益型和事业型第三产业逐步向经营型转变。在这样的社会大背景下，我国广播影视改革进入了一个新阶段。

　　首先是以市场为取向的改革进一步展开。国内电视节目市场继续开拓，由于全国各地经济发展水平存在很大差异，交易方式呈现多样化的特点。除了"贴片广告"、"现金买断"以外，还有"共同投资，按比例分成"以及非广播电视企业投资拍片，等等。1997年，广播电影电视部社会管理司牵头举办了首届"全国电视节目交易会"，使电视节目交易走向有序化和规模化。随着国内电视节目交易的扩大，电视节目制作公司也如雨后春笋般地发展起来。据1996年统计，经当时广播电影电视部批准的影视制作经营机构就有453家，取得过电视剧制作许可证的有532家。1998年，经过"治理整顿"，155家确有实力的单位被认定为具有长期固定的电视剧制作权。其中，电视台下属的制作机构占了大多数。

在进一步开拓国内电视节目市场的同时，又努力打入国际电视节目市场。在国际电视节目市场上，商业交易是由来已久的。相对来说，交易规则、买卖行为、交易方式都比较成熟，比较规范。对我们来说，只是如何进入的问题。为了开拓我国电视节目的海外市场，中央电视台于1993年1月牵头组建了"中国电视节目外销联合体"；11月成立"中国电视节目代理公司"。据统计，到1999年，该公司累计外销节目13918小时，外销收入达到2122.777万美元。应该说，在开拓国际市场方面，大家作出了很大努力。但是，毋庸讳言，我国电视节目，特别是能够带来较大利润的电视剧和电视文艺节目，基本上还是在"大中华文化圈"内销路畅通。能够进入欧美市场的主要是少量纪录片。电视剧、电视文艺节目在欧美市场上销售还是非常困难的。原因有两条，一是文化差异太大，二是技术质量不高。

除了开拓电视节目国内外市场以外，资本运作是这一时期出现的新现象。到1992年年中为止，发展电视业的资金来源主要是播出商业广告。广告收入的增长不是孤立的，而是和全国经济增长量密切相关。为了更加迅速地筹集发展资金，必须另想办法。1992年6月，上海东方明珠股份有限公司在上海证券交易所上市，成为我国第一家文化企业股份有限公司，在向社会筹集资金发展广播电视方面开辟了一条全新的资本运作的道路。也为后来中央电视台的"中视股份"、湖南"电广传媒"以及北京的"歌华有线"的上市提供了重要启示和宝贵经验。

其次是电视新闻节目改革取得突破性的成就。这个时期，电视事业借助高新科技进步，取得突飞猛进的发展和日新月异的进步。各级党政领导以及广大观众对电视给予很大期望。一项社会调查表明：北京人每天平均花在看电视上的时间是137分钟，而读报的时间只有58分钟。另一项调查表明：北京、上海、武汉、成都的10个大城市的居民用59.3%的闲暇时间看电视，荆州、锦州等7个农村地区的居民用61.7%的闲暇时间看电视。这就说明电视拥有广阔的消费市场，同时也是传递信息、传播知识、进行社会主义精神文明建设的重要阵地。我国电视工作者认识到肩上的重大责任，在各级党政领导的关怀下努力推进宣传改革。

以中央电视台为例：1993年3月1日，一套新闻节目改版，把每天新闻播出的次数由4次增加到12次，全天播出的新闻量由65分钟提高到165分钟。5月1日，开办了大型杂志性节目《东方时空》，标志着电视新闻向纵深发展。1994年4月1日，《焦点访谈》开始播出，在发挥舆论监督作用方面得到领导的好评、同行的认可和观众的欢迎。1996年4月28日，《实话实说》

节目和观众见面，为开办以平民视角观察社会热点问题的新闻谈话类节目带了个好头。应该说新闻节目改版和开办深度报道、舆论监督、平民视角节目并不是由中央电视台开头的，有些地方电视台早已进行试验了。不过，由于中央电视台的影响大，它的新闻节目改版以及三个节目上马掀起了全国电视界进行新闻改革的热潮，各地电视台纷纷推出适合本地区的杂志类、谈话类和舆论监督类节目。今天回过头来看，这些都不是新鲜事了。但是，当初如果没有领导的大力支持，没有改革的勇气，恐怕都是难以出台的。

再次是经过十几年的改革实践，我国广播电视工作者的观念发生了重大变化。我以为，观念变化的主要内容有三条，就是：

1. 他们不再把广播电视看作是单纯的公益性事业，而且还是第三产业的重要组成部分；

2. 他们不再把广播频率和电视频道看作是纯粹的播出渠道，而且还是可以用来增值的宝贵资源；

3. 他们不再把广播电视节目看作是单纯的精神产品，而且还是可以用来交易的特殊商品。

对前三个阶段广播电视的改革，应该作出什么样的评价呢？

首先，广播电视的改革是按照中央的统一部署、紧跟时代前进的步伐有领导地进行的；

其次，广播电视的改革是上下结合、发挥两个积极性有计划地向前推进的；

再次，广播电视的改革是以事业的总体要求为出发点，又关照到各地的不同情况实事求是地开展的；

最后，广播电视的改革是以市场为取向的全面改革（既包括管理体制、运行机制，也包括宣传工作、科技工作和行政工作）。

概括起来说，二十多年广播电视的改革是有领导、有计划、实事求是的全面改革。

我们应该如实地承认广播电视的改革基本上是成功的，最有力的证明就是广播电视事业得到了突飞猛进的发展，发生了日新月异的变化。

但是，广播影视改革是新鲜事物，不可能事事周全，一帆风顺。改革的第三阶段的一个重要特点是边改革，边整顿，边发展。前两个阶段的改革存在哪些问题呢？

主要是过去的改革的确存在不完善和不规范的地方，责任不在某个个人或某个部门，主要还是缺少经验，因此需要通过深化改革弥补不足之处。

改革不完善、不规范指的是什么？

第一是科学论证不够，例如，在贯彻"四级办"方针当中，广播电视事业得到了空前发展，取得了举世公认的成绩。在审批地方广播电台、电视台设立的时候，确实是按照规定办事的。但是，在我们这样一个发展中的国家，到底需要开办多少座广播电台、电视台？我认为，我们缺乏经验，缺少论证，因此心中无数。1997 年，我国的广播电视播出机构曾经达到 6937 座，其中由广播电影电视部批准的广播电台 1320 座、电视台 961 座、有线电视台 715 座、企业台 558 座，由国家教委批准的教育电视台 593 座，总共是 4147 座，另外还有由和省级广播电视厅、局或地方党委、政府批准设立的电台、电视台 2790 座。从总体上看，这么多的广播电视播出机构规模太小，实力不强，联系不紧密（财政"分灶吃饭"以后，广播电视实行"条块结合、以块为主"的管理模式，强化了各台的独立性），结构不合理，确实存在"低水平重复建设"的毛病。1996 年 12 月 14 日，中共中央办公厅和国务院办公厅发出了《关于加强新闻出版广播电视管理的通知》，提出了"控制数量，调整结构，提高质量，增强效益"的"治理整顿"方针。当时，在广播电视领域，主要是要解决两个问题，一个是县级台过多的问题，另一个是企事业单位单独设立有线电视台问题。针对第一个问题，文件提出了"现有县广播电台、电视台、有线电视台要合并为一个播出实体"。针对第二个问题，文件提出了企事业单位的有线电视台"改为有线电视站，并与当地行政区域有线电视台联网"。从 1996 年年底起到 1998 年，广播电视行政管理部门用了两年的时间进行治理工作，把 6937 座广播电视播出机构减少到 2216 座（广播电台 294 座，电视台 343 座，有线台 217 座，县级广播电视台 1287 座，教育电视台 75 座，企业台全部改为广播电视站）。1998 年年末，中央治散治滥工作小组召开了会议，对广播电视的治理工作给予了很好的评价。

但是，说句实在话，广播电视播出机构过多问题并没有解决。而且，究竟我们需要设立多少个播出机构才算合理，仍然是心中无数。

第二是广播电视节目上星问题。卫星通讯技术是先进技术，应该充分利用，这是毫无问题的。但是，我国应该把多少套节目送上卫星？我认为，我们还是心中无数。中央台的节目上卫星，为的是扩大全国覆盖，这一点大家心里都很清楚。省级台节目上卫星，为的是扩大本省覆盖，比如，云南、贵州电视上卫星，就是考虑到云贵地区多山，地面铺线花费昂贵，才决定使用通讯卫星加快全省覆盖。在开始的时候，这一点大家心里也很明白。自从山东、浙江电视上了卫星以后，覆盖面迅速扩大，广告收入很快增加，人们要求上星的目的就发生了变化，都想将自己的节目覆盖全国，借以增加收入。上星的积极性空前高涨，纷纷要求节目上星。到 1998 年，全国所有省级台节目全都上了卫星。一方面，各个城市的观众可以收看到几十套电视节目；另一方面，制作能力赶不上播出需要，特别是优秀节目偏少的问题一下子就暴露在观众面前。观众发现几个台甚至十几个台同时播放一个电视剧，意见很大，说是"看到的节目多了，可看的节目反而少了"。这是当初我们没有料到的。

第三是执法力度不强，例如治理一些地方台乱播滥放问题。节目制作能力赶不上节目播出的需要，这是个老问题。我们曾经做过一个统计。就全国来看，每年自己制作的广播节目时间和播出时间的比例是1：3，电视是1：6。就各个地方来看，特别是经济不发达地区以及省以下的地方，这个比例更加悬殊。用什么节目填充这么多的空余时间。办法有四个。一是重播。合理的重播率是必要的，也是允许的；但是重播过多就不合适了。二是播出海外节目。引进节目和自制节目所花费的经费大约是1：10。各国之间交流节目和买卖节目是国际文化交流的重要项目。每年国外广播电视机构确实也生产出不少好节目。我们引进这些节目，既节约了成本，还有助于听众观众了解外界的情况。更不用说有些节目（例如野生动物、探险类节目）我们自己还制作不出来。但是，过多地播出境外节目，会形成"我们搭台，别人唱戏"的局面，不利于弘扬民族优秀文化，不利于发扬中华民族的优良的道德传统。三是盗版。主要是偷录其他台播出的节目，无视著作权法的规定在自己的台播出。这是违法行为。四是乱播滥放。什么样的节目可以播，什么样的节目不能播，《广播电视管理条例》里是有明确规定的。这些年来，一些县级台乱播滥放成了令人头痛的大问题。查处这种现象可不是个简单的事。

第四是配套措施不齐。这些年，在推进广播电视节目制作多元化和社会化的过程中，社会上出现了许多节目制作公司。不可否认这些制作公司推出了一些优秀节目，但是，也有不少"草台班子"。几个人凑在一起，聊出一个本子，拉到一笔资金，粗制滥造出一个节目。加上节目市场缺乏严格监管，"暗箱操作"时而发生。不少质量低劣的节目就这样压在了一些广播电视播出单位。

这些都是在推进改革措施的进程中产生的新矛盾、新问题，需要通过深化改革加以解决。

我国广播影视业改革的第四阶段开始于1998年。我记得，1997年以前，广播电影电视部在制定每年的《工作要点》的时候，一直没有把"改革"作为单项列入。从1997年开始，第一次在《工作要点》上列入了"改革"项目，但是，主要还是讲电影的改革（原因恐怕是电影业遇到的困难大大多于广播电视业）。1997年9月，召开了中国共产党第十五次全国代表大会。大会提出"把建设有中国特色社会主义事业全面推向二十一世纪"的伟大任务。正是在"十五大"精神的指引下，1998年年初召开的全国广播影视厅局长会议上提出了"全面推进广播影视事业的改革和发展"的任务。

1998年，我国广播影视业面临着迅速变化的客观形势。主要是：

1. 21世纪即将到来，世界各国都在筹划如何抢占制高点。作为重要的大众传媒，广播电视也面临新的任务。

2. 我国即将加入世界贸易组织，广播电视面对机遇和挑战共存的新局面。

3. 与广播电视相关的科学技术发展迅速，为广播电视节目制作、传输、接收提供了许多新的条件。

4. 随着信息时代的到来，人们对信息的重视程度大大提高，信息采集、整理、检索、分配和接收方式都与过去不同，各种传统媒体之间的竞争空前激烈。

5. 以国际互联网为代表的第四媒体发展迅速，向传统媒体提出新的挑战。

6. 我国将进入全面建设小康社会，听众观众文化水平不断提高，对广播电视提出许多新的要求，如此等等。

概括起来说，国内外政治经济形势的发展，对我国广播电视事业提出了加强管理、调整布局的新要求；国内外各种媒体之间的激烈竞争，向我国广播电视事业提出了优化节目、争取受众的新挑战；国内外高新科技的进步，为我国广播电视事业提供了更新技术、加快发展的新机遇。因此，必须深化广播电视改革，才能适应新形势的要求。

另外，我国广播电视工作者主观上有深化改革的要求。经过二十多年改革的实践，我国广播电视工作者深刻地认识到改革的必要性和紧迫性。他们从切身的感受中深知在计划经济体制下形成的那套管理体制和运行机制已经不适合社会主义市场经济体制的要求，不改革，就不能继续前进。如果说他们对广播影视的新认识、新理念还没有完全化为现实，那是因为一方面思想还受到不应有的束缚；另一方面就是改革还不彻底。党的"十五大"召开以后，经济体制改革进入了攻坚阶段，对广播电视工作者进一步解放思想，提出深化改革的思路起到了巨大的推动作用。

综上所述，我们可以得出结论：改革绝不是人们凭空想出来的事情。改革必须深深植根于社会现实，同时还需要人们在提高认识的基础上自觉地、积极主动地投身于改革。因此，我认为，和全国各项事业的情况一样，我国广播电视事业的发展也处在关键时期，广播电视事业的改革也处在攻坚阶段。在这样一个时刻，需要广播电视工作者深思熟虑，集思广益，科学地设计深化改革的方案，而不能莽撞从事，心浮气躁。

　　1998年广播影视厅局长会议提出了"推进广播影视集团化进程"。经过一段时间的酝酿，1999年年初，国家广播电影电视总局拟订了跨世纪改革方案。1999年9月17日，国务院办公厅转发了信息产业部和国家广播电影电视总局《关于加强广播电视有线网络建设管理的意见》（简称"82号"文件）。于是，广播影视事业深化体制改革就逐步推开了。今年8月24日，中共中央办公厅和国务院办公厅联合转发了《中央宣传部、国家广电总局、新闻出版署关于深化新闻出版广播影视改革的若干意见》（简称"17号文件"）。从1998年开始，在全国范围内做了大量的调查研究，花去两年多的时间才制定出这个文件。这个文件是指导广播影视业改革的纲领性文件。

　　根据中央的指示，广播电视管理部门提出的广播电视改革的设想和措施涉及自从1983年改革以来形成的我国广播电视整体布局的再次调整、现有机构的重新整合、资源配置的合理化、管理体制和运行机制的重大改变。因此，带有全局性质和根本性质，并且将会对广播影视事业的未来产生深远影响。

二、对广播影视深化改革的几点认识

　　前面提到的两个文件规定了广播影视改革的指导思想、方针原则、总体要求、基本格局、工作主线和改革重点。表述得具体清楚，我就不重复了。我只想谈谈个人对广播影视深化改革的几点认识。

　　当前深化改革涉及诸多方面，我认为，可以概括为"四管齐下"。

　　1. 管理体制改革：对现有各种机构进行战略重组，"联合起来造大船"；

　　2. 技术改革：数字化、网络化，并以此为基础构建广播影视技术新体制；

　　3. 节目改革：频道专业化，栏目对象化、品牌化，节目精品化、个性化；

　　4. 经营改革：经营项目产业化，开发新的经济增长点。

　　我想先介绍一下管理体制改革的情况。

　　首先是改革的目标。

　　这次改革的目标非常明确，要通过改革建造我国广播影视的"航空母舰"和"联合舰队"，把我国的广播影视事业做大、做强。用一句简单的话来说，就是"联合起来造大船"。我认为，这是适应新形势的必然选择。

　　进入20世纪90年代，国际广播电视业的一个明显的发展趋势就是"企业大型化"。在美国，广播电视公司、通讯公司、电脑网络公司、娱乐公司以及其他企业开展了范围广泛的兼并行动，通过跨媒体、跨行业的兼并，形成了一些规模巨大的综合性、多媒体的传媒公司。其他国家的广播电视机构也正在加紧实现"企业大型化"。这些"巨无霸"式的传媒公司正在摩拳擦掌，参与全球性竞争，虎视眈眈地觊觎着我国的广播电视市场（世界各国电视专家普遍认为亚洲，特别是中国是未来十几年最大的电视市场，据联合国经社事务部的统计，全世界共有 10 个国家人口超过 1 亿，其中 6 个是亚洲国家，中国、印度、印度尼西亚、巴基斯坦、孟加拉国和日本，还有美国、巴西、俄罗斯和尼日利亚，人口多就意味着电视观众多，就意味着潜在的电视消费市场大）。与此相比，我们除了几个规模较大的广播电视机构，像中央电视台和东部沿海的一些电视台外，大多数广播电视播出机构和影视制作机构都好比是各自分散的"小舢板"，经不起国际性竞争的狂风巨浪。

中央电视台是举国公认的全国第一大台。1997 年，中央电视台的广告收入达到 40 亿人民币，全国为之轰动。英国《国际电视业务》杂志每年按总收入为标准评选出全球 100 家最大的电视公司。在世界百强电视公司中，中央电视台以 4.95 亿美元排在第 57 位。和排在第一位的美国时代-华纳公司相比，差距就相当大了。当年，时代-华纳公司的电视收入高达 123 亿美元，这还只占它的总收入的 50％。那一年，在世界百强电视公司中，美国占了 26 家，英国、德国和日本各有 8 家，加拿大和澳大利亚各有 6 家，法国有 5 家，就是说，这 7 个国家就占去了 71 家。1998 年，按照这家杂志计算，中央电视台的收入是 6 亿美元，排位上升到百强电视公司的 51 位。可是，仍然排在第一位的时代-华纳电视公司的电视收入却达到了 184 亿美元。1999 年，这家杂志在开列世界电视百强排行榜的时候，没有把中央电视台列入。可是，我们看到 1999 年全世界电视收入超过 6 亿美元的公司已经达到 65 家。作为全国第一大台的中央电视台是如此，其他广播电视机构就更不用说了，因此，"联合起来造大船"就成为加强竞争力的唯一明智的选择。

几年前，中央电视台曾经提出要使中央电视台成为"世界性的大台"。当时，我就提过一个问题：什么是"世界性的大台"？现在又提出把我国广播影视业做大、做强。我还要提出："做大"、"做强"是什么含义？频道多算不算大？若干单位联合在一起，算不算强？为了回答这两个问题，我想举出两个实例。

美国的 CNN 开办于 1980 年 6 月，属于特纳广播公司。它只拥有一个 24 小时的连续广播的新闻频道。1991 年海湾战争期间，CNN 成为唯一一家现场报道海湾战争进展情况的电视机构，从而名声大振，发展速度大大加快，观众数量大幅度上升。1994 年，我们应 CNN 的邀请前往亚特兰大参加一年一度的"世界报道"研讨会。特德・特纳和公司其他主管人员向我们讲述了他们的发展计划。果然，转过年来，在 1995 年 CNN 租用了 13 颗卫星上的转发器，组成一个全球性卫星电视广播网，覆盖了 200 多个国家和地区，用户达到 7400 多万。我们不能不承认这个只有一个新闻频道的电视机构的确就是世界性的大台，因为它的影响遍及全世界。

美国的传媒兼并，采用的是"强强联合，优势互补"的办法。就是说，具有强大的节目制作能力的公司和具有强大传输网络的公司通过合并成为既能制作节目、又有播出渠道的全能公司。比如，去年 1 月 10 日美国在线公司和时代-华纳公司合并，涉及总金额达到 3500 亿美元，成立了"美国在线-时代-华纳公司"。新公司就是一个融互联网和传统媒体于一体的多元媒体公司。这次合并在全世界掀起了巨大波澜，不仅因为合并涉及的金额巨大，而且因为这次合并代表着未来传媒业新的发展趋势，就是高科技与传统传播方式的日趋结合。

对照这两个例子，我认为"做大"的基本含义应该是尽力扩大人们的"注意力"，也就是尽力扩大影响力；"做强"的基本含义应该是资源合理配置，"优势互补"，形成更大的优势。

其次是改革的内容。

改革的内容是为改革的目标服务的。为了联合起来"造大船"，广播影视管理部门提出了这样一些深化改革的设想和措施：

1. 组建广播影视集团

"十五大"以后，中央提出了新闻出版广播影视业需要进一步加大改革开放的力度，其中一项具体措施就是"组建集团"，而且把"组建集团"作为新闻出版广播影视业深化改革的重要突破口。

1998 年年初，广播电影电视部提出"推进广播影视集团化进程，着手组建中国电影集团公司"。随后，成立了中国电影集团。1999 年 1 月，国家广播电影电视总局提出了"进行广播影视系统的体制改革"问题。特别强调了"地方改革先于中央直属单位"，要求省级三台合一，对地县级台实行"垂直管理"。9 月 17 日发出的"82 号文件"才明确提出"省、自治区、直辖市组建包括广播电台和电视台在内的广播电视集团"；在那一年召开的全国宣传部长会议上对组建新闻出版广播影视集团做了比较详细的阐述；在 2000 年 2 月下旬召开的"全国广播影视厅局长会议"上，总局发布的正式文件中有两个提法，一个是"组建广播影视集团"，另一个是"省区市成立广播影视事业集团"。今年发出的"17 号文件"规定"广电集团属于事业性质，可以分别由中央、省级和有相当实力的省会城市、计划单列市广电部门负责组建，其他市（地）一级不单独组建集团。集团要以广播电台、电视台、电影制片厂（公司）、互联网站和传输公司为主体，广播、电影、电视三位一体，有线、无线两台合并，省、市、县三级贯通。"这就为广播影视集团勾画了一个明晰的格式。

2001年，按照总局的部署，在中央和几个有条件的地区（北京、上海、天津、山东、江苏、浙江、陕西以及东北地区）成立几个实力雄厚的广播影视集团，长远目标是建立几个多媒体、多品种、多功能和跨地区、跨行业、跨国界的综合性大型传媒集团。集团以广播、电视、电影、传输网络、互联网和报刊宣传为主，兼营其他相关产业。实现集团化就是把各自为政，互不通气，处于分散状态的小单位有机融合在大集团中，按照"强强联合，优势互补"的原则实现规模化经营。

到目前为止，已经组建了北京、上海、湖南、山东、江苏、四川、浙江7个地方性广播影视集团。全国性的集团——中国广播影视集团也在本月6日成立了。另外还有过去批准的无锡广播电视集团，是第一个地级市广播电视集团。

组建广播影视集团，实现广播影视集团化，我是举手赞成的。集团化既合乎国际广播影视业的发展潮流，又符合我国广播影视业发展的内在需要。

"17号文件"规定广播影视集团属于事业性质，实行企业化管理。这就解决了一个一段时间来存在争论的问题。关键在于组建集团不能"靠行政手段勉强撮合"，防止"出现拼凑集团"以及"对现有事业单位的翻牌现象"。换句话说，组建集团必须实现"化学融合"，打破原有结构，释放强大能量，达到"一加一远远大于二"的结果。

2. 大量削减播出机构

以我国的国情而论，究竟广播电视播出机构是多是少，一直是个有争议的问题。1996年，提出县级广播电台和电视台合并的要求。1998年，完成了这项工作任务。1999年发布的"82号文件"又提出在县级台合并的基础上"推进地（市）、省级无线电视台和有线电视台的合并，进一步优化资源的合理配置，减少内部矛盾"。总局今年提出有线电视台和无线电视台的合并工作要在6月底以前完成。我完全赞成这项措施。在世界广播电视进入"窄播"时代，频道专业化已经是大势所趋。美国的"发现"频道、"国家地理"频道、ESPN体育频道以及"家庭影院"频道都是走的这条路子，取得举世公认的成功。在我国，浙江省率先完成了这项工作。在2000年年底，将原来的三个电视台合并成为浙江电视台。2001年元旦，推出6个专业频道，就是新闻综合频道、影视文化频道、体育健康频道、城市生活频道、科技教育频道，等等。每个频道设立频道总监，实行频道专业化管理，收到了明显的"双效益"。我以为，这样的频道划分还是合理的。频道总监制也合乎国际电视业的发展趋势。目前存在的问题，不难解决。到今年 6 月初，29 个省级台、22 个省会市台、4 个计划单列市台以及 132 个地级市台已经完成了上报两台合并的任务。总计起来，完成了两台合并任务总量的 86％。

县级台向何处去？

在 2000 年年初召开的全国广播影视厅局长会议上，总局领导传达了一位中央领导同志 1999 年 10 月视察宁夏自治区时发表的讲话，其中谈到除了省和省会市外，"其他地、市、县都不要搞自己的电视台"。不过，会后正式发出的《2000 年广播电影电视工作要点》中对这句话的解释是"地、市以下广播电视播出机构职能调整"，含义是"逐步转为主要转播中央和省台的节目"。这和 1983 年"37 号文件"的规定是完全相同的。

在 2001 年年初召开的全国广播影视工作会议上，总局局长徐光春用了"转变职能"的提法。他说："切实做好地（市）、县广播电视播出机构转变职能的工作"。对时限的要求是"争取年底前基本完成"。关于"转变职能"的具体解释是："地（市）、县广播电视台的主要职能是转播中央和省级广播电视节目，并可保留一定的节目时段用以播出当地的新闻和科教、农业、法制等专题性节目，以及具有地方特色的文艺节目。"和过去的规定相比，可以播出具有地方特色的文艺节目这条规定更加宽松了。

2001 年 7 月中旬召开了全国广播影视局长座谈会。徐光春在会上明确提出"不存在撤销地（市）、县广播电视播出机构的问题"。这是对一年半以前议论纷纷的"四级办"还是"两级办"的回答。甚至还提出一个想法，就是"对一些具备必要基本条件的，如 GDP 达到相当水平，并获得全国文明城市称号、能够始终完整转播中央和省的各套广播电视节目等的地（市）、县，也可以经批准继续自办一个电视频道"。

2001 年"17 号文件"延续了同样的说法，就是"推动市（地）、县（市）广播电视播出机构的职能转变"。徐光春在 8 月 30 日发表的讲话里，对如何贯彻"转变职能"，是这样说的："县一级一律不再自办频道，由省级电台、电视台安排公共频道划出一定的时段供其播出当地的新闻、专题和一些地方特色的文艺节目"。对完成这项工作的时限，也有所改变，即：今年下半年进行试点，明年全面实施。同时，还补充了一句话："希望各地要加强对这项工作的调研，结合实际提出意见。"

应该说，关于今后县级台如何发展，经过这段时间的反复酝酿思考，政策措施已经十分明确，就是"转变职能"。我想，我们应该从大局利益出发，以积极的姿态对待这项改革，同时对在执行过程中存在的问题"结合实际提出意见"。

县级台有什么作用和优势?

秦统一中国后,分全国为 36 郡(后来增加到 40 多郡),郡下设县。以后地方政权组织多次变化,曾经设立过"省"、"府"、"道",唯有县这一级一直存在。这个事实说明,县这一级具有实际作用和优势。

县级台的作用和优势表现在哪里?主要表现在为本地的听众观众服务上。维持现状和转变职能,对县级台来说,只是活动空间的变化,其作用和优势并没有发生变化。

县级台的作用主要有四个方面:

一是传递信息。针对本地居民的实际需要,传递各种有用信息,主要是中央制定的方针政策以及省、地、县级党政机关根据实际情况作出的安排部署。

二是促进发展。解释经济政策,报道国内外经济动态、市场状况、供求变化,介绍先进经验、科技进步,等等。

三是提供服务。服务门类很多,普及文化知识,指导农业生产,播放地方特色浓郁的文艺节目,介绍体育赛事,等等。

四是对外宣传。制作具有本地特色的人物、风景、市镇、工艺、名优特产品、风俗习惯、饮食服饰的节目,通过节目交换和出售,送到国内外广播电台、电视台播放。

发挥这几方面作用的关键有两条。

一是紧密结合当地的情况,千万不可泛泛而论。在这方面,县级台具有极大的优势。熟悉地方情况,了解当地居民需要,这是争取受众的最基本的条件。关心身边发生的事物,是受众的普遍心理。抓住受众心理,就能得到"注意力经济"的最大实惠。

二是广泛网罗人才。在这方面,县级台的优势不大,特别是经济不发达地区更是如此。没有得力的人才,制作优秀节目就是一句空话。因此,需要千方百计留住当地人才;更需要借助"外脑"的力量。一年当中天天出精品节目是不可能的,但是,集中人力、物力、财力,一年推出几个精品节目还是可以做到的。

县级台转变职能是此次深化改革的一大难点。我国幅员辽阔,各地经济发展水平极为悬殊。有些地(市)、县级台本来自己就没有办多少节目,按照总局规定适时转变职能困难不大。但是,东部沿海地区,比如浙江、江苏,地(市)、县级台发展很快。去年,浙江全省广播电视的收入是四亿多,省级台的收入大体占到一半。不少地(市)级台开了两三个频道。有的还盖了规模相当大的广播电视中心或者正在盖广播电视中心。盖中心用的是银行贷款,全仗着几个频道的广告收入偿还。一旦转变了职能，这笔欠账如何归还？中心大楼如何使用？省下的人员如何分流？用不着的设备如何处理？这些都是需要慎重研究的实际问题。仓促行事，缺少妥善解决实际存在问题的方案，肯定会带来许多矛盾，影响安定团结。

前面我介绍了广播影视管理体制深化改革的问题。除此而外，从 1998 年起，总局还出色地完成了许多发展方面的任务（例如"村村通工程"、"西新工程"）以及重大宣传任务（像"澳门回归"、纪念建党 80 周年、"三个代表"的重要思想，等等）。关于技术改革、宣传改革和经营改革，我想结合对广播影视深化改革前景展望再做个简单的介绍。

三、深化改革的前景展望

明年是广播影视深化改革的关键年份。客观存在的若干因素势必对改革的进程产生积极或者消极的影响。为了顺利地推动改革向纵深发展，应该把困难设想得多一些。展望广播影视深化改革的前景，我想到了以下几个问题。

（一）广播影视集团面临繁重的任务

首先是理顺关系。中国广播影视集团属于中央宣传部领导，中宣部委托广播电影电视总局管理。省级广播影视集团属于省委宣传部领导，和省级广播电影电视局分开。集团直接领导同级的播出机构。从国家广播电影电视总局到县级广播电视局，实行"条块结合、以块为主"的管理模式。这样一来，各方面的关系就十分复杂，因此，理顺关系就成为头等重要的事情。局和集团之间如何分工？集团如何对播出机构实行管理？集团与集团之间存在什么关系？总局提出的各项任务下达到哪里？播出机构向哪里报送请示报告？局的职能部门和集团内部的职能机构之间存在什么关系？凡此种种，必须制定详细的规章，对职能划分必须制定明确的规定，否则，有可能出现职能交叉、"叠床架屋"的现象，或者出现工作空白、无人负责的现象。管理法制化是今后必然的趋势。

其次是合理配置资源。播出机构本来是两个或三个各自独立的单位。"麻雀虽小，五脏俱全"，都设有各自的职能部门和宣传、技术中心。一项任务来了，各个播出机构都要派出自己的工作人员。成立集团以后，再要延续以往的做法，显然就是无谓浪费。重新整合机构，合理配置资源，也是一项并不容易的工作，比如，中国广播影视集团准备成立记者中心，将中央三台的记者集中使用，对三台驻国内外的记者站统一管理。仅此一项工作就会牵动各方面的关系和利益。实行起来，既要有全局观念，又要兼顾各方利益。我看，实在不是一件简单的事情。

再次是开发新的经济增长点。中国广播影视集团拥有 214 亿元人民币的固定资产，年总收入达到 110 亿元。从国内经济发展水平来看，这确实是个不小的数字，在国内广播影视业已经位居第一。但是，与国外确有实力的电视公司相比，这个数字还嫌太小。110 亿人民币大体相当于 13 亿美元。1999 年，世界百强电视公司当中，有 69 家的总收入超过了 13 亿美元。时代-华纳总收入达到 273 亿美元。为了提高竞争力，仍然需要以尽可能快的速度大大增加收入总量。今年 11 月，中央电视台黄金时间广告招标，获得的广告收入已经比去年增加了 4 亿。2002 年，集团的总收入必须明显超过 4 亿的水平，才能显示出组建集团的优越性。新的经济增长点在哪里？目前，想到的有三处。一是扩大有线电视用户或者提高有线电视收费标准；二是开拓国内外电视节目市场，增加电视节目的销售量；三是充分利用已经铺设到 29 个省市的宽带网络，开办专业化频道。这三项收入能够增加多少，只能有个估计数。

最后是应对各方挑战。2001 年 12 月 11 日，我国正式加入世界贸易组织。在广播电视方面，我国没有作出任何承诺。没有作出承诺，是否就万事大吉了呢？我以为，我们不能抱有虚假的安全感。"入世"对我国广播电视业的影响可以分为近期和长远，可以分为正面和负面，可以分为直接和间接这样几个方面。总的来说，还是那句话，机遇和挑战并存。和国外电视机构的竞争主要是：1）人才竞争；2）资金投入方向的竞争；3）市场竞争；4）节目竞争；5）争夺观众。

"17 号文件"关于"实行多媒体兼营"的规定是："广电集团可以兼营报刊、图书、音像出版和电影生产。电影集团可以制作广播电视节目，与电视台合办电影频道。鼓励报业集团、出版集团、发行集团实行强强联合。新华社可经营报刊社、出版社，提供电视新闻需专案报批。"对广电集团的规定已经是客观事实。新华社早已制作、发行国际电视新闻片，现在又在制作电视新闻专题片，不但提供给电视台，还通过电讯网络传播。这是广播影视集团面临的来自国内的竞争。

应对各方挑战，最基本的办法是提高电视节目的质量，以质量取胜，以高质量的节目争取观众，其中很重要的是创造名牌节目和名牌栏目。什么是名牌节目、名牌栏目？我认为，名牌栏目需要具有三个标准。1）生命力：比如，播出时间延续三年五载，仍然显得生气勃勃，而没有衰颓迹象。2）收视率：综合性栏目的收视率起码保持在 10％到 15％，对象性栏目在接受对象的群体中大体占到 30％左右。3）漂亮的标志：具有栏目的形象代表以及和栏目相匹配的节目主持人，得体的"外包装"包括片头以及间隔子栏目的片花。

（二）管理工作面临根本性转变

首先，由系统管理向行业管理转变。自从新中国建立以来，从中央到地方，广播影视行政管理部门（中央广播事业局、广播电视部、广播电影电视部和国家广播电影电视总局以及地方广播电影电视局或广播电视局）都是在一个系统内运作，都是直接管理各级播出机构。管理办法靠的是"一纸命令"。实现集团化以后，行政管理部门不再管理播出机构，其职能将转变为行业管理，包括制定法规，依法管理，加强监督，提供服务，等等。在管理观念上必须有个大转变。

其次，管理重心向社会管理转变。目前，行政管理部门也担负着一定的社会管理任务。今后，将主要向承担社会管理任务转变，比如，安装地面卫星接收天线的监管（这又是加强管理的一大难题），进口境外电视节目的管理，制定各项设备的技术标准，等等。有的地方，例如上海（文化广电属于一个局），还要管理各类文化广电市场，像演出市场，音像市场，广播电视节目市场，等等。

再次，由按内部文件管理向公开的法制管理转变。我国加入世界贸易组织以后，行政管理部门就不能像现在这样靠发内部文件进行管理，管理工作必然要走公开化、法制化的道路。否则，外商可以以没有法规依据为名拒绝接受一些处罚或处理。修改过时的法规，制定新的法规任务会更加繁重。

（三）播出机构面临重大任务

国内各种媒体之间的竞争，新兴媒体和传统媒体之间的竞争，境外电子传媒和国内电子传媒之间的竞争，最终表现为节目的竞争。谁的节目优秀，谁就能赢得观众，谁就能占领市场。这项艰巨的任务完全落在播出机构的肩上。

频道专业化需要大批比现在更加懂得专业的人才。以事业、感情、报酬留住、吸引、网罗人才的艰巨任务同样要由播出机构来承担。

我国已经进入全面建设小康社会，观众的文化水平、欣赏水平会进一步提高，对节目质量的要求也会随着提高。播出机构制作的节目必须在文化含量、艺术水准、技术指标等方面超过发达国家制作的节目，才能使观众锁定我们的频道。

"走出去工程"要求节目上天，节目落地，更要求节目内容适合外国观众的需要，要求使用外国观众熟悉的语言，甚至是他们的民族语言。播出机构必须在这四个方面达到要求，才能实现"走出去工程"的目标。

2002 年将要召开党的"十六大"，播出机构在新闻报道和艺术创作上将承担十分艰巨的任务。

广播影视事业深化改革向我们提出了许多新的热点、新的研究课题。我想简要地开列 10 个热点问题供大家研究参考。

1. 决策民主化、科学化，由传统的"拍脑袋、定政策"向细密的调查研究、借重"智囊团"的力量、通过民主程序进行科学论证转变。

2. 业务综合化，由传统的、单一的制作、播出广播电视节目向建立全面使用声音、图像、文字、图形的多媒体综合业务平台转变。

3. 传输手段多样化，由单纯的无线传输向同时使用无线、有线、卫星、网络等各种传输手段转变。

4. 管理企业化，由事业单位行政型管理向事业单位企业化管理转变。

5. 频率专业化、对象化，由大众传播向分众传播、适位传播以至"一对一"的传播转变。

6. 节目制作社会化，由"自给自足"的手工业生产方式向大规模市场化生产方式转变。

7. 优秀节目、栏目品牌化，由单个节目、栏目创优向产生长期效应的创名牌、打品牌转变。

8. 人才兼职化，由有限的人才为一台、一地服务向为多台、异地服务转变。

9. 多种播音、主持形式融合化，由播报、讲述分离的形式向播、讲、说、朗诵、表演协调融合的方式转变。

10. 经营产业化，由单纯的广告创收向综合开发多个新的经济增长点、构建广播电视传媒大产业转变。

总而言之，深化改革的任务十分繁重。中央领导同志非常关心广播影视事业的发展和改革；广大听众观众对广播影视事业寄予厚望；广播影视工作人员具有开拓前进，勇于创新的精神。这些都是完成深化改革任务的有利条件。我相信，只要我们严格遵循党的"解放思想，实事求是"的思想路线，一切从实际出发，真抓实干，艰苦奋斗，肯定可以完成深化改革的任务。

最后，我再次申明这些都是个人的意见。在实际行动中，大家还是按照总局的部署办事，免得由于思想不统一、行动不一致引起混乱。

（2001 年 12 月 17 日）

提高改革的自觉性，增强发展的科学性[*]
——试论改革开放 30 年广播电视的发展道路

2008 年年初，胡锦涛总书记在全国政协新年茶话会上发表讲话时，说："今年是我国实行改革开放 30 周年。改革开放是党在新的时代条件下带领人民进行的新的伟大革命，是对我们党和国家发展具有划时代意义的伟大事业。"他还提出，2008 年"我们将隆重纪念改革开放 30 周年"。

由此，我们自然而然地会想到要如实地回顾 30 年来我国广播电视业走过的道路，实事求是地总结广播电视业改革发展的成败得失，为在新起点上推进本行业的科学发展提供决策建议。

中国广播电视协会领导要我在本次会议上谈谈改革开放 30 年我国广播电视业走过的道路。我在广电系统生活工作了近半个世纪，一心只盼着我国广播电视尽快赶上欧美、日本。接到任务后，一方面感到力不从心，另一方面又觉得责无旁贷。只好硬着头皮，说一些"抛砖引玉"的话。

回顾我国广播电视业 30 年来的改革发展历程，真是感慨万千。既为广播电视大刀阔斧的改革和突飞猛进的发展感到无比欣慰，也为改革的一波三折和发展未能挖尽潜力感到焦急不安。

总的来看，这 30 年，广播电视的改革从不自觉走向自觉，广播电视的发展从扩张式发展走向科学发展。改革没有尽头，发展没有止境。今后，我们的主要任务是：继续提高改革的自觉性，增强发展的科学性。

论述我国广播电视业 30 年改革发展的历程，有许多可供选择的方法。划分几个历史阶段，挑选几个重大事件，总结几条经验教训，都是常用的办法。我想试着采用另外一种叙述方式，就是以中央发布或转发的几个重要文件为线索，叙述我国广播电视业改革发展的几次转折。因为无论是改革的动因是什么，发展的内在动力是什么，毕竟需要通过党和政府制定的权威性文件以及文件中提出的各项政策体现出来，然后，在执行政策中实施改革，推动发展。在叙述过程中，我还想谈谈政策本身或者执行政策中的一些不足。

---

* 本文是作者在深圳举行的"改革开放 30 年和中国广播电视论坛"上的发言摘要。

文件很多，其中有四个文件特别重要，可以认作是广播电视业几个转折点的标志。

第一，《关于广播电视工作的汇报提纲》（1983年10月26日）

1982年9月召开的党的第十二次全国代表大会提出"全面开创社会主义现代化的新局面"的宏伟任务。为了贯彻党中央的重大决策，当年5月成立的广播电视部经过广泛的调查研究后，在1983年3月31日至4月10日召开了"第十一次全国广播电视工作会议"。会后，广电部党组于9月23日向中央提交了《关于广播电视工作的汇报提纲》。10月26日，中共中央批转了广播电视部党组《汇报提纲》，并发了一个重要的通知（即"中发〔1983〕37号文件"）。

"37号文"的重要性在于彻底结束了广播电视业徘徊前进阶段，开启了改革的起步阶段。

这个文件不仅规划了到20世纪末我国广播电视业的发展目标，而且明确了近期准备采取的改革方针，其中，最突出的：一是在宣传改革中，提出要以新闻改革为突破口，推动整个广播电视宣传改革的方针。实行这一方针，广播电视节目面貌大为改观。二是在事业建设上，提出"四级办广播、四级办电视、四级混合覆盖"的新方针。"四级办"是一项重大改革，突破了建台的层级限制，调动了全国各地办广播电视的积极性。实行这一方针，广播电视布局面貌大为改观。

1979年，我国仅有99座广播电台和38座电视台，广播人口覆盖率仅为53%，电视人口覆盖率仅为49.5%。而2007年年底，全国共拥有2587座广播电视播出机构（其中，广播电台263座、电视台287座、教育电视台44座、广播电视台1993座）；广播人口覆盖率达到95.4%，电视人口覆盖率达到96.6%（张海涛：《深入学习贯彻十七大精神，推动我国广播影视科技和事业大发展》）。成绩显著，自不待言。

数字表明，"四级办"方针对推动广播电视业大发展发挥了有目共睹的重要作用。但是，在推进中，也暴露出不少问题，主要是播出机构数量过多，规模太小，管理分散以及系统内条块分割，各自为政，层级之间利益冲突日益突出。普遍的说法是"低水平重复建设"，"内耗式竞争"。1996年年底开始采取调整措施，进行治理整顿，到1998年，把高峰时期的6937座广播电视播出机构缩减到2216座。1999年提出"撤销地市县级电视台"的想法；2001年提出"地（市）、县广播电视机构转变职能"，不再自办频道，由省级广播电台、电视台开办公共频道。这些都是针对暴露出来的问题谋划的调整措施。不过，这些措施至今未见明显成效。

问题在哪里？依我个人观察，调查研究不够深入，调整措施不够完善，政策措施没有抓紧落实，是问题所在。我国幅员辽阔，东、中、西部经济发展水平存在很大差异，在建台方面，需要分类指导，不能搞"一刀切"。在市场经济条件下，每个广电媒体都是市场主体，任何变动都要考虑如何合理解决利益分配问题。目前，科技发展为解决这个问题提供了新办法、新机遇。关键在于抓住时机，顾及各方利益，推进合乎科学的分工，彻底解决这个问题。

我还想到一个问题。在中央提出依法治国基本方略的背景下，办事应该讲究程序。设立县级广播电视机构是中央批转的文件中规定的，是国务院颁发的《广播电视管理条例》（1997 年 8 月 11 日）认可的。改变这个规定，即便是完全正确，也应该通过相应的程序做出新的规定。

第二，《关于进一步加强和改进广播电影电视工作的报告》（1995 年 6 月 3 日）

1992 年年初，邓小平视察南方，沿途发表了重要讲话。10 月，召开了党的第十四次全国代表大会，明确提出我国经济体制改革的目标是建立社会主义市场经济体制。以这两件事为标志，我国改革开放事业进入了一个新的历史阶段。

从 1992 年到 1994 年，广播电视业贯彻"十四大"精神，主要集中在改进宣传工作上。1994 年 5 月开始，广播影视部党组进行了长达几个月的调查研究，全面分析了广播影视工作的情况，认真研究了到 20 世纪末广播影视事业发展的指导思想、目标、任务、工作思路和工作重点。在此基础上起草了《关于进一步加强和改进广播电影电视工作的报告》（简称"30 条"）。在广泛征求意见后，于 12 月 29 日上报中共中央和国务院。随后，根据中央政治局常委会讨论的意见修改后，于 1995 年 3 月 8 日再次上报。6 月 3 日，中共中央办公厅和国务院办公厅转发了部党组的报告，同时发出了一个《通知》（即"厅字〔1995〕27 号文件"）。

"27 号文"是继"37 号文"之后的又一个指导广播影视工作全局的文件。其重要性在于结束了广播电视业以单项改革为特点的改革的起步、推进阶段，开启了以全面改革为特点的改革的展开阶段。

如果说以往的改革侧重于单项，这个文件意在推进全方位的改革，即以宣传改革为重点，全面推进事业建设、科技、行业管理、队伍建设等各项改革。根据这个文件，广播电视业各项工作定位有了准确的表述，即"宣传是中心，事业是基础，管理是关键，队伍是保证"。后来，又增加了"科技是先导"。

当时，经济体制改革主要还在产业部门推进。文件强调了广播电视是"丰富和满足人民群众精神文化需求的公益性事业"。在经费来源上，希求政府财政以各种形式增加对广播电视的投入。

不过，这份文件已经明白地提出了"适应建立社会主义市场经济体制的要求，深化广播电影电视各项改革"。在相关会议上，广电部领导也提出了"以国家拨款为主渠道，同时采取多渠道筹集资金"，比如经营创收、利用银行贷款、引进外资等。

没有借助"十四大"的东风，及时提出发展广播电视产业的方针政策，应该看作是文件的一个突出的缺点。我这么说，有两点根据。一个是此前广播电视产业已经逐步发展起来。1979年，我国大陆广电媒体开始播出商业广告，不仅开辟了资金来源的新渠道，而且突破了广电媒体纯粹公益性的限制；80年代中期，区域性有线电视收取"维护费"，初步改变了人们长期以来形成的"广播电视是免费午餐"的思维定势；1986年开始举办国际电视节，其中一个重要活动项目就是电视节目交易，在事实上肯定了广播电视节目的商品属性。这三件事表明广播电视广告产业、有线电视产业和内容产业已经存在并且得到中央的认可。第二是1992年政府已经把广播电视列为第三产业的组成部分。

这个缺陷不可小视，透露出广电部门产业观念不强的弱点。从那时起到如今，广电业一直走的是事业产业混营的道路，产业发展大大落后于电讯业。

第三，《中央宣传部、国家广电总局、新闻出版总署关于深化新闻出版广播影视改革的若干意见》（2001年8月24日）

随着经济体制改革的进展，包括广播电视在内的文化领域的改革逐渐提到议事日程。1996年10月，党中央正式在文件中提出"改革文化体制是文化事业繁荣和发展的根本出路"（党的十四届六中全会通过的《中共中央关于加强社会主义精神文明建设若干重要问题的决议》）。2000年10月，首次提出"文化产业"的概念（党的十五届五中全会通过的《中共中央关于制定国民经济和社会发展第十个五年计划的建议》）。

中央宣传部、国家广电总局和新闻出版总署经过多次研究，向中央提出了《关于深化新闻出版广播影视业改革的若干意见》。中共中央办公厅和国务院办公厅于2001年8月24日转发了这个文件，并发出了一个《通知》，这就是"中办发〔2001〕17号文件"。

"17号文"的重要性在于结束了广播电视业改革的展开阶段，开启了以体制改革为中心的改革的深化阶段。

这份文件的重点在于推进新闻出版和广播影视业的体制改革。

什么是"体制"？"体制是国家机关、企业和事业单位的组织制度，即机构设置和管理权限划分的制度"。"从政治经济学的意义上说，体制就是生产关系，是生产者和各种要素因结构方式形成的生产关系"。（《中国广播电视新论》）体制改革的目的就是改革生产关系，扫除生产关系中存在的妨碍生产力发展的弊病。

关于体制改革，文件提出的基本设想是组建各类集团；有条件的，还可以组建跨地区、多媒体的大型集团。

2000 年 8 月，这份文件还在酝酿的时候，总局领导就提出广播电视体制改革问题。对此，明确指出：先建设广电集团，然后进一步建立综合性的、跨区域的、跨专业的、打破级别的大型传媒集团。在实践中，1999 年 6 月，成立了无锡广播电视集团；2000 年 12 月，湖南广播影视集团正式挂牌。另外，还有一个牡丹江广播电视集团，成立于 1999 年 10 月，只因为是违背了文件规定，是企业性集团，至今未获总局批准。

"17 号文"下发后，从 2001 年到 2004 年，广播影视系统掀起了组建集团（或总台）的高潮。14 个省级广电集团或总台、8 个副省级及地市级广电集团或总台获得国家广电总局正式批准。还有几个未经批准自行成立的广电集团。最为引人注目的当然是中国广播影视集团，因为这是唯一一个中央级的广电集团，也是全国实力最强的广电集团。2001 年 12 月 6 日，举行了集团成立大会。

2004 年 6 月，总局领导正式宣布不宜建立事业性广电集团；12 月，宣布只允许组建事业性的广播电视总台。随后，又宣布暂停审批总台。2005 年 3 月，按照北京市市委和市政府的规定，公益性事业单位从北京广播影视集团划出，集团转制为企业集团，更名为"北京北广传媒集团有限公司"。5 月，总局决定中国广播影视集团保留牌子，分流人员。由此形成了解决现存矛盾的两种方案。至于其他广电集团如何发展，总局没有做硬性规定，只是就实际存在的问题提出了原则性意见，就是："理顺关系、精简机构、整合资源、转换机制、提高效能"（王太华：《继承、改革、创新，努力开创广播影视工作新局面》2006 年 1 月 5 日）。

按说从改革管理体制来说，组建广电集团不失为一个好的设想。但是，有些地方广电集团刚刚建立不久，就暴露出重重矛盾——局和集团之间的矛盾、省级集团和地（市）县广电机构之间的矛盾。发现这些矛盾不可谓不及时，但是，决策迟缓延误了解决矛盾的时机。随着决策者认识的变化，三四年间，一改再改，竟使执行者无所适从。

当时，业内外人士对组建广电集团的相关政策提出了不少质疑，主要集中在三个问题上：为什么要组建广电集团？组建什么样的集团？怎么样组建集团？换句话说，就是组建集团的目的、集团的性质和组建集团的方法。文件规定"广电集团属于事业性质"。广播电台、电视台本来就是事业单位，在两个事业单位之上又加上一个事业性质的机构。究竟要解决什么问题？"先物理变化，再化学变化"的组建集团方式，只是流露出急于求成的心理，而缺乏的恰恰是缜密的安排。

2005年5月16日，总局在一份通报中，一方面肯定了党的"十六大"以来总局党组工作的成绩，另一方面也指出了一些差距和不足。主要是：首先，对广播影视改革发展的规律性、复杂性、系统性研究和思考不够，预见性不强；其次，在某些重要问题决策过程中，民主集中制原则贯彻得不够好；再次，深入基层、深入实际、调查研究不够；第四，有些工作提出了目标要求，指定了政策措施，但抓落实不够。我认为这四条讲得非常到位。当然，也许还有更深层次的原因，需要更加深入的探讨，以利今后准确决策。

第四，《关于深化文化体制改革的若干意见》（2005年12月23日）

上层建筑一定要适合经济基础状况，这是社会发展的普遍的、客观规律。随着我国社会主义市场经济体制的建立和逐步完善，文化体制改革必然要提到议事日程。正如这个文件所说的，"随着社会主义市场经济的深入发展和对外开放的不断扩大，文化赖以生存和发展的经济基础、体制环境和社会条件发生了深刻变化"。因此，"迫切需要深化文化体制改革"。自从2002年11月召开的党的"十六大"提出"继续深化文化体制改革"以来，十六届三中、四中和五中全会通过的文件中都论述了文化体制改革问题。2003年6月，开始进行文化体制改革试点。经过两年多的探索，中共中央和国务院颁发了《关于深化文化体制改革的若干意见》（即"中发〔2005〕14号文件"）。

"14号文"的重要性在于以攻坚式改革为动力全面推动广播电视事业和产业共同发展。

这份文件的一个重要内容是"坚持文化事业和文化产业协调发展"。公益性文化事业要实现和保障广大人民群众的基本文化权益；经营性文化产业要讲究有投入有产出，满足人民群众多方面、多层次、多样性的精神文化需求。因此，各有各的特点，就要制定不同的政策。对前者，政策是"以政府为主导、增加投入、转换机制、增强活力、改善服务"；对后者，政策是"创新体制、转换机制、面向市场、壮大实力"。按照文件规定，广播电视业要从事业产业混营转变为事业产业分营。这是一个巨大转变，难度不小。

按说，广电系统发展产业还是比较早的。1979年，我国大陆广电媒体开始播出商业广告，应该看作是发展广播电视产业的开端。只是当时大多数人并没有自觉地认识到这一点。大家还是认为既然财政拨款不足，只好另找出路，播出商业广告只是个"无奈之举"。此外，还遭到外界的不断指责。记得在 20 世纪 80 年代以至 90 年代中期，每年召开"两会"的时候，广电部负责人都要随时准备接受人大代表和政协委员的咨询，费尽口舌解释为什么要播出商业广告。"我们也不愿意播出广告，可是没有经费，就没法做节目，大家也就没有好节目可看"，就是当时流行的说法。

到了 80 年代，业内外的有识之士就提出了广播电视具有商品属性（后来说，具有"经济属性"或"产业属性"）。这个提法曾经引起一场风波。一些地方广电厅局领导就问过，他们要干什么？1992 年，国家把广播电视业列为第三产业的一部分，才算有了定论，平息了业内的争执。

十几年来，全国各地专家学者发表了大量论述如何发展壮大广播电视产业的文章。2003 年 12 月 30 日，总局制定了《关于促进广播影视产业发展的意见》，基本思路是：强化优势产业（电视）、振兴弱势产业（广播、电影、动画）、发展新兴产业（网络）、改造传统产业（新闻电影摄制、电影洗印、报刊、图书）、重视高新产业（新媒体）。虽然这还是一个粗略的分类，还需要精细化，从中也可以看出今后发展广电产业的大致走向。

最近，总局领导对外宣布：2002 年，全国广电系统的总收入为 514 亿元人民币；2007 年达到 1314 亿元，连续 5 年保持着 10％以上的增长速度（张海涛：《在 2008 年中国国际广播电视信息网络展览会（CCBN）主题报告会上的讲话》）。仅中央电视台一家的总收入就达到 166.9 亿元。事实说明，在发展广播电视产业上，取得了一定成效。不过，我认为对此不可估计过高。

当前，在新媒体迅速发展的背景下，广电业和电讯业是激烈博弈的两大主体。广电业在内容产业上占尽优势，电讯业在经营收入方面处于上风。我们必须看到一个事实。1996 年，广电业和电讯业的实力旗鼓相当。在接下来的十几年，电讯业一直按照企业经营的思路发展产业，如今，电讯业每年经营收入已经大大超过广电业。仅中国移动一家，2007 年全年营业收入达到 3569.59 亿元，纯利润高达 870.62 亿元（据《新京报》2008 年 3 月 20 日报道）。和国外广播电视机构相比，我国广播电视的产业性收入差距就更大了。有的经济学家认为，以我国广电业处于保护性垄断地位而言，产业性收入应该大大超过现有水平。

与此同时，还有一件大事，就是广播电视数字化、网络化。

广播电视数字化是广播电视业最大的一次革命性改造，是广播电视业"第二次创业"。总局领导在多次讲话中，全面阐述了数字化、网络化的重大意义。概括起来说，数字化、网络化不是单纯的技术变革，更是全系统、全行业的一场变革。这场变革涉及生产方式从封闭、分散、独立的小生产方式向开放、社会化的大生产方式转变；服务方式从主要提供公共服务向既提供公共服务又提供个性化服务转变；赢利方式从主要依靠广告向既依靠广告又依靠付费电视等多种赢利模式转变；管理方式要制定适应新情况的政策、法规、标准，建立适应新情况的管理体系和管理规范。

2001 年，广电总局启动了有线数字电视技术试验；2003 年在北京、上海等 29 个城市启动了有线数字电视试点，并把 2003 年定为"网络发展年"；2004 年定为"数字化发展年"。

在开始阶段，重点强调"网络整合"，就是把各自独立、互不连通的有线电视局域网连通起来，成为"全程全网"。陕西广播电视局在创建陕西广电网络公司方面取得了成功经验。然而，改变多年形成的网络分散，调整利益格局实在是一件费时费力的事。为了不耽误电视数字化进程，总局又把工作重点转移到单个城市的"整体平移"（"整体转换"）上来。

从 2004 年 7 月到 2006 年 5 月，总局先后召开了四次城市有线电视数字化推进工作专题会议，推广各地独创的"整体平移"的经验。到 2007 年年底，广西、陕西、江西和吉林完成了全省区网络整合，30 个城市完成了数字化整体转换（王太华：《在全国广播影视局长会议上的讲话》）。此外，全国有线电视网络超过 300 万公里，有线电视用户一亿五千多万，有线数字电视用户超过 2600 万，开办了 155 套付费节目（付费电视节目 138 套，付费广播节目 17 套）（张海涛：《深入学习贯彻十七大精神，推动我国广播影视科技和事业大发展》），成绩比较显著。

2008 年元月 1 日，国务院办公厅转发了六部委（发展改革委、科技部、财政部、信息产业部、税务总局、广电总局）拟订的《关于鼓励数字电视产业发展的若干政策》（即"国办发〔2008〕1 号文件"）。文件发布后，各方人士纷纷解读，对政策的理解不尽相同，还需要制定实施细则。估计广电业和电讯业之间的博弈还要延续一段时间。

以四个重要文件为线索，我简单地梳理了改革开放 30 年来我国广播电视业的发展道路。我们从中可以得出哪些结论呢？

从新中国建立到 1978 年的 30 年间，我国广播电视业一直是在高度集中的社会主义计划经济体制环境中生存和发展，形成了一整套适合计划经济体制的管理模式和整体布局。党的领导、政府统一管理、公有制、政治性（党、政府和人民的喉舌）、事业性（纯粹的公益性）是其基本特征。在以改革开放为最鲜明特点的新时期，中央提出了建设中国特色社会主义，提出了经济体制改革的目标是建立社会主义市场经济体制，提出了广播电视业是第三产业的组成部分。在这种情况下，为了建设中国特色社会主义广播电视，为了在社会主义市场经济条件下发展我国广播电视，就必须大力推进改革，扩大开放。事实上，我们的确利用后发优势，从欧美、日本这些早于我国发展广播电视的国家吸取了不少经验，引进了先进技术，购买了先进设备，学习了制作节目的理念和方法。但是，由于社会制度不同，我们不可能全盘照搬，主要还得靠自己摸索。

我国广播电视是党、政府和人民的喉舌，又是第三产业的重要组成部分，还是文化创意产业的主力军。广播电视具有多重属性，在改革中必须全面顾及，改革的难度正在于此。不过，通过 30 年的改革，我们也积累了丰富的经验教训。

一、解放思想，转变观念是改革发展的前提

改革是革故鼎新，就要打破成规，另觅新路。既需要智慧，也需要胆量。有智慧，才能找准突破口；有胆量，才能迈开大步伐。

改革的目的是"扫除发展社会生产力的障碍。"障碍来自何方？主要来自人们的传统观念以及按照传统观念制定的各项规章制度。因此，改革势必要根据客观形势的发展突破旧有的规定。

前面提到的几项改革都是在不同领域里突破了发展广播电视生产力的限制。其他改革也是如此。省级电视台上星，突破了卫星传播的层级限制；广电媒体剥离部分产业进入股票市场，突破了完全公有制的限制；网台分开突破了台统管一切的限制；发放 IP 电视牌照突破了广电、电讯业务互不介入的限制。这些都是解放思想结出的果实。

观念转变使改革得以实施，改革成功又促使人们进一步转变观念。对比30 年前和 30 年后广播电视人的观念转变，我们可以看到：

首先，他们不再把广播电视看作是单纯的公益性事业，而且还是第三产业的重要组成部分；

其次，他们不再把广播电视频道看作是单纯的播出渠道，而且还是可以用来增值的宝贵资源；

再次，他们不再把广播电视节目看作是单纯的精神产品，而且还是可以用来交换的特殊商品。

这些观念转变来之不易！

二、广开言路，科学论证是决策正确的基础

改革能否成功，发展是否科学，全都取决于决策的正确与否。所谓决策

正确，无外是决策符合事物的发展规律。规律是客观存在的，认识规律则需要一个探讨过程。事实证明：在这个过程中，广开言路，科学决策特别重要。

广开言路就是发扬民主。我个人认为，就当前来说，有两条特别值得重视。一是决策者有博采众议，尤其是听得进不同意见的雅量；二是参与者有敢说真话的勇气。自从 1991 年我参与广播影视部的决策以来，跑遍了除台湾以外的全国各省。无论是在经济发达地区，还是经济欠发达地区，在和各地广播电视工作者接触谈话过程中，听到了很多以实际感受为基础的真知灼见。近十年来，比较认真地阅读了数以千计的广播电视学术论文，同样看到了为数不少的研究人员的独到见解。关键是要有有心人把他们的想法综合整理，打开送往决策者手中的渠道。古人说："智者千虑，必有一失；愚者千虑，必有一得。"何况广大广播电视工作者和研究人员并非"愚者"。

科学决策是集中各种意见，去伪存真，得出合乎实际的结论。我个人认为，就当前来说，也有两条特别值得重视。一是重视和保持决策的连续性。以往的决策，特别是见到实际成效的决策，大都是符合广播电视发展规律的，要从中汲取正确的部分，不要轻易全盘否定。二是决策者拥有多种形式的"智囊团"。广电部曾经有过一个政策研究室。我到部里任职的时候，政策研究室已经取消了。2003 年成立广播电视规划院，其中只有少部分职工从事政策研究。直到去年 2 月 28 日才成立了"发展研究中心"，作为专门的政策研究机构。这种状况不仅和国外相差甚远，就是和国内其他媒体相比，也算是落后的。除了部直属研究机构外，还应该充分利用社会上的咨询研究机构、广播电视各类社团。一项课题可以交付多家研究，达到"兼听则明"的效果。

三、调查研究，及时调整是健康发展的保证

广播电视改革没有现成的经验，必须不断摸索。既然是摸索前进，改革就不可能一帆风顺，即使是反复思虑过的改革，在推进过程中也会出现曲折，甚至扭曲。因此，在推进改革的过程中，要不间断地进行调查研究，以便及时发现问题，及时调整政策措施。

调查是为了准确地掌握情况，研究是为了准确地判断形势。因此，调查研究必须讲究实事求是，有一是一，有二是二。随波逐流说假话，取悦他人瞎应付，只会损伤事业，是万万要不得的。

机遇不可多得，时机转瞬即失。一旦发现问题，必须及时调整。调整同样要讲究实事求是。认清失误的真实原因，才能找到调整的正确办法，才能推动科学发展。"吃一堑"不是坏事，"长一智"才是成功的保证。

　　如今，我国广播电视业面临着已经和正在发生的翻天覆地的变化。经济全球化成为世界性发展潮流，在各国间形成"你中有我，我中有你"的局面。卫星广播电视的发展突破了区域传播的局限，使广播电视进入短兵相接的竞争。以互联网为代表的新媒体迅猛发展冲破了不同媒体原有的业务边界，改变了信息传播和信息接受的模式，模糊了传者和受者之间的界限，抢夺了传统媒体的受众市场和广告市场。面对这种内外、新旧交错竞争的局面，广播电视业只有继续解放思想，转变观念，以群体智慧和百倍勇气推进改革。

　　2008年3月18日，温家宝总理在中外记者招待会上，引用宋人说的"天变不足畏，祖宗不足法，人言不足恤"。我们由此看到中央推进改革的决心和大无畏的勇气。

　　需要我们做的就是按照党中央的战略决策，提高改革的自觉性，增强发展的科学性，在改革中发展，在发展中改革，把广播电视业继续推向前进！

（2008 年 5 月 15 日）

寻路和趁势[*]

当前，我国广播电视业正处在机遇和挑战并存的转折关头。发展方式从外延式扩张转为重视内涵式提升、重视各方面工作质量的提高；同时，重视新业态的开发。改革进入矛盾凸显的艰难的攻坚阶段。日新月异的技术的先导作用日益彰显，急待投入实际应用。

此时此刻，特别需要冷静思考，特别需要实事求是，特别需要汲取"大跃进"的教训。不能盲目乐观，不能头脑发热，更不能浮躁虚夸。

地方电视台在改革和发展中遇到不少难题。解决这些困难的办法有两条。一条是"寻路"，另一条是"趁势"。

一、寻路

"其实地上本没有路，走的人多了，也便成了路。"（鲁迅：《故乡》）广播电视之路，我们走了几十年，应该说已经走出了一条熟路。只是客观情况发生了变化，需要通过改革寻找新路。人是在跌跌中学会走路的。此话不假，我们已经积累了不少经验教训。只是要根据新情况找到少走弯路的好办法。

内容生产历来是广播电视业"安身立命的基础"，是广播电视业"核心优势和核心竞争力"（王太华：《在全国广播影视局长座谈会上的讲话》）。围绕内容生产，解困出路可以概括为四项基本战略。

（一）本土化战略

本土化是所有媒体，尤其是地方性媒体扬长避短、在竞争中抢占先机的基本战略。

地方台的广电工作者熟悉当地的政治、经济、文化、社会各方面的情况，这是最大的比较优势。

关于实施本土化战略，我想强调两点。

---

[*] 本文是作者在"中国西部城市电视台发展高峰论坛"上的讲话摘要。

1. 把经济条件和文化条件区别开来

谈经济，有的地方经济先进，有的地方经济后进。两者之间甚至存在很大差距。谈文化，不同地方则是各有短长。尤其是后开发的地区，文化原生态和传统道德保持得更完整，具有明显的后发优势。因此，千万不要因为经济不够发达而悲观、自卑。

2. 要从更加宽泛的角度理解本土化

换句话说，不要局限于本省、本市、本县，而是把眼界扩大到具有同一文化特征的区域。中华文化包含很多分支，比如巴蜀文化、吴越文化、燕赵文化、齐鲁文化、岭南文化，等等。这些文化涵盖的地域有共同的文化传承、历史积淀、生活习俗、经济联系。一个台制作的本土化特色的节目，不但能使本省、本市、本县的听众观众产生亲切感，而且能唤起相同文化覆盖地区的听众观众的共鸣。这样一来，节目传播的范围就可以大大扩展开来。

（二）差异化战略

差异化是所有媒体彰显个性、在竞争中抢占市场份额的基本战略，也是节目创新的主要途径。

目前，广电媒体节目同质化达到了极其严重的程度。几家电视台同时抢播同一部电视剧，既造成资源浪费，又引发市场恶性竞争。在国外，看不到这种现象。这大概是中国电视业的独有特色。

实施差异化战略，力气往哪里使？

1. 新闻节目

总局领导多次强调"新闻立台"的理念。中央台的新闻节目播放的多是国内外重大事件。地方台不必为此感到压力，重点还是放在传播和本地人民关系密切的独家新闻上。"关心身边发生的事情"是人们普遍的接受心理。当地人爱看当地事，是普遍现象。另外，人们关心国家大事，更关心这些大事和自己有什么关联。地方台在结合本地实际情况解读重要新闻上拥有广阔的天地，而且是其他台无法代劳的。

2. 纪录片

优秀纪录片有两个重要的特点，一是题材新颖。题材新颖不等于题材宏大，"小中见大"历来是纪录片工作者的首选。地方台的制作人员最熟悉本地的自然景观和人文景观。一处戏台，一座庙宇，一棵古树，一段城墙等，往往进入不了中央台制作人员的视野。本地的制作人员却可以大做文章。二是长期跟踪。比如，长期跟踪拍摄一户普通人家、一名普通百姓的生活状况和变迁，从中可以折射出社会的深刻嬗变。经年累月地积累起来，整理出来，就成为一部有声有色的地方志。再以"集束式"传播，很有看头。

3. 文艺节目

组织具有浓郁地方特色的小型文艺晚会是地方台的长处。河南电视台的戏曲晚会《梨园春》、天津宝坻区的《开心双休日》都很火爆。主要特点就是既重比赛，更重参与，从"观赏艺术"演进到"体验艺术"，能够吸引大批受众群。

至于电视剧、动画片已经进入市场化运作。有经济实力的电视台可以适度参与，没有经济实力的不必在这方面做文章。

（三）品牌化战略

品牌化是所有媒体谋求生存、在竞争中站稳脚跟的基本战略。

自从"品牌"的概念引入媒体建设以来，迅速得到广泛认可和高度重视，甚至有人认为现在已经进入到"品牌为王"时代。

如果给媒体品牌下个定义，可以说："媒体品牌是一个媒体区别于其他媒体的名称、标识及其组合。媒体品牌是由智力、技术、资金相互融合而形成的。"（曾静平：《电视品牌论》）就广播电视而言，既有台的品牌，也有频道、栏目、节目的品牌。

任何一家广电媒体要想获得受众认可，必须创建几个具有品牌意义的频道、栏目或节目，地方台也不例外。品牌节目、品牌栏目可以起到"带头羊"的作用，可以带动频道朝着品牌化前进。最终带动台的声名鹊起。

我想强调一点，就是物质产品和精神产品与消费者之间关系的区别。物质产品和消费者的关系是"人与物"的关系，精神产品和消费者的关系是"人与人"的关系。这一点至关紧要。购买物质产品，目的是满足衣食住行的需要；购买精神产品，目的是"获取信息，了解世情，增长知识，解疑释惑，消除烦恼，愉悦心情，达到精神享受"（曾静平：《电视品牌论》）。就广电媒体而言，只有优秀节目才能满足人们这种高层次的需要。一旦成为品牌节目，就会赢得受众的持久追随。

（四）结盟战略

结盟是所有媒体，特别是弱势媒体借助外力、在竞争中"并肩作战"的基本战略。

在实践中，广电人已经创造出多种结盟形式。大台牵头，联合诸多的小台共同完成一项临时性宣传任务，或者长期合作，互相供应节目；同等规模的台联合起来，以固定方式交换节目，互相取长补短；广播和电视结盟；电子媒体和纸质媒体结盟；广播电视传统媒体和新媒体结盟；境内媒体和境外媒体结盟，等等。

我想强调三点：一点是自愿，一点是双赢，一点是与时俱进。只有自愿，所有盟友才能充分发挥主动性和创造性；只有双赢，联盟才能长期存在，充满活力；只有与时俱进，才能机动灵活，增强应变能力。

二、趁势

年初以来，广播电视业内谈论最多的话题有三个，就是体制改革、三网融合和文化产业。

研究这三个问题，我想的最多是个"势"字。字典对"势"字有个解释："一切事物力量表现出来的趋势"（《现代汉语词典》）。有些事物力量强大，来势凶猛，不可阻挡。有些事物力量微弱，气势不大，可以变通。但是，究竟谁强谁弱，关键在于谁实事求是，谁符合客观规律。面临一时没有想通又不可阻挡的强势，需要静下心来，认真思考，既不可随波逐流，还要找到"顺势变通"或"趁势而上"的办法。这是我关于"势"的基本看法。

（一）谈谈体制改革

体制改革的目的是理顺生产关系，解放生产力。我声明一句：坚决拥护广电体制改革。原因是在计划经济体制下形成的广电体制存在不少弊病。概括地说，就是体制不顺、机制不活。问题在于怎么改。

十多年来，广播电视体制改革思路发生了三次变化。先是组建事业性广电集团，后改为建立广播电视总台，现在是地市县级"三局合一"和省级"两台合并"，设立广播电视台。广电体制改革"十年三变"，恐怕是任何其他领域都没有的。不过，看起来，体制改革的思路还是一致的，就是打算通过管理机构和播出机构的"合并"解放生产力。认识基础是"合"则"大"，"大"则"强"。有的报道说：某地方实现两台（或三台）合并，其结果是广电"航母出海"，就是这种思路的具体体现。

对这套改革方案，我一时没有完全想通。

首先，20 世纪 80 年代电影改革中，曾经出现过"上合下不合"的错位现象，造成管理上的重重困难。如今的"三局合一"、"两台合并"导致了"下合上不合"，是否也是错位现象呢？是否也会导致管理上的困难呢？地方局的同行们应该深有体会。

其次，作为地市县级广播电视行政机构的管理职能是加强了，还是削弱了？广播电视特有的网状结构是更加完整了，还是相互脱节了？

再次，"两台合并"的出发点是什么？广播和电视是两种媒介，还是一种媒介？我个人看，在节目制作程序、目标受众认定、报道方式、节目播出时间安排以至播音用语等方面，广播和电视之间存在相当大的差别。即使在多媒体时代，仍然是两种功能不同的媒体。广播、电视各有短长。电视声画并茂，是广播所不及的；而广播的快捷性、伴随性、廉价性、便于双向交流等特点，又是电视所不具备的。报道同样的事件，只要不是强求统一发稿，广播记者和电视记者报道的内容、选择的角度，特别是报道方式势必不尽相同。"两台合并"后，如果还是"各自为政"，只是人事、财务（根据一些台的经验，广播和电视财务核算还是分别单列为好）以及后勤部门"合一"；或者说，各自仍然按照自身的传播规律办事，那么"合并"就没有多大实际意义。如果强行统一行动，对于广播来说，就会带来灾难性后果，阻断近年来广播发展的良好态势。

这些就是我一时没有想通的地方。不过，政策既定，大势所趋，个人看法无足轻重。要想"顺势变通"，恐怕还得坚持两台按照各自的传播规律分别运作。

（二）谈谈"三网融合"

2010 年年初，温总理召开国务院常务会议，决定广电、电信全面融合。国务院常务会议为"三网融合"规定了时间表，三年试点，六年推广；绘制了路线图，电信、广电有条件地双向进入对方的部分业务——全面实现三网融合发展——基本形成适度竞争的网络产业格局。6 月 30 日，国务院办公厅正式公布 12 个地区（城市）为三网融合第一批试点，进入了实施阶段。

三网融合的最大受益者是广大消费者。我们理所当然地表示坚决拥护。但是，对广电部门来说，存在不少需要紧急解决的问题，包括时间紧迫，资金短缺，人才不足以及涉及利益分配而产生的思想障碍。另外，三网融合完成之日也就是广播电视独家经营节目播出垄断地位结束之时。因此，我们面临的问题相当尖锐，相当复杂。

地方台要紧紧抓住三网融合提供的机会，想方设法"趁势而上"。传统广播电视覆盖疆界分明。地方台不必为覆盖面有限感到苦恼，因为当初实施"四级办"方针的时候，就是按照行政层级确定了覆盖范围。但是，互联网（拥有 4.2 亿网民）、手机（用户超过 8 亿）等新媒体传播范围没有任何设限。只要具备一定的资金、技术和人才，无论是哪一个行政级别的媒体都有把传播拓展到全国以至全球的平等发展的机会。一旦电视机成为信息集纳终端，

"信息咨询、天气预报、医疗卫生、银行缴费"这类个性化、多样化服务大都需要由一个个城市或地区的电视台提供给本地观众。

(三) 谈谈文化产业

党的"十六大"提出"积极发展文化事业和文化产业"的任务。"十七大"又提出"推动社会主义文化大发展大繁荣"的任务。作为生产、传播各类文化产品的重要部门,广播电视理所当然地要承担起这项相当艰巨的任务。

自从 7 月 23 日中共中央政治局就深化我国文化体制改革研究问题进行第二十二次集体学习以来,所有文化部门认真组织学习胡锦涛总书记发表的重要讲话。近一个多月,报刊上刊登了大量报道、评论和文化部门领导的讲话。

关于文化产业发展,报道集中在新闻出版、艺术院团和电影。这也不奇怪。报纸、书籍从来就是商品,读者必须用钱购买。文艺演出和电影放映从来就是商业活动,观众必须花钱买票。

相对来说,广播电视情况比较特殊。广播电视长期以来就是供听众观众免费收听收看。只是从 20 世纪 70 年代末起,广播电台、电视台才开始播出商业广告。到 90 年代初,广播电视才明确为第三产业。然而,至今广播电台、电视台仍然定位为事业单位。

根据《2010 年中国广播电影电视发展报告》提供的数字,2009 年,我国广播电视总收入为 1582.02 亿元人民币(包括财政补助,这个数字大不大?不算大。去年,中国移动的净利润就达到 1152 亿元),其中广告收入占到 49%,网络收入占 26%,其他收入(节目销售、服务收费及其他)占 25%。这个比例说明:作为广电产业核心部分——内容产业——所占比重偏小。

作为第三产业的组成部分,广播电视发展产业既符合国家政策,又是内在要求。但是,如何发展广电产业,用得上四个字:"任重道远"。

为什么这样说?因为:

第一,作为事业单位,广播电视的主要任务是向全国人民提供公益性、基本性、均等性、便利性的公共服务。目前,农村广电公共服务欠账很多,还有大量工作要做。

第二,广播电台、电视台是事业主体,产业主体(产业集团)尚在建造过程中,数量不大,需要相当时间逐步拓展。

第三,作为核心产品,广播电视节目首先要保证正确舆论导向和国家文化安全。因此,需要严格监管,不能"你想听什么、看什么,我就播什么"。

第四,目前广电内容产业主要产品只有电视剧。动画片刚刚起步,离开规模化产业和赢利还有相当大的距离。其他产品售价低廉。

第五，长期以来，广电部门只计算总收入，从来不报告总支出。纯收入究竟是多少？是盈是亏？只有各台心中有数，我一直没有找到精确的统计资料。

第六，统计不够科学（甚至造假）的收视率成为电视台制作节目和广告商投放行为的指挥棒，广电行政主管部门"还没有完全掌握测算和运用收视率的主动权"（王太华）。因此，收视率是否真的反映收视情况？广告投放是否真有收益？全都成了问题。

第七，更大的问题是低俗、庸俗、媚俗现象屡禁不止。前几个月，因"三俗"问题，惹来一场大祸。报刊上批评一些电视节目的用语十分尖锐，什么"见利忘义"，什么"弄虚作假"，什么"赚昧心钱"，不一而足，实在令人汗颜。这就说明内容生产不仅关乎电视台的生存和发展，在更大程度上还关系到电视台的公信力、影响力和美誉度。媒体失去公信力就等于失去存在价值，何谈发展产业！

在发展广电产业方面，我们的任务是：

第一，在明确事业主体的前提下，加紧塑造产业主体。

第二，在繁纷复杂的中国当代文化中，明辨哪些是"良币"，哪些是"劣币"，不让"劣币驱逐良币"。

第三，加紧制定节目分类指导意见，继续推进制播分离。

第四，在承担社会责任和自主创收之间，要把握一个平衡点；在提供公共服务和满足个性化服务方面，要把握一个度。这是一门大学问。

第五，在发展新业态方面，既要勇往直前，还要加强调查研究，积蓄力量，量力而行。

完成这些任务都不是轻而易举的，需要时间，需要魄力，还需要准确的判断力和强劲的执行力。

我的想法很简单：遵循正确的文化产业发展道路，肯定可以赚钱；如果发展广电产业只是想着赚钱，那就非得乱套不可。这样的教训，我们已经看到不少了。

（2010 年 9 月 8 日）

实事求是——我们毕生的追求[*]

　　1960 年 11 月，我服从国家分配来到中央广播事业局对外部（现在的中国国际广播电台）工作，一直没有离开广播影视圈子。屈指算来，已有四十多年。要是问我有什么人生感悟，我的回答是：实事求是应该是我们毕生的追求。

　　作为一条人生准则，人人都承认"实事求是"是衡量一个人为人处世的首要标尺。不过，恐怕大家都有这样的经验：真正做到实事求是，尤其是时时事事都能做到实事求是，那是很难很难的。

　　早在中学时代，阅读《毛泽东选集》，就知道了"实事求是"这句古语，而且非常佩服毛泽东主席"化腐朽为神奇"的本领。当时，立志一生要按照"实事求是"的原则办事。今年，我已经 66 岁，工龄也有 45 年。回想过去的经历，既有符合实事求是的行为，也有违反实事求是的做法。总之，未能完全实现当年的愿望。回顾过去，还是为了今天，愿把个人的经验教训做个初步小结，与读到本文的读者共勉。

一

　　我到中央广播事业局之前，参加了好几次政治运动，"左"比右好，"'左'是方法问题，右是立场问题"，是当时普遍流行的认识。我对那些运动没有一点疑惑吗？也不是。比如"反右倾运动"，来得突然，去得也很快。其实，农村"大跃进"的浮夸毛病，我们都是亲眼所见。1958 年，我正在北京郊区成寿寺生产合作社下放劳动，还担任了合作社的团支部副书记。有一次南苑举行"大比武"，比的是蔬菜增产。去会场前，我们商定提出每亩生产大白菜达到五万斤，这已经是一个相当大的增产幅度。几位老农答应帮助我们想办法。一到会场，第一个登台挑战的人就提出每亩增产 10 万斤。接下来，一路攀升，直到有人提出每亩增产 100 万斤大白菜的指标。当时，我真觉得

---

　　* 本文是作者为《世纪心语——中国老广播电视工作者感悟录》（中国国际广播出版社 2003 年 2 月出版）撰写的文章。

无脸登台比武，只好假装肚子疼，埋头台下。回到合作社，和老农们一谈，马上招来一阵讪笑。他们说，撒下种子，就是"嘎巴嘎巴"连长三个月也到不了 100 万斤。在这种情势下，还有什么实事求是可言呢！我还参加过"大炼钢铁"运动。那种无谓的浪费，我们都是亲眼目睹的。然而，到了 1959 年，这些显而易见的弊病，谁也说不得。说了，就要挨批，挨斗。趋利避害恐怕是人的本能。在客观情势逼迫下，人人害怕落后，你吹牛我也吹牛，根本顾不得什么实事求是，只好跟着瞎说八道了。

来到中央广播事业局，正赶上三年困难时期。政治空气比较宽松。局领导和对外部领导下力气抓对外广播节目的改进，突出强调了要讲究对外节目的对象性。响应领导的号召，我所在的西班牙语组的领导提出了"自编自采"的改进节目的办法。具体来说，就是每一两个工作人员负责每周当中一天的专题和音乐节目。根据讲西班牙语的听众的要求，每个人从报刊上选编稿件。这个做法和当时的规定不完全符合（那时候只允许使用中心发稿部门编发的稿件）；但是，却符合"外外有别"的要求，至少是对"外外有别"的初步探索，初步试验。实行了一两年，见到了成效，来信有所增加，听众称赞的意见也多了起来。但是"文化大革命"一来，这可不得了了。有人把这个做法和"包产到人"联系起来批判，几年的努力终于化为泡影。不仅如此，在"文化大革命"期间，每天在对外节目开头都要播出一段毛主席语录。至于节目内容，完全不考虑听众能否听懂，一切都按照对内宣传口径办事。什么"砸烂狗头"、"油炸×××"、"反革命修正主义"、"资产阶级反动路线"，等等，全都播出去了。事实是最有说服力的。这样办对外广播，只能是赶跑听众。到了 1971 年，听众来信下降到两万多封，成为 1957 年以来听众来信最少的一年。

在思想路线偏离了实事求是原则的时候，客观形势不允许人们讲求实事求是。比如，在"文化大革命"时期，一路反右，就连"9·13 事件"出来了，还说林彪路线是"形左实右"。在这种情势下，就连身居中央领导地位的一些同志也不得已说过违心的话，更不用说一般老百姓了。

近年来，出版了不少回忆录。从中可以看到，无论是"大跃进"时期，还是"文化大革命"时期，还是有人顽强地坚持实事求是原则的。他们的实际行动告诉我们：在那样的客观环境中坚持实事求是原则，至少要具备三条品质：一是深湛的理论修养，能够洞察是非曲直；二是周密的调查研究，了解真切的实际情况；三是大无畏的革命精神，敢于仗义执言。完全具备这三条品质的人的确可钦可敬，只可惜人数太少，可谓凤毛麟角。

就客观因素而言，为形势所迫，"不得已"是丢弃实事求是原则的重要原因。

二

"文化大革命"结束以后,在"拨乱反正"当中,邓小平同志反复强调了"实事求是"的重要性。1977 年 9 月,他就明确地指出"实事求是"是"毛泽东哲学思想的精髓"。1978 年 12 月,在中共中央工作会议闭幕式上,他说:"实事求是是无产阶级世界观的基础,是马克思主义的思想基础。"1980 年 2 月,小平同志曾说:"实事求是,一切从实际出发,理论联系实际,坚持实践是检验真理的标准,这就是我们党的思想路线。"

改革开放以来,党中央高高举起"实事求是"的大旗,使"实事求是"成为我们生活的时代的特征。按说坚持实事求是原则,应该不是什么大问题了。然而,实际情况也不尽然。

毛泽东主席说:"'实事'就是客观存在的一切事物,'是'就是客观事物的内部联系,即规律性,'求'就是我们去研究。"按照这样的解释,"实事求是"就是根据客观事物的本来面目和实际情况进行分析研究,找出它们的内部的必然联系,即规律性。"实事求是"是恰当处理主观和客观之间矛盾的唯一正确的方法。客观世界存在纷繁复杂的现象,而客观规律是隐藏在现象背后的。从诸多现象中找到规律性的东西,一要有坚实的理论根底和正确的思想方法;二要掌握大量准确的事实和数据;三要为人正派,敢于实话实说,不故意说假话。反过来说,就主观原因而言,不能坚持实事求是原则,无外乎是三条:一是不明白;二是不清楚;三是不老实。不明白,就是说,道理不明白,难以分清是非。不清楚,就是说,情况不清楚,难以作出正确判断。不老实,就是什么都知道,只是为了某些个人目的,有意胡言乱语。

"文化大革命"结束后,在党中央的领导下,我国广播影视界用了一段时间进行"拨乱反正"。1979 年 10 月,我被任命为国际台对拉丁美洲广播部副主任。当时,拉美部有三个语言组:西班牙语组、葡萄牙语组和克丘亚语组,其中,克丘亚语广播是经过周恩来总理批准于 1974 年 10 月开办的。自从节目开办以来,遇到很多困难,主要是用克丘亚语介绍中国,词汇量实在太不够用,很多时候需要借用西班牙语的词汇,或者生硬地借用一些含义模糊的词汇。而且听众数量也很有限。节目开播五年来,总共收到 71 封听众来信。这个节目还要不要办下去? 引起了一场争论。主张继续办下去的同志说,这个节目是周总理批准的,谁要撤销,谁就得负历史责任。拉美部领导班子决定让我处理这个问题。我是主张撤销的,而且看法很坚定。讲克丘亚语的人主要居住在秘鲁、厄瓜多尔和玻利维亚。1961—1962 年,我曾经陪同梅益同志率领的中国新闻代表团访问拉美四国，到过厄瓜多尔，拜访过当地土著居民的领袖。土著居民生活十分贫困，收音机都是新鲜玩意儿。当时，我们赠送给这位领袖一台半导体收音机，他把这个礼物当成了宝贝一样。再说，这些国家的土著居民一般都能听懂西班牙语。因此，我有十足的把握认为，实事求是地讲，花那么多钱办一个没有多少听众的节目，实在没有必要。经过一段时间的酝酿，我们起草了停办克丘亚语广播节目的请示报告。1980 年 6 月 14 日，中央广播事业局党组批准了这个报告。由此，我想到一个问题：怎样理解"发展"？"发展"不能简单地理解为"增加"；减少不必要的浪费和无效劳动，实际上也是"发展"的要求。

从 1982 年起，我从专业岗位转到管理岗位。管理是服务，是以合乎实际情况的正确决策为事业发展服务。我在管理岗位上工作了 15 年，正赶上我国朝着社会主义市场经济体制转变；与此同时，我国广播影视事业也在朝着适应社会主义市场经济体制的要求转变。因此，管理者必须不断更新观念，不断推进改革，在改革的进程中推动广播电视事业发展。

无论是我担任国际台副台长的时候，还是担任广播电影电视部副部长的时候，上面提到的两个"转变"始终是日常工作中需要研究的课题。但是，说句老实话，我和我的同事们习惯的还是计划经济时代的办事原则和办事方法。什么是市场经济？市场经济应该如何运作？这些问题都是十分生疏的。比如，我曾经就国际广播如何适应市场经济的要求发表过一些讲话。如今看来，很难说是实事求是的。在美国，占统治地位的是市场经济，但是美国之音靠的是政府拨款。就国际台担负的对外传播任务来说，必须主要依靠政府财政拨款。从独立创收中找出路，完全是脱离实际的想法。在国际台任职期间，我的一项主要工作是组建驻外记者队伍。当时，心里明明知道驻外记者应该是一支专业化的队伍。很多国家都是老记者转做编辑，在后方指导前方的年轻记者。但是，有几个部门的领导一直坚持要派出国机会不多的老翻译、老编辑，名曰"还账"，而且把派出记者作为轮流出国的机会。在这种不合理的要求面前，我没能按照实事求是的原则办事，终于作出妥协，直到今天，还感到很遗憾。这方面的例子还有很多。

1991 年 5 月，我被任命为广播电影电视部副部长。在任期间，碰到的问题远比在国际台工作时复杂得多。其中一个重要问题就是：精神产品如何进入市场？精神产品进入市场将会带来什么结果？我只想举出电视剧的市场化运作为例，说明心中的困惑。

90 年代初，电视剧制作人员提出制作部门和播出单位分配不公的问题，并且表示只有走市场化的路子才能彻底解决问题。当时，我正好负责电视剧规划、管理和评估工作。采取回避态度是不可取的；介入讨论又陷入两难境地。我知道领导上不同意精神产品市场化，担心由此会产生不利精神文明建设的后果。我也知道制作人员急于将节目推入市场，以保证生产和再生产流程的顺利进行。面对双方的不同着眼点，我在几次电视剧创作会议和规划会议上的讲话里采取了"左右逢源"的做法。从当时的反映来看，没有遭到任何一方的指责；但是理论的不彻底性却暴露无遗。究其原因，还是缺乏对市场经济的真切认识。今天，广播影视系统的领导已经把电视称为"强势产业"，把电影和广播称为"弱势产业"了。我以为，这是时代的进步，也是对我当初不能实事求是地讲清问题的纠正。

三

作为党的思想基础，我们每个党员必须让"实事求是"的思想牢牢地扎根在脑海里；作为党的思想路线，我们每个党员都有义务把"实事求是"的思想化为日常的实际行动。

为了切实贯彻"实事求是"的思想路线，根据我多年的实际体验，我认为必须做到以下三点：

首先是努力学习。

古人说，"学无止境"，"学海无涯"。一个人穷其毕生的精力，也不可能掌握人类的全部知识。但是，我们应该立志"活到老，学到老"，认真规划个人的学习。我认为，学习可以包括四个方面。一是学习科学理论，学习马克思列宁主义、毛泽东思想和邓小平理论，用科学理论武装头脑，提高分辨是非的能力。要把学到的理论知识化为个人的思维习惯，时时刻刻以唯物辩证的观点和方法观察、处理遇到的实际问题。二是学习知识、学习文化知识、科学知识、法律知识以及各种新知识，用人类千百年积累下来的知识充实头脑，提高识别真伪的能力。三是学习生活，书本知识不可少，生活知识更不可少，用生活经验印证、弥补书本知识的不足，纠正书本知识的谬误，使我们的知识更加准确，更加切合实际。四是学习技能，技能是以知识为基础的操作能力，在新经济时代，操作能力的重要性超过了以往任何时代，是个人全面发展必不可少的条件。

其次是认真调查研究。

毛泽东主席特别重视调查研究。关于调查研究，他讲过许多名言，比如"没有调查，就没有发言权"，"一切结论产生于调查情况的末尾，而不是在它的前头"，等等。对于生疏的事情，唯有经过调查研究掌握真实情况，才算把握了作出判断的前提。掌握真实情况，并非易事。必须调查者和被调查者双方都按照实事求是原则办事。因此，调查者一定要保持"不耻下问"的态度，通过多种渠道，以多种方式进行调查研究。

第三是祛除私心。

任何一种私心都是"遮眼罩"，让人对明摆着的道理拒不承认，对真切的事实视而不见。归结起来，私心无非是"名"、"利"二字。或者是自我标榜，主观武断，为个人树碑立传；或者是怕得罪人，特别是怕得罪上级，担心个人利益受损。只有祛除私心，才能坦诚待人，有一说一，有二说二。

目前，我国广播影视业进入了发展的关键时期，改革的攻坚阶段。体制改革是我们多年向往的事情。新问题层出不穷，新矛盾随处可见。在这个当口上，走好这盘棋，特别需要坚持实事求是原则，特别忌讳心浮气躁，随心所欲。1997 年 10 月，我从现职岗位退了下来，专门从事中国广播电视学会的工作。学会的中心任务是学术研究。学术研究的目的是探寻真理，绝对需要实事求是。最忌讳的是"跟风"。不了解的事情，不能信口开河；不明白的道理，不能强不知以为知。

初步回顾几十年的经历和教训，主要还是为了把实事求是的原则贯穿于今后学术研究的始终。

（2002 年 3 月 1 日）

关于广播电视学术研究的几个问题[*]

　　中国广播电视协会是个行业组织，它的前身是中国广播电视学会。中广学会是学术团体，从 1986 年成立起，就把组织开展广播电视学术研究作为学会的中心任务。更名为中广协会以后，仍然把广播电视学术研究确立为两项基本职能之一。经过 20 多年的探索，逐步明确了学术研究的目标、范围、原则以及具体做法，并且取得了可观的研究成果。

一、学术研究的目标

　　中广协会开展广播电视学术研究的目标是什么？从理论建设来说，就是构建中国特色社会主义广播电视理论体系；从实务来说，就是研究在社会主义市场经济体制条件下如何发展广播电视业。这是一个长远的目标，需要几代研究人员和实际工作者的艰苦努力、不断探索才能达到。

　　在计划经济时代，我国老一代广播电视工作者曾经学习、借鉴过苏联开办广播电视的理论和经验。改革开放以来，我国广播电视工作者研究、引进发达国家经营广播电视业的理论和经验。然而，我国的广播电视业毕竟不同于国外商业广播电视业，也不完全同于国外公共广播电视业。换句话说，既需要研究和遵循广播电视一般的发展规律，更需要研究和遵循我国广播电视特殊的发展规律。

　　党的"十七大"首次把改革开放以来党的理论创新成果统一概括为"中国特色社会主义理论体系"。30 年来我国政治、经济、文化和社会的发展变化充分证明了马克思主义中国化对社会实践产生的威力。

　　在这样的背景下，当代广播电视理论工作者应该以中国特色社会主义理论体系为指导，加紧努力，为构建中国特色广播电视理论体系作出新的贡献。

　　前四届理事会期间，中广学会从宏观角度研究中国特色社会主义广播电视理论方面做了大量工作，取得了重要学术成果，主要体现在两本书上。一本是 1990 年 9 月出版的《中国广播电视学》；另一本是 2004 年 8 月出版的

---

　　* 本文是作者在"中国广播电视协会 2008 年度学术年会"上发言的一部分。

《中国广播电视新论》。第一本书的主旨是建立具有鲜明中国特色的社会主义广播电视学；第二本书明确提出构建中国特色的社会主义广播电视理论体系。

本届理事会以及下几届理事会期间，在构建中国特色广播电视理论体系方面还要做大量工作。一方面，在这两本属于"绪论"性质的书籍的基础上进一步细化研究，形成一套包括若干分册在内的中国特色社会主义广播电视理论体系丛书。另一方面，根据国内外广播电视业的新进展，增添新的内容，特别是科技进步引发的传播指导思想的变化、新媒体的成长、传媒格局的重组、新兴产业的发展以至管理方式、服务方式、经营方式的变革，还有我国正在推进的文化体制改革带来的一系列问题。

二、学术研究的原则

中广学会（中广协会）历届理事会在组织、推动广播电视学术研究的同时，不断强调学术研究要遵循正确的原则。归纳起来，有四条原则。

（一）实事求是

"实事求是"是马克思列宁主义的精髓，是中国共产党的思想路线。"实事求是"就是按照客观事物的本来面目和实际情况进行分析研究，找出它们内部的必然联系，即规律性。因此，也就是一切科学研究必须遵循的基本原则。广播电视学术研究同样必须遵守这条原则。

然而，多年来的经验告诉我们，真正做到实事求是并不是一件容易的事。一件事来了，却往往做不到。查一查原因，无外乎三条。一是不明白；二是不清楚；三是不得已。不明白，就是说，道理不明白，难以分清是非。不清楚，就是说，情况不清楚，难以作出正确判断。不得已，就是说，道理明白，情况清楚，只是受情势所迫，不得不说违心话。

为了切实贯彻"实事求是"的思想路线，我们就要对症下药，做到努力学习、调查研究和祛除私念。直面现实问题，有一说一，有二说二，不夸大成绩，不隐瞒缺点，才能写出符合实际、有实用价值的文章。

当然，客观环境也很重要。发扬学术民主，倡导平等讨论，彻底丢掉"扣帽子"、"打棍子"的恶习，才能保证人人毫无顾忌地努力做到实事求是。

（二）理论与实践相结合

理论联系实际是中国共产党多年倡导的优良学风。1987 年 7 月，《中国广播电视学刊》创刊。吴冷西同志发表了"代发刊词"，提出"做学问"的三条原则。"要有立足点，要扎根中国大地"，"要重视实践，切忌闭门造车，从书本到书本"，就是其中的两条。从那时起，立足我国国情、注重理论联系实际就成为《学刊》一以贯之的办刊方针，也成为中国广播电视学会（协会）指导学术研究的原则。

理论联系实际，不仅要求理论工作者恰当地解读正在执行的政策，评价已经完成的各项工作，更要求准确地评估准备推行的政策和预定开展的工作。这就是理论的前瞻性和预见性。在这个意义上，中广学会（协会）曾经尝试过，应该说还是可以做到的。前提条件是集思广益，发挥群体智慧；发扬民主，倾听各方意见；全面掌握国内外发展广播电视业积累的宝贵经验和理论财富。但是，总的来说，做得很不够，今后需要大力加强。

作为社会组织的研究机构，今后学术委员会将继续调集、发挥集体力量，围绕重点问题、敏感问题、有争议的问题，组织小型研讨会，在收集充足材料、数据、事实的基础上展开无约束的讨论、争辩。视情况，将讨论的结果写成公开发表的文章或者供领导参阅的内部报告。届时，欢迎有兴趣的研究人员踊跃参加。

（三）兼顾历史和现实

1923 年 1 月，在上海出现了美国人开办的广播电台；1926 年 10 月，国人在哈尔滨建立了自办的广播电台。屈指算来，广播在我国已经存在了 86 年；我国广播工作者使用广播这一工具也有 83 年的历史。中国共产党领导下的人民广播创办于 1940 年 12 月，电视创办于 1958 年 5 月，分别有 68 年和 50 年的历史。

"当代修志，隔代修史"是个传统的说法，其实，古代治史的学者并没有完全遵守这样的"潜规则"。现在，"人类社会发展越快，人们越需要对自身所处的历史方位有比较准确和及时的判断"。"历史学最基本的功能是'了解过去，理解现在，构筑未来'。研究历史的目的，说到底是为了对现实有更全面的认识"（《积极开展改革开放史研究》，《人民日报》2009 年 1 月 20 日）。正是基于这样的认识，中国广播电视学会（协会）才把史学研究列为四个研究领域之一。在实践中，历时七年，八易其稿，在 2007 年 2 月出版了由中广协会组织编写的《中国电视史》。

在编写《中国电视史》的过程中，我们发现已经出版的几本广播电视史书在时间、数据以及对史实的判断上存在一些出入。这就是决定组织人力编写《中国广播电视编年史》的初衷。起初，我打算借我国创办电视 50 周年的时机，请中央电视台对这本属于基本建设的史书给予资助。遗憾的是没有得到响应。本想就此放弃。所幸去年中广协会主要领导李丹同志和杨波同志给予了大力支持。编写工作进展顺利的话，两三年后，广播电视研究人员可以看到一本有参考价值的资料书。

有的学术委员提出，借《中国广播电视编年史》梳理广播电视业发展历程的机会，编写几本专业性著作，比如，广播电视宣传思想史、广播电视科技发展史、广播电视节目形态变化史，等等。甚至还可以进一步细分，比如，中国广播电视新闻史、中国电视纪录片发展史、中国广播剧和中国电视剧发展史，等等。

如果说研究历史是间接为现实服务，那么研究现实问题则是直接为现实服务。中广协会的业务主管部门是广电总局，理所当然要关注总局提出的广播电视业面临的关键问题。

在 2009 年全国广播影视局长会议上，总局领导指出了一系列要加以解决的问题。我初步分析，这些问题可以分为两类。

第一类是存在多年、年年需要提醒的老问题，例如：提高舆论引导能力，加强和改进舆论监督，提高节目质量，把握创作导向，提高原创生产能力，提高国际传播能力，提高队伍素质等。当然，每年都有新情况、新重点，都会提出新要求，都要求新的论述。

第二类是近年来出现的新问题，例如：推进广播影视科学发展，构建农村广播影视公共服务体系，加快发展新媒体，加强对视听网站的管理，深化管理体制和运行机制改革，提高企业市场竞争能力，等等。这些问题都处在迅速变化过程中，需要随时跟踪，及时提出新的论述。

除此而外，还有一些现实问题值得认真研究。例如，文化体制改革对广播电视业的影响，对"四级办"、"集团化"的反思，"三网融合"的前景，"西新工程"中存在的问题，广播电视属性的再认识，等等。

希望广播电视理论工作者根据个人的专长，对这些现实问题进行深入的研究。

（四）提倡理论创新

广播电视理论创新是广播电视理论工作者的不懈追求。但是，真正做到，是很不容易的。创新不是"平地起高楼"，不是"一切从零开始"，而是有继承，当然更要有发展。只有长期积累，掌握丰富准确的数据、资料、情况，认真分析研究，不苟同流行说法，不重复他人意见，才能写出有创见、有分量的文章。

在《中国广播电视新论》的序言里，我曾经提出过广播电视理论创新的四个方面，或者说四条途径。就是：探索未知领域，修正原有结论，提高研究层次和加强研究深度。

探索未知领域。无论从世界范围看，还是就国内情况说，广播电视从总体上说属于"朝阳产业"，正在经历着日新月异的变化。因此，属于未知领域的新问题层出不穷。例如，数字化、网络化催生了很多新媒体，移动电视、楼宇电视、手机电视、流媒体、MP3、MP4、IPTV，等等。研究新媒体和广播电视之间的竞争与合作关系，就是探索一个未知领域。

修正原有结论。广播电视诞生已有近百年的历史，专家学者以及媒体工作者对广播电视的研究也有几十年的积累。许多问题都有了公认的结论。但是，随着社会转型、人们的观念变化、科技进步，有些结论势必需要修正。例如，对有线电视的认识。长期以来，我们对有线电视的认识归结为"有线电视是无线电视的补充和延伸"。到了20世纪90年代中期，才提出"有线电视是电视业的新的经济增长点"。如今，数字有线电视又成为热门话题，被称为"广播电视发展的第二次革命"，广播电视网络被视为业界的生命线。这就是在观念上不断修正原有的结论。

提高研究层次。广播电视学是边缘学科、交叉学科。广播电视节目是综合性节目，传统上划分为新闻类节目、社会教育类节目、文艺类节目、服务类节目。近年来出现的新的类别节目，多是从形式上划分的。无论是研究广播电视学，还是研究广播电视节目，都应以更为成熟的基础学科为支撑。这些年，我看到一些以新闻学、传播学原理研究广播电视新闻节目的文章，以文艺学原理研究广播电视文艺节目的文章、以心理学原理研究受众接受心理的文章、以经济学原理研究广播电视产业的文章。但是，更多的文章还是就广播电视谈广播电视。至于以哲学、社会学、文化学原理关照广播电视的文章，就不多见了。究其原因，一方面是广播电视系统内研修过这些基础学科的人很少，另一方面业外学者对广播电视的内情了解的不多。只有把基础学科顺畅地引入广播电视理论研究，才能真正提高研究层次。

加强研究深度。由表及里，从现象到本质，本来就是人类认识客观事物的规律。然而，做到这一点并非易事。尽管每年我们能够读到大量研究广播电视的论文，但是深度不尽相同，文章质量的高低上下分野就在这里。有些文章分析问题仅仅停留在叙述现象的浅层。比如，近来对广播电视节目低俗化问题批评甚多。仅仅罗列出低俗化的种种表现，还是浅层次的；探究出现低俗化的社会原因，就深入了一层；进一步分析节目制作者故意向低俗化靠拢、一些观众喜好低俗化节目的心理因素，可能就更深入一层。

三、学术研究的领域

早在成立之初，中广学会就确定了广播电视学术研究的四个领域，就是基础理论、应用理论、决策研究和史学研究。1988年6月，中广学会举办首届全国广播电视学术论文评选就是按照这四个领域征集参评论文。1997年，我加盟中广学会以后，采取了"萧规曹随"的办法，一直按照四个领域组织学术研究和论文、论著评选（包括两年一度的学术论文评选、四年一度的学术专著评选以及2003年到2005年连续举办三届的广播电视理论研究课题立项招标活动）。

但是，在具体执行当中，特别是在评选论文、论著的时候，确实感到存在一些问题。

首先，四个学术研究领域缺少科学界定。参评论文和论著的作者只能按照个人的理解报送作品，"报错户口"的现象时有发生。评委们也是根据各自理解评判参评作品，评价难免差距很大。我建议学术部专门就四个领域的科学界定做一番工作。

其次，从参评的论文、论著数量来看，属于应用理论和决策研究范围的论文、论著占了大多数，属于基础理论和史学研究的论文、论著数量很少。究其原因，大概有两个。一个原因是作者多是一线管理人员和实际工作者，他们成天忙于日常管理工作或是节目制作，抽出时间撰写论文实属不易。他们的论文一般都是工作经验总结，大多可归入应用理论和决策研究。其中上乘作品能把单位或个人的工作经验提升到理论高度，彰显经验的普遍意义，可供他人借鉴。另一个原因是每个单位送评的论文、专著数量有一定限制。尽管高等院校和科研机构的作者有能力撰写基础理论的论文，但是不可能全部参评。我建议学术部在科学界定四个领域的基础上，进一步细化每个领域包含的类别并提出相应要求，比如节目类、栏目类，在总结一个获得受众欢迎的节目或栏目时，还要结合时代特点、社会需求、审美变化等因素，深入分析成功的深刻原因。

再次，技术类论文在评选中缺位。在以往的十届广播电视学术论文和五届学术专著评选中，一直把技术论文排除在外。如今，科技在广播电视发展中的先导作用越来越明显，数字化、网络化、新媒体已经全方位地影响到广播电视各个方面。我建议尽快把技术类论文（特别是论述科技进步和广播电视管理、传播、节目制作、产业发展的关系的交叉性、边缘性的论文）纳入论文、论著的评选范围。

　　近年来，广播电视学术研究取得了明显进步。但是，社会不良风气也对我们的学术队伍产生了不好的影响。在结束我的总结发言前，提出几点与大家共勉。

> 讲究求真务实，力戒虚妄浮夸；
> 讲究沉静严谨，力戒浮躁粗疏；
> 发扬独创精神，力戒人云亦云；
> 坚持批判精神，力戒无谓赞扬。

（2009 年 2 月 13 日）

多查·多问·多思*

会议结束前，我想着重就"实事求是是做学问的首要原则"谈谈个人的一些认识。

本年度学术年会的主题是"学习'十二五'规划建议精神，研究如何实现广播电视科学发展"。这是个大课题，不是一次会议可以完结的。

总局已经拟订了广播影视"十二五"规划。据我们了解，规划包括五个部分，提出了六项任务（媒体建设、传播能力和传播体系、公共服务、安全保障和政府监管、产业发展以及国际传播能力）和 28 个重点发展项目。

作为广播电视研究人员，我们主要是从学术研究角度为实现广播电视科学发展提供意见。以高度负责的态度提供意见，就必须做到实事求是。

实事求是是党中央确定的党的思想路线，也是学术研究工作者必备的学术良知。

怎么样才能做到实事求是？我想提出六个字：多查、多问、多思。

所谓"多查"，就是说要下大力气，多方查询，尽可能掌握全面情况。这是实事求是做学问的基础。

我想试着以发展文化产业为例，说明"多查"的重要性。

自从 2000 年"文化产业"四个字写进中央正式文件起，到"十二五"规划建议提出"推动文化产业成为国民经济支柱性产业"，只有十年的时间。这表明党和政府对发展文化产业寄予厚望。响应党和政府的号召，各地都在努力推动文化产业的发展，而且取得了可观的成绩。

客观地说，我国文化产业刚刚起步，取得的成绩只能是初步的，存在问题完全没有什么奇怪的。只有实事求是地讲成绩，也讲问题，才能找到今后发展的正确方向。正如胡锦涛总书记在十七届五中全会上说的，"在充分肯定成绩的同时，我们必须增强忧患意识、风险意识"。

有些专家学者已经对一些消极现象提出了批评，表示了担忧，例如，内容产业中"泛娱乐化"倾向、目标追求的"GDP 崇拜症"、乱用概念的"泛产业化"以及文化创意产业园区中的"三要"（"官员要政绩，商人要地皮，学

---

* 本文是作者在"中国广播电视协会 2010 年度学术年会"上的讲话摘要。

者要课题"），等等。

怎样做才叫实事求是？怎样做应该叫浮躁虚夸？举几个例子。

比如，电影业。去年，我国生产了五百多部电影，总票房突破 100 亿元人民币。这是个重大成就。但是，电影界并没有停留在只讲这两个说明成绩的数字，还进一步告诉我们：17 部票房过亿的电影和进口片合计占据了总票房的近 80%，而其他四百多部电影仅占 20% 多一些，有些电影根本就没有进入院线，并且以此为依据，提出了今后需要解决的问题。这就是实事求是的态度。

再比如，广播电视业。2009 年总收入是 1582.02 亿元人民币，比 2008 年增长 17.18%，增幅不小。但是，和电讯业（中国移动一家净利润就达到 1152 亿元）相比，这个数字不算大。即使在这种情况下，有的报道说：某个地方广电部门的广电"航母"出海了。查一查，总收入超过 100 亿元的省市广电部门都没敢说什么"航母出海"，而收入仅有 50 亿元左右的却不但打造了"航母"，而且还"出海"了。这就谈不上实事求是了。但愿"广电航母出海"只是记者夸大之词，不是那里的广电人的认知。

再比如，出版业。2010 年 7 月，新闻出版署发布了 2009 年新闻出版产业分析报告。报告说，2009 年，全国新闻出版业实现总产出 1.06 万亿元，营业收入 1.03 亿元。这是个重大突破。应该说，新闻出版业的改革"路线图"很清楚，取得的成绩也很明显。我个人对图书出版很感兴趣。报告说，2009 年全国共出版图书 30.2 万种，总印数 70.4 亿册（张）。但是，图书销售额是多少？库存是多少？各地书市降价出售的图书是多少？公家出钱购买的图书是多少？个人出钱购买的图书是多少？我都没有查到。而只有查到这些数字，才能对图书出版业作出实事求是的判断。

所谓"多问"，就是说要虚心求教，特别要向做实际工作的同行们请教。这是实事求是做学问的重要的中间环节。

广播电视业体制改革是近十几年议论颇多的话题。1999 年，开始成立广电集团。当时政策规定：只允许成立事业性质的广电集团，不允许成立企业集团。2004 年 7 月，在已经成立了三十多个广电集团的情况下，总局领导宣布暂停审批事业性广电集团。12 月，又宣布不再批准组建事业性质的广电集团，但是允许组建事业性质的广播电视总台（台）。2010 年，在副省级城市以下推开文化市场综合执法改革，其中包括副省级以下城市实现文化、广电、新闻出版三局合并，省级成立广播电视台。概括地说，就是"十年三变"。体制改革"十年三变"，恐怕是广电业独有的现象。

改革开放以来，广电系统实施过多项重大政策。1979 年开始播出商业广告，1983 年实施"四级办"事业建设的新方针，1985 年开始使用卫星电视技术，1991 年开始大规模建设有线电视，1998 年开始实施"村村通"广播电视工程，等等。每逢碰到这些大事，我们都要到各省市区去了解情况，听取一线工作人员的反映，因为只有他们才有亲身体验，才有切身体会。前面提到的这些大事都得到了各地广播电视工作者的热烈响应，有的还引起巨大的社会反响，比如有线电视、"村村通"工程。

遗憾的是对"十年三变"的体制改革，各地广播电视工作者，至少是大多数人都表示不理解。这就为我们实事求是地研究问题提供了宝贵的第一手材料。他们认为"三局合并"大大削弱了地方广电行政部门的管理职能，而且造成了诸多人为的矛盾。总局明确提出的"局管台"根本无法实现。进一步说，现在的改革方案是否那么完美无缺？是不是违背了广播电视传播的基本规律？是不是违背了广播和电视各自的传播规律？改革是新生事物，需要探索，需要"摸着石头过河"。走弯路几乎是难以避免的，只是希望尽量少走弯路。

总局提出建立"广播电视台"，不能叫"总台"。有的同行对我们说了十分有趣的想法。他们说，"我原来是电视台台长。改叫广播电视台以后，我成了副台长。跟家里人、亲朋好友说不清楚。人家还以为我犯了什么错误，挨处分了，所以必须叫'总台'。"

在总局声明不再批准成立事业性质广电集团后，有的地方广电部门还在准备成立事业产业混营集团，听说目的是不想把职工工资标准纳入限定事业单位工资的"鸟笼"。

听起来，这些想法和体制改革的大局相比，的确有点过于个人化。细想一想，也很实际。如果不和他们推心置腹地交谈，了解他们的内心想法，恐怕是改革设计者始料不及的吧。而只有理顺各方面的关系，解决个人的后顾之忧，才能赢得他们对改革无保留地拥护。

所谓"多思"，就是说要殚精竭虑，深入思考，得出尽可能合乎实际的结论。这是实事求是做学问、出成果的最后阶段。

目前，广播电视改革进入了攻坚阶段。新事物层出不穷，新矛盾屡屡出现，需要认真思考的问题太多了。因此，在积累资料，了解社情的前提下，理论工作者沉下心来，弘扬学术民主，发扬独立思考精神显得特别重要。

需要思考的问题分为两类：一类属于基础理论范围的；另一类属于应用理论和决策研究范围的。

第一类问题研究透彻了，对实践具有指导作用。

比如，广播电视的传播基本规律是什么？广播和电视传播规律有什么共性和个性？这些问题研究清楚了，可以解决广播电台和电视台要不要合并、如何合并以及合并后如何运行的问题。

再比如，我们常说，"广播电视体制改革的目的是解放和发展生产力"。生产力包含劳动者、劳动工具和劳动对象这三个基本要素。劳动对象没有变化；劳动工具日益现代化；受到束缚的主要是劳动者。解决这个问题，主要靠体制改革，还是靠机制改革？可以再深入研究研究。

正在修改的《中国广播电视学》应该承担起这个任务。

第二类问题研究的目的是解决现实问题。

比如，"十一五"期间广播电视的决策中有哪些符合科学发展的要求，有哪些违背了科学发展的要求？有哪些发展方式是合理的，有哪些发展方式应该改变？

再比如，1993 年，国家就把广播电视业列入第三产业。2005 年，广播、电视被确定为"文化产业核心层"。2006 年，影视制作业被列为"重点文化产业"；同时，对"文化产业"给出了官方的界定，就是"为社会公众提供文化、娱乐产品和服务的活动，以及与这些活动有关联的活动的集合"。然而，作为广播电视业提供文化、娱乐产品和服务的主体——广播电台、电视台——却定位为事业单位。对此，是否应该有个合理的解释？

再比如，和图书、报刊、电影、演艺这些原本就包含交易环节的产业相比，广播电视业有哪些独有的特点？广电产业发展路径、步骤如何设定？

再比如，"事业单位，企业化管理"如何理解？如何实现？每个频道、甚至每个人都要承担一定的创收任务，就是实行"企业化管理"吗？

再比如，什么是"创收"？为什么只公布收入多少，而从来没有公布过支出多少？盈余多少？亏欠多少？

正在编写的《中国广播电视发展十年回眸》应该给出答案。

总之，需要思考的问题很多。

今天，只能提出一些问题。学术委员会的成员们愿意和大家一起共同探讨，找到答案。

历史经验告诉我们：每个人都要受到历史的局限。一代人只能完成一定的历史任务，完成后就要退出历史舞台。老子说："功成身退，天之道。"谁也不能违反自然规律。

完成当今广电改革的历史任务落在年轻一代广播电视人的双肩上。凭借你们的智慧、能力，一定能够圆满地完成时代赋予的历史任务。

（2011 年 1 月 18 日）

恪守实事求是的原则是我们的基本责任[*]

中国广播电视协会第三届学术委员会成立于 2008 年 5 月 15 日。和前两届学术委员会相同之处是，在中国广播电视协会（学会）的领导之下开展工作，并且得到协会（学会）领导的全力支持。不同之处在于，本届学术委员会属于"实设"，是用制度、机制保证学术委员会发挥实际作用，学术委员不是荣誉职务，而是要实实在在地参加各项学术活动。中广协会为第三届学术委员会聘请了 27 位学术委员，秘书处设在中广协会学术部。学术委员会第一次全体会议审议了《中国广播电视协会学术委员会工作章程》和《中国广播电视协会 2008—2012 年学术理论研究规划》。随后，协会分党组批准了《工作章程》。《章程》规定"学术委员会是中国广播电视学术研究的权威性指导和评估机构"。该《章程》是学术委员会开展活动的根本依据，是全体学术委员共同遵守的规则。

从 2008 年到现在，学术委员会主要完成了以下五项工作。

一、学术研究

学术委员会开展学术研究有两种形式。一是直接参与课题研究；二是组织专家学者完成课题研究。

（一）审阅《中国电影学》和《中国广播电视学》

这两本学术专著是总局主要领导交付协会的任务，并且提供了资金。我们一般把这类工作称为"官方修书"，要求非常高。编写工作于 2004 年启动。经过五年努力，于 2009 年提交了书稿。为保证书稿质量，协会领导决定在学术委员会指导下完成编写任务。四位学术委员花费几个月时间分别审读了书稿。他们认为：首先，应该肯定编写者付出了很大劳动；其次，从设题、编排、论述来看，还没有达到"学"的标准。因此，需要重新组织人力编排、改写。目前，《中国广播电视学》已经重新设计了编写大纲，并开始写作。

---

* 本文是作者在三亚市举行的"中广协会 2012 年工作会议暨 2011 年学术年会"上的讲话摘要。

(二) 编写《中国广播电视编年史》

这是协会主动提出的一个"长线课题",得到了总局领导的批准。《编年史》是一部资料性史书,要求做到"全面、准确、精练",目的是为广播电视理论工作者提供一部内容翔实、精确可靠的参考书。2008年开始做准备工作,2009年发动总局各司局以及地方广电局提供素材。关于编写年份,初步打算从1923年起,到2008年止。全书预计一百多万字。目前,三个小组已经编写出部分书稿,等到素材齐全后,再加以补充。

(三) 编写《中国广播电视改革发展十年回眸》

2010年年初,第三届学术委员会在研究年度工作计划的时候,有人提出人类进入新世纪第10个年头,应该借此机会对我国广播电视的改革和发展做个阶段性小结。回顾10年的情况,可以看到在理念变化、政策引导、科技进步和社会需求合力推动下,我国广播电视改革和发展进入了一个新阶段。在广播电视领域里,宣传指导思想、节目制作理念、科技进步、产业发展、对外交流合作、人才队伍建设以及管理和经营等方面,都有必要认真梳理,总结经验教训,以利于今后10年按照科学发展观的要求,实现广播电视健康有序、可持续发展。基于以上共识,全体与会的学术委员一致同意组织编写《中国广播电视改革发展十年回眸》。这项建议很快得到中广协会领导的批准,并作为重点科研项目列入协会的年度工作计划。目前,已经基本完成统稿、修改,待主编通读后,即可交付出版社。

另外,2008年,中国广播电视协会和浙江传媒学院联合举办"媒介素养专项研究项目"招标,三年累计批准立项32个。

二、学术作品评选

全国性广播电视学术论文和学术著作评奖是原中国广播电视学会年度的日常工作,是学会的学术品牌之一,也是展示全国广电理论研究成果的高端平台。学术论文每两年评选一次,学术著作每四年评选一次。鉴于近年来每年出版的广播电视学术著作数量有所增加,质量有所提高,学术委员会建议将学术著作评选改为每两年举办一次,得到中广协会领导的批准。由此,形成了一年评选学术论文,下一年评选学术著作的格局。

从2008年起,学术委员会先后组织了第十届和第十一届全国广播电视学术论文评选以及第六届、第七届全国广播电视学术著作评选。

2008 年举办的"第十届全国广播电视学术论文评选"活动中，一共收到 157 篇参评论文。经过半年时间的复评、终评，23 篇论文获得一等奖，34 篇获得二等奖，36 篇获得三等奖。从评选结果看，一批站在广播电视学科前沿，富有时代特色，理论与实际结合紧密的论文脱颖而出。从作者年龄结构来说，涵盖了老中青三代，而以中青年为主。这说明，新一代广播电视学术研究队伍已经基本形成。他们社会责任感强，知识更新快，视野开阔，手段先进，具备较强的研究能力。本届评选出的部分优秀论文已于 2008 年 12 月结集出版，书名是《传媒的生命与生存》。

2010 年举办的"第十一届全国广播电视学术论文评选"活动中，一共收到 164 篇参评论文。经过认真评选，22 篇论文获得一等奖，36 篇获得二等奖，42 篇获得三等奖。评委会认为：大多数获奖论文选题紧扣广电发展实际，富于时代特征，坚持用科学发展观指导理论研究，以社会主义核心价值观贯穿理论研究，注重理论联系实际，直面现实问题，观点鲜明，论证有力，具有一定原创价值和现实指导意义。2010 年 12 月，中广协会以《中国广播电视理念跨越 30 年》为书名，将部分获奖优秀论文结集出版。

2009 年是新中国成立 60 周年。当年举办了"第六届全国广播电视学术著作评选"活动。这是学术论著评选周期由四年改为两年后的第一次评选。中广协会组织了来自全国各地的专家学者共 28 人参加复评和终评工作。从参评的 56 部著作中评选出 1 部特等奖、5 部一等奖、11 部二等奖和 19 部三等奖。评选结果表明，这一时期史学和决策管理类的研究成果较为突出，创新性和理论价值特征明显。相比之下，基础理论和应用理论类研究的创新性有待提高，对前沿理论和热点课题的关注尚待加强。2010 年 6 月出版的《传媒影像表达与历史镜鉴》收集了在本届评选中获得二等奖以上著作的精华篇章。

2011 年举办了"第七届全国广播电视理论著作评选"。总共收到 64 部参评著作。经过复评和终评两个阶段的认真评选，共有 41 部作品获奖。其中，1 部著作获特别奖、7 部获一等奖、11 部获二等奖、22 部获三等奖。评委们认为：从荣获一、二等奖的著作看，有的著作探索了广播电视研究的新领域，具有开创性；有的著作理论结合实际，实用性强；还有的著作对某一研究领域进行了全面梳理，具有系统性。

此外，2008 年，中广协会还和中国传媒大学启动了一项重要的学术作品评选活动——年度广播电视学术理论研究项目招标。中国传媒大学每年出资 10 万元到 20 万元，资助广播电视理论工作者完成研究课题。这项学术活动有严格的申报程序，在课题完成后，评委会还要逐个评议，确定优秀、良好以及合格三个等级，按不同等级给予有差别的资助。到 2011 年，此项活动已经开展三次，收到几十份专著、论文、调查报告，其中确有作者认真完成的高水准作品。此项活动还要延续下去，希望研究人员踊跃参与。

2010年，中国广播电视协会和上海市广播电视学会联合主办了"世博会与有声有色的广电宣传"征文活动。收到参评论文103篇。经过评委会评议，共选出入围作品67篇。

三、学术人物评选

评选全国"十佳百优"广播电视理论人才始于2001年，每三年举办一届，该活动得到总局批准。评选对象包括全国广电系统职工、大专院校、科研机构从事广播电视理论研究和教学的人员。这项评选的特点是对研究人员及其研究成果的全面评价，而不是评价单本著作或论文，因此一直受到理论工作者的高度重视。

2010年，举办第四届"十佳百优"理论人才评选活动。中广协会学术部一共收到149名参评人员的材料，评委会以投票方式选出110名入选者，在网上公示后，确定了获得"十佳百优"称号的人员名单。《中国广播电视年鉴（2011）》对入选者的评价是："思想成熟、立场坚定、学品人品俱佳。"

2011年7月协会出版了《传媒思想宝库》一书，介绍本届获得"十佳百优"广播电视理论人才当选者的成就、建树和代表作，目的是进一步发挥他们的示范作用，推广其经验和成果。

四、考察学术研究基地

学术委员会下设六个学术研究基地，即北方学术研究基地（长春）、东部学术研究基地（上海）、西部学术研究基地（成都）、中南学术研究基地（广州）、高校传媒研究基地（中国传媒大学）和媒介素养研究基地（浙江传媒学院）。除了协会本部学术研究部门外，六个学术研究基地是支撑中广协会学术研究大厦的重要支柱。

2010年4月和9月，学术委员会派人到西部学术研究基地和北方学术研究基地进行考察。2011年11月和12月，又派人到东部学术研究基地和中南学术研究基地进行考察。主要目的是了解各地广播电视理论研究的特点、专长和进展情况，同时，也和各地研究人员就当前广电改革和发展的热点问题交换意见。

四次考察基本上达到了目的。工作在第一线的广播电视工作者以及基层的理论工作者最了解本地情况，对高层设计的改革措施在多大程度上适合当地情况，认识最具体也最深刻，对改革发展的各项政策如何结合本地实际情况因地制宜地执行最有发言权。有些造诣深厚的理论工作者更能从理论高度探索在新世纪新形势下广播电视的发展规律。可以说，每次到基地考察我们都能得到很多启发，学到很多东西，更加坚定我们对当下广播电视改革发展的认识。

五、其他活动

2009 年，中广协会发起"相伴成长、见证辉煌——影响广播电视进程的事件、人物、节目、栏目"评选推介活动。即评选新中国成立以来影响我国广播电视业发展的 60 件大事、60 位人物、60 个节目和 60 个栏目。以"四个六十"展现我国广播电视业 60 年来的历史足迹和辉煌成就。为了卓有成效地完成评选，在中广协会领导下，学术委员会大部分成员参与了推介、初选和定评，按照公平、公正、平衡的原则圆满地完成了评选任务。

作为日常工作，从 2008 年起，每年都召开学术年会。在学术年会上，除了向获得当年各种奖项的作者颁发证书外，还要介绍近期广播电视学术研究的基本情况，包括学术研究的目标、原则以及研究的领域，并通报未来准备开展的学术活动，听取与会者的意见。

另外，还组织或参与了几次高层学术专题研讨会。

通过三年多的工作，作为第三届学术委员会的成员，我们最深刻的体会是：永远恪守实事求是的原则，这是理论工作者的基本责任。

"实事求是，一切从实际出发"是中国共产党确定的思想路线。在多年从事广播电视研究工作中，有一段时间，我们主要限于解读、阐释已定的方针政策。即使有些不同看法，也是以缓和的语气或者以质疑的方式表述个人意见。

新世纪以来，我国广播电视改革发展面临许多新问题、新矛盾。文化体制改革的目的是解放文化生产力，作为大文化的组成部分，广电业也要按照中央统一部署推进体制改革。但是，在以集团化为中心的体制改革和以"三局合并、两台合并"为主要内容的体制改革中，都出现了一些值得研究的问题和需要化解的矛盾。面对这些问题和矛盾，学术委员会认为需要进行广泛的调查研究，进行独立思考，提出我们认为适合的解决办法。

马克思主义的认识论告诉我们：人的认识和客观实际总会存在一定的距离。从物质到精神，再从精神到物质，如此循环往复，才能逐渐达到对真理的认识。任何人都不是万能的"神仙"，判断会有失误，认识会有偏差。只有通过实践的反复检验，才能避免失误，纠正偏差，所以才说："实践是检验真理的唯一标准。"早在 20 世纪 60 年代初，党中央就提出"大兴调查研究之风"。在中共中央《关于认真进行调查工作问题给各中央局、各省、市、区党委的一封信》中，就提出"在调查的时候，不要怕听言之有物的不同意见，更不要怕实际检验推翻了已经作出的判断和决定"。今天，这些指示仍然具有现实意义。

为了做到实事求是，就必须发扬学术民主。

三年多来，学术委员会总共召开五次全体会议、十七次主任会议。在历次会议上，主要做了两件事。一是集思广益，就是以集体的力量推动各项工作。在每次会议上，都要通报学术委员会工作进展情况，审定学术部提出的年度工作计划，讨论即将启动的学术活动。在会上，做到人人畅所欲言，最后按照多数委员的意见作出决定。二是发扬学术民主，在探讨热点问题、焦点问题的时候，鼓励自由发言，在观点碰撞、认识交锋中，探寻我国广播电视的客观发展规律。

只有恪守实事求是的原则，才能实现理论创新。

进入新世纪，传播理念发生重大变化，或者说，回归到符合科学发展观的要求，与广播电视相关的科技成果以前所未有的速度展现在我们面前，体制改革一波接一波地向前推进，国内外传播领域竞争激烈，关于调整上星频道的节目安排、限制电视剧插播广告等一系列政策出台。这些新情况都为广播电视各方面的理论创新提出了新要求，同时也提供了新机遇。理论创新不外乎探索未知领域、修正原有结论、提高研究层次和加强研究深度。无论哪一方面，都需要坚持广泛深入的调查，按照实事求是原则提出符合实际的看法，得出经得起实践检验的结论。

在学术委员会临近换届的时候，我代表第三届学术委员会向各地广电局、广播电台、电视台以及广播电视协（学）会三年多来给予的大力支持表示由衷的感谢！向所有广播电视理论工作者积极参与中广协会以及学术委员会组织的各项学术活动表示深切的感谢！

希望大家一如既往地支持第四届学术委员会的工作。

（2012 年 2 月 8 日）

突出中心，狠抓重点，积极拓展 *

2002 年 4 月，中国广播电视学会换届后，除了日常工作外，还要完成大量的组织工作，包括调整学会分党组，任命副秘书长，调整学会秘书处的机构以及聘任各个部门的负责干部，现在已经基本结束。

另一项重头任务就是思考今后四年多如何开展学会工作。在今年 4 月举行的学会第四届理事会上，徐光春会长提出学会要"认清新形势，明确新任务，开创新局面"。8 月 8 日，我向徐光春会长汇报学会工作。在谈到今后工作方针的时候，我提出了两个可供考虑的选择。一个是积极的方针，就是"开拓创新，锐意进取"；另一个是保守一些的方针，就是"维持现状，稳步前进"。他明确回答说，还是要采取积极的方针。这就为学会今后四年多的工作定下了基调。

经过几个月的研究讨论，学会总部拟订出两个文件，一个是《中国广播电视学会 2003 年—2007 年工作规划》，另一个是《中国广播电视学会 2003 年—2007 年广播电视理论研究纲要》。本次会议要讨论这两个文件，听取大家的意见，然后对文件进行补充和修改。为了便于各位代表研究、讨论，我代表学会总部对这两个文件做个简单说明。

一、基本方针

当初我提出两个可供考虑的选择，主要是觉得，开展学会工作，一要适应形势的需要，二要创造一些条件。光春会长主张采取积极的方针，我想，主要也是基于当前形势的需要。

在党的"十六大"上，江泽民总书记代表第十五届中央委员会分析了国内外形势，提出"全面建设小康社会，努力开创中国特色社会主义事业新局面"的总任务，特别要求全党保持"与时俱进"的精神状态。广播影视全系统正在学习"十六大"文件，积极响应党的号召，按照总任务的要求安排各项工作，推进广播影视的改革和发展。

---

* 本文是作者在苏州举行的"中国广播电视学会 2002 年度秘书长工作会议"上的讲话摘要。

上月末，我们利用两天半的时间，集中学习了"十六大"文件。

首先，经过初步学习，我们认识到"十六大"提出的重要理论阐述非常重要，对广播影视工作具有很强的指导性。是不是可以这样说：

"三个代表"重要思想是指引我国广播影视业改革和发展的灵魂；

中国特色社会主义理论指明了我国广播影视业改革和发展的必由之路；

全面建设小康社会将为我国广播影视业的改革和发展提供良好的社会环境和物质基础，同时也对我国广播影视业提出了新的任务；

解放思想、实事求是、与时俱进要求我国广播影视业全体从业人员永远保持积极向上的精神状态。

中广学会是广播影视系统的有机组成部分，也必须按照大局要求以"与时俱进"的精神来安排今后四年多的工作。

其次，目前，广播电视发展正处在关键时期，改革处在攻坚阶段。国外强势传媒机构早就觊觎我国广大的广播电视消费市场；如今，我国加入世界贸易组织，他们觉得终于等到了机会，千方百计希图进入我国市场。国内传媒之间以及传统媒体和新兴媒体之间的竞争越演越烈。业内各地广播电台、电视台之间的竞赛也是如火如荼。为了应对"内挤外压"的局面，唯有深化改革，才能求得发展。当前深化改革是全面改革，是结构性改革。

第一是建立以集团化为核心的新的管理体制和运行机制。

第二是建立以数字化和网络化为基础的新的技术体制。

第三是建立以频道专业化、栏目对象化、节目精品化为目标的节目创新和节目创优体制。

第四是建立以产业化为内容的新的经营体制。

通过深化改革，解决多年来实际存在的"散"和"乱"的问题，组建"航空母舰"和"联合舰队"，把广播电视事业做大、做强。在深化改革过程中，资源要重新整合，机构要重新调整，人员要重新安排，因此出现新问题，产生新矛盾，就成为不可避免的。作为广播电视学术研究机构和广播电视理论工作者必须加紧研究和回答一系列新问题。学会是党和政府联系广大广播电视工作者的纽带和桥梁。学会工作者不可能回答所有问题。但是，在这样的大背景下，绝对不能松劲。不但不能松劲，而且还要加紧工作，密切配合总局的工作部署，发挥智力支持的作用。

我们曾经议论过：第四届理事会期间，学会究竟是"大步"前进？是"中步"前进？还是"小步"前进？

什么叫"大步"前进？我理解，"大步"前进是指适应社会主义市场经济的需要以及我国加入世贸组织的新情况，成立行业性社会团体作为广播电视行业的中介组织。这样的社会团体应该承担起规范行业行为、维护行业权益的任务。看起来，这一步一时还迈不出去。什么叫"小步"前进？"小步"前进就是适当改进现有工作，不做大的拓展，积攒后劲，为将来的发展打下坚实的基础。这样的要求似乎低了一些。那就只有采取"中步"前进的方针。

什么叫"中步"前进？是不是可以这样界定：在基本上保持学会原有任务和功能的前提下，工作内容要有增添，工作领域要有拓宽，工作效率要有提高，工作质量要上新台阶。如果今后四年多能在这四个方面取得明显效果，"中步"前进就算了不起了。一旦条件成熟，可以成立行业协会，例如中国广播电视工作者协会或者中国广播电视工作者联合会，那就要不失时机地迈出一大步。

按照"中步前进"的要求，我们提出了今后四年多的学会工作指导思想，就是："高举邓小平理论的伟大旗帜，认真贯彻'三个代表'重要思想和党的'十六大'精神，解放思想，实事求是，开拓创新，与时俱进，紧密围绕国家广播电影电视总局的中心工作，按照《中国广播电视学会章程》的要求，以广播电视理论研究为中心，全面推进学会的各项工作，深化学会自身的改革，努力开创学会工作的新局面，更好地为广播电视事业的改革和发展服务，为全体会员服务。"

二、工作布局

"规划"中提出学会工作的"四个平台"，即理论研究、社团管理、节目评估和咨询开发，每个平台再分成几个板块。理论研究是学会工作的中心；社团管理和节目评估是学会工作的两个重点；咨询开发是学会工作的拓展。总的口号是："突出中心，狠抓重点，积极拓展。"我们觉得，和过去平行地开列七八项工作任务相比，这样的工作布局更加严谨，更加合理，可以说是我们对学会工作布局的新概括，对学会工作规律的新认识。

"四个平台"的工作中，有些是以往工作的延续，以往工作精神的继承。在两个文件中，都有表述，不必多说。除此以外，有哪些新提法，哪些新要求，需要大家认真研究。我试着就"四个平台"分别谈些意见，供大家研究参考。

（一）广播电视理论研究是学会的中心任务。这是学会性质决定的，也是五任会长反复强调的。我们一定不能偏离这个方向。在这方面，提出了哪些新要求呢？

首先，广播电视理论研究的指导思想，除了过去提出的马克思列宁主义、毛泽东思想、邓小平理论以外，还增加了"三个代表"重要思想。

自从 2002 年 2 月江泽民首次提出"三个代表"重要思想以后，学会一直非常重视学习、贯彻"三个代表"重要思想。总部除了专门组织学习外，还召开了以"三个代表"重要思想和广播电视改革发展为主题的研讨会；今年 4 月的换届会议上，又把"三个代表"重要思想写进学会《章程》。"三个代表"重要思想作为全党必须长期坚持的指导思想，也就是一切工作的指导思想，对各个部门的工作都非常重要。今后，学会一切工作也必须长期坚持以"三个代表"重要思想为指导思想。就广播电视理论研究来说，如何讲清楚"三个代表"重要思想和广播电视业的关系，是一门大学问。广播电视系统的先进生产力的发展要求是什么？如何把握先进文化的前进方向？怎样做，才算代表最广大人民的根本利益？我们有责任联系实际作出有说服力的回答。

其次，理论研究的内容，除了过去提出的基础理论研究、应用理论研究、决策研究和史学研究以外，又增加了国外广播电视发展研究。增加这一条是出于学会工作必须围绕大局的考虑。去年 12 月 6 日，在中国广播影视集团成立大会上，总局局长、集团管理委员会主任徐光春提出中国广播影视集团"争取用五年左右的时间实现'国家主力、亚洲一流、世界前列'的发展目标"。知己知彼，方能百战百胜。"国家主力"不用说了，"亚洲一流"和"世界前列"是什么概念？如今，亚洲哪些国家和地区的广播电视达到了一流水平？世界哪些国家的广播电视居于前列？具体指标是什么？我们还有多大的差距？调查、收集、整理相关材料，对集团制定发展战略都有参考价值。

再次，把编辑出版《广播电视电子书库》列为理论研究的一项基本工程。这是一项大工程，目标是收集历年出版的有历史价值、参考价值和保留价值的文献、报告、学术论文、学术专著、系统资料、年鉴、地方志，等等，制作成光盘，编排易于查找的索引，供广播电视工作者使用。这样做，既可以解决个人收集书籍的困难，又可以节省购书费用，还可以腾出放书的空间。

最后，设立出版专项资金，编辑出版系列丛书、套书。今年得到广东人民广播电台的慷慨资助，收到第一笔支持出版广播电视理论专著的捐赠。这笔钱来之不易，一定要专款专用。我们准备拟订一个支持出版广播电视理论专著的条例。

（二）社团管理是学会工作的重点。中广学会是系统内最大的社会团体，在规范化管理方面，应该起到示范作用。这也是几任会长反复强调的。学会只有一个法人代表，但是分会、单位会员和专业委员会共有八十多个。因此，管理难度是相当大的。在这方面，提出了什么新要求呢？

首先，进一步加强总部内部管理。一是按照实际需要调整部门设置；二是按照中央规定的程序选拔处级干部。这两项工作已经基本完成，今后希望大家有事找相关部门以及部门的负责人；三是实现办公自动化。这项工作正在和设立学会网站结合进行。

其次，加强总部和分会、单位会员和专业委员会的联系，把各个分支机构的工作切实纳入学会工作范围。今明两年，打算先进行调查研究，摸清各个分支机构的班子状况、管理水平、活动情况、社会影响等；然后，从中选择十几个单位作为联系重点，主动参加他们的活动，并给予指导和帮助。

再次，大力改进《通讯》的编辑工作，重新设置栏目，增加编辑力量，加强信息性、资料性、指导性，力争把《通讯》办成学会会刊。希望各个分支机构指定一位通讯员，向《通讯》提供稿件，使《通讯》成为沟通、联系学会所有部门和分支机构的桥梁。

（三）节目评估是学会工作的另一个重点。目前，学会承担了大量节目评奖工作。节目评奖和节目评估是两个不同的概念。评奖只是节目评估的一个组成部分。评奖、讲评、研讨、扩大成果影响，都是一直在做的事情。在这方面，提出了哪些新要求呢？

首先，调整政府奖和学会奖各项评奖的奖项设置，使之更加符合节目创作的现状以及发展走向。评奖工作必须鼓励节目创新和节目创优，而不能妨碍节目形态的发展变化。

其次，加强评奖方法的科学性，既要保持原来评奖工作的严肃认真以及"公平、公开、公正"的传统，又要吸收具有量化标准的节目评奖的办法，提高节目评奖的权威性，有利于引导节目创新和节目创优；同时，要将"消极平衡"的不良因素减少到最低程度，使每次评奖都能真正反映当年节目的创作水平。

再次，加紧研究如何建立节目评估的理论体系。节目评估应该包括哪些环节？各个环节应该确立哪些指标？如何把各个环节联系起来？把这些问题搞清楚，就能建立起节目评估的理论体系，确立节目评估的权威性，发挥节目评估的指导作用。

（四）咨询开发是学会工作的新拓展。长期以来学会工作局限于单纯的学术研究；学会影响局限于广播电视系统范围内；学会的经费来源主要是总局根据交给学会的任务给予专项拨款。增加咨询开发这个平台，主要目的是使学会工作由单纯的学术研究向实际操作发展、由圈内影响向社会影响扩展（顺带告诉大家，1998 年 1 月 13 日，孙家正部长和我一起去看望吴冷西同志。冷西同志提出学会首先要提高在系统内的地位，其次要扩大在社会上的影响），同时为学会开展活动积累更多的资金。在这方面，提出了哪些要求呢？

首先，成立了咨询开发部。咨询开发部承担两项任务。一项是开展与广播电视相关的咨询业务。在发达国家，咨询业是一门大产业。在我国加入世界贸易组织后，我们一定要抢先占领这块领域。咨询业务，大至为国内外企业介入广播电视业提供可行性或不可行性咨询，小至对一个节目、栏目以及频道进行评估和论证。另一项任务是策划，包括节目、栏目、频道、电视剧以及社会活动的策划。

其次，集中精力办好北京友视文化传播有限公司。公司要以广播影视节目（包括电视剧、专栏、纪录片等）创作、制作和发行为主业，注重细心策划，诚实守信，以精彩的节目创造品牌、创造效益。经过四五年的努力，使公司由小变大，由弱变强，创造条件在一些地方建立分公司或子公司，逐步成为广播影视界有相当实力的文化企业集团。同时，还要开拓国外市场，为"走出去"工程增添一份力量。

再次，建立学会网站是另一项大型基本工程，目的是扩大学会的社会影响，建立与国内外各界联系、沟通的新渠道。

除此而外，还要积极开展对外交流活动。

"四个平台"是互相联系、互为补充的整体。重点研究项目，大型基本工程，摄制大型节目，都不是一个部门或者学会总部能够单独完成的。需要集合学会、学会分支机构以及各个广播影视集团和广播电台、电视台的力量来共同完成。

概括起来说，原来是重"虚"，今后要"虚实结合"；原来是重"内"，今后要"内外结合"；原来是重"中"，今后要"中外结合"；原来是重"单项"，今后要"单项和整体结合"。

学会工作布局是我们要讨论的另一个重点，也希望大家认真思考，提出补充修改意见。

三、努力创造条件，为完成规划而奋斗

和上届理事会期间讨论长期规划和理论研究纲要一样，代表们肯定会提出这些项目能不能如期完成？的确，按照前面谈的学会工作新发展，今后四年绝不会是轻松的四年。分析一下，我们既有有利条件，也有不利条件。

我们的有利条件是：

第一，在第三届理事会期间打下了比较好的工作基础。学会得到了总局及各个职能部门的支持，赢得了各级广播电视机构和各级学会的信任以及社会的承认。这就为今后的合作奠定了坚实的基础。

拿广播电视理论研究来说，我们认为这不只是个别部门和部分人员的任务，而且是学会总部所有部门和全体人员的任务；不只是学会总部的任务，而且是所有分会、单位会员和专业委员会的任务。只要大家都把广播电视理论研究切实摆在中心位置，全力以赴，老老实实地做学问，就不愁今后四年多的时间内在理论创新上取得明显的成绩。

第二，和三届理事会时期相比，学会总部人力得到一定充实，财力有所增加。

第三，作为社会团体，学会有便利条件与各方面打交道，包括广播电视机构、高等院校、研究机关、其他社会团体以至广播影视文化公司。

我们的不利因素是：

第一，社会发展尚未达到社会团体充分发挥中介作用的阶段，有些想干的事情，一时还无法去干。对此，要有等待的耐心。

第二，信息不灵，沟通不够，学会需要努力和总局、地方局、各个集团及其下设机构打通联系渠道。

第三，资金不足，需要多方筹集资金。时至今日，学会经费的主要来源还是总局专项拨款。几项重点课题和大型基本建设工程，需要得到总局批准，申请到相应的资金。

总之，按照规划完成各项繁重任务，基本保证就是充足的人力和财力。我们会努力创造必须的条件，希望继续得到大家的支持。

（2002 年 12 月 4 日）

以史为鉴和实事求是[*]

中国广播电视学会史学研究委员会成立于 1987 年 4 月，是中广学会下属的三十几个专业委员会当中成立最早的二级学术团体之一。16 年间，史学研究委员会管理规范，内部团结，运行有序，活动经常，在相当困难的条件下为研究广播电视史作了大量工作，取得了显著的成果。我代表中国广播电视学会对前三届理事会的颇有成效的工作表示深切感谢，并殷切希望新一届理事会在原有的基础上再前进一步，创造新的成绩。

我到中广学会工作将近六年半。在这段时间里，一直坚持把广播电视学术研究作为学会的中心工作。这既是《中国广播电视学会章程》明确规定的任务，也是前后四任会长一致的要求。学会的学术研究主要包括四个方面，就是基础理论、应用理论、决策研究和史学研究。从这些年的实际情况来看，应用理论和决策研究进展良好，参与研究的人员数量不少，研究成果比较突出。相比之下，基础理论和史学研究就比较薄弱。这个情况说明：我们的研究人员比较关注现实问题，注重理论联系实际；但是，理论根底不够深厚，学科知识不够全面，因此学力不足，另外对基础性研究也不够重视。

史学属于基础性研究。研究任何一种事物，首先要占有丰富的材料。所谓"材料"无外是历史和现状两部分。而现状是历史发展的成果。不了解历史，就无法知道现状形成的原因，更谈不上对现状作出准确的评价以及预测未来的发展走向。据我的粗浅知识，马克思主义经典作家以及在某门学科中取得突出成就的专家毫无例外地全都重视研究历史，比如，在延安整风运动期间，毛泽东主席就专门强调过要研究历史。可以这样说，研究历史是研究任何一门学问的基础，必须对历史研究给予足够的重视。

广播电视史学属于广播电视基础性研究。研究的对象是广播电视发展过程中出现的重大事件、重大决策以及与之相关的重要人物，从历史轨迹中探索广播电视的发展规律。

研究历史的终极目的不是发思古之幽情，而是要做到"存史、资政、育人"。我国史学研究历来有"以史为鉴"的优良传统。司马迁编《史记》，追

---

* 本文是作者在广播电视史研究委员会举行的"第六届史志研讨会"上的发言摘要。

求的是"究天人之际，通古今之变，成一家之言"。司马光撰写《资治通鉴》，为的是"穷探治乱之迹，上助圣明之鉴"。这都是过去的事了，但是他们的目的很明确，就是为现实服务。而真正做到"以史为鉴"，就必须时时处处坚持"实事求是"的原则。

在中学时代读《毛泽东选集》，我第一次看到了"实事求是"这个词。当时的认识是不实事求是，就是掺假，就是糊弄，就是骗人；不实事求是，就将一事无成。我在大学毕业前夕，正赶上"反右"斗争，后来又经历了1958年的"大跃进"、1959年的"反右倾"运动、1964年的"四清"，特别是"文化大革命"。从这些社会实践中，越来越感觉到"实事求是"的极端重要，渐渐明白了原来"实事求是"这简简单单的四个字竟概括了马克思主义哲学的核心，又是思考问题、研究学问、推进工作的准则，还是待人接物的道德标准。我曾经想过，"实事求是"应该是我的毕生追求、终身信条。然而，这些年来我做到了吗？回答是：不胜惭愧！

究其原因，十分复杂。简单地说，不外是不清楚，不明白，不得已，不大胆。为了克服这些造成不能坚持"实事求是"原则的起因，结合广播电视史学研究，我想是不是应该强调以下几点。

首先是要占有详尽而又准确的材料。所谓"不清楚"，就是指对事物的情况了解的不充足、不准确，因此也就不可能对事物作出实事求是的判断。占有详尽又准确的材料，应该说是研究历史的最基本的要求。在档案保存、数据统计、资料整理等方面，广播电视系统做了不少工作，但是，总感到还有欠缺，比如，早期的档案文字资料很不完整，音像资料大量丢失、损坏，很多材料只是保存在当事人的脑海里；再比如，新闻出版署每年都公开发表报刊书籍、电子出版物的统计数字，而我们只在国家统计局的年度"国民经济和社会发展统计公报"中公开发布广播电视播出、发射和转播机构以及广播电视人口覆盖率的数字，其他统计数字只在内部文件中发表，而且不同部门统计的数字还不尽相同。这种情况给编写广播电视史造成相当大的困难。目前急需做的工作就是抢救音像资料，整理文字档案，建立比较准确和完整的广播电视数据库。

其次是要具有坚实而又深厚的理论功底。所谓"不明白"，就是指道理没弄清楚，认识模模糊糊，难以实事求是地分清是非。具有坚实而又深厚的理论功底，应该说是研究历史的又一基本要求。研究历史绝不是简单地堆积材料，罗列事实，列举数字，而是在材料取舍中显露观点，在夹叙夹议中表明态度，在简短的结论中阐述规律。在这方面，既要坚持历史地看待问题，又要从现实的高度反思历史，比如，1983年举行的第十一次全国广播电视工作会议确定了"四级办广播、四级办电视、四级混合覆盖"的事业发展方针。一段时间以来，有些讲话和文章认为广播电视的"小、散、滥"根源即在于"四级办"。我一直认为这样的评价是不公平的。当时的情况是广播电视业的生产关系（体制）限制了生产力的发展。从解决体制问题入手，广播电视业，特别是电视业，才得到突飞猛进的发展，才有了今天的规模。至于管理不善，那是另外的问题。

再次是要树立坚韧而又正派的学风。所谓"不得已"，就是指在某种外力的压迫下，萌发趋利避害的念头，言不由衷，发表了违背"实事求是"原则的违心之论。拿我来说，一生中经历了那么多的政治运动，特别是那些矛头针对知识分子的运动，生怕莫名其妙地被打成什么什么分子的恐惧心理确实存在。在这种心理状态驱使下的确说过一些违心之论，如今回想起来实在感到惭愧和内疚。在广播电视学术研究（包括史学研究）中，这种心理是绝对不能允许的。编写史书也好，撰写回忆文章也好，其实都是为了给那些未曾经历某段历史的后人留下信史。否则，就是欺骗后人。说老实话，现在编写广播电视史还有一些禁忌，比如"反右"斗争、"文化大革命"等这些敏感时期的广播电视发展究竟如何表述得完整而又切合实际，还需要再过一段时间才能真正解决。我建议，亲身经历过这几段历史的老同志不妨撰写回忆录，保存住这几段历史的本来面目。

最后是提倡稳健而又勇敢的创新精神。所谓"不大胆"，就是指对某些问题有明确的看法，但是，囿于某种顾忌（例如，和主流意见或者传统见解不一致），不敢公开发表。中央领导同志多次提倡创新精神，包括理论创新、制度创新、技术创新。既然是创新，就必然有所突破。反过来说，如果事事随大流，人云亦云，也就不可能在学术上有什么建树了。历史事实是人人共知的。你说我国电视起步于1958年，我也只能说同样的话，但是，在史书的构架、体例、表述，特别是对同一事物的评价上都有创新的余地。今天已经出版或者准备出版的广播电视史书，只能说是阶段性成果，绝不是史书编写的终结。且不说还有大量专业史、部门史需要从积累资料、梳理脉络开始，就是通史也只是个别集体或者个别专家的劳动果实。今后肯定会有更多的专家学者投身于广播电视史的编纂工作。

关于今后广播电视史的研究工作，我想提出以下几点想法：

第一，在几本广播电视通史出版以后，史学研究可以向三个方向发展。一是编写断代史；二是编写专业史；三是编写地方史。史学研究会可以对编写者提供指导和帮助。

第二，编写一部比较详尽的《中国广播电视大事记》。

第三，建立一个大规模的准确的中国广播电视数据库，走市场服务的路子。

第四，组织广播电视界老同志和当事人撰写《中国广播电视回忆录》，其中有的可以公开发表，有的可以出版内部资料。

第五，组织记者采访广播电视界名人，撰写《中国广播电视界名人访谈录》。

完成这些工作，既需要资金支持，也需要时间保证。但是，我以为这些都是利在当代、泽被后世的事情，即使学会本届理事会不能全部完成，也要开个好头，一代一代做下去。

最后，希望广播电视史学研究委员会在新一届领导的率领下作出更大的成绩！

（2003 年 10 月 12 日）

中观篇

如果说"宏观"是广播电视业的第一个层面，"中观"则属于第二个层面。本篇中包括广播、对外传播、技术、产业经营等。仍是一家之言，仅供探索者参考。

可持续发展——广播业的最佳选择*

今天召开以"广播创新与发展"为主题的研讨会,在主观和客观两方面具备了良好的条件和坚实的基础。

首先,2003 年年初,国家广播电影电视总局确定了今年为"广播发展年",提出了"广播发展年"的主要任务和五项具体目标。从年初到现在,总局领导召开了多次会议,研究如何落实"广播发展年"的各项任务。9 月 10 日到 11 日,在西宁举行了中国广播发展年座谈会(北方片),总结了半年来广播发展年取得的成就和经验,分析了目前广播面临的新情况和新问题,部署了下一阶段广播发展年的工作。这就为本次研讨会提供了理论指导和政策依据。

其次,近年来,广播电视业的改革在逐步深化,传统的办台理念被打破,过时的办台方式遭淘汰,广播工作者的观念发生了重大变化。在此基础上,全国各地在广播业改革实践中积累了丰富的经验。从"珠江模式"到"东广旋风",再到交通频率遍地开花,改革推动发展的势头,发展坚定改革的信心,呈现出改革和发展互相促进的态势。这就为本次研讨会提供了思想准备和实践基础。

再次,在改革和发展相互促进中,涌现出好多个以良性循环为特征的广播电台,像北京台、广东台、上海台、浙江台、山西台,等等。这些台在管理体制、运行机制、频率设置、节目制作、经营创收、采用先进技术等方面,都有所创新,有所突破。这就为本次研讨会提供了具有强大说服力的实例。

最后,实践出真知,随着改革取得越来越显著的实效,广播工作者对广播发展规律的认识也越来越深刻。各台的管理人员和业务人员撰写的理论文章不仅数量增多,而且质量也有明显的提高。涉及基础理论研究的文章根底更加深厚,视野更加开阔;涉及应用理论研究的文章论据更加扎实,视点更加高远;涉及决策研究的文章论述更加系统,观点更加实在。这就为本次研讨会提供了理论准备。

总之,我认为,本次研讨会铺设的交流平台适逢其时,肯定能够取得预

---

* 本文是作者在北京广播学院广播电视研究中心举办的"'广播创新与发展'研讨会"上的发言摘要。

想的效果！

　　会议的主持者要我在开幕式上讲讲话。我想说的一句话，就是"可持续发展是我国广播业的最佳选择"。

　　面对我国广播业当前的处境，大家都在设法谋求发展。有的提出"跨越式发展"，有的提出"跳跃式发展"，有的提出"超常规发展"，而我更喜欢用"可持续发展"。

　　1992 年 6 月，在巴西的里约热内卢召开了联合国环境与发展大会。大会通过的《里约宣言》里提出了"可持续发展"这个概念。1994 年 3 月 25 日，国务院常务会议通过的《中国二十一世纪议程》全面接受了这个概念，而且多次使用这个概念，使之成为我国社会经济发展的基本要求。

　　为什么我喜欢这个从社会经济发展基本要求借用过来的概念呢？因为它包含了思考的全面性、筹划的长远性、发展的均衡性以及现实可行性，而且为广播发展积攒后劲。

　　为了取得广播的"可持续发展"，需要依靠什么？需要创造什么？

　　广播"可持续发展"需要依靠四方面的支撑：

　　1. 理论支撑

　　几年前，在一次学术研讨会上，我曾经听到一位研究人员说，"今后三五年内，广播将会退出主流媒体的行列"。如今，"大限已到"，广播不但没有退出主流媒体的行列，反而呈现出上升趋势，而且杀出了一匹"黑马"——交通广播。其实，任何一种新媒体诞生都会对原有的媒体形成一定冲击，分流一部分受众，但是，从来没有一种新媒体能够完全取代旧媒体。原因是不同媒体各有各的功能，各有各的优势和短处。他们之间的关系是互为补充，互相促进，而不是谁取代谁。多媒体技术的应用，只是造成了不同媒体的交叉和变异，而不是原有媒体的消亡。

　　2. 政策支撑

　　时至今日，我国广播业还是由政府主办的垄断行业，因此政策支撑是至关紧要的。"入世"谈判没有涉及包括广播在内的大众传媒的对外开放，为广播业赢得了应对国外广播机构竞争的宝贵的准备时间；地（市）县播出机构转变职能，主要针对电视，在全国范围内为广播业腾出了宝贵的拓展空间；文化体制改革、大力发展文化事业和文化产业的政策为广播业指明了前进方向和改革目标；广播融资政策的放宽为吸收业外资金提供了方便；总局连续两年批准中广学会与地方台合作举办广播节目展销会为广播节目市场化运作进行了有益的探索。广播工作者要百倍珍惜和充分利用政府已经出台和准备出台的政策，努力推动广播的发展，提升广播的实力。

3. 技术支撑

广播的诞生靠的是技术支撑，广播的发展靠的也是技术支撑。每一次技术进步都为广播发展开辟了新天地。调频广播、音频工作站对提高广播节目质量的作用，已经是人所共知了。互联网为广播打开了通往全国乃至世界各地的新的广阔的通道，改变了广播的编排和传输方式以及听众的接收方式。总局确定今年为"网络发展年"，提出了"以网络公司为主，积极吸纳社会力量，大力开发网上视音频及增值业务"。有线数字电视网络同样为数字广播节目提供数以百计的通道。今后，令人犯愁的恐怕不是频率的稀缺，而是广播内容产业的发育不足。尽管对开展视频音频付费广播还存在争议，我想广播工作者仍然要以积极的态度对待这项新兴业务。

4. 资金支撑

广播电台是事业单位，"全额拨款"和"差额拨款"还是多数广播电台的资金来源。我们还要争取政府的更多财政扶持。广播融资政策进一步放宽，吸纳社会资金将从广播人的夙愿变成现实。此外，广播电台还有自身"造血"功能。从1999年到2002年的3年间，广播业广告营业额每年均以20%左右的速度在增长，从12.52亿元人民币增加到21.9亿。广播节目市场的培育和成熟，将摆脱目前广播电台"自制自播"的自然经济的束缚，把自制节目推进市场，既能丰富其他电台对优秀节目的需求，又能盘活节目资源，增加收入。一旦有线付费广播成了气候，听众逐步改变收听习惯，广播电台就能够摆脱依靠广告收入的单一创收渠道的局面。

这样说，是不是广播人就可以"高枕无忧"了呢？当然不是。我们还要如实地承认广播业的现实窘境。比如，去年广播广告收入与电视广告收入是1∶10.5。什么时候这个比例达到1∶7，广播就可以摘掉"弱势产业"的帽子了。据2002年的一项抽样调查，收听广播的人数与电视观众相比仅为1∶7.3。承认困难，为的是解决难题；承认"弱势"，为的是由弱转强。为此，我们更要苦练内功。

所谓"苦练内功"，就是说，认真探索广播的发展规律，研究现代广播的特性，力保广播的"可持续发展"。

关于这一点，不少广播电台取得了成功的经验。由这些台的代表介绍，肯定会远比我来谈更为深切，更为具体，更为生动。因此，我只限于提纲挈领地列出14条。

1. 分析本台各种资源的实际情况，制定长远的总体发展战略，做到各项工作均衡发展。

2. 强化科学管理，改革运行机制，引进适用于事业单位的企业管理的先进经验。

3. 树立品牌意识，打造单个频率以至全台的整体品牌形象。

4. 合理利用频率资源，建立专业化频率，加强对象化服务。

5. 发展内容产业，注重智慧投入，精心制作节目。

6. 确立以核心业务为主、关联产业为辅的集约化的多种经营的方针。

7. 培育节目市场，盘活节目资源，提高节目使用率。

8. 制定完备的人才战略，引进确有真才实学的人才，取得"外脑"的智力支持。

9. 重视听众反馈信息，建立客观公正的听众调查系统。

10. 开门办台，积极开展社会活动，扩大社会影响。

11. 充分利用先进技术，缩短技术设备更新周期。

12. 加强横向联合，在大范围内整合各类资源。

13. 发展网上广播，拓宽发展空间。

14. 加强学术研究，广开言路，实现决策民主化、科学化。

对在座的同行们来说，这14条都是老生常谈了。不过，真正做到，的确需要有突破传统的勇气、处理矛盾的本领以及周密策划的智慧。我相信已经实施这些措施的广播电台的代表一定能够道出他们的酸甜苦辣，讲得丰满精辟。

（2003 年 9 月 26 日）

顺应时代潮流，推进广播改革*

一、广播改革 20 年回顾

党的十一届三中全会后，广播电视业遵照中央的统一部署，于 1979 年启动了改革的进程，历经起步阶段、推进阶段、展开阶段，如今进入了深化阶段。

广播和电视同处于一个行政管理部门之中，遵照同样的方针政策进行改革。但是，广播和电视毕竟是不同的媒体，特点不同，处境不同，因此改革的进度有快有慢，改革的措施有同有异。两者相比，电视业走在了前面，广播业滞后了一步。

真正意义上的广播改革是从什么时候开始的？在改革的进程中，有哪些标志性的事件？改革的动力是什么？积累了哪些值得借鉴的经验？

从 1979 年到 1986 年，广播业进行了初步改革。首先是拨乱反正，为广播生产力最活跃的因素——广播人解除思想枷锁；其次是进行"微观的业务性改革"，比如，广播宣传改革"聚焦在新闻报道的改革方面"，"多是个别的单项的试验性改革"（罗弘道：《珠江台的创建在我国广播电视改革史上的重要意义》）属于制度的自我完善。

而真正意义上的广播改革开始于 1986 年，标志性事件就是 1986 年 12 月 15 日广东人民广播电台开办珠江经济广播电台，创建"珠江模式"。珠江台的创建和一系列改革表明我国广播改革开始进入了全面改革的新阶段。

珠江经济广播电台定位为"大众型、信息型、服务型、娱乐型的电台"，是广东人民广播电台的"台中台"。开办大时段板块节目，设置节目主持人，以直播为主，注重听众参与和反馈是其主要特点。在人事管理上，实行招聘制；在编辑组内，实行以主持人为中心的"采编播合一"的工作方法。透过这些现象，我们看到了广播人办台理念的根本转变，看到了这次广播改革的深刻内涵。珠江台的改革内涵和蕴含的观念转变，可以概括为：

---

* 本文是作者在广州举行的"中国广播改革 20 年高端论坛"上的发言摘要。

1. 确立了"听众是广播传播的主体"的观念，高度重视收听率、听众反馈和双向交流。

2. 树立了强烈的竞争意识和品牌意识，以创办名牌节目、栏目、频率增强竞争实力。

3. 明确了"和国际接轨"的思想，打破"闭关自守"的陋习，努力吸收国外、境外办现代广播的理论和先进经验。

4. 萌生了"广播具有产业功能"的概念，提出广播要"为发展生产力服务"。

办台理念的突破，加上制度上的保证，珠江经济台迅速取得明显的成绩。收听率上升，超过了港台；听众来信、来电高速增长，培养了大批忠诚的观众群；同时，也创造了一定的经济效益。

当时，在电视的冲击下，广播处于"低谷时期"，广播人正在困惑中寻找出路。珠江台的成功给了大家极大鼓舞。很多广播电台的负责人和广播界的专家纷纷前往参观调研。媒体上陆续发表了介绍和评论文章，一时间"珠江模式"成为广播界的热门话题。随即出现了以"直播"、"设置主持人"、"板块"、"听众参与"为主要内容的"广播热"。

在珠江经济台带动下，从20世纪80年代中期到90年代末，开办系列化的专业台形成全国性的热潮，为频率专业化积累了宝贵的经验。其中，新闻台、音乐台拥有相当数量的忠实听众；1991年上海电台首创交通信息台，到90年代中期，借城市汽车数量增长的机会，交通广播乘势崛起，蓬勃发展，成为广播业的一匹"黑马"。

从90年代初到今天，就广播整体改革而言，上海东方电台和北京人民广播电台的改革应该是具有标志性的事件。这两个台的改革表明我国广播朝着现代广播模式和产业经营的目标继续迈进，具有示范意义。

东方电台也好，北京电台也好，他们的改革都是从借鉴珠江台改革经验开始的。

1992年10月28日，上海东方电台开播。节目的特点是设置主持人栏目，板块式结构，24小时直播，引进热线电话；新闻节目讲求"大容量、快节奏"；特别注重为听众服务。这些思路和做法和珠江经济台基本相同。不同的是东方电台不是"台中台"，而是独立于上海人民广播电台之外的"台外台"。东方电台是"在上海广播电视局领导下拥有独立建制、自主经营权和独立法人资格、享受浦东新区政策、全额经费自收自支的电台"（李彩英：《"东方"，一座令人瞩目的电台》）。

东方电台在管理体制和运行机制方面采取了多项改革措施。比如，包括台长在内的干部聘任制、上岗合同制、主持人签约制以及多劳多得的激励机制。如果说设立"台外台",各地广播电台难以办到,那么管理体制和运行机制的改革给予了人们很多启发。东方电台开播后,在长江三角洲地区影响巨大。其他许多电台也纷纷派人前往交流访问,"东广旋风"一时刮遍全国,引发了又一次"广播热"。

珠江台作为"台中台",东方电台作为"台外台",在改革中表现出一个相同的特点,就是在台内或台外划出一个试验性的"特区",推行新的管理体制和运行机制。而北京人民广播电台的改革却是在原有的体制内推进整体性改革。

北京电台的改革开始于1990年。1990年8月,北京广播人借鉴珠江台的经验,开播了北京经济台。从那时起,16年过去了。北京台在取得社会效益的同时,经济效益领先于内地所有广播电台。北京台的经验在于坚持四个正确的理念,就是:

1. 坚持"把握正确的舆论导向"的办台方向理念。
2. 坚持"窄播是相对的,广播是绝对的"的专业化办台理念。
3. 坚持"企业化"的科学管理理念。
4. 坚持"一业为主、多种经营"的推进广播产业的理念。

中央人民广播电台是中央一级的大台,担负着许多重要的宣传任务,在改革上遇到的难题很多,不可能事事自作主张,自然要采取慎之又慎的态度。2002年,中央台确定了"频率专业化,管理频率化"的改革思路,确定了"节目布局、运营机制、节目覆盖"三项改革重点,进入了全面改革。3年间,陆续推出了9个专业频率,完成了全部节目频率专业化改革的任务。

其他地方广播电台也都根据各自情况,在不同程度上进行了改革,创造了各自独特的经验。

谈到广播改革的动力,可以概括为7个方面。

1. 中央的决策以及各项社会改革的推动。
2. 社会经济发展创造的外部环境。
3. 受众对媒体提出的新需求。
4. 科技进步为媒体提供的新条件。
5. 对国外境外广播的实践经验和理论成果的吸收。
6. 来自国内外、境内外广播以及内地各种媒体的挑战。
7. 广播界自身的观念转变和应对竞争、谋求发展的需要。

二、广播改革新阶段展望

回顾历史是为了现实。20年广播改革的经验仍然具有强烈的现实意义。

展望未来，广播的外部环境和主观条件都和过去有所不同。因此，我们还要以以往积累的经验为基础，研究新的改革思路和改革措施。

党的"十六大"以来，在马克思主义中国化方面，取得了许多新成果。这些新成果为广播改革指明了大方向，也进一步明确了广播改革的重点。我们要认真学习，贯彻落实到改革的实践中去。

今年10月11日，党的十六届六中全会通过了《中共中央关于构建社会主义和谐社会若干重大问题的决定》，明确提出到2020年构建社会主义和谐社会的9项目标和主要任务。我们要在中央设计的15年后中国社会的蓝图中找准广播的位置，并且规划达到这个目标的举措。党的"十六大"提出了"继续深化文化体制改革"的任务，要求"抓紧制定文化体制改革的总体方案"。《关于文化体制改革试点工作的意见》、《关于深化文化体制改革若干意见》和《国家"十一五"时期文化发展规划纲要》以及广电总局陆续发布的相关决定，都是广播改革的理论依据和政策依据。大政方针已经确定，改革重点已经明确，改革措施也提出来了，关键在于我们如何行动。

关于广播改革的基本思路，还是要按照中央提出的以科学发展观统领经济社会发展全局的要求，坚持以人为本，树立全面、协调、可持续的发展观。

总局局长王太华指出，"当今，中国广播影视正经历着一场深刻的技术变革、体制转型和结构调整，这标志着广播影视一个新的发展阶段的开始"（《2006年中国广播影视发展报告》的序言）。

在新阶段中，广播的处境如何？

2005年，广播人口综合覆盖率为94.48%；全国收音机拥有量超过5亿台，听众超过12亿。近五年来，我国广播业的广告收入平均以每年超过20%的幅度增长，超过了平面媒体和电视的广告增幅。在经济体制改革过程中，媒体的自主创收已经成为自身生存和发展的重要的物质基础，其中，广告收入又占有最大的份额。根据《广电蓝皮书》提供的数字，2005年广播广告收入为49.68亿元人民币，电视广告收入为397.13亿元人民币。两者之间的比率大约是1：8，而2004年是1：10.7。这说明，广播业在自主创收方面正在上升，逐渐靠近广播和电视创收比率的平衡点（1：7）。

从这几个主要指标来看，我国广播业总体上呈现出上升的势头，但是，分开来看，发展很不均衡。全国273座广播电台和1932座广播电视台（总共是2205座）可以分为三种情况：少部分电台进入了良性循环，一部分电台正在紧赶上来，大部分电台仍然没有摆脱困境。

除了广告创收多寡悬殊以外，体制不顺，机制不活，节目市场尚未形成，频率专业化水平不高，节目雷同化比较严重，高水平的策划创意人才、复合型的管理人才、熟悉市场运作的经营人才、通晓数字技术和网络技术的技术人才短缺，都是急待解决的问题。

改变这种状况，解决这些问题，还是需要进一步深化广播改革。

技术变革为广播业提供了机遇，也提出了挑战。"从模拟向数字的整体转换，这不是普通的技术进步，而是传统技术向现代技术的根本转变，是全系统体制机制的重大变革"（张海涛：《把握机遇，求真务实，全力推进广播影视向现代媒体转变》）。在技术变革中，广播频率资源会大大扩展，声音传播流程会进一步优化，为实现真正的频率专业化创造了技术条件。广播节目可以切实适应听众市场细化的现实，充分满足不同层次的听众的需求，在争取固定听众群锁住专业频率中取得良好效益。广播传播渠道会进一步增加。截至 2006 年 10 月底，我国互联网用户达到了 1.31 亿，移动电话用户增加到 4.49 亿，这就意味着存在数量可观的使用非传统的收听广播工具的潜在人群。发展数字广播、在线广播、手机广播将会扩大听众面，使收听方式多样化、便捷化。另外，汽车数量的增加意味着流动人群的增长，广播的伴随性已经显示出明显的优越性，今后还会扩大收听人群。当然，其他媒体也会利用现代技术，对广播形成挑战。

体制转型，或者说体制改革，是广播电视深化改革中最为敏感、最为困难的问题，又是必须解决的问题。组建广电集团是广电体制改革的一项重要举措，目的是改革广播电视生产关系、解放广播电视生产力。1998 年年初，广播电影电视部提出"推进广播影视集团化的进程"。从 1999 年开始，全国陆续组建了二十多个广电集团或总台。但是，由于决策科学论证不足，引发了不少矛盾。2005 年年中，中国广播影视集团保留牌子，分流人员。其余集团和总台当中，有的回到了原来的体制，实现了认识上的"螺旋式上升"；有的本来就是按照产业方式运作的，如今运行正常；有的正在探讨出路。不管怎么说，还是为今后的体制改革提供了经验教训。

在广电体制改革中，有两项改革，我至今还持保留态度。一是取消电视台和广播电台一级管理机构，实行集团直接管理频道。省级广播电台都有 50 年以上的历史，相当于商家的"老字号"，本身就是核心品牌，轻易抛弃不是明智之举。另外，还使办事程序更加复杂化，也不利于在重大宣传中灵活调动各个频率的节目安排。二是广播电台和电视台合并。广播和电视本来是不同的媒体，各有各的制作流程，各有各的节目特色。不加区别的合并，往往会削弱广播的功能，导致广播的进一步弱化。

广播改革既不能操之过急，也不能坐等"天上掉馅饼"。根据过去各家广播电台推进改革的经验，结合目前的实际情况以及今后可能出现的情况，我想提出六点建议：

1. 在制作、播出节目方面，加强社会责任感，时刻不忘坚持正确的舆论导向，一定不出政治导向错误，避免出现法律误导，特别是道德和行为误导，提高广播的公信力；建立科学的节目质量评估体系，精心制作节目，树立品牌意识，打造单个节目、栏目、频率直到全台的整体品牌形象。

2. 在资源利用方面，全面分析本台各种资源的实际情况，制定长远的总体发展战略，做到各项工作均衡发展；合理利用频率资源，建立适应听众市场细化的专业化频率，加强对象化服务；高度重视人才资源，改革人事、劳动、分配制度，制定完善的人才使用、培训制度，开通人员职业晋升的双通道，引进确有真才实学的人才，取得"外脑"的智力支持；充分利用现有技术资源，引进先进技术，缩短技术设备更新的周期；发展卫星直播、网络电台、手机广播，拓宽发展空间；加强跨媒体联合和区域横向联合，在大范围内整合各类资源。

3. 在加强管理方面，强化科学管理，改革运行机制，引进适用于事业单位的企业管理的先进经验；广开言路，实现决策民主化、科学化。

4. 在发展产业方面，着重发展内容产业，注重智慧投入；培育节目市场，盘活节目资源，提高节目的使用率；确立以核心业务为主、关联产业为辅的集约化的多种经营的方针。

5. 在听众联系方面，重视听众反馈信息，建立客观公正的听众调查系统；实行开门办台，积极开展社会活动，扩大社会影响。

6. 加强学术研究，提倡理论创新，密切关注社会经济的发展变化，及时研究数字技术、通讯技术和互联网技术的新进展，广泛收集国外广播的新举措，为广播改革发展提供智力支持。

从以往 20 年广播改革的经验看，广播改革不是孤立的事业，而是和社会经济改革紧密结合在一起的；同时，又是以技术进步为先导、以人们的观念转变为基础的。

顺应时代潮流，推进广播改革，是我们的共同任务。

（2006 年 12 月 15 日）

站在北京看全国*

——试论汪良广播经营理念的普遍意义

首先，祝贺汪良同志荣获第七届韬奋奖。在担任中国新闻工作者协会副主席期间，我曾经参加过几届长江奖、韬奋奖的评奖工作，深知竞争之激烈。参评者都是各家媒体的顶尖高手，都创造过超乎常人的业绩。每次评选，几十名评委都要认真阅读参评者的事迹材料，在全体评委会上，经过反复讨论，有时是激烈的争辩，最后投票决定哪些参评者获奖。获奖者和被淘汰者之间，往往只有几票的差异。因此，获得这个奖项委实很不容易，值得大家庆贺！

1998年8月下旬，我在成府饭店参加"98孔府家杯全国第十届广播电视优秀播音、主持作品及第九届广播电视播音主持论文评奖"活动。中间，汪良和其他几位同志到成府饭店看望评委。那是我第一次和汪良见面。初次见面，总会留下比较深刻的印象。我对汪良的印象是什么？我觉得他是一个个性很强的人，用句成语，就是：特立独行。具有这种性格的人，外部表现往往是不随俗，喜欢独立思考，不易受外界影响。

怎么会得到这样的印象呢？主要是从他对人的态度上感觉到的。记得他对那些位老播音员（像方铭、铁城）、老教授（像张颂），表现出一股明显的尊敬；而对我则有点儿侧目而视了。我觉得，他似乎在想："你跑到我们堆儿里干什么来了？"等到别人说了，我也曾经是西班牙语播音员，他才变得亲切起来。如果我没有记错，当时他对广电部改革进展不快，还颇有微词。其实，我也正为改革缓慢，特别是播音业务滑坡着急呢。

后来接触多了，围绕着广播改革和发展多次交换意见，互相之间了解也比较深了，进一步加深了我对他的个性的认识。这些年来，汪良和北京人民广播电台给予了中广学会许多具体帮助，我想借此机会对他和他的同事们表示由衷的感谢！

这次接到召开"汪良广播经营理念研讨会"以后，我阅读了《汪良同志简历及主要事迹》以及他从2002年到2005年撰写的6篇论文和讲话稿。虽

---

* 本文是作者在"北京电台广播经营管理研讨会"上的发言。

然这些文章不能代表汪良的全部著作，我还是从中受到不少启发。主要是：对全国广播界来说，他的经营理念具有普遍意义。所以，我的发言题目就是：《站在北京看全国》。

我对目前全国广播界的判断是：少部分电台蒸蒸日上，大部分电台仍在困境中挣扎。这么说，有什么根据呢？

在经济体制改革过程中，媒体的自主创收已经成为自身生存和发展的最重要的物质基础，其中，广告收入又占有最大的份额。2005年，全国广播电台的广告收入是多少？我看到了两个不同的统计数字。《2006年中国广播电视发展报告》（《广电蓝皮书》）告诉我们，"2005年，全国广播广告收入为49.68亿元人民币，增长率为39.94％"。2006年9月4日召开的"中国广播广告论坛"传出的信息是：2005年，全国广播广告营业额达到38亿人民币，连续5年广告增幅保持在20％以上，超过了电视广告增幅的17％和平面媒体广告增幅的8％。但是，两处资料来源都有一个共同的说法：中央人民广播电台和12家地方电台（北京、上海、广东、深圳、天津、浙江、江苏、山东、河南、辽宁、湖南和河北）收入超过亿元。《广电蓝皮书》说，北京电台的广告收入是4.5亿元；广东电台的广告收入是2.49亿元；上海文广集团广播广告收入是2.23亿元。大家可以算一算，这三家创收最多的电台的广告收入总数就是9.22亿元；再加上其他10家，总数要超过20亿元。全国现有多少家广播电台呢？《广电蓝皮书》说，截至2005年年底，全国共有273座广播电台和1932座广播电视台，总共是2205座。就是说，除了那13家电台以外，2192家广播电台和广播电视台分享余下的不到三十亿元的广告份额。平均每家只有不到1.4万元。如果按38亿计算，他们只能平均分得可怜的8500元。我的判断就是这么得出来的。

收入差异这么大，当然是有多方面的原因。

外部环境是一个重要原因，各地广播电台是无法左右的。不过，概略地分析一下，各地的政治环境，大体一致；文化环境，各有优势；社会环境，有所差别；经济环境，差别悬殊。至于广播发展和改革的政策，全国都是一致的，只在执行中有快有慢，有的坚决，有的犹疑。

我们可以发挥主动性的还在于优化内部环境。因此，每当有的广播电台推行某种改革措施，特别是取得明显效果的时候，总是引起其他台的高度关注。

比如，1986年12月15日，广东电台开办了珠江经济广播电台。在节目设置、播出形式上开创了一条新路，社会影响明显扩大。那时候，我刚刚被任命为中国国际广播电台副台长，由于国际广播和对内广播改革方向不同，没有到广东参观被誉为"珠江现象"的改革，但是，也听说很多广播电台的负责人纷纷前往取经。"珠江现象"在我国广播事业改革进程中所起的作用，确实功不可没。现在，回过头来看，为当时的环境所限，广东电台那次改革的特点还是不触动原有的体制，只是从中划出一块"特区"，珠江经济台还是"台中台"，目的是减少改革的阻力。

再比如，1992 年 10 月 28 日，上海成立了东方电台。和珠江经济台不同，东方电台是"台外台"。当时，我到部里任职不久，在得知上海采取这项重大的改革措施后，立刻赶往上海了解情况。东方电台是一家"拥有独立建制、自主经营权和独立法人资格、享受浦东新区政策、全额经费自收自支的电台"。节目的特点是设置主持人栏目，板块式结构，24 小时直播。换句话说，那次改革的方向是朝着现代广播模式迈进。东方电台开播后，在长江三角洲地区影响巨大。其他许多电台也纷纷派人前往交流访问，"东广旋风"一时刮遍全国。现在，回过头来看，上海广播改革的特点是对原有的广播体制基本保持不变，另外成立一家推行新的运行机制的台。

这两次改革意义重大。有的学者称之为我国广播业改革的里程碑。我认为是有道理的。

北京电台的改革又有不同的特点。北京电台改革的特点是不是可以概括为：在原来的体制内进行的整体性改革。既没有在台内划出一块"特区"，执行不同的政策，也没有在台外设立新台，推行全新的运行机制，而是在全台范围内统筹安排，大规模地改革一切不适应社会主义市场经济体制的制度、办法。应该说，这样的改革难度更大，同时可供其他台参考的东西也就更多。

我试着从北京电台改革的进程，分析一下汪良同志的经营管理理念。为了叙述方便，我把他的经营管理理念归结为坚持四个理念，就是：坚持"把握正确的舆论导向"的办台方向理念；坚持"窄播是相对的，广播是绝对的"专业化办台理念；坚持"企业化"的科学管理理念以及坚持"一业为主、多种经营"的推进广播产业的理念。

一、坚持"把握正确的舆论导向"的办台方向的理念

做媒体的人都知道，坚持正确的舆论导向是媒体的灵魂。传播学里有"议程设置"一说，说白了，就是想方设法把受众的注意力引向某个议题。中国、外国都是这样。只不过是我们国家毫不掩饰地对公众宣布媒体是党、政府和人民的耳目喉舌；而有的国家则通过法规规范媒体行为；有的国家甚至是只干不说。谁要是在导向上让人指出了岔子，那就是被点中了"死穴"，只

有走人一条路。

我们党的三代领导人都非常重视舆论导向问题。早的不说，1996年9月26日，江泽民同志在视察人民日报社的时候发表了著名的"祸福论"。就是"舆论导向正确，是党和人民之福；舆论导向错误，是党和人民之祸"。他根据毛泽东和邓小平关于舆论导向的论述，用格言式的论断总结了我们党几十年的领导、指挥媒体的正反两方面的经验教训。前几天，听了胡锦涛同志在十六届六中全会全体会议上的讲话的传达。在谈到今后的五项工作的时候，他专门讲了意识形态问题，其中包括新闻舆论问题。他指出，外国传媒不停地对我国发出攻击性言论，国内也不时出现干扰性杂音。这种情况过去有，现在有，将来还会有。因此，全党必须始终坚持科学的指导思想，媒体必须始终坚持正确的舆论导向。

作为首都广播电台的台长，汪良当然十分清楚坚持正确舆论导向的极端重要性。

导向涉及许多方面，政治的，法律的，道德的，行为的，都有导向问题。一般来说，在政治导向上，不大容易出问题。在法律导向上，由于我们不大熟悉各项法律条文，在不经意间，容易出些错误。在道德和行为导向上，最容易出事。近来，国内报刊上刊载了不少批评媒体（包括广播电视在内）的言论，其中最尖锐的是说："明星取代了模范，美女挤走了学者，绯闻顶替了事实，娱乐覆盖了文化，低俗压倒了端庄。"五句话都是针对那些突破道德底线的内容，也就是那些低俗化的节目，需要引起我们高度重视。

北京电台的新闻频率，我听的不多。遇到重要事件，中央宣传部和市委宣传部经常下达宣传计划和宣传口径，估计不会有什么问题。每天上下班，在汽车里总要收听交通频率的节目。我注意到，即使在这类服务节目中，节目主持人还是不断用娓娓动听的语言和柔和的语调提醒开车人遵守交通秩序和公共道德。这同样是坚持正确的舆论导向、提高舆论引导水平的具体体现。

坚持正确舆论导向是办好电台的第一要务，是广播健康发展的基本规律。对所有广播电台都是适用的，都是不可忽视的。

二、坚持"窄播是相对的，广播是绝对的"的专业化办台的理念

前面我说过，北京电台在原来的体制内推进整体性改革，比设立"台内台"或"台外台"难度更大，其中，难度之一就是如何合理地设立专业频率以及如何合理地组织各个频率之间的协作和处理必不可免的矛盾。

随着国外传播学的引进，我国广播电视媒体的从业人员逐渐熟悉了"大众传播"、"分众传播"、"小众传播"这些概念，并且试着用来分析我国广播电视传播究竟进到了哪一个阶段，研究如何应对传播形势的变化。

大家都知道，在开办卫星电视以前，业内人士也好，一般观众也好，从来没有感受到各地电视节目雷同化的毛病。全国各地电视频道纷纷上星以后，才发现原来所有的电视频道都是综合性节目，栏目、节目设置大同小异，同质化现象十分突出，频道资源严重浪费。从广电行政管理部门到各个制作播出机构，在实行频道、频率专业化方面逐渐形成共识。

但是，真正要推进频道、频率专业化的时候，问题就来了。有些类型的节目受众面宽，容易实现专业化，譬如，电视剧、电影、动画、长篇小说连播、文艺节目、音乐节目、体育节目、少儿节目、交通广播、法制节目、气象节目、教学节目，等等。有些节目类型受众面不算窄，但是对象受众消费力不强，开办这类专业频道、频率，制作播出机构就得要冒着"赔本赚吆喝"的风险，比如老年节目、军事节目、农民节目，等等。党中央提出"以经济建设为中心"以后，开办经济频道、经济频率或经济台成为一股热潮。过了一段时间以后，和北京电台一样，中央电视台和地方电视台的经济频道都遇到了困惑，就像汪良同志说的，"一方面专业化节目的增多，满足了目标听众的需求，也提高了频率在目标受众中的市场占有率，但另一方面绝对收听率却下降了"。面对这个矛盾，如何处理，一些台长、频道、频率总监身处两难境地，感到十分棘手。继续坚持专业化，难以减轻"唯收视率、收听率马首是瞻"的压力，更难以完成年年提高的创收任务；放弃专业化，等于丢弃了专业化办台的初衷，又回到"千人一面"的老路；或者适度妥协，办"准专业频道、频率"，难免显得"非驴非马"，失去原有的目标受众，在节目安排不得当的时候，也不见得准能争取到其他受众。

汪良在文章中提出了诸多办法，比如，1998年提出了"红绿灯"概念。把"红绿灯"概念付诸实践，需要具有顶住压力的魄力，需要具有调整利益分配的智慧。2002年又提出"绿地理论"。把"绿地理论"付诸实践，需要具有把握好"度"的能力，需要具有"有所为、有所不为"的决心。这都不是轻而易举的工作。

汪良在总结他对广播专业化定位的再思考的时候，明确提出了"作为大众传媒的广播来说，专业的'窄播'是相对的，而面向广大群众的'广播'则是绝对的"。关于专业化的前景，他在2002年就提出了"要在专业领域里形成权威"；"应凭借个性形成专业的规模"以及"最大限度地利用资源，开发相关的产业"。我不大清楚目前的情况如何，但是，从报刊上的一些报道来看，有些"前景"已经在一定程度上成为现实。

我相信，对目前仍然处于两难境地的同行来说，从这套想法和做法中应该汲取到有益的东西。

三、坚持"企业化"的科学管理理念

汪良在谈到媒介产业化的时候，几次表示：他赞成一种说法，就是"传媒产业化，从宏观活动角度看，是市场化；从微观活动角度看，是企业化，以利益最大化为追求目标"。这和总局领导一再提倡的"事业单位实行企业化管理"是一致的。但是，对于事业单位能不能实行企业化管理？如何实行企业化管理？好像一直没有展开来阐述，从而也引起一些人的不理解，甚至疑惑。我就是其中的一个。在我国，事业单位和企业单位划分得非常清楚，这两种单位的性质、追求的目标以及对待两种单位的政策完全不同。处理不当，就会违规。

汪良的论述给了我很大启发。这就是他提出的"把广播节目作为产品实行流程管理"的思路。现代企业生产流程是："产品的研发——产品的设计生产——产品质量控制——产品上市——产品售后服务"。把这个流程引进广播节目管理，就是"将广播节目运作当成一个生产链条，将其视为'节目研发——节目生产——节目质量监控——广告销售——听众服务——市场监测和研发'的循环模式"。链条的特点是环环相扣。某个环节断裂，就会导致整个链条停摆。为了保证链条的正常运行，汪良设置了相应的机构，配备了相应的人员，制定了相应的制度。

我以为，这个类比和借鉴十分精彩，颇能引发一系列联想，而且可以帮助人们解开刻板地认定事业和企业互不相通的死结。认真想一想，物质产品和精神产品除了在生产流程上可以类比和借鉴之外，在讲究双效益方面同样有共同之处。物质产品质量有保证，既能卖出好价钱，又能赢得社会信誉。这不就是双效益吗？精神产品质量有保证，既能吸引越来越多的听众，又能赢得厂家的青睐，愿意投放广告。这也是双效益。此外，还可以出售给其他广播播出机构，还可以在平面媒体上发表，出书，上网，以至改编为电视节目。一旦做成了品牌，还能有相当长期的生命力。

媒体借鉴现代企业的先进管理经验，才刚刚开始，还大有文章可做。像独特的经营理念、市场观念、品牌建设、整体营销、激励机制、融资渠道，等等，都值得结合广播的特点进一步研究。

时至今日，"制作节目——播出节目"仍然是许多广播电台的基本流程。

好节目多播几次，差一点的节目播完了，就束之高阁，根本形不成一个生产链条，当然也就出不了多大效益。我想，从汪良设计的"流程管理"中可以得到启发，进而根据各自的实际情况将各项管理纳入"企业化"的科学管理轨道。

四、坚持"一业为主、多种经营"的推进广播产业的理念

从新中国成立到 2000 年，我国一直把包括广播影视在内的文化视为单纯的事业。2000 年 10 月 11 日中共中央十五届五中全会通过的《中共中央关于制定国民经济和社会发展第十个五年计划的建议》中第一次在中央全会文件中提出了"文化产业"的概念。《建议》提出"完善文化产业政策，加强文化市场建设和管理，推动有关文化产业发展"。从那时起，党和政府陆续发布了关于发展文化产业的方针和各项政策，专家学者在各种媒体和各类研讨会上发表了关于发展文化产业的意见。

在广播影视系统内，有一种看法，认为广播电视业单纯依靠广告收入存在很大风险，从而提出推进多种经营、开辟多样化的创收渠道。

汪良的独特见解是什么呢？他认为，到目前为止，广告仍然是广播媒体的最重要的收入来源，不能舍本逐末，盲目发展与广播主业无关的营业项目。我认为，这个见解是实事求是的。

随着我国经济的发展，人民生活水平的提高，数字技术的广泛应用，广播广告还有相当大的提升空间（汪良引用权威部门的预测，自 2001 年到 2010 年我国广告经营额的总量将有 3 倍的增量空间）。对广播来说，广告能否继续增长取决于听众人数能否继续扩大。这方面前景还是乐观的，比如，汽车销量的大量增加导致移动人群的迅速增长，在行进中收听广播节目的人数将会不断攀升。再比如，截至 2006 年 6 月 30 日，我国网民人数达到了 1.23 亿，手机用户超过 4.26 亿。这就意味着存在数量可观的使用非传统的收听广播工具的潜在人群。适应这种客观情况，北京电台在 9 月 6 日正式启动了 DAB 移动多媒体广播。这些情况就是他坚持"一业为主"的依据。

"一业为主"不等于单纯依赖广告收入，还要发展"多种经营"。汪良提出"打破脑袋思考，多方找突破口"。具体开列出"围绕内容做文章，进行节目制作与营销"；与网络和手机联手开展"跨媒体经营"；力争冲破地方壁垒，推进"跨地域经营"，实现规模扩张；按照政策规定，进行资本运作；抓住时机，与企业合作开展社会活动，等等。这些实践和设想都可以供其他广播电

台参考。

发展广播影视产业毕竟是近几年提出来的新问题，属于我们很不熟悉的新领域。在这个问题上，还有许多需要研究和探索的问题。

比如，如何确定发展广播电视产业的路数，在理论上就存在不同看法。汪良提出"一台两制"（把一台的多个频率划分为"喉舌台"和"非喉舌台"）和"彻底两制"（把广播划分为"事业性广播"和"产业性广播"）。对两类频率或两类台执行不同的管理办法，开辟不同资金来源。上海文广集团的负责同志也有大体相同的意见。这是一种发展广播产业的路数。但是，重庆广播电视总台台长李晓枫提出了"公益为本，经营为用"的意见。他认为，"公益性"是广播电视媒体的本质属性，而"经营性"是特指广播电视媒体"对其资源的管理、组织、利用与价值回收的行为方式及过程"。由此得出的结论是"'公益性'与'经营性'本是同一主体内并存的双重属性，并不是非此即彼的二元结构"。按照这样的理解，广播电视产业要服从于、服务于事业的本质属性；广播电视事业运行中即包括了产业运作，不应该、也不可能把广播电视划分为事业和产业两个平台。

我认为，存在争论是件好事。说句实在话，如何发展广播电视产业还是个需要研究的课题，需要探索的实践。到目前为止，还谈不上有什么完整的成功经验；相关的政策规定是否符合实际，能否顺利执行，还需要由各地的实践来检验。

在我国广播整体上还没有重塑辉煌的背景下，北京电台已经步入良性循环，实在是可喜可贺！这要归功于北京电台几代领导的推进改革的智慧、决心和魄力，归功于北京电台全体职工积极参与改革的热情和顾全大局的品德，当然，也有汪良个人的功劳。在我国目前的决策体制下，各单位"一把手"的作用是巨大的。对这一点，我深有体会。

对汪良的成功，我归结为他的四个特点：善于学习，勤于思考，敢于创新，勇于实践。

（2006 年 10 月 25 日）

广播交通宣传的启示*

对广播交通宣传，我完全是外行。本人不属于"汽车族"，也不会开车；我的司机每天送我上班，路途很短，行路遇不到太多障碍，很少打开收音机。我只是在乘坐出租汽车的时候，才偶然听到交通广播的声音。在各位专门从事广播交通宣传的同事们面前就如此专业的问题发表意见，只能是"班门弄斧"，说些外行话。为了避免贻笑大方，我想换个角度谈一些想法。谈什么呢？谈谈"广播交通宣传的启示"。

在参加这次会议之前，我曾经和各地广播电台从事交通宣传的同志有过不少接触。总的感觉是大家都很精神振奋，信心十足，对于发展前景充满信心。在全国广播事业处于滑坡状态，不少广播工作者不住摇头叹气的时候，为什么从事交通广播宣传的同志们精气神十足？这里面有什么道理？其他广播电视工作者可以从中得到哪些启示？

依我看，广播交通宣传的启示可以概括为三句话：专业化、面向市场、对外合作。

一、坚定不移地走专业化的路子

广播工作者都知道，从广播转向"窄播"是全世界范围内广播业的一个发展潮流，不但电台广播如此，电视广播也是如此。目前，"天上一颗星，地上一张网"已经是世界通用的广播电视节目传输方式。在美国，有线电视可以传500套电视节目，不走"窄播"的路子，连搜索节目都很困难。"窄播"是广播频率和电视频道专业化的具体表现。在天空、地面布满来自四面八方的广播电视信号的时候，选定相对固定的收听收视群，并以此作为节目定位的依据，是广播电视工作者的必然选择。

交通广播把"城市交通参与者"（司机、乘客、交通管理人员等）确定为传播对象，研究他们的收听需要、收听条件、审美需求，以此作为依据进行

---

* 本文是作者在"中国广播电视学会交通宣传委员会第六届年会暨全国交通广播总监工作会议"上的讲话摘要。

频率的整体设计，确定节目内容和表现方式，赢得了这部分收听人群的热烈欢迎。这条经验值得认真学习和研究。

目前，我国广播电视节目存在的问题之一是"克隆"现象十分严重。一种新的节目形式出来，大家纷纷模仿，结果是"千人一面"、"千篇一律"，毫无特色，更不用说有的所谓新节目形式还是来自国外或者港台地区。在广播电视节目没有上星以前，这种现象只是圈内人的事。节目上星以后，立即暴露在观众眼前。"节目越多，越没有看头儿"，这是观众对我们的严厉批评。我国即将加入世界贸易组织，节目形式创新同样归入版权保护的范围。这个问题不及早解决，总有一天会寸步难行。

各地佛教庙宇都有罗汉像，少的十八尊，多的五百尊。各个表情、姿态、衣着、法器都各有自己的特色。每次看到这些罗汉像，我都十分感叹，难道说今天我们的广播电视工作者的创新思维、创新能力还赶不上几百年前的雕塑匠人吗？

广播交通宣传给我们的第一点启示是：一定要明确我们的节目是做给谁听的，做给谁看的，一定要办出自己的特色，走专业化的路子。

二、老老实实地按市场规律办事

新中国建立以后，我国的广播电视事业的发展环境和承担的任务发生了很大的变化。大环境是高度集中的计划经济体制，特点是"统一"。表现在办台问题上，就是全国各地广播电台采用同一个模式，节目内容大同小异。在长达30年的时间里，我国广播事业的特点符合计划经济体制的要求，所以发展同样很快，主要表现为电台、频率以及节目数量的增长。电台的任务是全心全意为人民服务。这样的提法是绝对正确的，但是，的确没有深入地研究怎么做才算是把这个口号落到实处。"人民"是个包括甚广的概念。人民的各个组成部分对广播的需求是不完全相同的。工人、农民、知识分子、国家干部都有各自特殊需求，不同职业的人也有不同的生活环境、不同的收听时间和不同的收听需求。不考虑这一点，办一个综合台，办几套综合性节目，仅仅在节目时段上体现某些特点，就是理所当然的事了。另外，那时候我们也没有掌握足够的技术条件、人力、物力去办那么多套专业性节目。

十一届三中全会以后，中央一直在调整计划和市场的关系。直到1992年党的"十四大"上明确提出了"我国经济体制改革的目标是建立社会主义市场经济体制，以利于进一步解放和发展生产力"。建立社会主义市场经济体制，推进以市场为取向的改革，并没有否定党的为人民服务的宗旨，而是把为人民服务具体化了。

我以为，广播交通宣传就是在这样的大环境下应运而生的。1990年9月30日，上海人民广播电台开办交通信息台。那些年我常去上海，最头疼的莫过于交通阻塞。一出虹桥机场就开始塞车，一个多小时到不了住处。那时候，上海广播电视局提供的主要住处是"七重天"，位置就在最繁华的南京路上。有时候，"七重天"就在眼前，还要等上半个小时才能到达。在这种情况下，首要的当然是修路，其次也要疏导交通。办起交通信息台，即使不能彻底解决问题，也能为交通部门缓解交通阻塞助一臂之力。这就叫应运而生，就叫适应客观需要，就叫合乎市场需要。不过十年的时间，随着我国公路交通的拓展，车辆的增多，旅游事业的发展，各地办起了四五十个交通专用频率的节目，而且多数创收不菲。没有客观需要，没有市场的呼唤，这是不可想象的。

人们可以为交通广播宣传提出很多特性，比如说服务性、知识性、娱乐性，等等。我觉得主要的还是服务性。服务对象很明确，提供服务的内容也很明确。频率设计、时段划分、节目安排、内容把握，都要适合听众的要求，体现节目的服务性。紧紧把握住这一点，就能办出特色；舍弃这一点，就会失去特色。

在美国，广播频率、电视频道专业化主要是看在听众观众中有没有市场。我国的情况不同，广播电视业是由各级政府举办的高度垄断的行业，具有强烈的意识形态性质，负有社会教育的使命。因此，不可能全部推向市场，节目也不可能全部由市场来决定取舍。但是，从社会效益和经济效益相统一的观点来观察问题，就不能不考虑听众观众的喜好。没有人听，没有人看的节目，肯定是既没有社会效益，也没有经济效益。在保证正确的舆论导向的前提下，尽量考虑听众观众的需求——也就是市场的需求——应该是我们开办什么节目的重要依据。当前，恰恰在引导和服务之间把握好"度"上，存在不少问题。要么是一味"追风"、"媚俗"，要么是不顾受众的实际需求，其结果就是惹得听众观众厌烦，赶走了听众观众。

广播交通宣传给我们的第二条启示是：在保持广播电视社会主义性质，遵循党中央制定的关于文化思想的各项方针的前提条件下，尽量考虑听众观众的需要，研究广播电视消费市场的需求，遵循市场规律办好节目。

三、大胆开展与相关部门长期、固定合办专业频道

交通广播宣传由于自身的特点，必须和交通管理部门共同举办，否则，就没法办成。在合作中，双方发挥各自的优势，形成优势互补。大家千万不

要小看这一点。应该说，这是我们办广播的重大突破。

长期以来，广播电台、电视台只能由各级政府的广播电视行政部门办。不仅私人、外国人不能在国内开办广播电台、电视台，就连其他的政府行政部门也无权开办。到了 90 年代，才允许教育行政部门开办专业性的教育电视台。和其他部门合作办节目，是早有先例的。但是，长期的、固定的合作办节目，尤其是合办一个频率的节目，交通广播恐怕是唯一的例子。

近亲繁殖，培养不出优良品种。封闭式办节目，视野有限，思路偏窄，容易落入一个模式。这样的教训已经够多的了。我们广播电视界以外的部门拥有许多人才。那些部门的成员观察事物的角度，往往和我们的不尽相同；有些专业人员对专业问题的把握强过我们。目前广播电视节目涉及的社会生活面远远超过过去，我们现有人员的专业知识是远远不够的。在和各台的同志接触当中，我了解到大家已经比较充分认识到利用"外脑"的必要性和重要性，而且在一些节目当中已经把认识变为现实。但是，由于习惯势利的作用以及某些规定的限制，这种合作一般只限于一个节目或者至多一个栏目。

2000 年年初，政府主管部门提出"实行多种媒体经营"。如果这条意见得以实现，我们办节目的模式就会出现重大变化。我个人赞成这个意见，也希望大家不要担心会失去掌握节目的主动权。各类专业人员、专业部门的介入，只会提高广播电视节目专业化的水平。广播交通宣传已经给我们提供了成功的经验。

交通广播宣传给我们的第三条启示是：大胆打开办专业频率、节目的大门，寻找合适的合作对象，借用他们的力量提高我们办节目、办频率的水平。

交通广播宣传前途广阔，在我们国家"入世"前夕，汽车业正在整合，汽车进口税肯定要降低，汽车降价不可避免，因此购买私人汽车的人会越来越多，"汽车文化"现象将会出现；国家正在重点建设"两纵两横三条线"，"要想富，先修路"已经成为人们的共识；旅游业发展迅猛，"假日经济"已经让人感到措手不及。这一切都表明广播交通宣传的市场需求正在增加，就连传播业的老大——电视——也开办起"出行参考"栏目。怪不得"交广人"表现得如此乐观。

希望大家认真总结已经取得的经验，加强交流，把广播交通宣传办得越来越好。

（2000 年 9 月 14 日）

我国广播电视对外传播的基本情况[*]

一、我国广播电视对外传播的发展历程

中华人民共和国成立以前，在中国共产党领导下的人民对外广播开始于1941年12月3日。这就是延安新华广播电台开办的以侵华日军为主要对象的日语广播。广播的内容主要是报道世界反法西斯战争和中国人民抗日战争取得的胜利，揭露日本侵略者的残暴罪行，介绍日本反战同盟的活动，鼓动日本士兵反战、厌战情绪，瓦解敌人斗志以及宣传我军优待俘虏的政策等。1943年4月1日，由于广播设备发生故障，这个节目停止播音。

四年多以后，1947年9月11日，陕北新华广播电台在河北涉县沙河村开办了英语广播。广播的主要内容是介绍人民军队的胜利进军和解放区人民的新生活。1949年3月25日，陕北新华广播电台随党中央和人民解放军总部迁至北平。英语广播改在北平播出，呼号改为"北平新华广播电台"。6月20日，北平新华广播电台开始恢复日语广播。

1949年10月1日，中华人民共和国宣布成立。首都30万人参加开国大典的盛况通过英语和日语向外广播。随着首都改称"北京"，我国对外广播呼号也改为"北京广播电台"。

新中国成立后，党中央三代领导十分重视广播电视对外宣传，不断下达明确指示，推动广播电视对外宣传持续发展。

1965年，毛泽东主席曾经为我国广播事业题词："努力办好广播，为全中国人民和全世界人民服务。"

1987年，邓小平同志为中国国际广播电台题写台名。

1996年，江泽民总书记为国际台题词："声音传五洲，朋友遍天下。"

从1949年到目前，广播电视对外传播的历程大致可以划分为三个大阶段。

第一阶段：1949年10月到1966年5月，是我国广播电视对外传播的初

---

[*] 本文是作者在中共浙江省委对外办公室举办的一次培训班上的讲课摘要。

步发展阶段；

第二阶段：1966 年 5 月到 1976 年 10 月，也就是"文化大革命"的十年，是我国广播电视对外传播的曲折发展阶段；

第三阶段：1976 年 10 月到目前，是我国广播电视对外传播的大发展阶段。

第一阶段的主要特点是广播电视工作者积极探索对外传播的客观规律，努力贯彻"内外有别"的原则。与此同时，事业有了新发展。对外广播增加了新的语种，对外广播的发射功率有所提高，电视开始以寄送节目为主要形式的对外传播。

第二阶段的主要特点是"文化大革命"阻断了我国广播电视对外传播的正常发展，"支持世界革命"的错误方针，"内外不分"的宣传政策，唱高调、呼口号的宣传方法，使我国广播电视对外传播蒙受重大损失。尽管如此，对外广播适应"世界革命"和反修斗争的需要还是增加了一些新语种（一度达到 39 种外语广播，其中克丘亚语广播在 1980 年 6 月 14 日停办）。

第三阶段是我们准备介绍的主要内容。

二、对外广播

目前，在对外宣传工作者当中有一种倾向，就是"重电视，轻广播"。这种倾向在广播电视界也存在，而且相当严重。有人以为，我天天看电视，很少听广播，就以为外国人也是这样。其实，这是个天大的误会。美国人搞电视比我们早 20 年。美国电视业开始于 1939 年，彩色电视是 1954 年开播的。我们分别在 1958 年和 1973 年。据我驻美使馆文化处提供的材料，美国现有 3400 座电视台，还有 1800 多座广播电台。美国是个商业社会，要是没人听广播或者听广播的人很少，那么多广播电台靠什么生存？

当然，和广播相比，电视有它固有的优势。说穿了，就是两条：电视比广播多了图像和文字这两种传播手段。但是，广播也有它固有的优势：成本低，手段便捷，可以在游动中收听。广播靠声音传播信息，而声音的魅力无穷，可以给人们充分的想象空间。

对外广播使用短波传送，穿透力强，不受国界限制，也不必借助当地媒体协助传播；使用各地听众的母语，容易为当地人接受。我一直认为，直到今天，对外广播仍然是对外宣传的主力，原因是我国对外广播的受众面大大超过其他对外宣传工具。近年来，中国国际广播电台每年收到的听众来信达到六七十万封。按照国际惯例，每封听众来信代表 300 到 500 位听众。这样算下来，国际台的听众大约是两亿人。

改革开放二十多年来，我国国际广播在许多工作领域都取得了突破性进展，发生了根本性变化，标志着我国国际广播已经进入了一个新的发展阶段。这些突破性进展，这些根本性变化，我以为可以概括为十一大转变。

（一）指导方针

对任何一家媒体来说，指导方针是"万事之本"。有什么样的指导方针，就有什么样的报道，就有什么样的节目。"文革"期间，我国对外广播的指导方针是"以阶级斗争为纲"，基本任务是"支持世界革命"。"文革"前的1965年，国际台的听众来信曾经达到286163封，可是到了1970年却下降到21833封。这就是对对外广播中贯彻极左路线的惩罚。"文革"后，在全国推动"拨乱反正"的大背景下，对外广播工作者也进行了认真的反思。按照中央领导同志的指示，我国对外广播工作者研究了对外广播的指导思想、基本原则、对象和任务，最后确定了这样几条：1）指导思想是增进各国人民对我国的了解和友谊，创造有利于我国实现四个现代化的国际环境；2）基本原则是"两个有别"（"内外有别"、"外外有别"）和"三个为主"（以正面宣传为主、以事实为主、以我为主）；3）对象是一切外国人以及华侨和华裔外国人；4）任务是准确而鲜明地树立社会主义中国的形象，实事求是地介绍中国的情况，宣传我国的政策和主张。

（二）信息来源

衡量一家传媒机构的重要标准之一就是信息来源是否丰富，是否有自己的独家报道。过去，中国国际广播电台也有自己的记者队伍，但是，人数不多，采访面偏窄，提供不了多少稿件。每天播出节目使用的稿件主要来源于国内外通讯社发布的信息以及报纸、杂志上刊登的文章，还有中央人民广播电台的播出稿。当时，主要工作是按照对外广播的需要改编这些稿件。在"文革"的十年间，内外不分，对内广播播什么，对外广播也就播什么。改革开放以来，国际台陆续建立了行当比较齐全的记者队伍，包括时政记者、体育记者、按行业划分的国内采访记者。按照广播电影电视部规定的分工，中央人民广播电台负责组建为两台服务的驻国内各地的记者站；国际台负责组建为中央三台服务的驻国外记者站。1980年12月，国际台派出了驻东京和贝尔格莱德的记者。到目前为止已经在27个国家和香港、澳门地区建立了记者站。这些记者发回的稿件时效性强，简明扼要，不但在中央三台使用，还提供给各地广播电台、电视台以及一些报刊。另外，还随时根据报道需要派出记者现场采集信息，编写适于对外广播的稿件。

（三）节目形态

和对内广播相比，对外广播的节目形态历来比较单调。一般来说都是"三大块结构"，就是新闻、专题加音乐，甚至有的语言部图省事，干脆"节目不够，音乐凑"。"三大块结构"保持了很多年。一个原因是从事国际广播的人员多数是学外语的，不大懂得如何办广播节目，而且他们大都以翻译为主业，觉得改进节目不是他们的责任。只有少数语言部真正懂得办节目，比如英语部、日语部。吴冷西部长曾经说过，国际台必须尽快解决"两个瘸腿"问题，就是中文编辑记者大多不会外语，外语干部大都没有学过新闻，缺乏新闻实践。我个人理解，吴部长的意思是国际台应该以制作节目为中心，围绕这个中心培训全体干部。此后，国际台领导大力提倡"采编译播合一"，培养尽可能多的人成为"多面手"。实际上，这是进一步解放生产力的有力措施，是为国际台全体干部提供释放智慧潜力的机会。这项措施果然调动了许多人的积极性，从而出现了由多种节目形态构成的多样化组合，例如，就国内外发生的重要事件发布本台评论或述评，开办新闻类直播节目、板块节目、谈话类节目、主持人节目、多点联播节目、知识竞赛节目、与外台合办节目，就重大事件进行现场直播等，以及将这些类型不同的节目适当地编排组合。

（四）传播范围

过去，国际台的传播范围是世界各处能够收听到节目的地方。改革开放以来，外国驻华使馆、外国商业机构、外国专家、留学生大量增加，特别是外国旅游者人数猛增。2002年上半年，入境旅游人数为4682.75万人次，其中外国人为614.37万人。这些外国人都是找上门来的听众。对内开办以外国听众为对象的节目已是势在必行。从1984年1月起，国际台首先开办了对首都地区的英语广播，以后，又陆续增加了西班牙语、法语、日语、德语广播。1999年3月28日，经国家广播电影电视总局批准，国际台调整了对内外语广播。调整后的对内外语广播一共有两套：一套是全英语频道，另一套是8种外语（英语、西班牙语、阿拉伯语、法语、德语、朝鲜语、日语、俄语）和广州话组合频道。到目前为止，国内已有几十家电台转播这两套节目。

（五）技术条件

办广播节目离不开技术设备。技术设备是否先进也是衡量一家电台实力的标尺。我在国际台工作的30年当中，一直使用635型老式录音机。录完音以后，把磁带送到传音间，再由传音员把声音送到发射机房。每逢赶制节目，就得在录音间和传音间之间跑来跑去。1985 年，我到日本访问。在日本广播协会看到他们已经实现了播出自动化（按照事先编好的程序用机械手抓动盒式录音带），心里非常羡慕。听说他们很快就要淘汰那套设备，我就说："淘汰下来，干脆给我们运去吧。"当时的确没有想到十几年后，国际台已经建立了全数字音频广播系统，普遍采用了音频工作站，实现了节目制作、播出和传输系统全部数字化和自动化。在高周部分，由于我国领导人重视对外广播，政府曾经投入大量经费，建设对外广播节目发射台。20 世纪 60 年代，我国对外广播的发射功率达到 1 万千瓦，发射实力仅次于苏联和美国，居世界第三位。但是，在随后的二三十年里，我们的发射功率基本原地踏步。到了 90 年代初，我国对外广播的发射功率落到了第七位（美国、英国、德国、苏联、印度、伊拉克）。从 1995 年起，广播电影电视部开始实行以加大发射功率为主的发射台更新改造计划。1997 年 8 月和 11 月，新疆和云南两个发射中心的 10 部 500 千瓦短波发射机和 4 部 600 千瓦中波发射机投入使用，一下子把我国对外发射功率几乎提高了一倍。

（六）传播渠道

我国对外广播节目传统的传播渠道主要是自境内向节目接收地发射对外节目。只是利用个别国家的电台转播我们的节目（1975 年 4 月，我国试用为阿尔巴尼亚援建的地拉那电台转播 5 种语言节目，后来，因为两国关系变化，地拉那电台于 1978 年 7 月 19 日停止转播）。只向个别国家（苏联）寄送过节目。改革开放以来，随着我们对外关系逐步打开，对外广播节目的传播渠道也日益多样化。除了大幅度提高境内发射功率外，寄送节目范围越来越大，每年都要向几十个国家的电台寄送几百小时，甚至上千小时的节目。寄送节目已经成为对外广播的第二传播渠道。此外，还有向国外电台传送节目，和其他国家或地区的电台合办节目，特别是向国外租机转播节目以及向国外电台购买时段播出节目完全是近年来的新做法。对外广播必须解决远距离广播的收听效果问题。向国外电台租机是国际通行的办法。目前，我国已经同瑞士、西班牙、法国、加拿大、俄罗斯、巴西、马里等国签订了租机转播或者互转节目的协议，收到了良好效果。

（七）传输手段

各国对外广播的传统的传输手段主要是无线电短波波段。近距离广播也使用中波波段。使用短波波段或者中波波段的优点是可以冲破国界限制，直接把节目送到听众那里；缺点是抗干扰能力弱，收听效果不理想。近二十年来，我国对外广播已经逐渐综合使用多种手段传输节目，其中最为突出的是使用卫星技术和因特网技术。1984 年 4 月 8 日，我国成功地发射了第一颗实验通讯卫星"东方红 2 号"，广播电视系统开始使用这颗卫星实验传送 15 套广播节目，从此开始了利用通讯卫星传送节目的新阶段。目前，国际台各语言节目都已经送上了"亚洲 2 号"和"泛美 2 号"、"泛美 3 号"、"泛美 4 号"卫星，基本上实现了全球覆盖。90 年代初，因特网开放以来，仅仅在 4 年的时间内，用户就达到了 5000 万（电话用了 50 年，收音机用了 38 年，电视机用了 13 年）。2002 年，全世界因特网用户达到了 53000 万。因特网的迅猛发展为我国的对外广播提供了发布信息和传播信息的强有力的新手段。1995 年，国际台开始利用因特网发布新闻；1997 年，建立了自己的站点。1998 年，对网站进行了改造和扩充。2000 年，国际台因特网站被列入国家重点扶持的五大网站之一。改版后的网站成为一个包括 11 个站点（新闻网、华人环球网、英文网、电视网以及西班牙语、葡萄牙语、德语、朝鲜语、法语、俄语和日语广播网）的多语种、多媒体的信息服务集群网站。从无线广播到网上广播是一个质的飞跃，因为一方面广播不再受到播出时间和篇幅的限制；另一方面，从单一媒体变成多媒体，可以全面使用声音、图像（静止的、活动的）、文字各种传播手段。

（八）广播大外宣

长期以来，我国对外广播只有中国国际广播电台一家"孤军作战"，后来，随着国际形势的变化，一些边疆省份开办了外语广播，例如，云南、广西的越南语广播、黑龙江省的俄语广播，还有一些少数民族居住地区开办的民族语言广播（蒙古语、哈萨克语等），在境外也可以收听得到，但是，一直没有形成固定的联合。1994 年 10 月，召开了"首届全国广播对外宣传协作会议"。本人在会上提出了"开拓广播大外宣的新局面"的建议。在此次会议的纪要中明确提出"广播电视并重、内宣外宣并举、中央台地方台联合"的指导思想，要求建立"以国际台为龙头，以各省（区、市）台为依托的广播大外宣网络"。1995 年 5 月 1 日起，国际台华语部开办了《中国之窗》节目，集中播出由各地方台选送的节目，受到海外听众的热烈欢迎。

（九）工作条件

位于建国门外的中央广播大厦是 1953 年秋季开始设计的。1955 年 12 月动工兴建。1958 年年底完成全部工程。大厦总面积为 68562 平方米。从那时开始，原来的中央广播事业局、中央人民广播电台、中央电视台以及中国国际广播电台全都在广播大厦里工作。随着事业的迅速发展，人员不断增加，到"文革"结束的时候，简直拥挤不堪。很多想办的事情，根本无法去办。经中央批准，1992年9月25日动工兴建新的对外广播大楼。经过四年多的努力，1996年12月30日大楼建成。总面积为53198平方米。这就为我国对外广播事业的发展提供了重要的物质条件。

（十）业务范围

国际台的主业是制作、播出对外广播节目。改革开放二十多年来，为了满足事业发展的需要，逐步开展了多项业务经营。1985年3月7日，创办了中国国际广播出版社。出版社的宗旨是：立足国内，面向世界，宣传中国灿烂的古老文明和今天的辉煌成就以及中国的改革开放政策。到目前，已经出版了几千种图书和少量录音带、录像带。1989年5月3日，成立了中国国际广播音像出版社。该社出版了几十种音像制品。1994年7月，国际台建立了电视中心，主要目的是充分发挥国际台的外语、外宣以及新闻专业人员的优势，开辟出一条对外广播和对外电视相结合的新路。此外，还创办了中文的《世界新闻报》（原名《世界信息报》，创办于1992年7月）和英文的《信使报》（1990年5月创办），开展翻译、广告以及接待听众旅游服务，等等。

（十一）工作方式

开门办广播是当前所有广播电台发展自己的必由之路。国际台从事的是对外广播。长期以来，一直是在封闭的办公室和录制间关门工作，实际上也很难到国外去开门办台。自从开办了对内外语广播以后，国际台的一些部门也开始走出大楼，到听众中去。1985年3月29日，英语广播工作者第一次在北京东四隆福寺小吃店同听众见面，参加活动的有一百多名听众。从那时开始，英语部多次开展类似活动，参加活动的人数越来越多。日语部也在1998年9月25日举办了首届国内听众联谊会。这些活动全都制作成节目对外播出，取得了良好效果。

这十一项转变说明两个问题：

首先是我们在党的"实事求是"的思想路线指引下越来越熟练地按照国际广播的发展规律办事；

其次是我国国际广播已经跻身于世界各国国际广播的先进行列。

这些转变来之不易，是各级领导和广大群众的心血结晶，为我国国际广播事业进一步发展奠定了物质基础和思想基础。

然而，恰恰在这个时候，有人提出国际广播在新世纪的生存环境问题，直截了当地说，就是在新世纪国际广播还有没有存在的价值。认为在新世纪国际广播将会失去存在价值的理由大体上有三个：

一是"冷战"结束后时代发生了变化，以政治宣传为主的国际广播必然走向消亡；

二是随着卫星通讯技术的进步，声像具备的电视已经将其传播范围扩大到全球范围，对受众的吸引力大大超过国际广播；

三是随着高新科技的发展出现了多种跨国界的传播手段，例如"因特网"，受众接受信息的方便程度远远超过以无线电短波传播为主的国际广播。

面对这些质疑，我们可以从不同角度作出回答。但是，最根本的还是回到一个基本问题，就是：什么是国际广播？国际广播具有哪些无可替代的优势？

顾名思义，国际广播是以外国听众（还包括居住在国外的侨民）为传播对象的广播，是对外传播信息的重要手段。时至今日，还没有人认为新世纪不再需要对外传播。不仅如此，随着经济全球化进程的加快，对外传播的必要性和重要性只会越来越突出。因此，包括国际广播在内的一切对外传播手段将会在更加广阔的生活领域（政治、经济、文化、教育、科技、外交，等等）发挥更为积极的作用。

各种对外传播手段各有短长，可以互相补充，而不能互相取代。国际广播的突出优势是传播范围广，传播速度快，穿透能力强，使用多种民族语言。凭借这些固有的优势，我国国际广播在诸多对外传播手段（通讯社、报纸、杂志、电视）当中已经居于领先地位。明证之一就是在 20 世纪 90 年代听众来信年年递增，到了 1999 年达到 68.8 万封，而且来自五大洲的 158 个国家和地区。实事求是地说，这是其他对外传播手段望尘莫及的。

在信息传播进入多媒体时代，各种传统传媒之间出现互相渗透、融合、借用的现象，这是时代的进步，技术的进步。为了更有效地传播信息，通讯社除了文字以外，可以使用声音、图像；同样，广播电台除了声音之外，也可以使用图像、文字。将来任何一种对外传播手段都不可能一家独揽，但是各种对外传播手段都会继续存在，发挥各自的优势。"因特网"的迅猛发展没有取代传统媒体，而是为传统媒体提供了综合性的宽阔的国际通道，这一点已经成为国际传媒界的共识。

这样说来，我国国际广播工作者是否可以高枕无忧了呢？当然不是。前面提到的转变为我国国际广播工作者提供了比过去优越得多的生存环境和工作条件。但是，我们将面临数量更多的强劲的竞争对手，需要掌握更加广泛的知识，学会更加复杂的技能，懂得更加先进的技术。而其中最为重要的是以下两点：

一是改进节目内容，丰富节目形式；

二是改革管理体制，完善运行机制。

国际广播存在和发展的基本前提是节目内容适合对外传播的需要，节目形式适合国外听众的收听习惯。应该说，我国的国际广播工作者在理论上都懂得这是对外广播工作的基本规律；在实践中也探索了许多具体办法。值得研究的是如何在重大事件报道中体现国际广播的特点。毫无疑问，身居国外的听众最希望及时了解的是在我国发生的重大事件以及我们国家对这些事件的态度，而恰恰在报道重大事件的时候，国际广播有向国内广播靠拢的趋势，"内外有别"的原则模糊了，"外外有别"的原则根本谈不上了。据我想，只要在重大事件报道中有所突破，凭着我国国际广播工作者多年积累的经验，不难在其他报道上取得长足进步，在激烈的竞争中立于不败之地。解决这个问题不能单靠某个单位的努力，但是，如果任何单位都不去努力争取，这个问题也就永远无法解决。

在我国从计划经济体制向社会主义市场经济体制转变过程中，广播电台也在探索如何建立适应市场经济体制要求的管理体制和相应的运行机制。这是一项重要的改革。无可否认，在各台之间，改革进度有快有慢，改革层次有深有浅，改革力度有大有小，改革成效有多有少。个中的关键在于改革是否符合国情，是否符合各地实际情况以及本台的具体情况。"珠江模式"、"东方模式"以及一些地方出现的"交通广播模式"都是大家熟悉的改革成功的例子。他们的经验无外是适应市场需求，走"专业化"的路子，开门办台和改革管理体制以及完善运行机制。国际广播情况特殊，不可能亦步亦趋地仿效对内广播电台的改革办法。以中国国际广播电台为例，我认为，到今天为止，依然保持着计划经济时代的诸多特点，管理体制和运行机制的改革相对滞后是不争的事实。改变这种状况，仍需遵循"有所为，有所不为"的原则办事。能办到的，就要赶紧办；办不到的，不要强行办。调整内部机构设置，制定重用人才措施，集中使用有限财力，尽量广开创收渠道，按各个部门不同情况采取不同的改革办法，是否可以说是当务之急。至于进一步的改革，还要创造更多的条件。为了稳妥进行改革，设立高水平的"智囊团"应是必不可少的措施。

目前，我国国民经济正处在发展的关键时期，改革的攻坚阶段。广播影视事业也不例外。广播影视全行业的深化改革正在加紧进行，科技进步日新月异，为我国国际广播改革管理体制、完善运行机制提供了难得机遇；国际广播日益激烈的竞争态势又在催促我国国际广播加紧改革管理体制，完善运行机制。以前所未有的紧迫感、积极进取的态度以及实事求是的精神探索我国国际广播改革之路，推进我国国际广播改革进程，正其时也！

三、对外电视

我国电视试播的时间是 1958 年 5 月 1 日。9 月 2 日，北京电视台（中央电视台的前身）正式播出。1973 年开始播出彩色电视。

从创办电视事业一开始，我国电视就承担着对内传播和对外传播两项任务。但是，电视是重装备、高消耗的事业。和对外广播相比，对外电视需要大投资，而且回报率不高（据我所知，中央电视台第四套节目每年需要两亿左右的资金，最高的回收也只有几千万）。没有相当实力，是搞不成的。所以，在开始阶段，北京电视台只限于向一些国家寄送电视节目。当时，叫做"出国片"。"出国片"就是把报道国内重大事件、建设成就和人民生活的电视片，附上中文、俄文或者英文的解说词，航寄到外国电视机构，供他们使用。

对外电视的发展，必然要取决于整个电视业的发展。自从 20 世纪 80 年代中期以后，我国电视业取得了突飞猛进的发展，发生了日新月异的变化。对外电视也在 80 年代兴起，90 年代才得到大发展。

（一）确定宣传方针和发展事业的构想

1983 年 8 月，广播电视部在北京召开了第一次全国电视对外宣传工作会议。1984 年 10 月，在银川召开了第二次全国对海外电视宣传工作会议。同一主题的两次会议相隔只有一年多的时间，说明领导非常重视发展电视对外传播。会议主要提出：

1. 电视宣传要对内对外并举。
2. 加强对外电视节目的思想性和针对性，不断提高节目质量。
3. 全面、生动地向世界人民宣传中国，尤其是改革开放以来中国的发展变化。

这两次会议对推动对外电视起到了很好的作用。1984 年，中央电视台把国际部改为对外部；一些地方电视台也建立了对外宣传机构。从那时起，逐渐形成全国电视对外宣传协作网，开展了各种联合行动。

此后，寄送节目数量大大增加，质量有所提高。除了寄送节目外，一些电视台还专门开办了适合对外播出的栏目，只是穿插在对内电视频道当中播出。另外，还支持一些海外电视台开办介绍我国的电视节目。

1990 年召开的全国对外宣传工作会议强调要加强电视对外宣传的力量。1991 年 7 月 16 日，中央电视台成立了对外中心。

1992 年 5 月，中央电视台海外中心提出了开展对外宣传的新思路，就是：一手抓"天上"，一手抓"地下"。"天上"就是通过卫星传送我国的电视节目，用卫星覆盖全球，使全世界人民都能了解中国。"地下"就是建立世界范围的中国电视节目录像带销售网络，通过商业渠道把我们的电视节目录像带送到世界各大城市，供观众购买。

当时，我作为广播电影电视部负责对外宣传管理的人员，也提出过一些设想。关于电视对外传播渠道，我提出四个方面：

1. 自国内发射对外电视节目；

2. "借船出海"播出对外电视节目（包括两项，一是向境外电视台提供节目，二是和境外电视机构联合办台）；

3. 借助外力介绍中国；

4. 通过商业渠道销售电视对外节目。

到目前为止，除了这四个对外传播渠道外，又加了因特网。

我特别提出一定要走"电视大外宣"的路子。就是充分运用我国社会主义制度的优越性，采取联合行动，实现各方配合，把电视内宣和外宣、中央和地方、广播、电影和电视、系统内和系统外从事电视制作的力量和谐地结合起来；并且在联合的基础上，发挥各自的优势和积极性，多渠道、全方位、多种形式地推动整个电视外宣事业的发展。

可以说，到了 90 年代，我国电视对外传播的基本构想已经形成。关键在于逐步落实。

（二）创办专门频道

1985 年 10 月，我国开始租用通讯卫星向全国传送中央电视台第一套节目。1991 年 7 月，中央一套节目又上了俄罗斯静止卫星，扩大了节目覆盖面，实际上起到了对外宣传的作用。但是，中央电视台第一套节目纯粹是以国内观众为对象的节目，其定位是党、政府和人民的喉舌，是宣传工具。节目内容、播出时间安排、稿件用语、播音员和节目主持人的语调，都不可能考虑到国外观众的收视需求。为了真正起到对外传播的作用，必须创办专门的对外频道。这就是现在大家看到的 CCTV 第四套和第九套节目。

1992 年 10 月 1 日，中央电视台租用"亚洲 1 号"卫星上的转发器，开播了以汉语普通话为主的第四套节目。这套节目是以台港澳同胞为主要收视对象。这套节目的对台宣传方针是：高举爱国主义旗帜，坚持爱国统一战线，坚持"和平统一"、"一国两制"的指导思想,全面宣传中央对台的方针政策,为实现祖国的和平统一大业服务;同时,确定以新闻为主,集新闻性、知识性、娱乐性、服务性为一体。这套节目从一开始,就播出了《中国中央电视台新闻》,如今已经成为名牌栏目。《天涯共此时》是以沟通海峡两岸亲情、专门为台湾同胞制作的节目。1996 年 2 月 3 日,第四套节目开办了《海峡两岸关系论坛》,这是一个政论性节目。这两个节目,一个讲"情",一个讲"理",互相配合,相得益彰。

从严格的意义上说,第四套节目还不是对外电视频道。但是,"亚洲 1 号"卫星覆盖亚洲、澳洲、东欧、中东以及北非的八十多个国家。当地的华人、华裔以及懂汉语的外国人都能收看得到。所以,也可以说,第四套节目的开播,标志着我国电视外宣有了自己的阵地和舞台。也正是由于第四套节目主要是用汉语普通话播出节目,很难进入外国主流社会。为了扩大影响面,开办外语电视节目已是势在必行。

第九套节目是 2000 年 9 月 25 日正式开播的(实际上,早在 1997 年 6 月 27 日就开始对外试播英语传送频道,9 月 20 日正式开通)。这是一套以新闻性节目为主,专题、文化和文艺类节目为补充的英语电视频道。这一套英语节目的开播标志着我国电视对外宣传有了重大突破。

卫星通讯技术是科技人员对人类文明的一大贡献。卫星电视的出现是电视节目传输的一场真正的革命。在很长的时期内,电视只是地域性传媒。各国之间节目交流只能靠寄送或传送的办法。80 年代中期,特别是 90 年代,卫星通讯技术发展很快。我们不失时机地利用先进技术,终于使我们的电视节目也能通过卫星直接传遍世界各地。

办卫星电视,需要把握四个环节。

第一是信号上天。一颗位于赤道上空 3.6 万公里的通讯卫星可以覆盖地球表面三分之一的地区。如果在赤道上空均匀地设置 3 颗卫星,就可以使电视信号覆盖除了两极地区以外的全球各地。1996 年 4 月,中央电视台租用"泛美 2 号"、"泛美 3 号"和"泛美 4 号"3 颗卫星的转发器,把国际频道的节目信号送到全世界 98% 人口居住的国家和地区,从而完成了第一个环节的任务。

第二是节目落地。使用 C 频段卫星转发器传送的节目,用户在地面上不能直接接收,必须通过当地的有线电视才能传到用户家里。但是,我们的电视节目进入外国有线电视频道,是一件非常复杂的事。各国对外国电视进入本国的有线电视,都有不同的法规规定。必须熟悉各国的不同规定,经过艰苦谈判,才能使我们的电视节目落地。经过近十年的努力,我国对外电视节目落地情况有了可喜的进展。据中央电视台海外中心提供的材料，到 1999 年 2 月，国际频道的节目已经在 119 个国家和地区直接落地入网或入户。

第三是语言选择。英语是世界上普及最广的语言。开办英语电视频道是符合世界语言使用的现状的。但是，有些国家不喜欢英语，比如法国。有些国家懂得英语的人数很有限，比如拉丁美洲国家。第九套节目在墨西哥落地的时候，我就提出过，至少要在重点新闻节目上加西班牙文字幕，否则等于白费力气，因为在墨西哥以及其他拉丁美洲国家懂得英语的只是少数人，例如在美国留过学的医生、科技人员等。一般观众看不懂这套节目，就会永远放弃收看。

第四是节目内容。以新闻以及新闻性专题为主安排这套节目，是完全正确的。在新闻的选择上，解说词的编写上，播音员的语速上，第四套和第九套节目都有对外特色，注意了不"穿靴戴帽"。专题节目、文艺节目的安排，既要发扬中华民族文化的特点，也要关照国外观众的接受能力。（《中国在哪里?》可以说是对外专题的典范）

总的来说，前两个环节完成的比较理想；后两个环节还有待改善。

（三）开拓国际市场

通过商业渠道销售电视节目，在国际电视节目市场上占有一定份额，同样是电视对外传播的重要途径。在国际电视节目市场上，商业交易是由来已久的。相对来说，交易规则、买卖行为、交易方式都比较成熟，比较规范。对我们来说，只是如何进入的问题。

我个人特别提倡打通商业销售渠道。原因有二：一是符合国际通行的办法。国家间电视节目交流是文化交流的重要组成部分。世界上没有一家电视台可以制作播出全部的节目。二是购买电视节目和制作电视节目的成本比例大体上是 1：10。发达国家的电视机构大多是商业机构，每年除了自己制作节目外，总要从国际电视节目市场上购进节目。

我国历史悠久，地域辽阔，民族众多，文化根底深厚，有许多十分独特的东西（比如，具有我国各地有特色的人物、风景、市镇、工艺、名优特产品、风俗习惯、饮食服饰，等等）。我国正在建设有中国特色的社会主义。这种发展道路的选择也引起许多外国人很大兴趣。这些都是我国电视节目的卖点。

为了开拓我国电视节目的海外市场，中央电视台于 1993 年 1 月牵头组建了"中国电视节目外销联合体"；11 月成立"中国电视节目代理公司"。1993 年到 1996 年，中央电视台先后在美国、澳大利亚、加拿大、法国、德国、日本、马来西亚、越南等地建立了磁带销售网点。据统计，到 1999 年，该公司累计外销节目 13918 小时，外销收入达到 2122.777 万美元。应该说，在开拓国际市场方面，大家作出了很大努力。但是毋庸讳言，我国电视节目，特别是能够带来较大利润的电视剧和电视文艺节目，基本上还是在"大中华文化圈"内销路畅通（1994 年，越南中央电视台播出我国赠送的电视剧《渴望》；1995 年，在越南举办"中国文化周"期间，播出了《一村之长》。这两部电视剧都在越南全国引起轰动，以至万人空巷。越南共产党杜梅总书记说，越南农村正在加强基层党支部建设，看了《一村之长》很受启发）。能够进入欧美市场的主要是少量纪录片。电视剧、电视文艺节目在欧美市场上销售还是非常困难的。原因有三条：一是文化差异太大，二是创作手法不同，三是技术质量不高。目前，欧美发达国家正在加紧推进地面电视数字化，再过一段时间，用模拟技术拍摄的电视片根本无法在那些国家播出了。

除了以上两项工作外，我们还采取了其他扩大我国电视对外传播的办法，比如，在外国电视台购买播出时段，和外国电视台联合拍摄各类电视片，邀请外国电视记者来华采访重大的政治、经济、文化、科技、体育的事件或者拍摄专题片等。

（四）地方电视台开展对外宣传

在电视外宣事业中，地方电视台（从省级台、地市级台到县级台）是一支十分重要的力量。俗话说：独木不成林。只靠中央电视台一家搞对外宣传，很难在短期内造成大气候。

地方台的优势在于：

1. 了解当地情况。

2. 积累了大量反映当地情况的电视片以及素材（例如苏州电视台拍摄的《苏园六绝》；山东电视台拍摄的《泰山》）。

3. 几十年来，培养出一大批拍摄电视纪录片的专家。

这些优势都是电视外宣的宝贵财富。

早在 20 世纪 80 年代，上海电视台、江苏电视台、山东电视台等已经积极参与了电视外宣工作。进入 90 年代，天津电视台、福建电视台、浙江电视台、广东电视台、北京电视台等和国外电视机构建立了常年或短期合作关系。

这里，我想多说说"中国黄河电视台"。

1991 年 4 月，国务院新闻办公室和广播电影电视部在长沙召开全国电视外宣会议。会上决定把美国 SCOLA 卫星电视网提供中国电视节目的任务交给山西电视台承办。7 月，经两部正式批准，山西广播电视厅开始筹建中国黄河电视台。仅仅过了一个月，8 月 13 日，我国的电视节目就在 SCOLA 电视网中播出了。

SCOLA 是美国各所学校电教室联网的电视网，包括四百多所大学（其中有哈佛大学、耶鲁大学、斯坦福大学等名牌大学）、七千多所中小学以及四十多家城市有线电视网（微波公司、美国电报电话公司、新媒体公司）。收看人群大约有一千五百万。观众包括三大类：

第一类是学习或教授汉语的老师和学生；

第二类是对中国有浓厚兴趣、想了解中国情况的观众；

第三类是希望从节目中得到商业或其他信息的观众。

经过 10 年的发展，中国黄河电视台已经形成了采编播一条龙体系。原来只有 7 个人，今天已经扩大到七十多人。在美国设有工作站，有常驻采编和技术人员以及演播室和制作设备。目前，使用 SCOLA 的 3 个频道，每天播出 29 小时。内容包括汉语教学、新闻、专题和综艺节目。

中国黄河电视台的运作模式是全国地方电视台大协作。具体来说，成立了理事会。最初理事会成员只有 15 家，如今发展到 160 家。在北京、华东（苏州）、上海、西南、西北建立了 5 个记者站。

不久前，在一次会议上，听到有的电视台负责人说，现在搞市场经济，一切都要按市场规律办事。有利的事，就办，起码能够回收投资；无利的事，就不办。接着，就表示电视外宣事业无利可图，因此不想办了。按市场规律办事，当然是对的，但是，首先，我们万万不可忘记电视工作者身负的政治责任，不可能事事都讲创收多少，以此为标准衡量工作的好坏。过去，大家不讲究投入产出的比率，自然不对。如今，要是转成"唯利是图"，那就更糟糕。其次，对外电视还担负着招商引资的任务。利用电视宣传本地的发展和投资环境的改善，肯定会给本地带来莫大好处。

四、广播电视对外传播的发展前景

尽管我国对外广播电视发展很快，但是"西强我弱"的局面并没有根本改变。全球媒体 90％控制在美国、西欧和日本手中；全球视听产品 80％是美国制作的。

改变这个现状不是短期内可以做到的，但是，我们必须不断努力壮大自己，特别是我国加入世界贸易组织后，广播电视业的竞争势必越来越激烈。在大家遵守共同的"游戏规则"的前提下，这完全是一场实力对抗。

据我所知，中央电视台在努力改进第四套和第九套节目的同时，正在积极筹备开办一个多语种的新频道。中国国际广播电台正在筹办环球广播。一些地方广播电台、电视台也在按照各自的实力准备在国外扩大影响。

拓宽传播领域，采用先进技术，加大投资数额，培养各类人才，都是必须抓紧做的事情，但是，最重要的还是不断改进对外广播电视节目，加强节目的针对性。改进节目的最基本的原则就是"内外有别"、"外外有别"。这一点应该看作是对外广播电视宣传的灵魂和生命线。

要想做到"内外有别"、"外外有别"，广播电视对外宣传工作者一定要不断提高"外宣意识"。什么是"外宣意识"？

第一，对象性十分明确：主创人员清楚地知道我的节目是做给外国人听的看的，是做给离开国土多年的华侨华人听的看的，还是做给出国不久的华侨华人听的看的。对象明确了，在题材选择、表述方式上就能作出恰当处理。

第二，对听众观众十分了解：主创人员清楚地知道听众观众希望了解什么问题，存在什么疑惑，从哪个角度切入容易为他们所接受，等等。

第三，对对象国十分熟悉：主创人员清楚地了解对象国的历史地理、风俗习惯、宗教信仰、居民的教育水平、思维方式，他们喜欢什么，讨厌什么，忌讳什么，等等。

关于贯彻"内外有别"的原则的具体要求，中央文件提出了"有的放矢"、"准确而鲜明"、"实事求是"。

1. 有的放矢：无论干什么事情，都要有明确的目的，这是常识范围内的事。对外广播电视的受众远在千里之外，无的放矢，只会白白耗费大量人力、物力、财力。要想做到"有的放矢"，就要设身处地为听众观众着想。听众观众希望了解什么？怎么样讲述，他们才能听明白？需要补充哪些国内听众观众人所共知的基本知识？我们希望听众观众了解什么？怎样讲，才能引起他们的兴趣？国外媒体围绕我们哪些题目在做文章？在听众中产生了哪些误会？怎样讲，才能达到解疑释惑的目的？如此等等，都是我们要经常考虑的。

2. 准确而鲜明：准确指的是尺度把握，鲜明指的是稿件风格。要想把握好尺度，必须对所报道的题目有透彻的认识。召开一次会，主题是什么？发生一件事，本质是什么？一大篇演讲，主旨是什么？介绍中国古代文化、地方民风民俗、手工艺品，等等，也要具备充分的知识。具有什么价值？和其他国家同类事物有什么联系？在同一领域中占据什么位置？

做文章，讲究干脆利落，不拖泥带水。写广播电视稿，特别是写对外广播和对外电视稿，尤其需要鲜明。广播电视的弱势是"一听就过"，"转瞬即逝"。一定要研究广播电视语言的特征，千万不要盲目追求词藻华丽，动不动就"掉书袋"，引用古诗词。一切要以"一听就懂"为原则。

3. 实事求是："实事求是"是马克思主义哲学——辩证唯物主义和历史唯物主义的中国化的表述方式。毛泽东主席、邓小平同志和江泽民总书记都反复强调过"实事求是"的重要性。在对外广播工作中，强大的说服力同样来自"实事求是"，也就是真实地反映客观实际。对外传播工作中的一条重要的指导思想是"以正面宣传为主"，这无疑是正确的。花那么多钱办国际广播，办对外电视，任何一个国家都不是为了外扬"家丑"。关键在于要把握好"度"。讲成绩，要适度；谈问题，也要适度。古人说："过犹不及"。我们一定要牢记这个生活的真谛。

广播电视业正在经历着深化改革的关键阶段，其中一个措施，就是整合资源。中国广播影视集团的对外广播和对外电视要不要整合起来呢？

世界各国都是先有广播，后有电视；先有对内，后有对外。发展路数大体是广播公司办电视节目，后来才有单纯的电视公司。担负政府赋予对外宣传任务的公司或台，如美国之音、英国的 BBC，都是由办对外广播发展到兼办对外电视，因此，他们的广播电视对外宣传是合在一处的。我们国家有所不同。对外广播由国际台承担。对外电视由中央电视台办理。这有它的历史原因。现在，打算整合起来，资源共享，优势互补，确实是个好的想法。不过，我估计难度甚大。关键在于体制的限制。把国际台归并到中央电视台，肯定不行。那就只有把中央电视台的海外中心归并到国际台。但是，采用什么样的财务制度？电视资源如何合理使用？工作人员的待遇如何协调处理？这些都是事先需要解决的问题。据我想，只有国家财政把对外广播电视全部承担起来，实行"全额拨款"，对对外广播电视工作者实行特殊的政策，才能最终解决这个问题。

（2002 年 8 月 6 日）

立足乡土，解疑释惑[*]

2005 年 11 月，我参加了《神州瞭望》在昆山市召开的年会。在会上，我就我国电视外宣工作谈了一些意见。2007 年 3 月 19 日到 21 日，又参加了黄河电视台组织的第九届电视外宣"彩桥"节目评选。观看了一些《神州瞭望》选送的短片。由此产生了一些新的想法，概括为三个关注。

一、关注"两头儿"

所谓"关注'两头儿'"，一是关注中央决策；二是关注国外舆论动向，尤其是对我国的反应。

中央决策是全国外宣工作者的行动准则。无论是在北京工作的，还是在外地工作的，都要时刻给予密切关注。这一时期，我们要关注哪些中央决策呢？

我认为，主要是党的"十六大"以来党中央一系列重大战略思想，或者说，是马克思主义和我国具体实践相结合的新成果。2006 年 8 月 15 日，胡锦涛总书记《在学习〈江泽民文选〉报告会上的讲话》里，提出了八条，就是：以人为本、实现科学发展、构建社会主义和谐社会、建设社会主义新农村、建设创新型国家、树立社会主义荣辱观、推动建设和谐世界、加强党的先进性建设。这些重大战略思想，固然是对以往改革和发展的经验教训进行反思后，针对国内存在的矛盾和问题提出来的，同时，也是针对国外关于我国的种种议论给予的明确回答，因此，也是我国对外传播的指导方针。另外，从我多年从事对外报道的经验来看，这些重大战略思想还是对外报道的绝好的题目。

比如，构建和谐社会，这是任何一个国家都在竭力追求的目标。哪一个正常的国家希望社会乱哄哄呢？伊拉克不用说了。就是美国何尝愿意看到像弗吉尼亚理工大学发生的校园枪击事件呢？可以说，这是人类共同的话题。构建和谐社会是个大题目，涉及人与人、人与社会、人与自然的关系，也包

---

* 本文是作者在海宁举行的"《神州瞭望》电视外宣协作网第 10 届年会"上的讲话摘要。

括每个人自身的和谐。这次"彩桥"节目评选，我们看了许多反映亲情、友情、爱情、诚信的好节目。实际上，讲述的就是家庭和社区内部以及朋友之间和谐相处的故事。

实现科学发展也是各国在发展经济中极力追求的目标，同样是人类共同的话题。我国经济发展成就显著，有目共睹。2006 年，我国国内生产总值为209407 亿元人民币，折合成美元，大约是 2.63 亿，次于美国和日本，比德国大约少 3883 亿美元，居世界第四位。对我国经济发展，国际正面反映居多。当然，还有攻击性意见、批评性意见，也有建议性意见。撇开国际问题不说，从近期国外舆论看，有五条最为普遍的议论：一是"中国威胁论"；二是围绕人权、民主、自由大做文章；三是认为我国经济快速发展中含有不健康的因素；四是认为我国社会发展中存在不少问题；五是认为我国在文化发展中保护知识产权不力。

针对这些问题，我们当然要给予回答。不过，回答这些问题，中央外宣机构和地方外宣机构担负着不同任务，要有分工，做法也有所不同。中央电视台海外中心根据中央的部署，全面阐述我国政府相关政策。地方电视台则要多用具体事例给予解答。

关于对外宣传的根本任务，有几种说法，比如"在国际上树立中国的形象"、"介绍中国"、"说明中国"，等等。各种说法都有各自的时代背景和不同考虑。我个人看，对外传播的根本任务还是四个字：解疑释惑。你有疑问，我给予解答；你有疑惑，我给予解释。地方，特别是市县的外宣任务是不是可以说是"立足乡土，解疑释惑"。

二、关注他人

所谓"关注他人"，主要是指关注他人的作品，吸收他人作品的长处。

参与第九届"彩桥"节目评选的评委分为两个评审小组。我参加的那个组负责评选短片。在 3 天内，观看了 84 个节目，其中有些是《神州瞭望》专栏选送的。另外一个组审看《神州瞭望》选送的 37 个节目，其中 3 个入选一等奖的作品，我们这个组也认真审看了。总的来说，和上一届参评的节目水平大体相当。

获得等次的节目都是好节目。好节目，好在哪里？第一，故事性强，情节完整，有头有尾；第二，感情真挚，亲情、友情打动人心；第三，人物具有鲜明个性，令人过目不忘；第四，文化底蕴深厚，弘扬传统文化或民间文化；第五，关注人类普遍关心的问题，例如环境保护、关怀弱势群体；第六，画面清晰丰满，解说干净利落。这些作品完全符合总局领导对外宣提出的要求，就是：把内容建设作为永恒主题；"树立以人为本的理念"，为观众提供人性化服务。大家如果有兴趣，可以抽时间看一看获得一等奖的 10 部作品。我相信，可以从中得到启发。

至于片子的缺点，在 2005 年 11 月那次讲话里，我提过 10 条。本届落选的节目还没有完全克服。

无论是入选作品，还是落选作品，都有一个共同的毛病，就是表现手法比较单调。画面加解说是早期纪录片普遍采用的表现形式。如今，国内外纪录片表现形式已经呈现出多样化的特点，而我们制作的片子还停留在画面加解说的起始阶段。解决这个问题，有一定难度。可以从观看国外和国内生产的优秀纪录片入手，从中学习纪录片高手的拍摄技巧，提高我们自己的制作水平。中广协会纪录片委员会可以给大家提供帮助。

还有一个大家可以也应该借鉴的是怎么做对外传播的节目。《神州瞭望》的节目多数是对内播出和在美国播出的两用节目。我们这次审看节目的时候，并没有着重从对外传播角度来评价。如果以对外传播的标准来衡量，有些节目显然不合乎要求，主要是题材选择和表现方式难以为观众接受。两年一度的广播影视大奖，也就是总局主办的"政府奖"评奖活动已经开始。广播对外节目已经完成复评；再过两个月，电视对外节目复评也要开始了。10 月，将进行广播电视节目奖的终评。建议大家听一听对外广播节目，特别看一看对外电视节目。我相信，对外节目选材的目的性，对外节目表现方式的独特性会给大家一些有益的启示，可以帮助大家改进节目。

三、关注自己

所谓"关注自己"，首先是认清自己肩负的责任。我连续几年参加黄河电视台播出节目的评选，深感大家工作的艰辛。为什么这样说呢？因为大家肩负着双重任务，制作的节目既要对内播出，又要对外传播。面对着生活环境、认知水平、兴趣爱好完全不同的两类观众，完成这两项难以兼顾的任务，确实很不简单。希望大家时刻记住这双重责任，否则难免顾此失彼。

其次是研究自己制作的节目。在和优秀纪录片以及对外广播电视节目进行认真对比后，探讨一下自己制作的节目存在什么差距。或者请拍摄纪录片的高手或者多年从事对外传播的业务人员看看自己制作的节目，请他们提出批评意见。古人说，听君一席话，胜读十年书。听听高人点拨，远胜于个人冥思苦想。

再次是研究自己的乡土。因为工作的关系，除了台湾以外，我跑遍了全国31个省市区。深深感到各地都有自己的特色，都有自己的风格。和本乡本土的居民相比，我对各地的了解无疑是肤浅的。但是，在一个地方住久了，也容易犯两种毛病：一是"熟视无睹"。一个地方，一些事物，看的多了，看的久了，容易失去新鲜感，拍摄的时候，爆发不出创作激情，制作的节目往往流于一般化。另一个是"恋乡情结"。总认为本乡本土一切都好，看不到一点缺欠。在这种情绪支配下，拍出的片子，势必缺少深刻的思辨性，原因是一切事物都具有两面性，总是瑕瑜互见，没有一点瑕疵的东西是不存在的。

"立足乡土"是地方对外传播人员的一大优势。大家长期扎根在各个市县，熟悉本乡本土的各界人物、历史地理、民风民俗、生活习惯、文艺形式。

我相信，这三个方面都关注到了，我们制作的节目就容易取得成功。

最近7年，我和我的同事们编写了一部近六十万字的《中国电视史》。在编写过程中，本人也深受教育。每一个历史时期的电视人都面临时代赋予的特殊任务；每一代电视人都有符合时代要求的创造。不辜负时代的重托，是每个电视人的不懈追求。

（2007年5月8日）

反思对外传播*

　　2008 年 1 月下旬，中央召开了"全国宣传思想工作会议"。胡锦涛总书记在会上发表了重要讲话，其中有一段重点强调了"做好对外宣传工作，进一步展示和提升国家良好形象"。他明确提出"要树立大外宣观念"，"形成全方位、多层次、宽领域的大外宣格局"。要求"建设多途径、广覆盖的对外传播网络，形成与我国经济社会发展水平和国际地位相称的对外传播力量"。他还要求外宣工作者"创新对外宣传方式方法，善于运用现代化手段和国际通用规则"，"增强对外宣传的吸引力、亲和力、影响力"。胡锦涛关于做好对外宣传工作的论述，不仅再次表明中央对外宣工作的高度重视，而且提出了许多值得我们认真研究的新目标、新观念和新做法。

　　另外，2008 年以来，大事不断。党和政府在处理这些事情上采取了一些突破常规的办法。根据中央领导同志的指示，信息发布和新闻报道也多有突破。

　　从这两件事，我想到是不是应该围绕对外传播来一次认真的反思。

　　我在广播电视对外传播领域工作了几十年，对我们原定的报道原则还是比较熟悉的。如今，事过境迁，对外传播也要与时俱进。优良传统，正确做法，要继承；不合时宜的观念和办法，要改正。信息发达是现时代的一大特点。不仅有海量信息在流动，而且有诸多传统的和新兴的流通渠道供使用。

　　比如，卫星电视。首先，卫星电视打破了区域传播的限制，万里之外发生的事情，转瞬间就能传到我们眼前。其次，卫星电视模糊了对内传播和对外传播的界限，只要是上星节目，无论哪国观众想看到就能看到。第三，卫星电视还把各国电视之间的竞争推进到"短兵相接"的阶段。哪个媒体能抢先哪怕是一两分钟发布新闻，就可以在竞争中抢占先机，左右舆论。

　　再比如，以互联网为代表的新媒体。首先，新媒体改变了传者和受者之间的关系，任何人都可以发布信息，任何人都可以接受信息。其次，新媒体冲破了发布和接受信息的时空限制，随时随地可以上网、使用手机发布或接受信息。第三，新媒体和传统媒体之间存在着竞争和互补的双重关系，使用

---

　　* 本文是作者在江阴举行的"《神州瞭望》电视外宣协作网第 11 届年会暨对美播出 11 周年研讨会"上的发言。

得当，就能够成倍提高对外传播的力量。

面对这样的内外、新旧交叉竞争的局面，对外传播工作者的一些传统观念必须转变，才能跟得上时代前进的步伐。

2007年4月，国务院发布了《中华人民共和国政府信息公开条例》，2008年5月1日起开始施行。有的专家认为，这个"条例"在我国政府法制建设进程中具有里程碑意义。在我国，80%的有用信息掌握在政府部门手中。行政机关遵循"公正、公平、便民"的原则公开政府信息，对保障公民的知情权、参与权、表达权、监督权肯定会发挥重要作用。

2006年6月，全国人大常委会首次审议《突发事件应对法》草案。草案规定媒体违规报道突发事件可处以5万元以上10万元以下的罚款。2007年6月24日，全国人大常委会在讨论二次送审的《突发事件应对法》草案时，删除了"禁止媒体擅自发布突发事件消息"的规定。

这些适应社会进步制定的重要法规，对对外传播工作者同样重要，是我们反思对外传播的法律依据。

我想到了五点：

一、高度重视对我国对外传播实力的实事求是的判断

和1960年年底我调到国际台工作时相比，我国对外传播工作取得了长足进步。2007年，我国中央和地方的广播电视对外传播发展较快，特别在广播电视节目海外落地上，有了新进展。这些都是要充分肯定的。

但是，我们也要如实地承认我国广播电视对外传播实力仍然不强，真正做到使外国受众"入脑、入心"，还需要作出更大努力。

2008年3月14日，西藏发生了打砸抢烧严重暴力事件后，当天西藏自治区负责人就通过新华社讲清了事实真相，应该说信息发布和新闻报道很及时。尽管如此，一些西方主流媒体还是不顾事实真相，进行歪曲报道，甚至采取移花接木、张冠李戴的低劣手法损害我国国家形象，影响公众舆论。

我记得，自从我到国际台工作以来，曾经多次翻译、播出过关于西藏的历史和现状以及批判达赖集团鼓吹"西藏独立"的新闻和专稿。每逢西藏大事，国内各种媒体都要发表介绍西藏的稿件或节目。可是，时至今日，一些外国政要依然不分青红皂白，为达赖喇嘛张目，一些国外民众还是稀里糊涂地轻信外国媒体的造谣。个中原因固然很复杂，撇开国外因素不谈，反思一下我们的对外传播，起码我们可以看到：1）我们的对外传播实力不如外国传播机构；2）多年的对外传播还没有达到应有的效果；3）因此，需要大力改

进我国对外传播的内容、形式以至使用的语言。

在研究我国对外传播实力的时候，我们要改变那种"谈成绩头头是道，讲不足一笔带过"的毛病。如实地肯定成绩，如实地分析不足，才能脚踏实地地推进对外传播事业。

比如，2007 年，中央电视台各个对外频道的海外用户总数达到 8400 万。地方台在扩大节目在周边国家落地方面取得新进展。毫无疑问，这都是很大的成绩。不过，只说到这里还不够，还得分析用户收视率是多少？满意率有多大？收视的动机是什么？只有掌握了这些数据和情况，才能对症下药，改进我们的工作。

二、高度重视互联网在对外传播中的作用

1994 年 4 月 20 日，我国与国际 64K 互联网信道开通，标志着我国正式联入国际互联网。当时，对互联网的认识还比较肤浅。一旦看到互联网的威力，又产生了忧虑情绪，有人说"狼来了"，提出互联网能否"吃掉报纸"的疑问。1999 年 10 月，国家主席江泽民访问英国。作为活动的组成部分，在伦敦举行了"中英论坛"。受总局委派，我参加了"中英论坛"的新闻组的活动。当时，中方代表和英方代表在讨论中都对互联网的发展前景仍然感到惶惑和担忧。

10 年过去了，互联网在我国迅速普及开来。2008 年 2 月，我国网民数达到 2.21 亿人。虽然有些人上网只是为了玩游戏或者上班炒股票，但是确实每个人都可以在网上发布信息，获取信息，而且从国外还传来大量信息。简单地说，互联网和传统媒体一样，只是一个工具。

互联网发布信息的情况非常复杂，滥用互联网的确是个实际存在的问题，各国都在采取措施加强管理。早在 1996 年国务院就发布了《中华人民共和国计算机信息网络国际联网管理暂行规定》，制定了"统筹规划、统一标准、分级管理、促进发展"的原则。随着互联网在国内发展，政府陆续颁布了几个加强互联网管理的法规。

这次围绕拉萨暴力事件，我国网民（包括海外留学生）和西方主流媒体展开一场激烈的论战。"草根大反击"迫使一些西方媒体出面道歉。美国CNN 在转播奥运火炬传递时，节目主持人卡非蒂信口开河，发表攻击中国的言论。我国网民开设了"anti-CNN"网站，强烈批评外国媒体针对西藏的歪曲报道，终于迫使 CNN 总裁正式向中国人民道歉。4 月，还爆发了抵制法国货，抵制家乐福的活动。家乐福只好一再申明从来没有支持过"西藏独立"，

卖的物品百分之九十几是中国货。5 月 23 日，家乐福全球总裁杜哲睿宣布再次向四川灾区捐款 2000 万元人民币。尽管家乐福门店顾客锐减，销售额下降，他还是表示理解网友的抵制情绪和造成这种情绪的原因。互联网的威力就是这么大！

我以为，今后，在加强对互联网的管理的同时，还应该制定具体措施，鼓励网民努力发挥互联网的正面作用。

三、高度重视信息发布和媒体报道的及时性

新闻工作者都知道传播时效性是十分宝贵的。作为负责任的媒体，我们一直强调新闻的准确性。在准确的基础上提高新闻的时效性，是我们一贯遵守的报道原则。另外，还曾经有过"后发制人"的主张。

在信息化时代里，当突发事件发生的时候，如何在第一时间发布真实信息成了一个必须解决的问题。

汶川大地震发生后，我国立即采取救援措施，温家宝总理马上赶赴灾区指导抗震救灾。国外媒体普遍称赞我国政府对重大灾害作出的快速反应。德国《时代》周刊对比了我国和日本、美国领导人处理重大自然灾害的速度时，说，"北京的反应比东京和华盛顿迄今在发生类似灾难时的反应要迅速得多"。

关于汶川大地震的报道也给了我们很多启示。5 月 12 日 14：28 地震爆发。15：00 中央电视台新闻频道整点新闻就报道了地震消息。速度之快超过了2008 年 1 月关于南方冰雪灾害的报道，更远远超过 2003 年关于"非典疫情"的报道。正因为我国媒体报道及时充分，国外许多媒体赞扬我们信息公开、透明、快速、多样，他们的信息大多引自我国官方媒体。随后，我国媒体根据国务院抗震救灾总指挥部发布的权威消息及时报道灾情和救灾情况，获得外国政府、民间组织和广大民众的同情，他们纷纷伸出援助之手。信息透明，报道及时取得良好效果。

四、高度重视对国外媒体报道动机的准确分析

我国历史悠久，文化博大精深，历来就引人注目。改革开放以来，我国选择了走中国特色社会主义的道路，经济发展迅速，更是成为世界各国舆论关注的焦点。我国和西方社会制度不同，对我国发展变化的认识自然大不相同，因此，我们不时听到国外政要和媒体不同于我国主流意见的声音。对这些不同的声音，应该加以分析，以"平常心"对待，不可一概斥之为"反华"

言论。

第一种是造谣污蔑。一些西方政要和媒体戴着有色眼镜，对我国说三道四，妄图"妖魔化中国"。我们碰到困难，他们就散布"中国崩溃论"；我们发展顺利，他们就散布"中国威胁论"或者夸张地大谈"中国崛起"如何如何。无论是"打杀"还是"捧杀"，我们都要保持清醒头脑，不可上当。对于这种负面舆论，当然不能置之不理，而是要"澄清事实真相，批驳谣言污蔑，争取国际社会的广泛理解和支持"。

第二种是由于不了解情况而发表的误解言论。有些人对中国传统文化一知半解，诚心诚意地相信阴阳八卦、风水五行。至于说我国改革开放是"走资本主义道路"，"在中国人人会功夫"，那更是屡见不鲜了。看来，我们在做节目的时候，还得要耐心解说，别在误解上再加误导。

第三种是出于好心提出批评建议。大家知道，我国拉动经济的有"三驾马车"：增加投资、对外贸易和扩大内需。前几年，投资旺盛，外贸急遽增长，而内需不足。从外电看到好几位外国经济学家对此不以为然，建议要把扩大内需作为拉动经济的主要杠杆。事实证明，这个批评是正确的，建议是符合经济发展规律的。至于他们一再提醒的在发展经济过程中要注意保护环境、节约资源，已经引起我国政府的高度重视。关于如何解决"贫富差距拉大"问题，如何解决"物价上涨过猛"问题，如何解决"人民币升值"问题，如何解决"退休浪潮"问题，不少外国经济学家也提出了值得参考的建议。

五、高度重视国外受众接受心理的研究

中华文化和西洋文化分属不同系统，观念不同，语言不同，互相沟通有很大难度。既然我们是从事对外传播工作的，担负着对外介绍我国情况的任务，我们就有责任尽可能多地了解国外受众的接受心理。

过去常说"对外宣传要以我为主"。这句话要看怎样理解。对外传播要维护国家利益，要维护民族尊严，要符合国家政策，当然是对的，但是，一切都要"以我为主"，肯定是行不通的。在全国宣传思想工作会议上，胡锦涛总书记要求我们"善于运用国外公众易于理解和接受的形式和语言"。"理解"是"接受"的前提。形式得当，语言合适才能让人理解。

我从事翻译工作几十年，深知把汉语转化为其他语言是多么困难。中国传统文化中，有许多概念、术语（比如中国针灸中的"穴道"、中国菜肴的名称等）在外语中找不到对等词语。改革开放以来，新鲜词语不断出现，像"三个代表"，不加解释，外国人根本无法明白。至于我们常用的客气话，也

时常遭到误解。

语言问题可以交给翻译去解决。了解外国受众的接受水平和接受心理就要靠我们这些对外传播工作者自己努力了。

首先，西方人特别强调"自由"、"自主"，外国观众自有他们的判断能力，"越俎代庖"、"强加于人"只会引起反感。我们做节目主要是提供事实，用不着反复讲述结论性意见。

其次，外国人对我国情况了解有限，千万不要以我们的知识水平揣度外国人对中华文化的认知的高下，因此使用华丽词藻"自说自话"只会让人越听越糊涂，不会有任何实际效果。

第三，各国民众有各自的习惯禁忌，有各自的宗教信仰，对此我们必须给予应有的尊重，不可冒犯。

过去，我们是在封闭和半封闭状态中搞对外传播。今天，情况大不相同，全方位的对外开放为现在的对外传播工作者创造了无比优越的条件。我完全相信，在正确的政策指导下，在"展示和提升国家良好形象"上你们一定会比我们取得更大的成绩！

（2008 年 6 月 3 日）

电视外宣：大有可为的事业*

在大学期间，我学的是西班牙语。从 1960 年年底调入广电系统以来，在国际台工作了整整 30 年；调到广播电影电视部以后，一直分工负责广播电视宣传（包括内宣和外宣）以及对外交流工作；到中国广播电视学会工作以后，仍然不断关注我国外宣事业的发展。屈指算来，前后有半个世纪了，外宣的确是我心爱的事业。

回顾半个世纪我国广电外宣事业的曲折发展，特别是近年来在中央领导同志直接推动下"走出去"工程的快速推进，可以说是"欣慰之情，油然而生"。

从大量统计材料来看，我国广电外宣的进步主要表现在事业规模的增长、传播渠道的拓展、传播内容的变化、传播方式的多样以及外宣队伍的扩大。这些集中反映了对外传播理念的重大变化。

单就事业规模而言，中国国际广播电台的语种从原来的 43 种增加到 59 种，中央电视台从一个中文对外频道发展到汉语、英语、法语、西班牙语、俄语、阿拉伯语 6 个国际频道。

据我观察，目前主要任务还是千方百计地提高传播效果，更好地让外国听众、观众顺顺当当地了解、认识我国的真实情况。

今天，我想就地方电视台如何推进对外宣传这个大有可为的事业谈几点看法，供大家参考。

一、"电视大外宣"的提出和发展

在广播影视部任职期间，我曾经提出过"电视大外宣"的概念。那是 1992 年在广西南宁召开的电视工作会议上讲的。当时的口号是"联合起来，走广播电视大外宣的路子"。主要内容是"巩固和拓宽五条渠道"和"建立和加强五种结合"。"五种结合"中的重要一条就是"中央台和地方台相结合"。

提出这个设想，有两个背景：一个是新闻界几位老领导多次提出对外宣传要走"大外宣"的道路和"发挥系统优势，取得整体效益"；另一个是围绕

---

* 本文是作者在"《神州瞭望》电视外宣协作网第 13 届年会"上的讲话摘要。

电视外宣是"一家搞"还是"大家搞"存在一些争论。最终，"广播电视大外宣"的思路得到了当时广播影视部主要领导的认可，也得到了各级从事外宣工作的同行们的支持。

还在 1991 年 7 月，经国务院新闻办公室和广播电影电视部正式批准的"中国黄河电视台"开始筹建；8 月 13 日，在美国 SCOLA 电视网开始播放节目。一开始的时候，要不要设立这样一个以民间面貌出现的对外电视台还有些争议。经过讨论，广电部领导认为这样做大有好处。这件事对提出"广播电视大外宣"的设想起到了"催化剂"的作用。通过大家的努力，"中国黄河电视台"由山西广播电视厅一家独办发展到几十家电视台参与。另外，2004年 10 月 1 日，中国电视长城平台频道在美国开播，十几家地方电视台加盟，标志着"电视大外宣"在继续拓展。

时至今日，当年的同行们聚会的时候，还时常津津乐道这项创举，广电总局负责外宣的领导也继续坚持这样的做法。这说明"广播电视大外宣"适合我国国情，具有强大的生命力。我相信，今后还会继续坚持下去。地方电视台还要承担更多的任务，在"电视大外宣"中仍然是大有可为。

二、地方电视台在电视大外宣中的优势

2008 年春季，美国爆发了次贷危机。随后，逐渐演变成席卷世界，特别是冲击欧美各国的金融海啸。国际形势发生了重大变化。其中，一个重要的特点是我国国际地位显著提高，我国成为世界舆论关注的中心。"中国威胁论"、"中国崩溃论"，哥本哈根会议后又出了个"中国傲慢论"。当然，也有形形色色的为我国捧场的议论。这一切说明了什么？说明西方政界、学术界以及传媒界都把目光投向中国，以各种各样的言论企图影响各国民众。此时此刻，无论是中央媒体，还是地方媒体，都有责任加强对外传播，让世界各国人民对我国的真实情况有个准确的认识。往前看，客观形势还会不断变化。因此，加强对外传播绝不是一时的任务，我们还要有长远的打算。

在加强对外传播中，希望地方电视台扬长避短，发挥自身固有的优势。

到 2009 年年底，我们共有 272 座电视台和 2087 座广播电视台。各台处境不同，各有各的优势。地方电视台有哪些优势呢？

（一）体制优势

从 20 世纪末起，我国广播电视体制改革的思路几经变换。在今年年初召开的全国广播影视工作会议上，总局领导在讲到体制改革问题时，明确提出

电台电视台"坚持公益性质，重点推进机制转换"，明确提出"局管台、台控企"的管理顺序。既然电视台是事业单位，就应该承担起公益性事业必须承担的任务。其中，重要的一项就是对外传播。这就从体制上保证了对外传播的地位。

（二）资源优势

每个地方都有各具特色的丰富的视觉资源，而且很多视觉资源融合了自然和人文的因素。这是绵延5000年的中华文明留给我们的宝贵遗产。举例来说，我曾经多次去过甘肃。且不说河西走廊，就是黄沙滚滚的广袤沙漠，也让我们回忆起一首首脍炙人口的边塞诗。这就为拍摄纪录片——对外传播的重要节目品种——提供了可贵的题材。

（三）队伍优势

各地电视台拥有熟悉本地视觉资源的拍摄队伍。从1983年提出"四级办电视"起，在二十多年的时间里，地市县级电视台造就了一批纪录片拍摄队伍。在中广协会主办的历次评选中，我们看到不少地方电视台拍摄的优秀作品，有些主创人员已经成为国内外纪录片界的知名人士。

体制顺当了，选题、拍摄可以更有计划性和针对性。

题材从来不是难题。除了原有视觉资源外，我国经济、政治、文化、社会"四为一体"的建设肯定会有更大发展，为纪录片拍摄提供源源不断的新题材，主要还是主创人员的创作构思需要时刻保持刻意创新的进取状态。对新题材，要有高度敏感，善于抓住人人关心的焦点，善于呈现事物的本质。对老题材，要有我国民族戏曲演员提倡的"熟戏三分生"的精神，善于选择新的表现角度，善于挖掘事物的"潜质"。

三、探索外国观众的收视规律

最近读到一篇很有意思的文章，里面提出要研究外国观众的收视规律。目的当然是提高对外传播的效果。这是个老问题，是研究观众心理的重要课题，是研究对外传播针对性的题中应有之义。破解这个问题，既有困难的一面，也有容易的一面。无论中外观众，在收视心理上都有许多相通的地方。只要想一想，我们作为观众喜欢看什么样的电视节目，就不难明白外国观众的收视喜好。问题在于多年来我们在宣传工作中形成了不少违背宣传规律的"潜规则"。一旦克服了这些缺点，就能赢得观众。观众究竟关心什么样的事物？

为了避免妄加猜测，我先谈谈个人的体会。我在传媒界工作多年，关心面还是比较宽的。目前，我还订阅 10 种报纸，而且养成了剪报习惯。平时收集涉及哪些方面的报道和文章呢？

第一是与己相干的事物，比如，传媒业动态。

第二是比较熟悉的事物，比如，广播电视改革。

第三是新鲜生动的事物，比如，物联网。

第四是感兴趣的事物，比如，文学、历史和国际问题（尤其是曾经访问过的国家和地区）。

特别是喜欢了解事物的发展过程和细节。

反过来说，对遥远的事物、陌生的事物、虚幻的事物就不大关心。对空话、大话、套话、说教，甚至会觉得讨厌。

我想大家不妨分析一下自己关心哪些事物？为什么关心这些事物？从中不难悟出怎么样做节目才能吸引观众。真的可以吗？我相信俗话说的"人同此心，心同此理"。

不过，外国观众毕竟和我国观众有很大不同。他们身处万里以外，对我国实情了解不多，而且受到本国舆论的影响，心存不少疑问。我们的任务就是拉近实际存在的距离，以"铁杵磨成针"的工夫把遥远的、陌生的中国事物变成他们身边的、熟悉的事物。这就需要我们不断改进拍摄纪录片的思路和方法。

最近几年，我年年都要参加黄河电视台的节目评选。从类型上看，基本属于纪录片。从题材上看，涉及建设成就、社会生活、中外友谊、家庭、事件、人物、景物、民俗、工艺，等等。从时间上看，古代、近代、现代一应俱全。我们可以逐个研究怎样拍摄才能拿出对外传播的成功之作。

举例来说，反映建设成就的片子。我们时常看到一些应景的作品。片子中充满辉煌灿烂的画面，解说词多是豪言壮语。即使中国观众看了，也只能留下模糊的印象，更何况外国观众！这类片子并不缺少具体数字，缺少的是对数字形象化的解读；并不缺少纵向对比，缺少的是更能说明真实情况的横向对比；并不缺少宏观场面的展示，缺少的是人们更希望看到的细节描绘。

再比如人物片。有的介绍文学家的片子基本上是履历加画面。这就很难吸引人。如果抛开泛泛的介绍，多讲述人物的社会亮点和人生故事，再加上和外国同时代或具有相似写作风格的文学家的比较，则会引发观众的联想，从而加深对我国文学家的认识和理解。

在 2010 年年初召开的全国广播影视工作会议上，总局领导号召我们"提升国际传播能力，建设国际一流媒体"，"全面加强走出去工作，不断增强广播影视国际影响力和竞争力"。

我相信，在完成这项意义重大的任务中，地方电视台一定能够作出独特的贡献！

（2010 年 3 月 20 日）

研究世情，把握国情，
不断推进电视对外传播事业*

在过去多次会议上，围绕着电视对外传播，我已经讲了很多了。我想，不断推进电视对外传播事业是我们的共同愿望。借此机会，我想把过去讲过的话综合起来，谈三个问题，和大家一起研究如何更好地实现我们的共同愿望。

一、研究世情

对外传播是国际性事业，因此传播者必须研究国际形势，研究世界情势。党中央对近十来年国际形势总的判断是：世界大变革、大调整、大发展的趋势不断深入。分开来说：

首先，和平和发展仍然是时代的主题。

其次，世界多极化和经济全球化趋势深入发展。

第三，国际格局处在大变革和大调整之中。

另外，科技进步日新月异，各种民族文化之间交流、交融、交锋日益频繁也是新世纪十来年的国际关系的重要特点。

在国际格局大调整当中，新兴国家群体崛起，国际地位得到较大提升，是十分引人注目的现象。尤其是我国经济快速发展，产生了全局性的影响。

尽管我国政府一再对外宣布，中国的崛起是和平发展，但是，由于各种原因，一些人，特别是西方国家，总是心存疑虑，心态复杂。在他们眼里，自1840年鸦片战争以来，中国一直是积弱积贫的国度。1949年新中国成立后，发生了翻天覆地的变化。但是，直到1976年的近三十年的时间里，在"以阶级斗争为纲"的思想指导下，政治运动一个接着一个，直到"文化大革命"把国民经济带到濒临崩溃的边缘。改革开放三十多年，中国经济总量成了世界"老二"。究竟是怎么回事？他们不理解，不相信，不认可，不服气，

---

* 本文是作者在"《神州瞭望》电视外宣协作网第15届年会"上的讲话摘要。

甚至产生嫉妒心理。加上社会制度不同，有些人势必千方百计地"妖魔化"中国。

我曾经把各种各样的议论梳理了一下，大约不下十几种带有"中国××论"的论调，其中，使用最多的、最有代表性的，有"三论"：一是 20 世纪 80 年代提出的"中国崩溃论"；二是 90 年代初以来提出的"中国威胁论（中国军事威胁论）"；三是进入新世纪又提出了"中国责任论"。总之，随着我国社会经济发展，他们"骂杀"、"捧杀"两手交替使用，制造舆论，企图影响世界人心。

我们研究世情，主要目的是能够从总体上把握国际形势和我国所处的国际环境，做到心中有数。直接地、逐一地反驳这些谬论是中央政府外交、军事部门的任务。中央媒体在报道上给予适当配合就可以了。

地方电视台做什么？主要是讲好身边的真实故事。美国社会预测学家约翰·奈斯比特在他那本名著《大趋势》里就说过："把地方上所发生的事件集合在一起，那就是美国的动态。"地方电视台报道的各种事态，综合起来，就是我国的现状。介绍当地居民和外国人和睦相处、介绍对外平等互利合作，介绍本地区经济发展、人民生活改善，固然具有强烈的针对性，即使讲述一个普通人的人生经历、一个普通家庭的历史嬗变，都是以活生生的具体事例驳斥荒唐的说法。

二、把握国情

改革开放三十多年来，我国经济快速发展，尤其是进入新世纪，国内生产总值（GDP）节节上升：2000 年，超过了意大利；2005 年，超过了法国和英国；2008 年，超过了德国；2010 年，超过了日本，成为仅次于美国的世界第二大经济体；2011 年，又达到了 47.2 万亿元人民币。这无疑是引起全世界关注的伟大成就。除了经济建设外，政治建设、文化建设、社会建设、生态文明建设都取得了无可置疑的业绩。这是我国国情的基本面。

但是，正和宇宙万物一样，总是存在矛盾的两面。有成绩，就有不足；有喜悦，就有遗憾。纵观世界各国，可以看到各种各样的问题。拿生病来比方，全世界每一个国家都存在一个"患病的社会"。各国之间，区别不在于是否患病，而是病症是轻是重，病因是复杂还是简单。这些年来，美国失业率居高不下，欧洲主权债务危机迟迟不得解决，恐怖主义活动猖獗，日本大地震，等等，可以说都是重病。

我们国家也不例外。中央电视台近来报道了河北省滦南县洼里村的"爱心助学小院"，从中，我们知道了高淑珍、王利忠、王国光、任丽华这些在十分困难条件下慷慨助学的人物。无疑这是真实的故事。我们也从电视台报道中得知靖江的刀鱼卖到9000元一公斤，即使这么贵，有的商贩还往鱼肚里塞进6根钢筋。无疑这也是真实的故事。一面是大爱无疆，一面是损人利己。其实，一点也不奇怪，一个社会有好事，就有坏事。2012年3月召开的"两会"上，不管是中央领导同志的讲话，还是委员、代表的发言，都可以听出目前我国社会中存在的各种矛盾和问题。

自从党的"十七大"提出"建设社会主义核心价值体系"，特别是党的十七届六中全会通过的《决定》进一步论述了"社会主义核心价值体系"的四个组成部分以来，各地、各部门以及专家学者都在积极探索如何用简单明了的语言概括"社会主义核心价值观"。这是个关系到如何推进社会主义建设的重大理论问题。从报刊上，我看到了二十多种说法，例如，北京精神是"爱国、创新、包容、厚德"；上海精神是"公正、包容、责任、诚信"，等等。提出这些概括性的表述，目的应该是使管理者和被管理者有个共同遵守的行为准则，共同追求的理想目标。因此，既要顾及长期效力，又要针对现实生活中存在的问题。我看到的二十多种说法，有些提到"诚信"，很有针对性。但是，没有一种提到"民主"，没有一种提到"仁爱"。我觉得是个缺憾。从政治和道德层面来说，"民主"、"仁爱"、"诚信"虽然不是医治社会百病的药方，却是三味必不可少的药材。

三、推进电视对外传播的几个原则

和20世纪90年代相比，如今我国电视国际传播力已经大大增强了。主要表现为传播渠道拓宽、覆盖范围扩大、播出语种增多、多种媒介并用。

目前，中央电视台用汉语、英语、西班牙语、法语、阿拉伯语和俄语六种语言整频道播出，在140个国家和地区落地，用户数量达到13248万户。搭建了六个长城平台（美国、欧洲、加拿大、拉美、东南亚、澳洲），为地方电视媒体对外传播提供了方便。此外，还成立了中国网络电视台，建成了五个海外镜像站点，可供点播视频总容量达到25.5万小时。

1991年成立的中国黄河电视台，经过二十多年的努力，已经拥有一百八十多家成员台，每天播出27个小时的节目，受众人数达到一千五百多万。广东、天津、浙江、湖南、广西等省级电视台纷纷设立国际频道。

另外，对外传播理念也有了新的概括，比如，中央电视台提出了"全球化思考，本地化行动"，中国国际广播电台提出了"中国立场，世界眼光，人类胸怀"。理念的提升说明大家对对外传播规律认识的深化。

纵览世界电视传播格局，我们还得承认发达国家仍然占据强势地位。例如，在世界文化消费市场上，美国占 43%，欧洲占 34%，亚洲（主要是日本）只占 19%。在经验积累、资金支持、运作方式、内容选择等方面都有值得我们借鉴的地方。因此，我们还要继续努力。

过去，我们曾经提出过一些对外传播的原则（也可以说是"理念"）。这些原则（理念）的确立很不容易。有的经过了一番争论，有的让一些先辈付出了沉重的代价。

（一）坚持"电视大外宣"的理念

提出"电视大外宣"的理念，主要是因为当时我们面临的"西强我弱"的严重局面，其内涵就是发动全国电视业结合其他各类媒体共同参与电视对外传播事业。那时候，有的同志认为电视外宣是中央媒体的任务，地方电视台主要还是为地方观众服务。另外，还担心地方电视台把握不准外宣口径。

经过一番争论，得出的结果就是 1991 年成立的黄河电视台，而且交给了山西电视台主办。当年 8 月，开始向美国斯科拉电视网提供中国电视节目。应该说这是电视外宣布局上的一个重大突破，正式承认了地方电视台也有对外传播的任务。

在座的同行们当中有些人可能会长期从事对内、对外兼顾的制作节目的任务。我在国际台工作了 30 年，主要做的是中译外工作。大家都知道把母语翻译成外语是翻译工作中难度最大的，但是，从事中译外工作的翻译恰恰是最默默无闻的。"文革"期间，我在中央翻译局工作了几年，翻译《毛泽东选集》。一部《毛泽东选集》出版了，产生了很大影响，可是，没有人知道译者究竟是哪些人。当时，有的老翻译就为自己撰写了一副对联："四卷红书，满头白发；半生潦倒，一事无成。"你可以说他们在发牢骚，但是你不能不承认这就是中译外的特点。大家要做好思想准备。在电视业，拍摄了一部优秀纪录片、动画片、电视剧，有可能一夜成名。而电视对外传播工作者没有这样的机会。对外传播工作不能给你带来名利双收，你要耐得住寂寞，耐得住默默无闻，因为这项工作对扩大中国的国际影响力永远是不可或缺的。

（二）坚持"内外有别，外外有别"原则

如果说坚持"电视大外宣"理念还只是引起争议的问题，那么坚持"内外有别"的原则就让一些老同志付出了沉重的代价。20 世纪 50 年代，中央广播事业局分管对外广播的领导同志提出对外广播和对内广播有"四不同"，即

对象不同、任务不同、内容不同和报道方式方法不同。这个认识抓住了对外广播的基本特点。然而,在1957年开展的"反右斗争"中,被批为"对外广播特殊论",坚持"内外有别"原则的同志被打成右派分子、反党集团,直到"文革"结束后,才得到平反。可见在一定的历史时期内,坚持这条原则是要付出代价的。

最近读到几篇论文,作者提出需要重新考虑"内外有别"的口号。基本论点是由于卫星电视的普及,特别是互联网的发展,使得对内传播和对外传播的界限日益模糊,凡是上了卫星、登上互联网的节目就可以传播到世界各地,因此也就成为对外传播的组成部分。

我个人认为,高科技的发展的确使对内传播和对外传播的界限越来越模糊。这种情况主要是给从事对内传播的人员提了个醒儿:你制作节目,要考虑对内会产生什么效果,同时还要考虑对外会产生什么效果,比如,报道贫困地区居民的生活状况,外国观众可以理解为中国在发展过程中不可避免的事情。而别有用心的人也可以借此宣传社会主义没有优越性。再往前看,无论科技如何进步,对内传播不能代替对外传播,否则,中央电视台的国际频道、国际台的所有节目以至《中国日报》、外文出版社都没有存在的必要了,那还讲什么"走出去"工程呢。

从事对外传播的人员还是要按照对外传播规律办事,把"内外有别、外外有别"认作是对外传播的灵魂,是不可动摇的原则。因此,更加潜心研究对象国情况,研究目标观众的思维方式、语言习惯、接受能力,并据此选择报道内容,改进报道方式,提高报道成效。

(三)坚持"实事求是"的原则

"实事求是,一切从实际出发"是党的思想路线,也是做好一切工作的基本保证。就对外传播来讲,就是要说实话,讲实情。如今,我们处在信息时代,咨询发达超过以往任何时候。好事可以传千里,坏事也是一样。不管多么偏僻的角落,只要出了点儿事,马上就能通过网络、手机传遍世界各地。在这种时候,更要反复强调说实话、讲实情。

首先,不要说瞎话。黑就是黑,白就是白。不便于说的事,可以不说,但是,不能把黑的说成白的,把白的说成黑的。颠倒黑白就是有意造假,制造假新闻不但对外传播不可取,即使对内传播也是犯大忌的。

其次,不要说大话。有一说一,有二说二。有了成绩,我们对成绩的评价要恰如其分,比如,近两年,在政府大力倡导下,我国的动漫业发展很快。2004年以前,我国动画年产不足4000分钟,到2010年达到22万分钟,去年动漫电视达到 26 万分钟（上了《中华人民共和国 2011 年国民经济和社会发展统计公报》）。这当然是个很大的成绩。我们可以说中国动漫产量世界第一，却不能说中国是世界第一动漫强国，因为我国动漫业的产值根本没法和外国相比，比如美国仅迪斯尼公司一家 2007 年就达到 365 亿美元，日本动漫市场 2009 年达到 2000 亿美元，我国 2011 年只有 470 亿元人民币。

此外，还要杜绝讲空话、套话、多余的话。

作为多年从事对外传播的工作者，我从心底里羡慕年轻一代对外传播工作者。和我们当年相比，首先你们生活在一个好时候，就是特别需要大力推进我国对外传播，又非常有利于推进我国对外传播的时候。其次，你们生活在宽松的政治环境，具有更加合理的知识结构，掌握着更为先进的传播手段，更为便捷地了解世情的渠道、更为灵活的传播方式方法，因此，我完全相信你们一定能比我们做得更有成效，取得更大的成就。

（2012 年 4 月 15 日）

电视对外传播要增强四种意识[*]

大略来说，电视对外传播包含两部分工作：一是硬件建设；二是软件建设。

硬件建设包括开辟传播渠道，更新技术设备，增加频道语种，等等。这些都需要投入大量的人力、物力和资金。到 2006 年，我国电视对外传播硬件建设有了很大发展。例如，中央电视台加快了节目海外落地的步伐。长城北美平台订户达到 4.2 万户，新开播了长城欧洲平台，3 个国际频道（CCTV-4、CCTV-9 和西法频道）在海外用户达到 6800 万户。中央电视台向海外销售六千多集电视剧、纪录片、动画片等节目，共计四千多小时。地方对外电视也有较大进步。

软件建设包括提高对外传播意识，确立报道思想，制订报道计划，制作对外节目，加强和受众的联系，等等。

搞好电视对外传播的软件建设，需要增强四种意识。

一、联合意识

在国际传播领域，我们一直面临"西强我弱"的局面，而且这个局面在短时间内还不可能发生根本性变化，因此，在职期间，我曾经提出过"广播电视大外宣"的主张。提出这个主张的指导思想，就是邓小平提出的充分发挥社会主义制度可以把各方面的力量联合起来，办一些大事情的优势。这个主张的内涵，首先是中央和地方的广播电视机构联合起来；其次是广播影视系统内各种媒介（包括广播、电视、报刊、电影、书籍出版，现在还应该加上网络）联合起来；第三是广播影视系统内和系统外的外宣力量联合起来，共同努力推进电视对外传播的大发展。

实事求是地说，我国电视对外传播的实力比较弱。我国开办黑白电视和彩色电视都比美国晚二十多年。真正意义上的电视对外传播还是"文革"以后，主要是 20 世纪 90 年代才逐步发展起来。

---

[*] 本文是作者在太原举行的"中国黄河电视台山西外宣协作体成立大会"上的讲话摘要。

电视是大投入、重装备、高消耗的行业。2006 年，中央电视台的总收入达到 139.8 亿人民币，在国内首屈一指，但是，在世界电视百强中，只能排在五十多位。美国几家大的电视公司，都拥有几百亿美元的资产。另外，体制不顺，机制不活一直是个老问题。还有，英语是世界上的通用语言，英美电视公司所有频道都是既对内又对外。而我们的电视节目要进入各国的主流社会，就必须使用外来语。

存在这种种不利的因素，要想大力推进电视对外传播，联合是唯一可取之路。当年提出"广播电视大外宣"以后，可惜的是没有建立保障机制，没有采取具体措施。因此，我建议，一定要建立起有利于"双赢"的协作机制，才能巩固长期和健全的联合。

二、交流意识

我们为什么要花那么多钱开办对外电视？这就是对外传播的目的性问题。对这个问题，不同时期有相同的答案，但是，有不同的做法和不同的结果。

我加入对外广播队伍是在 1960 年 11 月。一进国际台，就知道对外广播要服务于国家的整体利益。这当然是对的。那时候，我们国家的外交斗争特别复杂，指导思想是"以阶级斗争为纲"。三年困难时期过后，梅益局长提出，对外广播一般要以中间听众为主要对象。"文革"一开始，对外广播的基本任务定位为推动世界无产阶级革命，"中间听众论"成了梅益的一大"罪状"。对外广播"唱高调"、"用狠词儿"，批了这个批那个，简直到了"剑拔弩张"的地步。结果呢？结果是赶跑了大量听众。听众是公平的。节目好，就听；节目不好，就听别的台。

今天，对外电视追求的目的是什么？我以为，还是为国家的整体利益服务。具体说，可以用胡锦涛总书记的一句话表达：构建和谐世界。

构建和谐世界，绝不是放弃原则。在原则问题上，还会有斗争，像批判"法轮功"在国际上散布的邪说；在台湾问题上一定要维护国家统一；对一些敏感的国际争端，要明确表态。这是丝毫不能含糊的。在开展国际贸易中，还要反对贸易歧视、贸易保护主义，不过，只能是据理力争。对外传播的大量日常工作还是介绍中国，让世人准确地了解中国，为我国现代化建设营造良好的国际环境。

因此，我们应该把电视对外传播看作是对外文化交流的一种方式，为此，就要提高交流意识。

交流好比是对话，谈话的对象是普通观众，我们要把他们认作是自己的朋友。和朋友聊天当然要平心静气，要保持平和的心态。和朋友谈话，有些什么忌讳？一忌讳端架子，要平等待人，不可居高临下教训人；二忌讳说假话，要真诚待人，不宜说的话宁肯不说，也不要胡编乱造；三忌讳说套话，待人要质朴，千万不可"穿靴戴帽"，套话连篇；四忌讳说老话，无论是信息闭塞的社会，还是信息畅通的社会，谁都希望听到未知的事情，都希望听到新鲜事。

三、对象意识

针对性是对外传播的灵魂。"内外有别"、"外外有别"是我们当中的流行语。这里讲的就是提高对象意识。

我们的传播对象有两类人：一类是居住在国外的华侨和华人；一类是外国人。他们对我国的历史和现实情况的了解存在相当大的差异，即使同是外国人，由于他们所处的社会信息传播的速度、广度不同，对我国的了解同样存在相当大的差异。不加区别地向他们传递同样的信息，有人会感到信息陈旧而失去兴趣，也有人会感到信息陌生而无法接受。

提高对象意识，主要是了解观众。他们需要了解什么问题？存在什么疑惑？从哪个角度切入容易为他们所接受？

黄河电视台的合作伙伴是美国各所学校电教室联网的电视网（英文简称SCOLA）。据黄河台提供的材料，收视人群大约有 1500 万，分为三大类：一是学习或教授汉语的老师和学生；二是对中国有浓厚兴趣、想了解中国情况的观众；三是希望从节目中得到商业或其他信息的观众。传播对象明确了，就要对这三类人群的收视兴趣、收视习惯不断进行动态研究。这项任务应该由一个研究和开发部门担负起来。研发部通过网络及时向提供节目的地市县电视台通报情况；或者举办定期或不定期的培训班，让大家知道针对收视群体的需要制作什么样的节目；还要对节目制作人员提供业务指导和信息服务。

在内容上，首先要考虑日常选择观众关心的事物，比如学习汉语；其次，还要关注外国传媒对我国散布些什么不利的东西。前一个时期，一些国外传媒对我国生产的食品说三道四，在观众中会造成有损于我国出口食品的声誉的影响。中央电视台根据政府相关部门提供的材料和采取的措施，报道我国食品质量安全的总体情况。黄河台可以选择小角度加以配合，比如，以纪录片形式报道山西特产的制作流程、保证食品质量安全的有效措施。

在形式上，更要考虑观众的接受习惯。怎么说，他们才容易听明白。如果介绍中国古代文化、地方民风民俗、手工艺品，事先可以研究一下对象国有什么可以类比的事物，在对比中引起观众的联想，提高他们的收视兴趣。

我特别想说一说解说词问题。近年来，我参加了多次纪录片评选。对画面如何评价，评委们分歧不大。对解说词的评价，不时就出现不同意见。尤其是专门用来对外传播的电视片。一些纪录片，解说词引经据典，词藻华丽，有的还经常引用古代诗人的诗句。有一定文化素养的人听起来，觉得很顺耳，但是，确实不适于对外传播。对外传播，一定要考虑观众的接受能力。我们甚至于要把一些对中国很不熟悉的观众看作是"一年级的小学生"。为他们撰写的解说词，必须通俗易懂，一听就能明白，否则，就会产生收听障碍，无形中降低了收视效果。

另外，还有一个节目内外两用。这种做法，看似节省了人力、物力，其实并不可取。对内宣传和对外宣传的根本区别在于对象不同。讲话要看对象，毛泽东早在《反对党八股》里就讲过这个意思。很多对内节目用不着说的话，在对外节目里，甚至要不厌其烦地反复说，否则，外国人就听不懂。

这些也都是提高对象意识所要求的。

四、本土意识

本土意识包括两方面的含义。

一方面，指的是要研究对象国，比如，对象国的历史地理、法律限制、风俗习惯、宗教信仰、居民的教育水平、思维方式。当地人喜欢什么？讨厌什么？忌讳什么？传播内容要适应对象国收视群体的需求，传播方式要做到对象国收视群体无障碍接受。这项工作也应该由研发部负责。人手不够，可以聘请研究美国的专家、长期在美国定居的中国人以至来华访问的美国人给大家上上课。

在这方面，我们可以借鉴国外传媒对我国的传播策略。我国对外开放以来，国外实力雄厚的电视公司的头头们经过一段时间的摸索，终于明白了：要想把他们的节目打入中国市场，一是要搞好和政府的关系；二是要实施"本土化"经营。新闻集团董事长默多克就说过：要"以国际化的视野做地地道道的本土化节目"。广电总局批准可以在三星级涉外宾馆接收的三十多个频道中，有的全用汉语播出节目；有的加上中文字幕（比如《发现探索》、《国家地理》频道），便于我国观众收看。几家电影台（像家庭影院、AXN电影台、Cine Max电影台、贺曼电影台、卫视电影台）除了加上中文字幕外，在选片上，还顾及中国政府规定的政治标准和观众的传统道德观念。这些都是实现"本土化"的具体措施。

另一方面，指的是发挥各地的特长。

各地市县电视台的工作人员对本地的景观十分熟悉，对其中的故事、典故、细节、文化内涵十分清楚，完全有条件凭借这些宝贵的视觉资源制作出精彩的节目。不过，一个人在一个地方生活的时间长了，也需要注意克服两种倾向：一种是熟视无睹，一个东西看多了，看惯了，失去新鲜感，制作出节目流于一般化；另一种是恋乡情结，看本地的东西，什么都好，难免犯"敝帚自珍"的毛病，制作出的节目流于片面化。克服了这两种倾向，就能够制作出角度新颖、评价准确的节目。

除了这四种意识之外，还需要提高导向意识、创新意识、营销意识、制度意识，等等。

总之，只要我们在提高思想认识的基础上，建立起制度上的保障，采取得力措施，我国的对外传播实力将会逐步增强，在国际传播业中赢得和我国国际地位相应的位置。

（2007 年 8 月 22 日）

敢问路在何方
——电视节目市场纵横谈

2001 年 12 月 11 日，我国正式加入世界贸易组织。在新形势下，国内外电视业新一轮竞争的序幕已经拉开。竞争依然聚焦在电视节目之间的比拼。于是，如何推动我国电视节目市场的健康发展又成了热门话题。

一、十多年前的老话题

1991 年，笔者开始涉足电视业的管理。最早遇到的几个热门话题之一就是电视节目市场问题。电视节目是不是商品？电视频道是不是资源？电视业是不是产业？当时众说纷纭，大有"公说公有理，婆说婆有理"之势。如今，答案已是不言自明，虽说还要加上"特殊"二字。应该说，这是时代进步的赐予，是人们的认识与时俱进的表现。回顾十多年来电视节目市场的发展变化，心情是喜忧参半。喜的是眼下的电视节目市场已和当年不可同日而语。忧的是当年碰到的许多问题依然没有得到彻底解决。

先说"喜"。"喜"从何来？一来自数量的增长，包括电视节目的年产量、电视节目市场的数量、参加市场交易的节目制作机构的数量、上市交易的节目数量以及成交额。任何时候，都不要轻视数量的增长。质量不高的数量，固然不可取。然而，没有数量，又何谈质量？二来自市场主体行为的变化，包括筹资渠道的多元化（政府投资、事业单位拨款、企业赞助和投资、抵押贷款、推销期货）、交易方式的多样化（物物交换、贴片广告、现金交易）、对消费市场的多种选择（中央台、上星频道、地域性频道、音像市场、海外市场）。这些变化说明电视工作者市场意识的觉醒，越来越熟悉市场规则，越来越朝市场规律靠拢。

再说"忧"。"忧"从何来？一句话：市场还不成熟！

二、一个不成熟的市场

仅仅在十年前，中央宣布我国经济改革的目标是建立社会主义市场经济体制。十年内，我国国内市场有了很大发展。但是，要想建立一个公平交易、运行有序、管理规范的成熟的市场，十年的时间毕竟太短了。物质产品市场如此，精神产品市场更是这样，更不用说围绕着"精神产品是否应该进入市场"问题还存在不少争论。社会效益和经济效益问题，政治标准和艺术标准问题，精神产品的价值和使用价值问题，把握正确导向和适应市场需求问题，等等，一般原则，大家都清楚，但是，理论认识尚待深化，实践中碰到的问题还需要作出有说服力的解释。在市场经济体制下，行政部门的主要作用之一是以科学的政策引导市场。目前，广播影视行政部门决策的科学化程度提高了，尽管如此，有时还不免发现一些政策执行的结果竟是始料不及，甚至出乎意料。缺乏市场管理经验，缺少科学理论指导，政策把握尚有缺欠，是电视节目市场不成熟的基本原因。

电视节目市场不成熟起码表现为：1）时至今日，还没有一个常年固定的电视节目市场，在各个临时性电视节、电视周上参加展销的机构成本过高；2）市场交易规则不健全，定价没谱，监管不力，"暗箱操作"屡禁不止，优质优价难以兑现；3）缺少行业性社会组织来规范行业行为，维护行业利益；4）"三角债"严重影响节目的再生产，难以形成良性循环；5）节目品种单一，创作中存在着追风、"克隆"现象，部分节目粗制滥造，造成资金浪费，产品积压。

尽管电视节目市场问题不少，我们毕竟走上了一条和国际电视节目营销常规接轨的道路。提出问题的目的在于解决问题，有识之士正在探索改进的办法。

三、六点建议

近年来，笔者和电视节目制作人员和管理人员有过多次交谈，长了不少见识。把大家的意见和本人的思考归纳起来，形成以下六点建议：

1. 加强电视节目市场的理论研究和决策研究，为实践提供智力支持。十多年来，我国电视节目走进市场，筹资渠道由单一走向多样，交易方式由原始走向现代，固然令人可喜，然而，在多数情况下，还是客观现实逼出来的。有的行为带有短期性，有的措施带有偶然性。为了从自发转为自觉，急需加强电视节目市场的理论研究和决策研究。这种研究不但要广泛吸取国外理论界的研究成果，更需要紧密结合我国的实际。在国外，研究电视节目市场立论的基础在于承认电视是产业，节目是商品。在我国，于"产业"、"商品"前面冠以"特殊"二字，立论的基础就大不相同了。除了研究文化产品市场的运行规律外，我们还要特别强调电视节目的导向性（政治的、法律的、道德的、行为的），还要专门研究商业因素介入电视节目创作可能产生的各种社会效果。这种研究需要专家个人的刻苦钻研，更需要决策人员、专家学者和实际工作者三结合集体攻关。为此，建议成立一个有利于三结合运作的研究中心，经常为科学决策提供有用信息和参考意见。

2. 尽快建立常年固定的全国性电视节目大市场。在国内南北方选择两处（最多三处，再多，就会分散注意力）地方建立常设电视节目市场。广播影视行政部门负责监管，向节目制作机构发放市场准入证，制定市场交易规则和规范化交易文本，对价格实行浮动制监控，在适当时机逐步取消场外交易。建立市场以招标方式选择可靠的企业投资，靠租赁摊位、提供服务以及多种经营回收资金。上市节目要求品种多样（不只是电视剧），不论何时生产，只要内容合格，均可现场销售。市场使用计算机管理，上市节目全部录入计算机，各个节目交易市场用计算机联网，便于购买者查询、检索、审看样片，同时，利用遍布全国的广播电视宽带网络进行网上销售。这种做法既便于行政部门管理、监控，又可使节目制作机构降低成本、推销存货，也为购买者提供前所未有的方便。

3. 尽快建立电视节目制片业行业性协会。加入世界贸易组织以后，我国政府在管理方式上势必发生重要变化。鉴于电子传媒社会影响广泛，存在诸多敏感问题，行政部门管理职能不宜削弱。目前，一时难下决心建立广播影视全行业的协会，建议先建立电视节目制片业协会，作为试点。在电视业中，制片业属于和市场联系最密切的行当之一。制片业协会可以承担起协调内部关系的职责，规范行业行为，维护行业权益，探索社会中介组织在广播影视业中如何发挥作用。加入世贸组织之后，行业性社会团体也最适合和境外同行业打交道，成为行政部门对外交往的得力助手。

4. 制订向制片业倾斜的政策，扶持几个大型电视制片机构。电视节目制作和播出是使节目同观众见面的两个互相衔接的重要环节。其中，节目制作是基础。这个基础打牢了，繁荣荧屏也就不用发愁了。因此，建议制订向电视制片业倾斜的政策，不要让类似"制片的饿死，播片的撑饱"这种分配不公、抑制生产的现象再次出现。目前，全国电视制片机构成百上千，既有附属电视台的，也有独立制片机构。这对于节目生产体制改革、推进节目生产社会化来说，无疑是件好事，但是，这些制片机构良莠不齐，不能等同看待。建议扶持几家诚实守信、业绩突出、品牌效应显著的制片机构，让它们进一步壮大实力，成为国内外知名的文化企业，这是我国"入世"后应对挑战的必不可少的措施。至于那些中小型制片机构，有两条路可供选择：一条是以兼并、重组、合股、项目合作等方式融入大型制片机构；另一条是以"小本微利"在夹缝中求生存。

5. 加快推进电视节目市场的法制建设。市场经济是法制经济，一切都要有法可依，依法办事。近年来，行政部门已经制订了若干有关广播电视的法规，立法成绩显著，但是，似乎还没有一个直接涉及电视节目市场的法规。整顿市场秩序，广播影视行政部门也有一份责任。建议首先从调查研究入手，摸清电视节目市场确实存在的混乱现象；其次针对存在的问题，制订相应的法规；再次，在有法可依的前提下，严格执法，铲除一切不良现象；最后，为了做到严格执法，必须建立得力的执法队伍。

6. 加紧培训市场营销人才，积极参与市场竞争。在计划经济体制下，电视节目制作完全服从计划要求，从来不讲究成本核算，不讲究投入产出比率，不讲究市场调查。我们拥有一大批善于制作节目的人才，但是缺少懂得市场营销的人才、懂得资本运营的人才。尽管经过十几年的市场运作，涌现出一些在节目制作、市场营销以至资本运营三方面显露出才华的人才，然而人数还是太少。加入世贸组织之后，在国内外两个电视节目市场上展开的竞争将会十分激烈。面对国外电视机构采取"本土化"战略，第一仗必然是人才争夺，因此，培训"三能"人才确是当务之急。摸清现有人才的底数，测算所需人才的数量，开辟多种人才来源，确定培训基地和培训方式，制定留住人才的措施，都是需要马上进行的工作。

十多年来，为了开辟电视节目市场，我们走过了一条迂回曲折的道路。往前看，漫漫征途展现在眼前。敢问路在何方？建立一个公平竞争、井然有序、高效运行的规范化的电视节目市场，是繁荣创作、丰富荧屏的通天大道。

（2002 年 5 月 14 日）

广电产业发展路径：任重道远

最近，我们在学习《中共中央关于制定国民经济和社会发展第十二个五年规划的建议》。"建议"把"推动文化大发展大繁荣，提升国家文化软实力"单列一章，是个十分显眼的特点。"建议"还提出"推动文化产业成为国民经济支柱性产业"，这是一个全新的要求。

自从新中国成立以来，在很长的时期里，我国的公益性文化事业和经营性文化产业一直混在一起，由政府统包统揽，制约了文化事业和文化产业按照各自的规律发展。

十年前，在中央文件中首次出现"文化产业"一词。近十年来，文化产业成为社会的热门话题。特别是近两年，各种媒体大量发表党和政府有关部门负责人解读发展文化产业方针政策的谈话、各地发展文化产业的报道、专家学者论述文化产业的文章以及媒体评论。

作为文化产业重点之一，广播电视产业同样引起社会的极大关注。探讨广电产业的发展路径成为当前的热门话题之一。

一、回顾

研究问题，需要追本溯源。

我们先来概括地梳理一下近十年来中央关于发展文化产业的理念以及各项方针政策，特别突出其中几个重要的节点。

2000 年 10 月 11 日，中共中央十五届五中全会通过的"十五"计划的建议，提出"完善文化产业政策，加强文化市场建设和管理，推动有关文化产业发展。"这是"文化产业"第一次被写进中央文件。

2002 年 10 月召开的中国共产党第十六次全国代表大会上，明确将文化划分为文化事业和文化产业两个部分。这是文化管理理念上的重大突破。"十六大"报告还指出："发展文化产业是市场经济条件下繁荣社会主义文化、满足人民群众精神文化需求的重要途径。"这个提法意味着文化产业和文化事业是繁荣社会主义文化的两条途径，需要双轨并行。

2003 年 6 月，召开了文化体制改革试点工作会议。会议的一项重要内容就是提出经营性文化企业单位的改革"要以创新体制、转换机制、面向市场、增强活力为重点，培育市场主体，打造一批有活力、有实力、有竞争力的文化企业，发展壮大文化产业"。7 月 1 日，中共中央办公厅和国务院办公厅发出"中办发〔2003〕21 号"文件，确定 9 个地区和 35 个文化单位（其中包括 5 个广电机构）为文化体制改革试点。

文化体制改革试点工作进行了两年半，为全面开展文化体制改革奠定了基础。在此期间，中共中央、国务院连续发布了支持文化产业发展和文化事业单位转企改制（"国办发〔2003〕105 号"）以及建立文化市场综合执法机构（"中办发〔2004〕24 号"）的通知。

2005 年 12 月 23 日，中共中央、国务院下发《关于深化文化体制改革的若干意见》。在总结试点经验的基础上，提出全面推进文化体制改革的重要意见。

2006 年 3 月底，中央召开了全国文化体制改革工作会议，又确定了全国 89 个地区和 170 个单位作为文化体制改革的试点，标志着文化体制改革开始全面推开。

2006 年 9 月，中共中央办公厅和国务院办公厅印发《国家"十一五"时期文化发展规划纲要》，对"十一五"期间进一步加快文化建设、推进文化体制改革作出部署。

2007 年 11 月，党的"十七大"提出兴起社会主义文化建设新高潮、推动社会主义文化大发展大繁荣的战略任务。

2009 年 7 月，国务院常务会议通过《文化产业振兴规划》。这是我国第一部文化产业专项规划，标志着文化产业上升到国家战略性产业。

2010 年 7 月 23 日，中共中央政治局进行第二十二次集体学习，专门研究深化文化体制改革问题。胡锦涛总书记提出了三"加快"一"加强"的任务，就是：加快文化体制机制改革创新、加快构建公共文化服务体系、加快发展文化产业和加强对文化产品创作的引导。

在这样的大背景下，广电系统是如何按照中央发布的方针政策推进广电产业发展的？

20 世纪 80 年代后期，学界响应"解放思想，实事求是"的号召，对广播电视的属性进行了深入研究，认为广电业具有双重属性，既有政治属性（意识形态属性），也有产业属性。但是，官方表态非常慎重，尽量避免谈论广播电视的产业属性。

一个明显的例子就是对广电集团的定性。1999 年 6 月 9 日，无锡广播电视集团成立。总局领导认定这是个"国有独资事业单位集团"，从此无锡广播电视集团就成为后来成立的广电集团的样板。同年 9 月，牡丹江广播电视集团成立，定性为"国有独资企业集团"。就因为是"企业集团"，一直得不到认可，甚至还受到批评。直到 2001 年 8 月 14 日，中共中央办公厅和国务院办公厅转发的三单位（中央宣传部、国家广电总局、新闻出版总署）关于深化新闻出版广播影视改革的意见（中办发［2001］17 号文件）中还是明确规定"广电集团属于事业性质"。

最近，我翻阅了从 2002 年以来总局领导在一些重要会议上发表的有关广电体制改革和发展广电产业的讲话。从中可以概括出五项重要举措。

（一）紧跟中央部署，转变发展观念

党的"十六大"召开先后，总局领导迅速转变广播电视发展观念，由单一发展事业转变为发展事业和产业并重，并且提出"广播影视是重要的文化产业，在增强我国文化产业的整体实力和竞争力中，具有非常重要的地位和作用"。

关于发展广电产业的基本思路，总局领导提出五句话："强化优势产业，扶持弱势产业，改造传统产业，开发新兴产业，重视高新产业。"2004 年，制定了总局《关于促进广播影视产业发展的意见》，进一步明确了优势产业、弱势产业、传统产业、新兴产业和高新产业的范围。在那么多产业项目中，唯有电视被认定为"优势产业"，而且是"整个广播影视产业的龙头和支柱"。还特别强调内容产业是广播电视的特有优势，提出发展内容产业、扩大节目制作生产和经营是广播电视的核心战略。

（二）改变"集团化"改革的思路

转变发展观念的一个突出表现，就是改变"集团化"改革的思路。

在中央部署文化体制改革的当口，广播电视界正在推进"集团化"改革。直到 2004 年 7 月，全国已经建立了三十多个广电集团，总局领导宣布："鉴于事业性质的'集团'名称与'产业集团'混淆，难以遵循产业集团运营规律，因此，试点期间总局将暂停审批事业性质的广电集团。"12 月，又宣布："经中央批准，我们已不再批准组建事业性质的广电集团，允许组建事业性质的广播电视总台。"对已经建立的广电集团，要求"尽快剥离经营性资产，组建产业经营公司或集团公司，进入市场，开展产业经营"。

（三）采取实际行动，推动广电产业发展

1. 提出节目分类管理，推动"制播分离"。发展广电内容产业，必须对节

目进行详细的分类，为部分节目制作、销售市场化运作提供前提条件。2007年5月，总局把广播电视节目分为三类：

第一类是新闻和新闻类、社会访谈类节目必须由电台、电视台完全承担策划、采编、制作、审查和播出所有环节的工作。

第二类是文艺、科技、体育类节目可以逐步实行"制播分离"，电台、电视台要确保内容的终审权。

第三类是广播剧、电视剧、动画片等节目制作与销售单位可以逐步从事业体制中剥离出来，转制为企业，电台、电视台必须独资或绝对控股。

2009年8月公布了《关于认真做好广播电视制播分离改革的意见》，做了更为详细的规定。但是，后来又因为出现了一些问题，政策收紧，"制播分离"仅限于影视剧。

2. 推进转企改制。到2010年8月，全国58家电视剧制作机构由事业单位转为企业。12月23日，中国广播电视出版社有限责任公司成立。

3. 大力推动动漫产业发展。2002年，动漫产业被列入弱势产业范围。2004年4月20日，总局发布《关于发展我国影视动画产业的若干意见》。2006年4月25日，国务院办公厅发布《关于推动我国动漫产业发展的若干意见》。此后，总局批准在全国建立十多个国家动画产业基地，2005年6月，举办首届中国国际动漫节。2009年，我国影视动画产量超过17万分钟（2005年为4万分钟）。

（四）及时克服经济利益驱动引发的负面现象

在大力提倡发展广电产业的语境下，出现了"发展产业就是赚钱"的误解。为了赚尽"眼球"，一时间收视率、收听率成了"十字路口"的指挥灯，既指挥厂商广告的投放方向，又指挥节目制作迎合取向。于是，一些背离社会伦理道德的低俗化节目屡屡出现。为了纠正这些负面现象，总局召开了多次会议，采取了强硬措施。不过，时至今日，问题仍未得到彻底解决。

（五）从理论上总结做好广播影视工作的四条重大原则

2010年1月12日，国家广电总局局长王太华在全国广播影视工作会议上的讲话中提出：做好广播影视工作，要坚持四个重大原则。就是：第一，"准确把握双重属性"（意识形态属性和产业属性）；第二，"坚持双重效益"（社会效益和经济效益）；第三，"遵循双重规律"（文化发展规律和社会主义市场经济规律）；第四，"完成双重任务"（统筹发展公益性事业和经营性产业）。这是总局领导在总结8年的实践经验的基础上，完成的理论升华。

二、现状

按照国际通例，文化产业要成为国民经济的支柱产业，起码要占到国内生产总值的 5%。据《人民日报》报道，北京、上海、广东、湖南、湖北、云南文化产业增加值占国内生产总值的比重已经超过 5%，成为当地经济发展的支柱产业。

我不怀疑统计的准确性，但是，的确不大了解各地是按照什么样的标准统计出来的。有的专家认为，文化创意产业应该是"依靠人的智慧和技能，借助高科技手段对文化资源进行创造性提升，并通过知识产权的开发和运用，生产和提供高附加值的文化产品、文化服务与智能产权"。简单地说，只有通过文化产品、文化服务和智能产权的生产和交换产生的产值，才能算是文化产业的产值。换句话说，中央电视台、北京电视台盖的大楼应该算作建筑业的产值，不能算成文化产业的产值。但愿我们有合乎规范的统计标准。

作为文化产业的重要组成部分，广电产业的统计也应该遵循科学的标准。

经过广电系统上上下下近十年努力发展事业和产业，广播电视总收入有了大幅度增长。2009 年，广播电视全国总收入达到 1852.85 亿元，比 2002 年的 514 亿元增加了 3.6 倍。显然，这是很大的成绩。

不过，广电产业毕竟还处在初起阶段，还存在不少需要从认识上厘清的问题。

1. 按照国家关于产业的划分，广播电视业属于第三产业，但是，广电业的主体——广播电台、电视台——至今被定性为事业单位，运作方式是"事业单位实行企业化管理"。这是个自相矛盾的说法，说白了，我以为是行不通的。事业单位的任务是依靠财政拨款向全国人民提供公益性、基本性、均等性、便利性的公共服务。企业的任务是依靠自身的资金实现利润最大化，而且国家对事业单位和企业的财务管理政策是不同的。

2. 关于新闻出版体制改革。新闻出版总署制定的政策是除少数出版社外，其他出版社都要变成企业；非时政类报刊要转制为企业。出版社、报社都是生产精神产品的，和广播电台、电视台担负着同样的任务。广播电台、电视台也有非时政类频率频道，比如购物频道、棋牌频道、钓鱼频道等，是不是也应该转制为企业？

另外，还有许多实际问题也需要采取适当措施加以解决。

1. 如何规范广电收入的名称。到目前为止，广播电视业依靠自身的努力得到的收入统称为"创收"。这是我们发明的名称，既不同于企业利润，也不同于财政拨款（只说是视同财政拨款）。我们每年都能看到广电收入是多少，却从来没有看到过支出是多少，剩余是多少。这就是"创收"的特点，和产业经营讲究投入、产出比完全是两码事。

2. 如何解决收入结构单一问题。2009 年，广告收入占总收入的 42.19%，网络收入占总收入的 22.61%。两者相加占总收入的 64.8%。作为广电核心产业，内容产业的收入远远赶不上这两项收入。

3. 如何解决地区和层级收入不平衡问题。在广电总收入中，东部地区收入的比重达到 46.25%，而西部地区仅占 14.96%。省级收入的比重占 46.17%，而县级收入仅占 13.85%。2009 年，上海市广电收入为 144.31 亿元，而西藏自治区的广电收入只有 4.95 亿元。

4. 如何解决统管广电产业的机构缺失问题。为了广电产业全面、协调、可持续发展，行政部门必须有专门管理的机构负责统筹研究和规划。比如，在机构设置上，文化部就有文化市场司。按照国务院 2008 年 7 月 11 日下发的《国家广播电影电视总局主要职责内设机构和人员编制规定》，广电总局共有 12 个内设机构，其中，规划财务司负责"拟订广播电影电视事业、产业有关经济政策"。但是，各项重要产业的管理和发展的职责都不在规划财务司，例如，电视动画片的管理放在了宣传管理司，电视剧产业发展放在了电视剧管理司。这就意味着没有一个研究各项产业如何协调发展的专门机构。这个问题不尽快解决，肯定会影响广电产业的有序发展。

5. 如何解决社会效益和经济效益之间的矛盾问题。如何处理两个效益的矛盾，原则是清楚的，但是，具体到一个播出机构，特别是经济状况不好的机构，往往就出现只顾赚钱、不顾社会影响的事情。于是，很多消极现象就出来了，例如，新闻类节目娱乐化，甚至制造虚假新闻。访谈节目谈论犯忌话题。法制节目展示犯罪细节。涉案剧展现暴力血腥场面。选秀节目庸俗化，等等。

更大的问题是低俗、庸俗、媚俗现象屡禁不止。前几个月，因"三俗"问题，惹来一场大祸。报刊上批评一些电视节目的用语十分尖锐。这就说明内容生产不仅关乎电视台的生存和发展，在更大程度上还关系到电视台的公信力、影响力和美誉度。媒体失去公信力就等于失去存在价值，何谈发展产业！

三、展望

相比于出版社、报社、文艺院团和电影，广播电台和电视台的改革难度要大得多。买书、买报纸、看文艺演出、看电影，本来都要自己花钱。转制以后，读者、观众还是自己掏腰包，无非是花钱多少而已，比较容易接受。但是，听广播、看电视，从来就是免费的。要想收取收听费、收视费，根本不可能。有线电视收取的只是维护费。只有数字有线电视提供个性化服务，才收取收视费。

展望前途，任重道远！因为需要做的事情实在是太多了，难度也太大了！

关于发展广电产业的路径，我们一起做个初步探讨。

(一) 重塑两个主体

广播电台、电视台一直是事业主体。当下广电体制改革规定成立的广播电视台仍然是事业主体。改革要求成立的集团或公司都应该成为严格按照现代产权制度和现代企业制度要求的产业主体，进行产业运营。目前，公司数量不小，产业集团数量不多，需要相当时间逐步拓展。至于真正建立现代产权制度和现代企业制度，需要更长的时间。

(二) 把握两个平衡点

广播电台、电视台既是党、政府和人民的喉舌和重要的文化载体，又是广电产业的主控机构，因此，首先必须在承担社会责任和自主创收之间，要把握一个平衡点；其次必须在提供公共服务和满足个性化服务方面，把握一个平衡点。这是一门大学问，不是说说就能做到的。

(三) 强化内容产业

1. 作为核心产品，广播电视节目首先要保证正确舆论导向和国家文化安全，因此，需要严格监管，不能"你想听什么、看什么，我就播什么"。在繁纷复杂的中国当代文化中，明辨哪些是"良币"，哪些是"劣币"，不让"劣币驱逐良币"。只要摆脱利益驱动的羁绊，相信我们的制作人员都能分辨什么是高尚，什么是低俗，什么是幽默，什么是搞笑，什么是富有意义，什么是浅薄无聊。

2. 目前广电内容产业主要产品只有电视剧和动画片。电视剧数量很大，质量不高，甚至还有粗制滥造的垃圾剧。适当控制数量，大力提高质量，特别要制作反映当代中国题材的精品电视剧，是今后发展的方向。动漫产业开始时间不长，离开规模化产业和盈利还有相当大的距离。纪录片产业刚刚起步，建立更多的播出平台，规定合理的销售价格，才能使纪录片进入良性发展的轨道。

3. 加紧制定节目分类指导意见，继续推进制播分离。详尽的节目分类是制播分离的前提条件。目前的节目分类还比较粗略，需要发动专业人员把国内外使用的各类节目统统收集起来，进行尽可能详尽的分类。在此基础上拟订出正规的节目分类指导意见。

只有实行制播分离，才能摆脱"自制自播"的作坊式制作节目的生产方式，才能形成以公有制为主体、多种经济成分共同发展的内容产业格局，培育健康有序的节目市场体系。制播分离的作用，已经由电视剧生产、交易状况证明了的。只要各台掌握住节目审查权和播控权，就不会出现大的问题，不能因为个别节目偏离正确导向就打"退堂鼓"，使改革半途而废。

（四）制订科学的收听率、收视率指标

总局领导认为，广电行政部门"还没有完全掌握测算和运用收视率的主动权"。既然如此，就需要加紧制定全面、科学的节目评价指标系统；同时，还要在技术层面上，改进收听率、收视率调查方法。另外，除了传统的调查方法外，还得增加调查手段，比如，近两年正在兴起、不断改善的"电视网络影响力"调查。多种手段并用，调查结果才能接近实际，才能令人信服。

（五）在发展新业态方面，既要勇往直前，还要加强调查研究，积蓄力量，量力而行

这些工作都不是短时间能够做好的，所以说"任重道远"，原因就在这里。

在发展广电产业中，贵在冷热结合，忌在一哄而上；贵在脚踏实地，忌在浮躁虚夸；贵在顾及全局，忌在丢三落四。

总之，按照中央的正确决策和总局的切实部署，发挥各方智慧，发扬民主精神，汲取以往教训，广电产业一定能够顺利发展。

（2011 年 1 月 6 日）

关于推进数字电视发展问题[*]

发展数字电视是个非常重要的问题。世界各国，尤其是经济发达国家的电视界，都很重视发展数字电视。在我们国家，中央领导同志十分重视，就发展数字电视发表了很多指导性意见，相关的党政机关给予了大力支持，制定了有利于发展数字电视的政策；广大电视观众也很关心，因为发展数字电视关系到每家每户的切身利益；电视界就更不用说了。

2001 年，我国启动了有线数字电视技术试验。2003 年，启动了有线数字电视试点。近三年来，广电总局领导召开了多次专题会议，进行了广泛的调查研究，特别是主管技术工作的张海涛副局长在很多有关技术工作的会议上发表重要讲话，努力推动这项事业的进展。全国电视界同行们，从南到北，从东到西，都在积极探索适合于本地区以及各个城市发展有线数字电视的路数。用"热火朝天"来形容这项工作的开展，绝不是夸大之词。报刊上也发表了大量报道和研究文章，反映之热烈，可谓前所未有。

2006 年 4 月，发布了《2006 年中国广播影视发展报告》（《广电蓝皮书》），总局局长王太华同志在"序言"中写道："当今，中国广播影视正经历着一场深刻的技术变革、体制转型和结构调整，这标志着广播影视一个新的发展阶段的开始。"大家特别注意一下他列举的新的发展阶段开始的三个标志的顺序。以往广电行政管理部门的主要领导在发表综合性的讲话中，一般总是先讲宣传工作，后讲技术工作。这一次，把"技术变革"放在了第一位。我想，不外是两个原因：第一，在广播电视发展进程中"技术是先导"，这是我们的传统认识；第二，当前，技术变革具有特殊的重要意义。

一、关于广播电视数字化

几十年来，广播电视一直使用模拟技术。节目制作、播出、传输技术不断进步，对广播电视的发展起到了很大的推动作用，但是，这些技术进步都是在模拟技术范围以内的发展。如今，从模拟技术到数字技术的转变已经成

---

* 本文是作者在上海郊区县举办的一次会议上的讲课提纲。

为全球广播电视业的一场真正的革命。张海涛认为："整个广电系统面临着从模拟向数字的整体转换，这不是普通的技术进步，而是传统技术向现代技术的根本转变，是全系统体制机制的重大变革。"

数字技术推动信息传播业发生一场深刻革命，信息达到的范围、传播的速度与效果都有显著增大和提高。数字化、网络化不是单纯的技术变革，更是全系统、全行业的一场变革。生产力的变化必然引起生产关系的调整。这场变革涉及生产方式（从封闭、分散、独立的小生产方式，转变为开放、社会化的大生产方式）、服务方式（从主要提供公共服务向既提供公共服务又提供个性化服务转变）、赢利方式（从主要依靠广告向既靠广告又靠付费电视等多种赢利模式转变）和管理方式（制定适应新情况的政策、法规、标准，建立适应新情况的管理体系和管理规范）的变化。

数字技术给广播电视带来很多好处，比如，我们使用卫星传输电视节目，租用一个 C 频段的转发器，一年的租金是 180 万美元；租用一个 Ku 频段的转发器，每年要付 220 万美元。一个模拟电视频道就要占用一个转发器。有了数字压缩技术，租一个卫星转发器，可以传输 6 套到 8 套电视节目，大大节约了租星费用。有线电视网采用数字技术后，可提供的频道资源从几十套扩展到 500 套。除了频道资源大大丰富之外，信号质量显著提高，服务领域极大拓宽。

数字电视（DTV）是指从电视节目采集、录制、播出、传输、发射到接收全部采用数字编码技术的新一代电视。世界各国都认为这是 21 世纪的新兴产业。数字电视传输渠道有三个，就是地面、有线和卫星。所谓全面推进电视数字化，就是指推进地面数字电视、有线数字电视和卫星数字电视。从目前的情况来看，美国、英国、法国、德国、西班牙、意大利、加拿大、澳大利亚、日本、韩国等都在积极研究开发数字电视，分别准备在 2006 年到 2012 年强制取消模拟电视，实现数字电视全面普及。

我国电视在节目采集、制作、播出、传输、发射环节已经基本实现了数字化，只有接收环节还是使用模拟技术。光缆干线传输也实现了数字化，只是有线电视分配网传送的还是模拟信号。我国准备在 2015 年关闭模拟电视。

二、关于卫星数字电视和地面数字电视

卫星数字电视和地面数字电视是发展数字电视的两个重要方面。不过，不是我们今天探讨的主要问题。我只简单介绍一下有关的情况。

许多国家都已经使用数字压缩技术把电视节目送上通讯卫星，我们国家

也早已采用了这种技术。下一步就是借助数字技术发展卫星直播电视。2006年10月29日，我国成功发射了"鑫诺二号"直播卫星。这颗卫星配置了22路Ku广播频段转发器，可以传输二百多套电视节目。11月下旬，有消息说，"鑫诺二号"出现了故障。太阳板的二次展开和通信天线的展开都未能完成，无法进行原先预定的工作。已经成立了调查小组，分析产生故障的原因并设法抢修。至于什么时候可以使用，现在还没有消息。

地面数字电视是可以在移动中接收的电视，比如，车载电视，高速行驶的交通工具可以稳定地接收清晰的数字电视。另外，还有手机电视。这是许多国家正在着手解决的重大课题。1992年，欧洲成立了"数字电视发展组织"。英国率先提出完成地面电视数字化日程表。1995年8月，英国政府发布了《关于数字地面电视的政府议案》，宣布最快可能在1997年正式开始数字地面电视广播。但是，在实践中抢先一步开播数字电视的是美国。1997年4月，美国联邦通讯委员会发布了数字电视实施进程表。1998年11月，在美国10个大城市有43家电视台开播了数字电视，从而使美国成为世界上第一个播出地面数字电视的国家。1999年5月1日，又有大约六十家电视台加入数字电视行列。目前，美国有线数字电视用户超过两千万，卫星数字电视用户超过一千五百万，地面数字电视覆盖率达到99%，数字电视用户数占总用户的42%。我国准备在2008年大力发展地面数字电视。

三、关于有线电视

我们对有线电视的认识有一个发展过程。20世纪60年代中期，我国开始开发有线电视。到80年代，一些大型企业建立的有线电视成为我国有线电视的主体（1989年，具有一定规模的企业有线电视台超过了500家）。80年代中期，行政区域性有线电视开始发展起来。随后，得到迅猛的发展，到1997年，有线电视台达到了1500座。不过，直到90年代初，我们一直把有线电视定位为"无线电视的补充和延伸"，还没有认识到有线电视的特殊功能和巨大潜力。1996—1997年，当时的广播电影电视部的领导已经认识到网络建设的极端重要性，明确提出"着眼21世纪，加速现代化的广播电视宽带综合业务传输网建设"。孙家正部长认为："谁掌握了这样的网络，谁就掌握了未来的主动权。"1997年4月，广播影视部召开了首次有线电视台台长会议。我参加了那次会议，听到孙家正部长说："有线电视是高新科技的产物"，是"国家信息化网络的重要组成部分，在国家信息化建设中发挥着基础性作用"。这是对有线电视认识的重大变化，是对有线电视的科学的、准确的定位。此后，推进有线电视发展一直受到广电部（广电总局）领导的高度重视。

1999 年 9 月 17 日，国务院办公厅转发了信息产业部和国家广播电影电视总局《关于加强广播电视有线网络建设管理的意见》。《意见》提出"推进地（市）、省级无线电视台和有线电视台的合并，进一步优化资源的合理配置，减少内部矛盾"。2001 年，完成了省、地（市）有线台和无线台合并工作。有线电视台完成了历史任务。从此，在我国电视业中，保留了有线电视，不再有有线电视台。

2003 年是"数字发展年"。总局制定了《广播影视数字发展年工作要点》。主要任务是：以科技创新为先导，以信息化为目标，以新业务发展为龙头，以有线电视数字化为突破口，全面推进广播影视数字化。目标是建立有线数字电视技术新体系。这个新体系包括四个平台：数字节目平台（设在播出机构，定位是集成播出数字广播影视节目；分为中央和省级节目平台，中央节目平台面向全国范围播出，省级节目平台面向本省范围播出）、传输平台（设在干线网，定位是承担节目平台的上行信号和下行信号的传输任务；分国家干线网和省级干线网；同时负责开发增值业务）、服务平台（设在各地分配网，定位是直接为最终端用户提供服务；将传输平台送来的节目分配给用户，服务用户，发展用户，开拓市场）和监管平台（设在政府监测部门，定位是采集节目平台的信息、服务平台的用户管理数据和银行的用户的付费数据，确保公开、公正、公平，促进共同发展；分中央监管中心和省级监管中心两级）。大家可以看到，这个技术新体系和原来的有线电视台"单打独斗"，互不相干，各自分散管理、服务已是完全不同了。

四、关于有线数字电视

我国三亿多个家庭中，三分之一通过有线方式收看电视节目，主要分布在城镇。这些地区经济相对发达，居民收入较高，比较容易推进电视数字化，因此，我国决定从有线电视切入推进电视数字化。"数字发展年"的主要任务就是加快有线电视由模拟向数字整体转换。

2003 年 6 月 6 日，总局下发了《关于开展有线数字广播影视业务试点工作的通知》。7 月 3 日，总局在北京召开了"全国有线数字广播影视业务试点工作动员会"。在那次会上，张海涛宣布了我国广播影视数字化"三步走"战略。他说："在前两年有线数字电视试验的基础上，2003 年开始大力发展有线数字电视；2005 年我国发射直播卫星后开始开展卫星直播业务（还提出 2005 年有线数字电视用户要达到 3000 万户）；2008 年开始大力发展地面数字电视，分区域、分阶段、分步骤，扎扎实实推进数字化进程。"从这次会议开始，总局大力推进有线数字电视的进程，做了大量工作。

我们对如何发展广播影视数字化，没有现成的经验。当时可以提出这样的设想。但是，从实际执行情况来看，显得急了一些。

2003 年，在北京、上海等 49 个城市进行有线电视数字化试点，建设有线数字电视网络。随后，出台了一系列管理规章和技术规范，批准开播了 38 套付费电视频道和 8 套数字广播节目，初步建立了由数字节目平台、传输平台、服务平台和监管平台构成的有线数字电视新体系。

此后一段时间，总局特别强调"网络整合"。大家知道，我国有线电视是在一个一个城市，甚至一个一个区发展起来的。局域网各自独立，互不连通。有人比喻为"一筐土豆"。全国有线电视网没有连通起来（即"全程全网"），就没有办法形成规模效应。另外，在建网的过程中，基本上采取了"取之于民、用之于民"的办法，就是以收取"初装费"和"网络维护费"来建设和维护有线电视网。各级财政没有多少投入。这里就存在一个权益分配问题。这是两个很难解决而又必须解决的问题。

2003 年 9 月 18 日到 19 日，总局在西安召开了"全国广电网络发展工作座谈会"。会议主要任务是推广陕西广电网络公司的成功经验。2006 年 10 月，总局离退休干部局组织部级老干部到陕西参观调研。我参加了这次活动。陕西广电局局长任贤良给我们介绍了这方面的经验。其中重要的一条是在网络整合中得到了省委的坚决支持。陕西省委、省政府决定一定要实行全省网络整合。在整合过程中，以股份制的办法把长期以来全省条块分割的广电网络统一起来，成立网络公司。公司组建以后，买壳上市，向资本市场筹集资金；并且自觉参与市场竞争，开展多种经营，拓宽广电网络的服务领域。

本来以为电视数字化为广电网络整合提供了良好的契机，但是，陕西广电网络公司的经验并没有得到迅速推广，说明改变多年形成的网络分散，调整利益格局绝不是一件简单的事。为了不耽误电视数字化进程，总局把工作重点还是放在了一个一个城市的"整体平移"上。

五、关于付费电视

有线数字电视和付费电视是不完全相同的两件事。有线数字电视是指对有线电视进行数字化改造，从使用模拟技术转到使用数字技术。有线电视数字化是世界电视业的发展潮流，是有线电视发展的必由之路。尽管对有线数字电视发展速度、发展模式，还存在一些争论，但是发展有线数字电视的必要性和重要性是无可怀疑的。

有线电视实现数字化以后，大大扩展了频道资源。利用这些资源，可以开办诸多真正意义上的专业频道，为观众提供个性化服务，还可以发展增值业务。公共服务不收费，个性化服务收费；增值业务是新的经济增长点。这就是付费电视。付费电视只是有线数字电视的一种应用方式，是一种新兴的产业。

为什么要开办付费电视频道？

随着网络建设而来的就是网络开发。和发达国家广播电视相比，我国广播电视一直存在收入模式单一化问题，自主创收百分之九十以上靠的是商业广告。而单纯依靠商业广告增加收入有相当大的风险。发达国家的情况有所不同。2002年，美国有线电视用户是6900万，年度收入为494亿美元。当年，我们的有线电视接近1亿户，年度收入仅为100亿元人民币，差距还是很大的。网络开发就是除了基本业务（完成宣传任务，包括播出新闻、专题、综艺、社教等各类节目）以外，还要发展延伸（拓展）业务（远程教育、辅助教育、远程医疗、视频点播、电视会议等）和增值业务（为用户提供计算机联网、数据服务、银行对账、家庭购物等），使之成为电视的一个新的经济增长点。基本业务属于公益性的，实行低收费，主要用于网络维护和购置节目；延伸业务和增值业务属于有偿服务，由用户根据需要，自愿消费，实行计次、计日或计量收费。在网络开发这项工作中，开办付费电视就是其中一个重点项目。

刚刚提出开办付费电视的时候，我参加了总局召开的一次"务虚会"。在会上，有些同志表现得十分兴奋。他们说，开办个性化服务的专业频道，可以大大增加电视业的收入。比如，开办"钓鱼频道"、"棋牌频道"，可以吸引全国一两千万观众。以每人每年交纳100元计算，仅仅这两个频道，电视年收入就能增加10到20个亿。甚至认为只要有了这项业务，就有望增加1500亿元的收入，远远超过每年二三百亿的电视广告收入。其实，这只是个理论推测。

在逐渐冷静下来之后，才看到前期需要大量投入。首先是改造现有的有线电视网，一个中等城市需要投入10亿左右的资金。其次是每家每户都要安装机顶盒，每个机顶盒少则几百元，多则一千多元。全国1亿有线电视用户，需要花费几百亿、上千亿，谁来买单？第三是需要制作大量的专业化节目。同样需要资金支持。回收这笔投资，只能靠收视费。需要多少年才能收回投资。另外，还需要改变观众多年形成的"免费看电视"的观念以及已经养成的收视习惯。这也是个不小的难题。

开办付费电视到底应该走一条什么样的路子？在49个有线电视数字化试点城市中，有些城市采用通过推销机顶盒的方式推进付费电视。机顶盒卖到2万个就停滞了，就是所谓"2万户现象"。总局一位领导同志告诉我们：有一个南方的省会城市从1998年就开始试播数字电视，通过推销机顶盒发展付费电视，过了6年，机顶盒用户只有两三千户。在开办付费电视方面，青岛创造了比较成功的经验。

2003年11月21日，总局在青岛召开了"全国有线数字电视工作会议"。张海涛发表讲话，宣布：会议的召开"标志着我国广播电视进入了由模拟向数字整体转换的新阶段，标志着我国广播电视数字化由局部向全行业推进、由广电系统内部向全社会推进的新阶段。"

2003年年底，总局确定2004年为广播影视"数字化发展年"。目标是有线电视数字化工作进展显著，试点城市特别是计划单列市和三分之二以上的省会城市全面进入整体转换，数字电视用户初具规模；付费广播影视业务有较大进展，服务领域不断拓宽，付费电视用户有大的发展。

2004年3月25日到26日，中央文化体制改革试点工作领导小组在山东青岛召开了"全国有线电视数字化推进工作现场会"。这次会议非常重要。中宣部部长刘云山、广电总局局长徐光春和副局长张海涛以及国家发展改革委员会、财政部和国家税务总局的领导同志都在会上发表了讲话。会议的主要任务是总结推广青岛市在推进有线电视数字化方面的做法和经验，研究部署全国有线电视数字化工作。

青岛是全国有线电视数字化试点城市。在推进有线电视数字化方面积累了成功的经验。基本经验是"整体平移"（"整体转换"）。所谓"整体平移"，就是将有线网内所有用户，按光节点分片区从模拟信号转换为数字信号，每个片区在开通数字电视的同时，关断模拟信号。只保留6个模拟电视频道。就是中央电视台两套、中国教育电视台一套、山东电视台一套和青岛电视台两套。这项工作关系到千家万户，首先必须得到党委和政府的支持。其次，还要得到大企业的支持，用户只在原来交纳12元的基础上再交10元钱，就可以免费得到一个机顶盒（由海信独家提供），可以看到的电视频道数量比原来（28套）翻一番，还可以听广播，进行视频点播，获得大量信息资讯，实时了解股市行情。第三，精心设计有线数字电视平台，使观众感到物有所值。青岛台总共提供三个平台、62个板块：1）广播电视节目平台，包括50套数字电视节目、17套数字广播节目、两套互动点播节目以及若干套付费电视节目。2）电视信息平台，包括"走进青岛"、"阳光政务"（为政府与市民搭建的沟通平台）、"百姓生活"、"奥运青岛"等栏目，提供各种与市民密切相关的各种信息服务。3）电视商务平台，主要是股市行情板块。准备开发电视缴费、电视购物、电视短信、银行转账等。

在这次会上，张海涛把"青岛模式"概括为："党委领导、政府支持、广电实施、社会参与、从本地化、个性化、信息化服务切入，全面推进有线电视由模拟向数字整体转换，向社会各界和人民群众提供丰富多彩的节目服务、海量的信息服务和便捷的商务服务"，认为这是一条有中国特色的有线电视数字化发展之路。

青岛的做法符合当地情况，有线数字电视进展得比较顺利。2004 年，有线数字电视用户突破 15 万。2005 年 9 月，有线电视数字化整体转换工程竣工，通过了广电总局的验收。青岛成为全国第一个完成有线电视数字化整体转换的城市。

但是，全国有线电视数字化试点城市所处的实际情况是各不相同的，究竟有多少城市可以采用"青岛模式"，还是个问题，比如，关闭模拟电视频道，原来可以免费收看 20 多个频道，实现数字化以后，只能免费收看几个频道；要想看到更多的频道，就必须再交一笔钱，普通观众是否买账，这是市委、市政府要认真考虑的问题。再比如，不是所有的城市都有实力雄厚的大型电子产品的企业，可以向有线电视用户免费提供机顶盒。所以，刘云山同志在青岛会议上特别强调："推进有线电视数字化，无论选择试点地区，还是选择运作模式，都要充分考虑当地社会经济发展的实际情况，考虑当地有线电视发展的基础和现状，分别对待、分类指导，决不能不顾客观条件，一哄而起。"我觉得，这是十分重要的原则。

青岛会议以后，在不到两年的时间（从 2004 年 7 月到 2006 年 5 月）里，总局先后在佛山、大连、太原、深圳召开了 4 次城市有线电视数字化推进工作专题会议。会议的目的是推广各地经验，加快全国有线电视数字化进程。

从 2003 年启动有线数字电视试点，到 2006 年 5 月的深圳会议，经过三年多的努力，我国有线电视数字化推进工作取得了明显的成绩。在这次会议上，总局领导宣布：我国有线电视数字化工作由试点进入全面推开的新阶段。推进工作的成绩表现为：

第一，总结了有线电视数字化的主要经验，就是 24 个字："政府领导、广电实施、社会参与、群众认可、整体转换、市场运作"。

第二，初步建成了由节目平台、传输平台、服务平台和监管平台构成的有线数字电视技术新体系。

第三，一些城市（青岛、杭州、深圳、绵阳、梧州、南阳）完成了整体转换，进入了开展多种服务、拓展服务领域的阶段；另一些地区（佛山、大连、太原、广西、广东、重庆、天津、上海、云南、四川、遵义、厦门、泉州）正大力推进整体转换。

第四，总局已经批准建立三家全国性付费频道集成运营机构（中央电视台、上海文广新闻传媒集团、鼎视数字电视传媒有限公司），批准了 138 套数字付费节目（付费电视 121 套、付费广播 17 套），已经开播了 107 套（付费电视 94 套、付费广播 13 套）。

第五，各地有线数字电视不断开发信息服务内容（电子政务、文化教育、生活信息、电视商务、娱乐游戏等），使电视机成为家庭多媒体信息终端。

第六，出台了一系列推进数字化的技术、节目、运营以及产业政策、标准规范和管理办法，争取到有利的资费和财税政策。

六、几个需要研究的问题

在我国，有线数字电视和数字付费电视是新兴的事业。自己既没经验，又不可能全部借鉴国外的经验。因此，出现一些问题是完全可以理解的，也是可以逐步解决的。据我观察，目前存在这样一些值得研究的问题。

首先，有线数字电视和数字付费电视的用户的数量和我们预计的数量相差甚远。按照原来的设想，2003 年预计有线数字电视用户可以达到 100 万户；实际上，只有 40 多万户。2004 年，也只有 100 多万户。2005 年，有线数字电视的用户要达到 3000 万户，实际上只有 413 万户，其中付费电视用户为 139 万户。考虑到实际可能，2006 年预计用户数定为 1000 万户，能否达到，还不好说（据北京美兰德媒体传播策略咨询有限公司 8 月份的调查，当时有线数字电视用户为 690 万户）。用户严重不足，是发展数字电视产业的首要障碍。用户不足的原因，一是费用问题。一个机顶盒价值几百元到千余元，要常年习惯于免费看电视的观众付这笔钱，几乎是不可能的。比如，广东佛山市早在 2000 年就开始进行有线数字电视试验，以买机顶盒方式推销数字电视，推销境外节目和违规的视频点播节目。开始的时候，也曾经火爆一阵，用户最多时达到三千多户。但是，这种做法缺乏多种业务支持，难以形成网络规模，平台经营难以为继。不得不在 2003 年停播。这样，就需要找到肯于为免费赠送机顶盒买单的企业。有了机顶盒，每月还要缴纳收视费。一般估计，每月 25 元比较合适。像中央电视台在 2004 年准备每月收取 58 元，观众就难以接受了。二是内容问题。目前，有线数字电视频道播出的内容还远不能满足观众的需求。去年，我到芬兰参加一个会议。住在芬兰坦佩雷市。旅店里的电视只有两三个频道。如果想看娱乐性、信息类的频道，就必须看付费频道。我们这里，情况就很不一样了。一个城市可以看到二十多个，甚至四十到五十个电视频道。如果有线数字电视不能提供和几十个开路频道不同的内容，就很难吸引观众。

其次，利益分配问题尚待解决。参与有线数字电视整个流程的，有内容提供机构、频道集成机构和网络运营机构。观众缴纳的钱如何合理分配，也是个需要解决的问题。有人提出网络、内容、集成按5：4：1分配。这个分配模式逐步得到各方的认可。但是，随着产业的发展，还需要不断协调各方利益。

再次，网络双向改造需要巨额投资。观众使用有线数字电视的目的之一是能够点播节目。点播意味着交互，需要有回传通路。现有的有线电视网络就必须进行改造。这笔巨额投资从哪里来，也是个不大容易解决的问题。

最后，付费频道和免费频道之间的矛盾需要妥善解决。发展有线数字电视，电视台是重要的角色。目前，电视台的收入主要靠的是商业广告。而企业投放广告，主要考虑的是电视节目的收视率。一旦数字付费电视发展起来，势必夺走一批观众。电视台必然要研究究竟先顾哪一头。如果只顾眼前利益，就不会有推进付费电视的积极性。

概括起来说，当前存在的问题就是观众的观念问题、市场需求问题、内容供应问题、产业运营问题。

（2006 年 12 月 14 日）

三网融合散论 *

当前，我国广播电视业的改革发展正处在一个重要的关口。决策者需要运用集体智慧妥善处理许多复杂的问题。其中，关键问题有三个，就是：体制改革、三网融合和产业发展。

我想谈谈对三网融合的六点认识。

一、国务院常务会议的决定标志着推进三网融合进入新阶段

2010 年 1 月 13 日，温家宝总理主持召开国务院常务会议，决定加快推进电信网、广播电视网和互联网三网融合。这次会议作出的决定为全面实现三网融合规定了时间表（三网融合工作分为两个阶段推进，2010 至 2012 年是试点阶段，2013 至 2015 年是推广阶段），勾画了路线图（电信、广电有条件地双向进入对方部分业务——全面实现三网融合发展——基本形成适度竞争的网络产业格局）。显然，在推动三网融合过程中，这项决定具有划时代的意义。

为什么这样说？我以为，如果说在这次会议前三网融合还处于讨论、制定政策和电信、广电在各自领域内做好准备的阶段，那么这次会议后就要进入全面实现三网融合的实际执行阶段。换一个说法，就是：在基本问题的认识上，各方大体上已经达成共识。因此，推进三网融合主要不再是学术研究的对象，而是如何完成的硬任务。

二、20 世纪 90 年代末有三件事值得特别关注

按照一般说法，三网融合概念的提出、争议是在 1998 年。

正是在这一年，在国务院机构改革中，建立了信息产业部，列入国务院组成部门序列；同时，撤销了广播电影电视部，改组为国家广播电影电视总

---

* 本文是作者在宁波举行的"三网融合主题论坛暨征文颁奖会议"上的讲话。

局，列入国务院直属机构序列。当时，曾经提出把原来属于广电部的电视网络的政府管理职能划出来，但是，没有实行。这是第一件特别值得关注的事。

第二件事是广电和电信两家都在建网。争议的焦点是究竟需要建一张网，还是建两张网？建两张网是不是重复建设？争议很激烈，在若干地方行为更加激烈。

第三件事是有线电视蓬勃发展。我国城市行政区域性有线电视建设开始于 20 世纪 80 年代中期。由于有线电视容量大、质量高、地域性强，到 80 年代末出现了兴办热潮。开办有线电视不是依靠国家投资，而是向观众收取初装费和收视维护费。从开始建设到 1999 年年底，形成了 1000 亿左右的固定资产。1999 年的产值超过 100 亿。这是一个重大成就。1998 年，有线电视用户超过 7000 万，而互联网的用户只有 210 万（这是当年的情况。以后十余年，电信的发展速度大大超过了广电。2009 年，有线电视用户 1.7 亿户。有线数字电视用户 6199 万户。互联网上网人数达到 3.8 亿人，宽带上网人数 3.5 亿人。移动电话用户 7.4 亿户）。

不过，各地自发开办有线电视，势必造成自成体系、互不联通、产权分散、标准不一，而且产业性不强。正像一个形象比喻说的，"有线电视网好像是一筐土豆"。后来，在推动有线电视数字化和网络整合中出现的一切障碍、所有问题都与此相关。

三、对三网融合的认识有个不断深化的过程，有关三网融合的政策有个不断完善的过程

三网融合是政府根据我国国情处理在网络建设中电信和广电之间关系的一项措施。有关三网融合的具体政策有个不断完善的过程。

1999 年国家的政策是电信、广电互不介入对方的业务领域。（见 1999 年 9 月 13 日国务院办公厅发出的《国办发〔1999〕82 号》文件。这个文件明确规定："电信部门不得从事广播电视业务，广播电视部门不得从事通信业务。"）

2000 年和 2001 年，在制定第十个五年计划的时候，首次提出"促进电信、电视、计算机三网融合"。2005 年，在制定第十一个五年规划的时候，进一步更加精确地提出了"加快宽带通信网、数字电视网和下一代互联网等信息基础设施建设，推进'三网融合'"。两个五年计划（规划）只是提出了任务，没有规定推进的时间表和路线图。

2008 年，政府第一次规定电信和广电可以互相进入对方的部分业务。（见

2008 年 1 月 1 日国务院办公厅发出的《国办发〔2008〕1 号》文件。这个文件提出："鼓励广播电视机构利用国家公用通信网和广播电视网等信息网络提供数字电视服务和增值电信业务。在符合国家有关投融资政策的前提下，支持包括国有电信企业在内的国有资本参与数字电视接入网络建设和电视接收端数字化改造。")

直到这次国务院常务会议，才明确规定"开展广电和电信业务双向进入试点"，最终"全面实现三网融合发展"。

从电信、广电不得介入对方的业务，到允许互相进入对方的部分业务，再到双方业务全面融合——政策不断完善的背景就是对"三网融合"认识的不断深化。当初反对"重复建设"的含义就是全国只要有一张电信网就够了，广电不必建设专用网。经过十余年的探讨，终于明确了"三网融合"的准确内涵。

广电部门的表述主要有三点：（1）由于技术和市场的推动，三网融合成为 IT 行业的必然发展趋势。（2）三网融合的内涵是电信网、广播电视网、互联网在向宽带通信网、数字电视网、下一代互联网演进过程中，技术功能趋于一致，业务范围趋于相同，都能为用户提供话音、音视频、网络接入等多种业务服务。（3）"三网融合不是物理网合一，广电、电信两个物理网缺一不可，可在各自的基础上长期并存，各自提供全业务服务。"

四、广电部门对三网融合的态度是在保留广电网的前提下，积极拥护

有人批评广电部门对"三网融合"态度不积极，存在"门户之见"。我以为，对此还应该认真分析。

1999 年，国务院办公厅发出"82 号"文件的时候，广电部门的领导的确松了一口气。在贯彻文件精神的会议上，反复强调"守土有责"。这表明广电部门既不想、也没有条件介入哪怕是部分的电信业务，同时也不愿意电信部门介入广电业务，理由是电信网和广电网是两种性质不同的信息网络。电信网属于企业性质，广电网基本上属于公益性质。广电网的基本任务是传输广播电视节目，对其传输的节目负有监管内容的责任。如果在广电网上出现哪怕是一档涉"黄、赌、毒"的节目，那都是一件了不得的事故。

广电总局领导第一次谈及三网融合是在 2002 年的全国广播影视工作会议上。在会上，传达了国家"十五"计划提出的促进三网融合的要求。在 2005 年年底的一次技术工作会议上，又传达了中共中央十六届五中全会通过的关

于"十一五规划的建议"。2006年5月，总局领导提出："广播影视只有实现数字化，才能从根本上改变广电的被动局面，发挥广电在'三网融合'进程中的巨大潜力，使广电在数字化时代能够继续保持主阵地、主渠道地位。"此后，在历次与技术相关的会议上，总局领导以推动有线电视数字化为核心，越来越深入、越来越具体地讲述广电部门为应对三网融合进程而采取的措施。在2009年2月举行的"全国广播影视科技工作会议"上，总局领导说："要增强数字化转换的危机感、紧迫感和使命感。数字化是广播影视发展的必然趋势，是开展新业务、拓展新空间、应对'三网融合'的前提和基础，关系到广播影视今后的生存发展。"2009年7月，广电总局主要领导第一次在全国广播影视综合性会议上说，要"使有线电视网络成为三网融合的重要支撑平台"。在今年1月12日的全国广播影视局长会议上，更是全面阐述了总局对三网融合的认识以及为了全面实现三网融合采取的措施和今年的重点工作。

五、广电部门一天也没有放松推进三网融合的准备工作

进入新世纪，广电部门下大力气解决有线电视网络存在的问题。在提高认识的基础上，又有意识地把这项工作和推进三网融合结合在一起。

一是大力推进有线电视网络数字化整体转换。我国有线电视网络一直存在分散、模拟、单向的问题。从2003年起，启动有线电视数字化，目的是以数字技术取代模拟技术，变单向传输为双向交流。到2009年年底，全国163个地市、458个县已经完成了数字化整体转换；102个地市和612个县启动了整体转换工作。其中，4个省区（广西、海南、宁夏、江苏）所有大中城市完成了整体转换，8个省区（北京、天津、山西、湖南、云南、甘肃、青海、新疆）整体转换率超过50%。全国有线数字电视用户达到6199万，其中双向网覆盖用户超过3000万。

二是大力推动有线电视网络整合。这项工作于2001年启动，目的是消除有线电视网络产权分散以及由此带来的分散决策、分散运营的弊病。从整合城市网入手，再扩大到一省一网，直到全国联网、上下贯通，构建全国广播电视网络新体制，组建全国统一运营的网络公司。到2009年，全国大部分省区市已经启动了整合工作，13个省区完成了全省网络整合。

只有完成了这两项工作，有线电视网络才能从单一服务发展到综合服务，才能成为三网融合的支撑平台。

三是积极推进下一代广播电视网（NGB）建设。2008年12月4日，广电总局和科技部共同签署了《国家高性能宽带信息网暨中国下一代广播电视网

自主创新合作协议书》。2009年7月，广电总局、科技部、上海市政府在上海举行中国下一代广播电视网启动暨上海示范网部局市合作协议书签字仪式，正式启动了NGB示范区的建设。目前，正在制定《下一代广播电视网示范区实施总体方案》，积极筹备36个示范区建设。今年下半年，开始试点工作。

关于这3项和三网融合密切相关的工作，总局已经提出了今年的具体目标，预计将进一步加快工作的进程。

六、在推进三网融合中，广电部门面临诸多难题

尽管这些年广电部门做了大量工作，为了在"三网融合"中占据应有的位置，还面临不少急待解决的难题。有线电视网络数字化改造也好，网络整合也好，大部分省区市尚未完成。建成"下一代广播电视网"还需要10年左右的时间。

在诸多难题中，首先是时间紧迫的问题。三网融合中的一网是"下一代广播电视网"。建成这个网预计需要10年左右的时间。但是，国务院推进三网融合总体方案规定3年试点，6年推广。如果到2015年，NGB尚未建成，就会陷于非常被动的局面。如果急于求成，加快建网步伐，弄不好，就会因为赶工而出现粗糙情况。再来补救，那就事倍功半了。

其次是资金来源问题。有线电视网络升级改造和实现全国整合，需要大笔资金。广电部门自主创收和电信部门无法相比。2009年，中国移动营业收入为4521亿元，实现净利1152亿元。中国电信营业收入为2082.19亿元，实现净利132.7亿元。而广播电视总收入只有1665亿元。国家肯定会给予金融、财政、税收等支持。网络也可以上市融资。但是，究竟能够拿到多少资金，还是个未知数。至于靠企业投资，就必须有明确的赢利模式。

第三是人才短缺问题。有线电视网络数字化和双向化升级改造需要大批通晓各类先进技术的人员和经营管理人员。为了满足观众日益增长的收视需求、传输海量信息、保持广电部门内容生产的优势，还需要大批具有原创能力的节目主创人员和熟知政策法律、具有丰厚艺术修养的高水平的监管人员。

第四是克服思想障碍。目前，那么多小网产权各有归属。总局领导批评的"小富即安"、缺乏"危机感、紧迫感、使命感"的确是实际存在的思想障碍。产生这些思想障碍，原因十分复杂。既有从全局观点和局部观点观察问题的分歧，也有实际存在的具体问题和利益纷争。

分散在各地的网络升级改造，难度不小。费用由谁来出？改造后效益如何？都是网络所有者必然要考虑的问题。一城一网的地方还好说，一城多网

的地方，由谁牵头？如何统一认识，同步推进？至于有线电视网络整合，恐怕难度更大。总局规定了"存量保值，增量分成"。但是，在实际执行中，网络价值评估是否合理？存量保值能否做到？更是网络所有者不能不考虑的问题。不解决这些具体问题，恐怕思想障碍难以消除。

　　退休多年，说了这么多话，也只是旁观者言。

　　俗话说，千难万难，有了信心就不难。我相信，总局领导有能力、有智慧动员全国广播电视人顾全大局，各展所长，克服前进中的困难，为推进三网融合作出贡献。

（2010 年 3 月 31 日）

在竞争中求发展[*]

这次研讨会开了两天，听取了各位专家和台长的发言，觉得会议开得很成功。准备工作比较充分，发言的质量比较高，有的发言很精彩。就我个人来说，收获不小。首先是听到了不少新信息；其次是听到了很多新见解、新观点；再次是听到了对未来发展的几种预测；第四是听到了不少好主意、好点子；最后是认识了一些新朋友。在研讨会开始的时候，我们提出了希望大家畅所欲言，提倡研究工作的严肃性、科学性和前瞻性。我们基本上做到了这几点。

从发言中可以听得出来大家的意见不尽相同，甚至存在相反的见解，发言者的侧重点、强调点也不完全一致。这是很自然的，很正常的。对大家的发言还需要好好消化，认真思考。总之，这些发言有助于进一步深入研究中国城市电视的发展问题，有助于决策者确定今后的发展战略。

由于会议时间有限，发言者未能充分表达自己的全部意见，对有分歧的看法也没来得及展开讨论。好在城市电视的发展问题不是一次研讨会就能解决的，今后还有机会深入研究。

在会议结束前，我谈几点个人意见。

一、什么是"城市电视"

这次研讨会的题目是"跨世纪中国城市电视现状与发展趋势理论研讨会"。什么是"城市电视"？这是我们首先要明确的一个概念。

在这两天的研讨会上，我们听到了几种不同的理解。有的同志认为"城市电视"是指城市电视台开办的电视节目；有的同志认为是指反映城市生活、以城市居民为传播对象的节目；有的同志认为是指城市电视业；也有的同志认为就是指中国电视，因为我国没有专门的"农村电视"。这几种理解是从不同角度看问题得出的不同的结论，应该说各有各的道理。不过，今天我们研

---

[*] 本文是作者在杭州举行的"跨世纪中国城市电视现状与发展趋势理论研讨会"上的总结发言的摘要。

究"城市电视"问题,总是要划定一个大家公认的范围,否则,你说你的,我说我的,就讨论不起来了。

我国的城市情况十分复杂。在六百多个城市里,既有直辖市、省会市,也有地级市、县级市。这些城市的面积、人口、地形、行政级别、经济社会发展水平、文化特征、教育程度以至审美习惯、价值取向,都不是完全一样的,因此,办电视的路数也不可能完全一样。就拿四个直辖市来说,情况就很不相同。北京、天津的面积是一万多平方公里,上海只有六千多平方公里,而重庆辖区面积超过八万平方公里,包括了广大的农村。这四个直辖市都是省级市,那里的电视台办电视的路数都不尽相同,今后也会采取不同的发展战略。按照国家广播电影电视总局的规定,这四个城市都办起了卫星电视,这一点和地级市、县级市又是不同的。我想,我们今天研究的"城市电视"是否应该限制在一个城市(特别是副省级和地市级)辖区范围内传播的电视。

二、中国城市电视的现状

谈到中国城市电视的现状,首先要谈一谈中国电视的一般情况。

1999 年年初,国家广播电影电视总局公布了有关我国电视发展的一些统计数字。从具体数字看,我国电视已经形成了无线电视、有线电视和卫星电视"三足鼎立"之势。

(一) 无线电视

从 1996 年年底起,按照"控制总量、调整结构、提高质量、增进效益"的原则开始治理工作。经过两年多的治理,到 1998 年年底,在中央、省、地市这三级还有 343 座无线电视台,县市一级广播电台和电视台合并后共有 1287 座广播电视台(其中有的只有广播电台,有的只有电视台)。电视人口覆盖率达到 89%。

(二) 有线电视

到 1998 年 4 月,省地级有线电视台共有 217 座,1287 个县市级广播电视台中有 981 个开办了有线电视业务。全国有线电视用户超过 7000 万(其中一般用户五千多万,宾馆和商住楼两千多万个有线电视端口),覆盖人口超过两亿。

(三) 卫星电视

到 1999 年上半年,除了海南省以外,所有省级台的节目均已上星。主要使用亚太1号、亚洲1号和亚洲2号卫星，这些卫星的覆盖范围一般都是三十多个国家。中央电视台的节目不但上了通讯卫星，而且上了专为广播电视使用的直播卫星。

对这样一个"三足鼎立"的格局，应该怎么看？

首先，我们要看到目前的电视格局是在党和政府的领导和支持下经过40年的发展和20年的改革才取得的结果，应该说是来之不易的。目前，一个城市的居民可以看到二十多套电视节目，恰好说明电视事业的迅速发展给观众带来了真正的实惠。

其次，综观我国电视事业的发展历程，可以看到我们正在逐步拉近和发达国家的距离。拿电视发展的几个阶段为例，无论是黑白电视，还是彩色电视，我们都晚于美国近二十年。但是，美国开办卫星电视是1983年11月，我们是在1985年8月开始租用国际通讯卫星传送节目，相差只有两年时间。目前，国际上使用的先进技术和先进设备，我们几乎都在使用或者准备使用，比如光缆、数字技术、卫星直播电视、高清晰度电视，等等。应该说，这个变化完全得益于国家的改革开放政策。改革开放以来，国民经济快速增长，为电视这种高投入的事业提供了良好的经济环境。从1979年1月起，电视台开始办理广告业务，除了政府拨款外，又开辟了自主创收的资金来源的新渠道。1997年，全国电视广告收入是114亿人民币，1998年增加到135.6亿。有了这样的资金支持，我们才有可能较快地发展电视节目的制作和传输。

第三，在电视"三足鼎立"的格局中还有没有问题？我认为，问题是有的，而且还相当严重。譬如，经过治理，目前全国到底还有多少个电视台？特别是今后还会出现多少电视台？有没有必要、有没有能力办那么多的台？有没有足够的节目供这么多的台播出？无线电视和有线电视应该如何分工？所有省级电视台的节目全部上星，目的是什么？开办卫星直播电视的目的是什么？我认为，对这些问题没有进行很好的科学论证。直接的感觉就是缺乏章法。在这么多的电视台之间，实际上正在展开一场无序竞争，在有的领域，有的地方，这种竞争已经是恶性竞争了。

中国城市电视起步于20世纪80年代中期。经过十几年的发展，目前已经具有相当大的规模。上面列举的数字中，副省级、地市级以及县市级电视台占了很大比重。但是，城市电视也面临许多问题，常听城市电视台领导说困扰很多，比如资金不足，人才缺乏，好节目太少，受限制过多，管理不善，体制不顺，等等。我以为，城市电视可以说是中国电视发展到今天的缩影，是中国电视现存矛盾的集中表现，是中国电视（以及与境外电视）竞争的角逐场。

对当前电视竞争感触最深、感到压力最大的可能是无线电视台。有人说，无线电视台面临四个竞争对手，就是有线电视、卫星电视、境外电视和第四媒体。我想，还应该加上一个更难对付的对手，那就是猖狂的侵权盗版（最近总局召开了一次"加强和改进广播电视宣传宏观管理研讨会"，会上提出以下几个问题：国内电视节目多、乱、杂及无序竞争问题；境外卫星电视节目直播落地对我们的宣传干扰和冲击问题；对大规模兴起的电视娱乐性节目的利弊分析和引导问题；卫星电视兴起后，对省级上星台的统筹规划和管理问题；中国加入 WTO 后电视业面临的形势和发展趋势问题；利用国际互联网传送电视节目并对网上宣传进行管理问题）。

从事业发展角度来说，我们不能限制采用新技术；而采用了新技术，就等于增加了新手段，就必然带来竞争。问题在于如何加强管理。就管理而言，近年来颁布了相当多的法规。管理办法虽然不能说已经齐备，但是也不能说不周全，不能说不规范，问题是执行得怎么样？恐怕不能说是很严格。这和我国目前存在的"有法不依、执法不严、违法不究"的现象是一样的。这些问题如何解决？这是广播电视行政管理部门权限内的事情。党的"十五大"明确提出了"依法治国"的方针。我以为，这是我们国家走向现代化的关键一条。随着克服"人治"的弊端，逐渐实现"法治"，我相信电视业的无序竞争会转为有序，恶性竞争会转为良性。

不管当前的竞争有多少弊端，也不管未来会出现哪些变化，电视竞争毕竟是个现实，我们需要对它进行研究。大家都同意，在电视业的竞争当中，焦点是节目的竞争；而节目竞争的背后，则是人才的竞争。

当这么多电视频道涌入家家户户的时候，选择权就完全落入观众手中，遥控器就成了裁判官。据统计，过去观众在选择频道的时候，在一个频道的停留时间是 12 秒，去年缩短为 8 秒。因此，节目竞争越来越激烈，越来越无情，越来越残酷了。

所谓节目竞争，无非是看谁的节目更能吸引观众，或者能够吸引更多的观众。但是，不同教育程度、不同文化层次的观众，口味是大相径庭的。俗话说，"萝卜白菜，各有所爱"。有的喜欢高雅的，有的喜欢通俗的；有的喜欢内容深刻的，有的喜欢内容浅显的。目前，很多人恐怕更着眼于形式，喜欢形式新颖、花样翻新、不落俗套的节目。这里就涉及两个问题。一个是节目定位问题，就是说，节目做出来，是给谁看的；另一个是节目创新问题，就是说，节目要与众不同，有新鲜感。那么，面对激烈的节目竞争，我们的竞争力如何？制作节目的创新能力怎么样？我的回答是：又乐观，又不乐观。

说"乐观"，是因为改革开放以来电视事业的生存环境发生了很大变化，我们办电视的观念也随之发生了深刻变化。观念变化带来的结果就是开设了一些很受观众欢迎的优秀栏目，像以《焦点访谈》为代表的评论性栏目，以《新闻调查》为代表的深度报道栏目，以《实话实说》为代表的平民视角栏目，等等。另外，还生产了不少影响很大的优秀节目，像《毛泽东》、《邓小平》、《一代伟人周恩来》，等等。目前，国内经济体制改革、政治体制改革正在深化，文化事业的改革正在进行。电视事业的生存环境只会越来越好，我们肯定还会在节目创新上有更大的突破。

说"不乐观"，是因为我国电视人的创新能力显得远不够理想。最近有两件事引得大家议论纷纷。一件事是多家电视台竞放同一部电视剧。前一时期是《天龙八部》，十几家上星的电视台，几十家地面传输的电视台一哄而上。观众不满意，外人看笑话，还造成频道资源的严重浪费。现在《还珠格格》续集又上了，一集炒到 50 几万元。另一件事是"克隆"和"再克隆"现象。湖南卫视推出了《快乐大本营》，紧接着十几家电视台上了有观众参与的、带奖品刺激的娱乐性节目。一家电视台上了《玫瑰有约》，别的家就紧紧跟上。有人说，现在是"有钱的克隆外国，钱少的克隆港台，没钱的克隆中央电视台"。这两个现象至少说明我们在节目制作上的创新能力不怎么强。如果我们只是模仿别人，"东施效颦"，"邯郸学步"，那还有什么前途呢？

节目缺少创新，实际上是缺乏具有创新思维的人才。大家越来越认识到，节目创意比节目制作更为重要。我们必须加紧培养具有创新思维的人才，同时广为网罗具有创新思维的人才。只有这样，才能在激烈的电视竞争中立于不败之地。

三、对跨世纪城市电视发展战略的建议

21 世纪我国电视发展战略是个重大课题。研究这项课题包括两个方面。一方面是发展规划，包括方针、目标、项目，等等。制定发展规划是广播电视行政管理部门和企事业单位应当承担的任务。另一方面是发展思路，电视理论工作者应该把这项任务承担起来。

这两方面之间存在着密切关系，不过毕竟还是两件事。

关于面向 21 世纪我国城市电视发展战略的基本思路，可以从四个方面（即节目、经营管理、技术和对外交流）来思考深化改革的路数。

城市电视台要想在激烈的竞争中取胜，就要扬长补短，明确地树立以下几个观念：

（一）"观众是中心"

在媒体和观众的关系问题上，我们曾经有过两种看法和做法。一种是"以媒体为中心"，也就是俗话说的"我播什么，你看什么"。后来，为了纠正这种偏颇，有人提出"你要看什么，我就播什么"。其实，这也是一种偏颇，而且实际上是做不到的。现在我们提出"观众是中心"，含义就是处处为观众着想，按照观众的正当需求有引导地办节目。城市电视台的最大优势是什么？就是了解当地观众的需要，也就是了解当地电视消费市场的需求。这一点，本市以外的电视台是难以做到的。为此，我建议：城市电视台设立一个市场调查部门，专门从事经常的观众收视调查。深入研究当地观众已经形成的接受心理和接受习惯，并据此策划频道设置和节目结构，开办适当的专栏，制作或购买适合的节目，再进一步以节目培养观众更高层次的接受心理和接受习惯，逐步让尽可能多的观众锁定本市的电视频道。

（二）"节目是关键"

电视竞争，归根结底，是节目的竞争。我国电视工作者办节目，无论是新闻节目和专题节目，还是文艺节目，都有优良的传统，我们要继承和发扬这些传统。而当前特别需要强调的是节目创新，改变目前存在的"单一化"、"雷同化"和"克隆"、"再克隆"现象。我们经常谈论"知识经济"。什么是"知识经济"？据我想，无外是将智慧投入到经济运行中去，产生增值效果。办电视，也要遵循同样的道理，就是要以智慧投入来优化节目。除了研究本市电视自身特有的优势外，还要关注其他城市电视具有什么优势。如此，眼界势必大为开阔。我建议：有条件的城市电视台设立一个节目策划部门，不惜重金聘请高层次的智囊，无论他们是本市的，还是外市的，组成一个高级"智囊团"，请他们不断出点子，优化节目。目前，电视界离退休的老同志逐日增多。他们当中的一些人经验丰富，眼界开阔，脑筋灵活，而且具有相当高的理论修养。这是一笔宝贵的智力财富。谁能抢先使用，谁就能早日得益。另外，再强调两点，一是要有"品牌意识"（制作具有独创性的节目，逐渐形成优势栏目，培养有特色的节目主持人作为栏目的形象代表，设立独具特色的栏目标记，取得知识产权保护，以此参与节目市场竞争）；二是要有"地方特色"。

（三）"改革是动力"

我们赶上了我国改革开放时代，这是我们的幸运。党和政府正在积极推动经济体制改革，稳妥地进行政治体制改革，文化领域的改革也在推进当中。20 年来，广播电视的改革已经见到相当成效。但是，当前新问题不断出现，新矛盾错综复杂，必须通过深化改革才能把事业推向前进。全国性的问题和矛盾，比如管理体制问题，要由总局解决。城市电视台主要是理顺本市各家电视台的关系，大力进行台内经营管理的改革。台内改革的基本思路是逐渐适应社会主义市场经济体制的要求，一切为优化节目服务；改革的重点是人事制度（目标是有利于人才的脱颖而出，措施是全员招聘，竞争上岗，双向选择，能上能下，能进能出）和财务制度（目标是少花钱多办事，以一定的资金取得最大效益，措施是引进企业化管理，设立经济师，成本核算，厉行节约，奖罚分明）。

（四）其他

关于采用先进技术和扩大对外开放，就要贯彻"因地制宜"的原则。一般来说，技术越是先进越好；但是对一个具体城市而言，就未必如此。比如网络建设，目前使用光缆最为理想。在一个城市的网络建设中使用哪种光缆还是使用多路微波，就要考虑到当地的财力、地形、技术力量、服务范围、发展前景，等等。对外开放，一般来说应该是全方位、多层次、多渠道。对一个具体城市而言，就要考虑到政策允许的范围、开放的现有程度、对外交往的能力和传统做法，等等。就目前来说，和"友好城市"开展广泛交流最为适宜。除了和国外建立固定交流外，有些城市把和其他国内城市的交流也列入对外开放的范畴。这也不失为一种特殊的办法吧。

中国广播电视学会希望和全国的大专院校和研究机构建立经常而广泛的联系，加强在广播电视学术研究领域的有效合作。

（1999 年 7 月 24 日）

微观篇

　　"微观"还是比较而言，属于广播电视业的第三个层面，包括栏目、节目、行当等。还是一家之言，仅供探索者参考。

新闻节目的改革与创新[*]

中国广播电视新闻改革已经进行了多年。简单地回顾一下，可以看到，广播电视新闻改革是在邓小平理论指导下和中国改革开放同步进行的。

1978 年年底召开的党的十一届三中全会是一次具有划时代意义的会议，标志着我国进入了社会主义事业发展的新时期。为了适应时代的变化，全国新闻界开始实现两大转变。一个是由为"以阶级斗争为纲"服务转变到为经济建设这个中心服务；另一个是由适应计划经济体制转变为适应社会主义市场经济体制。在这个历史大背景下，1983 年召开的第十一次全国广播电视工作会议上，提出了"以新闻改革为突破口，推动整个广播电视宣传的改革"。从那时起，我国广播电视新闻节目开始发生变化。

广播电视新闻节目的深化改革是从什么时候开始的？中央电视台负责新闻节目的同志认为，从 1980 年起，中央电视台电视新闻进入了调整提高阶段；到 1993 年，也就是小平同志在南方发表重要讲话和党的"十四大"召开以后，才开始高速发展阶段。我认为，这个看法是符合实际情况的。

这就是说，大规模的电视新闻改革开始于 1993 年。

改革的目标是更好地完成"以正确舆论引导人"的任务。

如何做好舆论引导？我们曾经提出过六点要求：1）树立大局观念；2）有明确目标；3）准确全面地反映客观事物；4）有群众观点；5）重视热点问题的引导；6）讲求宣传艺术，提高引导水平。

改革的内容包括：1）增加信息量；2）提高时效性；3）加强电视评论；4）增强报道深度；5）广泛吸引观众参与；6）充分发挥电视报道的特点。具体措施主要是增加每天新闻节目播出的次数，实现重点新闻滚动播出，以新闻节目开发非黄金时段；开办有新意、有特色电视新闻专栏，如：以"东方时空"为代表的"新闻杂志"节目，以"焦点访谈"为代表的新闻评论和舆论监督节目，以"新闻调查"为代表的深度报道节目以及以"实话实说"为代表的平民视角节目。

广播新闻节目的改革大致也是相同的。

---

* 本文是作者在苏州举行的"苏州广播电视周"学术研讨会上的讲话摘要。

从以上的简单回顾当中，可以看出我国的广播电视新闻改革路数相当清楚，经验比较成熟。和世界广播电视强国相比，我国广播电视新闻在数量上（每天新闻节目的次数和新闻条数）已经达到了世界级水平。过去十年所做的事情已经为我们在新世纪进一步深化广播电视新闻改革理出了一条基本思路。

1999 年广播电视新闻评奖已经结束。1999 年广播电视新闻节目有哪些特点？据我观察，1999 年广播电视新闻节目表现出以下四个特点：

1. 坚持新闻的党性原则，把握正确的舆论导向

1999 年是不平凡的一年。新中国成立 50 周年和澳门回归祖国这两项庆典活动以及同以美国为首的北约袭击我驻南使馆的野蛮行径、同李登辉分裂祖国的卑劣行为、同"法轮功"邪教组织的猖狂活动进行的三场政治斗争，是 1999 年的最重要的事件。另外，"五四"运动 80 周年、西藏民主改革 40 周年、'99 昆明世博会也是当年的重要活动。广播电视新闻工作者在报道这些重大事件中，自觉地坚持新闻的党性原则，把握正确的舆论导向，表现出强烈的政治意识、大局意识和责任意识，面临突发事件表现出高超的应变能力和组织能力，特别是全系统上下协调，互相配合，协同作战，显示出整体优势，取得良好效果。此外，经济报道、科技、文化、军事消息、精神文明建设的宣传，等等，也都进一步加强了。

2. 深入事件发生的现场，坚持"用事实说话"

广播电视新闻是社会历史的形象化记录，虚假是广播电视新闻之大忌。广播电视新闻工作者只有亲临现场，才能用话筒和摄像机记录下事件的进程，避免"以讹传讹"的虚报现象。我们的广播电视记者和编辑越来越善于用事实说话了，不但保持事实的真实面目，而且表达得栩栩如生，现场感很强，十分耐听耐看，而且可信。广播电视新闻当然不是新近发生的事实的纯客观报道，广播电视新闻工作者把自己的指导思想和价值观巧妙地融合到报道中去，那种"穿靴戴帽"，直白说教，唯恐观众不懂的广播电视新闻越来越少了。

3. 尖锐泼辣，灵活机智，加大舆论监督的力度

中央领导同志多次强调希望广播电视在舆论监督方面发挥应有的作用。近来，属于舆论监督的消息、评论和专题占了相当大的比重。值得注意的是我们的广播电视新闻工作者在实行舆论监督方面越来越成熟了。冲击力、震撼力都有所加强。具体表现是：既保持尖锐泼辣的风格，又不摆出"金刚怒目"的架势；既灵活机智，又不流于轻描淡写。在把握时机，选择角度，掌握分寸，追求积极效果，立足解决问题这些方面，积累了越来越多的经验，创出了越来越宽的路子。

4. 发扬创新精神，发挥广播电视报道的特点

多年来，广播电视新闻工作者一直在努力探寻如何发挥广播电视报道特点的道路。目前正在广播电视新闻岗位上工作的同事们的确非常幸运。一方面，我们已经有了比过去宽松得多的客观环境；另一方面，科学技术进步为我们提供了比过去方便得多的工作条件；再加上我们有了更多的机会和国内外同行交流经验。声音清晰，画面透亮，字幕清楚，善于使用广播电视语言，已经成为许多节目的共同特点。现场直播，新闻节目中插播现场报道，从几个不同地方交叉传送新闻，使用现场音响、三维动画、活动图表、图像资料，加强新闻的听觉视觉效果和报道深度。新闻节目主持人灵活运用多种播报形式，增加亲近感以及与观众的交流。总之，至今为止可以利用的技术手段，可以采用的报道形式，基本上都体现在我们的新闻节目里了。

当然，我们的广播电视新闻并不是十全十美了，仍然有不少问题有待认真解决。主要问题是：

1. 有的报道缺乏新闻由头、时间概念或者新闻要素，甚至连事实的来龙去脉也没讲清楚，个别节目甚至还有时空错乱，前后颠倒的现象。这说明我们有些记者、编辑新闻素养不够。

2. 有的记者缺乏冷静头脑，报道中显得情绪化过重，主观色彩过浓，总想表现记者的存在和干预。

3. 有些新闻专题混同于社教专题；有些新闻评论更接近于专题节目，缺少"画龙点睛"式的精彩评论，显得缺乏评论功底。

4. 错别字仍然不时出现，说明我们有的编辑、记者的责任心还不够强。

在平时的新闻节目当中，我们还注意到有些新闻的有用信息量不够大；和群众关系不大的一般会议报道偏多；报道面偏窄，特别是国际新闻偏少。这些也是比较明显的缺点。

这些都是前进中的问题，只要我们认真学习，勇于实践，问题是不难解决的。

21 世纪广播电视新闻的走向如何？为了回答这个问题，我们先看一看在新世纪里我们将面临一些什么新的情况。

21 世纪，国内外政治、经济形势的发展变化以及科技飞速进步，将会对包括广播电视在内的传媒业产生重大影响。我国广播电视业将面临一些新的情况。我个人看，以下三个情况是最重要的。

首先是各种媒体之间的激烈竞争。经济全球化必将导致信息传播国际化。信息传输渠道会迅速增加，信息传播速度会大大加快。20 世纪 90 年代出现的卫星电视"太空大战"，国际"互联网"的迅猛发展，使各国传媒之间的竞争

越演越烈。目前，我国对外国传媒进入我国采取了限制性措施。但是，国外强势媒体始终没有放弃进入我国的夙愿（主要策略是全面实现节目"本土化"），新技术的发展会不断提出挑战，我国加入世界贸易组织早晚会影响我国传媒。在国内，有关部门已经提出了"多媒体经营"的概念。由于电视业办报纸、出杂志已经是多年的事，"多媒体经营"实际上是要打破广播电视"一统天下"的局面。因此，我认为：国内外各种媒体之间的激烈竞争是21世纪我国广播电视业面临的突出情况。总局领导把这种状况概括为"内挤外压"。

其次是听众观众越来越高的要求。从21世纪开始，我国就将全面进入建设小康社会并加快推进现代化的新的发展阶段。随着经济建设的发展，人民的文化水平将会普遍提高，审美情趣将会发生变化，对信息的渴求将会日益强烈。与此同时，我国将继续深入进行政治体制改革，把我国建成社会主义法治国家，将为舆论监督创造更好的客观环境。另外，由于技术进步和人们的观念变化，收听收视"个人化"必然成为越来越明显的趋势。要适应这样一些情况，广播电视新闻必须进一步提高节目质量。所谓"质量"，主要是指消息类节目的有用信息量大、评论性节目的权威性强、专题类节目的包容面广和内涵度深。一句话，广播电台、电视台播出的每个节目都要更加讲究社会效益。中央电视台提出的"更快（时效）、更高（质量）、更深（内容）、更大（效应）"，可以作为我们改进广播电视新闻节目的目标。

最后是新技术提供的良好工作条件。近年来，与广播电视相关的技术发展迅速；无论是采访设备，还是制作设备，或是传输设备都在不断更新。每一项技术进步都对广播电视新闻采访、制作或传输产生重大影响，为广播电视新闻工作者提供过去无法比拟的方便，把广播电视新闻的优势发挥得淋漓尽致。现场直播，节目上星，远距离即时传送最新消息，不同地区交叉播出现场报道，在发达地区几乎成了"家常便饭"。"数字化、网络化、信息化"是21世纪我国广播电视技术的发展方向。数字化、网络化将为广播电视新闻传播开辟更为广阔的途径，比如，"互联网"传送声音和活动画面，为听众观众提供自由选择收听收视的可能；行动中收听收看广播电视新闻将会变为现实；有线电视全国联网将使广播电视新闻资源共享成为轻而易举的事情。

在这样一些新情况下，广播电视新闻节目将沿着什么方向发展？

在新旧世纪交替的时候，我国当代电视新闻工作者担负着繁重的任务，一方面要以哲学上的"扬弃"的态度继承广播电视新闻工作的传统，另一方面要以锐意进取的精神探索广播电视新闻的创新道路。这里的关键问题在于把握好继承传统和探索创新之间的"度"。为了做到这一点，我认为，在深化广播电视新闻改革的时候，需要遵循两条原则：一条是坚持新闻的党性原则，坚持实事求是，把握正确的舆论导向；另一条是充分发挥广播电视新闻的特色。

第一条原则是江泽民总书记在"十五大"报告中对新闻宣传提出的总要求。在中国共产党领导下的社会主义国家里，我们的广播电台、电视台是由各级政府广播电视行政部门出资兴办的新闻机构，我们的广播电视新闻事业是社会主义性质的新闻事业。坚持党对广播电视新闻事业的领导是我们的根本原则，不能有丝毫的动摇，否则，就会走偏方向，犯原则性的错误。广播电视新闻覆盖全国，收听收看人数众多，社会影响很大；中央和省级广播电台、电视台节目上星以后，影响直接达于国外。因此，广播电视新闻工作者必须将"把握正确舆论导向"时刻牢记心头。今年年初以来，江泽民总书记一再阐述"三个代表"重要思想。"三个代表"重要思想是新时期建党的重要思想，同样也是指导我们做好新闻工作的重要指针。我们要以"三个代表"重要思想为标准来衡量我们的广播电视新闻工作。实事求是是党的思想路线，也是广播电视新闻工作的根本性指导原则。消息要符合客观事实的真实情况，言论要反映客观事物的本质特征。不夸大成绩，不隐瞒缺点，不报道虚假消息，不发表有违事实的言论。我以为，这些原则，这些优良传统，我们必须坚持，千万不要受西方错误新闻理论的左右，迷失正确方向。

第二条是广播电视新闻工作者多年的追求，而且已经取得了明显的成绩。但是，俗话说"艺无止境"，广播电视新闻的改进也是没有止境的，更不用说我们的广播电视新闻还大有改进的余地。即使在'99中国广播电视新闻奖的评奖当中获奖的作品，也还存在一些显而易见的缺憾。我们常说，"于细微处见精神"。广播电视新闻工作者在采访、制作节目的时候，还要努力克服由于时间紧迫带来的困难，更加认真，更加细致，立志精益求精。除了这些"浮出水面"的问题外，还有一些更深层次的问题，比如，中央电视台推出的"现在播报"栏目，就值得广播电视新闻工作者好好研究。对遍及全国、多年使用的"新闻联播"式的新闻节目来说，这个栏目是个突破。从栏目整体设计、消息选择和编排、播报方式以至形象代表、外"包装"，都有可圈可点之处。再比如，目前各地都在倡导的"说新闻"，也应该好好研究一下其成败得失以及经验教训。最近，有的专家提出什么是广播电视语言问题。拿图像新闻来说，过去，中国新闻电影制片厂制作的"新闻简报"是在电影院放映的。解说员面对的是千人以上的观众，使用的语言是向众人宣讲式的。后起的电视新闻的播报方式基本上承袭了"新闻简报"的宣讲方式。然而，电视新闻的收视环境是一家一户，电视新闻播音员实际上是和一两个观众对话。在这样的语境中应该采用什么样的语言，或者说，"电视语言"应该具有哪些特征，实在也是值得下工夫研究的问题。

江泽民总书记关于"三个创新"的指示，对广播电视新闻工作具有重要的指导意义。没有创新，就没有发展；没有创新，就没有特色；没有创新，就没有前途。总而言之，广播电视新闻的发展没有止境，改革未有穷期，需要我们花费毕生精力，尽量追求完美。

（2000 年 10 月 31 日）

电视新闻节目创新的五个要点[*]

最近，参加了两次电视新闻研讨会。一次在北京，以南京广播电视集团开办的《大刚说新闻》为由头，研讨如何解决电视新闻节目同质化问题，也就是电视节目如何创新问题。另一次在上海，借"东方电视"开播一周年，研究电视上星频道如何创新问题，其中，新闻节目如何创新是研讨的重点。

在两次研讨会上，听了一些专家学者的发言，很受启发。我想结合各位专家的见解，谈谈个人的一些看法。

电视新闻节目和新闻栏目创新一直是大家非常关心的问题。早在 1983 年，吴冷西同志就提出以新闻节目为突破口改革广播电视宣传。据中国传媒大学叶凤英老师的研究，1993 年以前，电视新闻节目存在"单一同质化"现象，就是说，所有的电视台都开办了和中央电视台《新闻联播》大体相同的新闻节目。1993 年以后，中央电视台陆续开办了《东方时空》、《焦点访谈》、《新闻调查》等新闻类节目。各地电视台纷纷仿效，于是又出现了"多种类型同质化"现象。

电视新闻节目同质化具有难以避免的因素。

首先是内容。事实是第一性的，传递相关事实的信息是第二性的。办过新闻节目的人都知道，我们的工作是相当被动的。每天，国内外发生的值得播报的事件就是那么多。在传递的内容上，互相重复是难以完全避免的。在这方面，地方电视台占有一定优势，因为一般来说，地方电视台不会在播出重大新闻上和中央电视台一较短长，重点放在采集地域性新闻，特别是和当地老百姓息息相关的新闻。因此，在信息采集、选择方面，倒是有比较大的空间。

其次是表现形式。表现形式既有传统的，比如：画面加解说、口播新闻、字幕新闻；又有利用舆论环境的宽松和技术进步提供的可能采用的新办法，比如：新闻评论、演播室谈话、直播、现场报道、插播新闻、观众参与的互动话题、新闻连线；还有从国外或港台引进的，比如：说新闻、读报（顺带说一句，有些老广播认为，说新闻也好，读报也好，他们早就使用过了）。总

---

[*] 本文是作者在杭州举行的"全国电视地域新闻表达方式研讨会"上的发言摘要。

之，这几年大家想了很多办法。到目前为止，可以说可用的办法几乎全都用上了。在这种情况下，电视新闻创新真是谈何容易！

这么说，是不是电视新闻节目创新已经到头了呢？当然不是。

总局领导对在北京召开的那次研讨会提出了一个要求，就是要我们研究电视新闻节目创新的规律。我在总结发言中，提出了创新的六条"规律"。现在想起来，话说得大了，其实，还是叫"要点"为好。经过一番思考，我把新闻节目创新的要点归纳成五条。

一、把握好正确的舆论导向是新闻节目创新的前提

党的十六届四中全会通过的《中共中央关于加强党的执政能力建设的决定》专门讲了"牢牢把握舆论导向，正确引导社会舆论"问题，其中重申的各项方针政策都是符合我国国情的，都是我们在研究电视新闻节目创新的时候必须遵循的原则。

任何一个国家的舆论工具都有影响受众的意图，都讲把握舆论导向。只不过有的曲折隐蔽，有的直通通的。"十六大"提出，"二十一世纪头二十年，对我国来说，是一个必须紧紧抓住并且可以大有作为的重要战略机遇期"，也就是我们常说的"我国正处在发展的关键时期、改革的攻坚阶段"。这个时期既是"黄金发展期"，又是"矛盾凸现期"。舆论引导上稍有偏差，就会引发社会动荡。党和国家领导人多次反复强调舆论引导的重要性，我想，道理就在这儿。导向不正确，一切创新都是白费工夫，媒体也会失去公信力。

张振华副会长提出，要正确处理舆论引导和把握新闻基本规律、提高引导艺术的关系。我认为，这是很重要的。不顾新闻要素的完整，一心只想达到引导的目的，把新闻做成纯粹的宣传，以至形成引导的简单化、绝对化、生硬化，都是不可取的。他还提出，正确处理党性原则和以人为本的关系、正面报道和忧患意识的关系。大体上，也可以归入如何把握正确舆论导向的范围。

二、贯彻"三贴近"、"三深入"原则是新闻节目创新的方向

我记得，在1990年年底《渴望》热播的时候，中央领导同志就提出过"三贴近"的文艺创作原则。"十六大"以后，在中央领导大力提倡"以民为本"的背景下，又多次重申"三贴近"，并且把"三贴近"提高到整个"宣传

思想战线必须长期坚持的工作原则"。十四届四中通过的《决定》在重申"三贴近"原则的基础上，号召"文化工作者深入实际、深入生活、深入群众"。

电视新闻节目创新中贯彻"三贴近"、"三深入"原则，首先要明确这里的"实际"、"生活"、"群众"指的是什么，因为现实生活当中的"实际"是纷繁复杂的；"生活"是多种多样的；"群众"是分属不同阶层的。

李长春同志在 2003 年 4 月召开的中央宣传思想文化部门负责人会议上，讲了这个问题。根据他的讲话，"实际"是指社会主义初级阶段、改革开放和现代化建设的实践；"生活"是指火热的现实生活和人民群众的日常生活；"群众"是指最广大的人民群众。

准确地理解"三贴近"、"三深入"的原则，才能把握住新闻节目创新的方向。新闻就是新闻，就其本质来说，不具备娱乐功能。新闻节目娱乐化，显然脱离了新闻的本质属性，也不是国际新闻的发展趋势（时统宇语）。新闻节目低俗化，显然降低了新闻的本来品格。

三、对受众的信息消费需求的调查研究是新闻节目创新的依据

自从广播电视工作者在传播观念上由"传者为中心"转变为"受者为中心"以来，一直十分重视受众调查，收视率调查公司也应运而生，生意兴隆。这是符合传媒发展规律的。播出的任何节目，总要有人看，喜欢看，才能产生社会效益。

近年来，各地电视台特别重视民生新闻，无外乎是因为这类新闻贴近老百姓的日常生活，符合受众接受信息的贴近性心理诉求。而刻板式报道的会议新闻，所以让人厌烦，主要是由于没有抓住受众的关心点。

在这一点上，要恰当处理两方面的关系。

一是满足受众需求和发挥引导作用的关系。受众需求是多种多样的。从社会发展角度来看，有的合理，有的不合理。作为传播主体，每家电视台都有自己的传播理念，并且从自己的传播理念出发发挥引导作用，因此，任何一家媒体都不可能满足受众的一切要求。"我播什么，你看什么"固然是过时的观念；"你想看什么，我播什么"也是做不到的。至于为了迎合某些观众的需要，把新闻节目搞得低俗不堪，更是我们反对的。

二是大众和小众的关系。大家都认为，我们已经进入了"分众传播"时代。不同阶层、性别、年龄、职业、文化程度的受众总会有不同需求，而只有综合类的新闻节目才能满足大众的信息需求，其他类型的新闻节目就要认

准目标受众，准确定位。时政新闻，财经新闻，娱乐新闻都有不同的受众群。作为电视台的管理者，就不能用一把尺子衡量所有新闻节目的收视率。

四、解读新闻、诠释信息是新闻节目创新的着力点

人类进入信息时代，每天都会面对来自各种媒体、各种渠道蜂拥而至的海量信息。生活在通讯工具发达地区的观众，不难获得足够的信息，难在如何理解信息的内涵；不难知道发生了什么事件，难在如何参透事件的意义。因此，解读新闻，诠释信息就为每家电视台提供了广阔的活动空间，也成为衡量每家电视台实力和水平的标尺。目前缺乏的不是信息来源，缺乏的是深刻的思想、到位的分析。

比如，民工大量涌入城市，有人认为他们扰乱了社会秩序；有人认为他们为城市建设贡献了力量，有人认为这是解决"二元社会结构"问题的有效途径，有人认为这是我国走向现代化的必由之路。

总之，在解读新闻、诠释信息上，每家电视台都能有独到的见解，都能避免重复他人的评说。评论方式，既可长篇大论，也可三言两语。中国人民大学涂光晋教授提出准确评点新闻的五点要求：正确的导向、深刻的思考、公正的观点、善意的取向和建设的态度。中国社会科学院研究员时统宇认为，评论的立足点应该是"以人为本"，关心人的命运，关心人的情感，特别是关心社会弱势群体。我认为，两位专家的意见都是很有见地的。

五、实行品牌战略是保持新闻节目创新生命力的保证

进入新世纪，在"内挤外压"、竞争空前激烈的情况下，电视人越来越认识到媒体、频道和栏目品牌的重要性，认定品牌建设是夺取观众注意力、赢得市场份额的制胜法宝。实际情况也是如此。再说，费了好大的劲完成一次新闻节目创新，谁也舍不得三天两头就丢掉。要想保持创新节目的生命力，还得依靠品牌建设。只有具备了实实在在的知名度、美誉度，才能提高和巩固受众的忠诚度。

在打造品牌的过程中，需要注意什么问题呢？

首先是确立"内容为王"的信念。电视的核心竞争力是内容产业。节目内容是品牌的基本支撑。因此，在创建品牌的创意策划阶段，既要考虑形式的生动活泼，更要注意内容的坚实厚重，千万不要出现"形式大于内容"的偏颇。

其次是明确物质产品和精神产品品牌的差异性。物质产品和顾客的关系是"人与物"的关系；精神产品和受众的关系是"人与人"的关系。受众购买精神产品，为的是满足精神享受。获取信息，了解世情，增长知识，解疑释惑，均属于从新闻节目中寻求精神享受的范围。我们每播出一档新闻节目，就是和受众进行一次思想交流、情感交流、品德交流，人格交流。由此产生的结果即是加深互相之间的了解，增进互相之间的友情。因此，打造品牌时，切实把握"以人为本"的原则，既要尊重受众，又要引导受众。

第三是量力而为。各家电视台都占有不同的资源，包括人才、设备、资金、频道、网络、活动空间。需要我们做的是善于整合各种资源，根据各自不同的资源情况，明确栏目理念，精心策划，准确定位。一旦确定了频道理念、目标受众、栏目定位、表现形式、风格特征以后，就要勇于坚持，切忌"贪大求全"，切忌"站在这山，望着那山高"，切忌"荒了自家的地，专种别人的田"。在品牌建设中，我们要追求"专、精、深"，不要陷入"泛、粗、浅"。

除了以上这五个要点之外，为了继续推进电视新闻节目不断创新，我们还应该做两项工作。

一是开阔视野，关注世界各国新闻节目的新进展，取人之长，补己之短，提高预见性、前瞻性，增强创新能力。

二是全面收集、整理受众反馈信息，发扬优点，弥补缺点，修正错误，提升创新思维。

（2004 年 10 月 30 日）

中国电视民生新闻散论[*]

2009 年 4 月，中国广播电视协会学术委员会和中国高等院校影视学会联合发起"中国电视民生新闻发展与创新论坛暨电视民生新闻十年回顾展评会"活动。

山东有线电视中心对本次活动给予了大力支持，承担起全部繁重的承办任务。我代表主办单位对承办单位表示衷心感谢！

本次学术活动一共征集到 38 个电视民生新闻栏目报送的材料。由于各种原因，还有一些国内知名的电视民生新闻栏目没有参评。

收到报送的材料后，6 月 27 日，在北京召开了本次活动第一阶段会议——参评节目评审会。全体评委审看了参评节目，展开热烈讨论，最后评选出"十佳民生新闻栏目"以及评委会特别推荐的五个民生新闻栏目和两名中国电视民生新闻最具人气的主持人。

我代表评委会对所有获得专家评选殊荣的单位和个人表示热烈祝贺！

今天，我们在泉城济南召开本次活动第二阶段会议——"中国电视民生新闻发展与创新论坛"。希望大家围绕着电视民生新闻的发展历史、现状和未来走向畅所欲言，各抒己见，使电视民生新闻得到健康的可持续发展。

发起单位把本次学术活动定名为"中国电视民生新闻十年回顾展评"。换句话说，把这次研究电视民生新闻的时限确定为 1999 年到 2009 年。为什么选定这段时间？因为在这十年间我国电视民生新闻正处于一个重要的发展阶段。

研究任何事物的发展历程，总要分清其不同的发展阶段。中国电视民生新闻有哪些发展阶段？我个人看，可以大体划分为反复酝酿、悄然兴起、蓬勃发展和深刻反思、稳步前进四个阶段。

反复酝酿。"文化大革命"结束后，在党中央的领导下，在全国各个领域都开始进行繁难的"拨乱反正"的历史性工作。

从 20 世纪 80 年代起，广播电视管理部门和广播电视新闻工作者就开始不断探索新闻如何反映普通老百姓的生活，率先提出了"以新闻改革为突破

口，推动广播电视宣传的改革"。1983 年 10 月 26 日中共中央批转的《关于广播电视工作的汇报提纲》明确提出了新闻改革的基本要求，其中涉及报道内容方面，文件提出了两条，一条是"要密切联系群众，联系实际，丰富报道内容"；第二条是"报道内容要广，并要注意从群众关心的角度进行报道"。换句话说，当时已经从报道内容和报道角度提出了"联系群众，联系实际"的基本要求。

提出这样的要求是时代的呼唤、人民的渴望、新闻改革的必然。一方面是彻底否定"文革"时期"假大空"式的新闻报道；另一方面反映了新闻工作者的最基本的理念：播出新闻必然是为了最广大的人群收听收看，而不是为了少数人的需要。我们多年做新闻节目，每天都为给受众提供有用的消息而感到高兴，也为播出一些连自己都认为缺乏新闻价值的报道而感到苦恼。这就是普遍认可的新闻工作者的良知。

以中央电视台"新闻联播"为代表的"高台教化"式的新闻制作方式和播出方式有其存在的合理性，不可能轻易改变。于是，广电新闻工作者势必要为集中播出普通听众观众关心的消息创造新的平台。从 20 世纪 90 年代初起，中央电视台和一些地方电视台经过反复酝酿，逐步开辟了以"讲述老百姓自己的故事"为特点的新闻栏目，在早间新闻节目和晚间新闻节目中，除了重播重要（或重大）时政、经济新闻外，明显增加了和老百姓日常生活相关的消息。

悄然兴起。到了 20 世纪 90 年代中期，出现了一些具有比较典型的民生新闻要素的新闻栏目，例如《点点工作室》（也就是后来的《第七日》）等。1999 年 5 月，福建电视台新闻频道开办了《现场》栏目。6 月，黑龙江电视台都市频道创建了《新闻夜航》栏目。这两个栏目都具备了民生新闻的基本特征，只是没有打出"民生新闻"的旗号。《现场》、《新闻夜航》开播后，在观众中的传播效果立即显现，得到多方表彰，引起了电视新闻工作者的密切关注，类似新闻栏目逐渐现身于电视地面频道，即是说，没有亮明旗号的民生新闻栏目悄然兴起于电视荧屏。

蓬勃发展。2002 年元旦，江苏电视台城市频道推出了《南京零距离》栏目，首次毫不含糊地打出"民生新闻"的旗号，对民生新闻的定名和发展立下了汗马功劳。栏目推出后，声誉鹊起，很快引起轰动效应，各地电视台纷纷借鉴，"民生新闻"进入了蓬勃发展阶段。一时间，从中央到地方各级电视台，民生新闻栏目遍地开花。

然而，由于三个原因，民生新闻引发了激烈争议。一是有些民生新闻栏目播出了较多的批评性报道，引起地方有关部门的不满；二是有些民生新闻栏目大量播出缺乏新闻价值的生活琐事，浪费了宝贵的频道资源和观众的时间；三是有些民生新闻栏目出现迎合、媚俗，甚至猎奇、低俗倾向，受到传媒专家的强烈批评。一段时间，甚至连"民生新闻"的名称也遭到质疑。由此，必然引发对"民生新闻"的反思。

深刻反思、稳步前进。在快速奔跑后，停下脚步，认真思考一下已经创建的民生新闻栏目的成败得失，很有必要，也很有益处。反思什么？主要是：什么是"民生新闻"的内涵？"民生新闻"在我国新闻改革中占据什么位置？从理论上弄清这些问题，必然为民生新闻找到理论依据、政策依据以及社会依据，也就可以为民生新闻的生存和发展奠定坚实的基础。

从2002年到现在，电视民生新闻成为新闻传播学研究的一大热点。国内专家学者发表了大量论述电视民生新闻的学术论文和专著。

关于什么是电视民生新闻的内涵，他们从传播理念、传播内容、传播视角、传播地域、节目形态、播报方式、语态特色、受众构成等给出了不同的定义，多达二十余个。定义固然重要，更重要的还是准确把握构成定义的各种要素，例如，强化民生意识和为民众服务的价值取向，关注民众生计、民众意愿和民众日常生存状态，强调为百姓排忧解难，采用平民视角，使用平等交流的语态，等等。

关于电视民生新闻在新闻改革中占据什么位置，专家学者们多给予充分肯定。他们认为：民生新闻是改革开放以来新闻改革的一大亮点，是电视新闻的崭新的节目形态。具体说来，可以概括为三个基本观点。

一是民生新闻是适应时代进步的产物。我国进入改革开放新时期以来，党中央一直提倡"解放思想"，就其实质而言，就是解放人，尊重人的首创精神。作为中国特色社会主义理论体系的组成部分，科学发展观的核心是以人为本。党的"十七大"提出社会建设的重点是改善民生。应对国际金融危机，中央提出"保增长、保民生、保稳定"的"三保"方针。这不啻是为"民生"正名。在科学发展观的统领下，对宣传工作提出了"三贴近"（中央文件中还有"深入实际，深入生活，深入群众"的提法）。这些适合中国国情的理论和明白无误的政策是民生新闻的"催产婆"。也可以说，民生新闻是适应时代进步、响应中央号召应运而生的。

二是民生新闻是适应社会需求的产物。"文革"结束后，广大观众对"假大空"式的宣传模式恨之入骨，不屑一顾，对连篇累牍的会议消息感到厌烦。就连邓小平也批评说，"电视一打开，尽是会议"。其实，观众的要求十分简单，十分质朴，就是想在电视荧屏上看到听到和他们生活密切相关的有用信息。在社会转型、体制转轨时期，社会现象特别显得繁纷复杂，人们自然渴望及时了解社会的发展变化。就人类认识规律而言，人们总是更希望了解就近的、比较熟悉的事物。这是催生民生新闻的重要的社会需求。

三是民生新闻是传播理念转变的产物。改革开放30年，新闻工作者的传播理念发生了重大变化。一方面，传播学的引进使新闻工作者对传播全过程有了更为全面的认识，新闻价值取向有了积极的变化。另一方面，传媒市场的激烈竞争使"注意力"成为稀缺资源。新媒体的发展促使以"传受双方互动"为主要特征的新的传播时代到来。这些主客观因素加速了新闻工作者传播理念的转变。由"我说你听"逐渐转变为"为您服务"。传播视角也随之由"俯视"逐渐转变为"平视"以至"仰视"。这是推动民生新闻诞生的内在动力。

深刻反思并没有削弱，更没有否定民生新闻，反而使新闻工作者对民生新闻加深了理性认识，民生新闻进入了稳步前进阶段。传播内容、传播形式越发符合民生新闻的本质要求；栏目设计更加合理；主持人也更加成熟。在这个阶段中，标志性的事件就是2008年1月1日，经国家广电总局批准，河南电视台把经济生活频道正式更名为民生频道。从民生新闻栏目到民生频道，应该看作是稳步前进中迈出的一大步。

民生新闻未来走向如何？传媒界专家学者提供了许多可供参考的意见和建议。

我的建议分为两部分。

第一，建议大家认真学习、研究去年6月20日胡锦涛总书记《在人民日报考察工作时的讲话》。在讲话中，他提出要"按照新闻传播规律办事"。什么是新闻传播规律？根据他的讲话内容，我认为起码可以归纳为五条。

1. "坚持正确舆论导向，提高舆论引导能力"。
2. "坚持贴近实际、贴近生活、贴近群众"。
3. "坚持以人为本，增强新闻报道的亲和力、吸引力、感染力"。
4. "保证人民的知情权、参与权、表达权、监督权"。
5. "第一时间发布权威性信息，提高时效性，增加透明度"。

第二，具体到民生新闻，综合各方意见，我提出五条建议。

1. 保持栏目特色，不偏离民生新闻的本质特性。
2. 扩大报道题材，不刻意回避重大政治、经济、国际新闻以及会议消息，而是对这类新闻给予民生解读。
3. 打造知名品牌，以品牌保持生命力，以品牌赢得公信力，以品牌提高竞争力，以品牌扩大影响力。
4. 拓展传播范围，充分利用网络，加强传受互动，让老百姓讲述自己的故事。

5. 搭建民生新闻节目同行间常设的交流平台，互相学习，互相借鉴，共同提升制作水平。

总的目标是为提升民众的公民意识，促进民主政治建设，营造和谐社会尽一份力量。

年轻一代电视人赶上了大好时机，民生新闻一定会有广阔的发展前景！

（2009 年 7 月 12 日）

在探索中前进，以创新求发展*

2000 年 12 月 20 日，按照国家广播电影电视总局徐光春局长的意见，中国广播电视学会成立了纪录片研究委员会。纪研会从成立之日起，就确定了"多办实事"的工作方针。创办"纪录片论坛"就是纪研会和兄弟单位联合办的实事之一。我个人是十分赞成举办这类活动的。主要理由是：首先，电视纪录片最能体现电视文化的本质特征，从而最能表现电视工作者的创作功力；其次，我国电视纪录片创作已经进入成熟期，具备了深入探讨创作规律的客观条件。

1991 年以前，我是作为普通观众欣赏电视纪录片的。那年 5 月，我被调到部里工作，主要负责广播电视宣传管理和对外交往工作。我参加审看的第一部电视纪录片是《望长城》。突出的印象就是创作手法新颖，和以往看到的"画面加解说"的传统手法大不相同，解说语言也彻底摆脱了生硬说教的味道。从那时起，和电视纪录片的创作人员的接触日益增多，从他们那里听到围绕电视纪录片创作的一些争论和新的创作理念，学到很多东西。另外，还参加了每年的电视社教节目评奖和研讨会；多次审看国产的大型电视文献片（如《毛泽东》）和大型系列片（如《香港沧桑》）；在几次电视节上担任电视纪录片评委会委员。通过参与这些活动，对电视纪录片得到了什么印象呢？主要有三点。

首先，国外电视制作机构非常注重电视纪录片的创作，每年都能拿出一些优秀作品，在市场运作上形成了一套相当完整的经验。

大家都知道，一般来说，国外著名的电视机构都把新闻节目当作"龙头"，同时又把新闻节目称作"易碎产品"。电视剧、娱乐节目大都从节目制作公司购买或者定制。唯独电视纪录片一定要自己生产，而且把纪录片视为衡量创作实力的标尺。每年都不惜工本，以大投入保证一两部或三五部纪录片的质量。有的电视机构干脆就开办起以纪录片为主体的专业频道，他们的节目行销世界各地，创造了相当高的收视率和经济效益。

近年来，我先后参加了上海电视节和四川电视节的纪录片评奖。参评作

---

* 本文是作者在北京广播学院（今中国传媒大学）举行的首届"纪录片论坛——中国纪录片 20 年回顾"上的讲话摘要。

品大体分为两大类：一类是自然类纪录片，另一类是人文类纪录片。欧美和日本电视台或者节目制作公司生产的自然类电视纪录片，构思之巧妙，制作之精细，手法之高明，确实令人叹为观止。看得出来，他们投入了大量资金、人力、设备、时间，我们恐怕一时还难以企及。他们制作的人文类纪录片虽然不乏追求猎奇、偏爱灾难的倾向（这和他们的新闻观是一致的），但是大多数片子还是表现出深切的人文关怀，例如，同情弱者，关心儿童、妇女、老人和残疾人，提倡保护自然环境和野生动物，谴责不义战争，等等。题材十分广泛，历史的，现实的，本国的，外国的，人物的，事件的，文艺的，科技的，几乎无所不有。至于创作手法多样化的例子，可以说俯拾即是，既有长镜头跟踪拍摄，也有"真实再现"，抓拍，抢拍，采访，演员扮演，现场声，配乐，旁白，第一人称叙述，主持人解说，等等，总之，怎么合适怎么来。

国外电视机构多数是商业性的。大投入必须赢得大回报，靠的是有效的商业运作，包括铺天盖地的广告宣传、知名的品牌、庞大的销售网络。虽然不是每部片子都能得到相应的回报，品牌的名气总算创出来了，让人不得不刮目相看。

总而言之，国外电视机构电视纪录片制作和营销的经验值得我们认真研究，有选择地吸取，为我所用。

其次，我国电视纪录片在探索中前进，以创新求发展，进入了创作的成熟期。

中国电视纪录片 20 年回顾，时限是从 1980 年到 2000 年。在这 20 年间，我国电视纪录片生产的数量和达到的水平为深入探讨我国电视纪录片的成长历程、总结创作经验、展望发展前景提供了充足的材料。如果用两句简单的话概括 20 年的经验，我想用这样的说法，就是：在探索中前进，以创新求发展。

1980 年，中央电视台和日本广播协会合作拍摄了《丝绸之路》；1983 年，再次合作拍摄了《话说长江》。大家回想一下当时我们的尴尬处境。资金匮乏，设备落后，人才不足，创作理念正处在转变过程中，还要顶着相当大的社会舆论压力。然而，从 80 年代中期开始，我国电视业进入了突飞猛进的发展期，电视技术设备也迅速更新换代。1986 年，中央电视台已经有能力自筹资金拍摄《话说运河》了，而且产生了轰动效应。部分地方电视台陆续加入了大型电视系列片的拍摄队伍。有些电视台还设立了纪录片创作室，开办了纪录片专栏。从那时起，无论在题材选择上，还是在拍摄技巧上，我们都自觉地继续沿着探索和创新的道路前进。记录重大历史事件，重现共和国领袖风采，介绍经济建设成就，展现祖国名山大川，反映各个社会领域的先进人物的先进事迹以及普通百姓的日常生活，如此等等，各种题材的纪录片都有精品佳作问世。我们看到过这样的例子，一部上下集的电视纪录片比起十来集的同名电视剧更加感人至深。原因就是电视纪录片是真实的记录，而电视剧是虚构的艺术，人们在欣赏这两类片子的时候，审美期待是不一样的。只要质量上乘，总会收到动人心魄的效果。另外，种类、风格、样式、手法日益多样化，不仅和世界先进潮流接轨，而且有我们自己的独创，比如，电视素以形象化手段反映客观现实见长，然而我们在政论片、理论片的摄制方面同样积累了相当成功的经验。20 年来，我国电视纪录片真实地记录了改革开放以来的政治、经济和社会生活，深刻地反映了社会嬗变和人们思想跨越式进步，给当代人以启示，为后来人留下珍贵的形象资料。再过十几年、几十年，那时候人们肯定会怀着深切的敬意感激这一代电视纪录片工作者的。

回顾 20 年电视纪录片的创作历程，我们可以看到一条规律：凡是在创作上有突破、有创新的纪录片都引起了社会和行业内的广泛关注。反过来说，凡是追风、"克隆"的片子都不成功。我记得，当政论片风行一时的时候，也出现了一些模仿之作。制作者不顾个人的功力，不顾片子的内在要求，不顾观众的审美需求，贪大求全，事事从开天辟地讲起，一直讲到共产主义社会建成，空话、套话连篇，其结果必然是引起观众的厌烦。还有一些纪录片叙事不清，时空颠倒，烦琐拖沓，一味煽情，解说词晦涩难懂，配乐莫名其妙，甚至弄虚作假，或者出现重大失误。

20 年来，我国电视纪录片创作走过了一条曲折的道路，有辉煌，也有低迷，有成功，也有失误，绝不像长安街那样笔直，那样平坦。但是，这又是一条成功之路。如今，我们的创作理念、队伍规模、资金筹措、技术设备、经验积累，已远非昔日可比。今天，正是电视纪录片创作人员大展宏图的好时机，千万不可错失良机。

再次，繁荣电视纪录片创作需要解决的几个问题。

这些年来，我和国外的电视纪录片创作人员和研究人员有过一些接触。他们当中不少人都以羡慕的口吻说：中国是视觉资源最丰富的国家之一。这句话主要是指我国的多样性的自然环境和特有的野生动物、老祖宗几千年留下来的名胜古迹、数不胜数的考古发现以及大量珍贵的文物。这些都是我国独有的纪录片拍摄的资源，我们总不能把佛教四大名山、八大石窟、四大古都、熊猫、金丝猴、丹顶鹤，等等，老是拱手让给外人去拍吧。他们还有一个说法，就是：我国改革开放以来的社会转型为世人所关注。这也是事实。建设有中国特色的社会主义是个全新的题目，二十多年来，国际舆论界一直没有放松跟踪报道，但是，误导不少，只有我们才能为世人解疑释惑。这两条就是我国电视纪录片能够，而且应该保持长盛不衰的客观条件。第一条是得天独厚；第二条是天赐良机。客观条件提供了现实的可能性；把可能变为现实，还需要一系列主观条件。

第一是重视。就是说，对电视纪录片给以足够的重视。目前，我国广播影视业正处在深化改革当中。深化改革既给我们带来机遇，同时也提出了挑战。电视频道专业化是此次改革的重要内容。按说真正实行频道专业化，会给电视纪录片容出更大的播出空间。但是，赢利意识的强化又给电视纪录片的发展带来障碍，例如，有些电视台的领导把原有纪录片专栏撤掉了，主要理由是收视率不像电视剧那么高，征集不到理想数量的广告。或者不肯出钱拍纪录片，让创作人员自筹资金，使创作人员处于两难境地。每家电视台都担负着社会教育、对外传播的政治责任，而电视纪录片正是完成这两项任务的主要片种。

对纪录片的效益究竟怎么评价？我认得一位地级台的台长。每年他都要拿出上百万的资金聘请纪录片高手拍摄一部叫得响的电视纪录片。他说：电视台赚了钱，到底怎么用，那是很有学问的。用来盖大楼当然应该，10 年后，台里的工作人员会说楼盖得不错，就是小了点儿，装修不够现代。我们要盖，肯定能超过它。但是，像纪录片这样的艺术作品，情况就大不相同，一部优秀的纪录片出来了，不用说 10 年，就是再过 20 年，也未必会出现超越它的片子。我认为，这是很有远见的看法。

除了各台领导重视外，纪录片创作人员当然也应该重视自己的创作成果。当前，特别要抗住浮躁的风气，精心策划，潜心创作，埋头苦干，出手的作品即使不能成为传世之作，也要经得住十年八年的考验。一切产品的效益取决于质量高低，纪录片也是如此。

第二是联合。联合起来办大事是我的一贯主张。推动纪录片的发展，我也主张搞联合。一种联合形式是中央电视台和中广学会经常组织的"异地采访"。选定一个地方，各台自愿派出摄制组，各组分题目进行拍摄，各台有选择地播出。这种做法可以在较短的时间内推出成套的专题纪录片。2000 年，我们曾经组织过在武夷山的"异地采访"，社会效益、经济效益都很明显。据武夷山地区的领导同志讲，2001 年武夷山全年没有旅游淡季，得益于这套片子在全国各台播出，形成大面积同步宣传的声势。"异地采访"的缺点是时间短，速度快，难以精雕细刻。另一种方式是合作拍片。选定一个题目，拟订拍摄要求，各台自愿参加拍摄，比如，纪录片研委会组织的"中国古镇"合作拍片。全国古镇很多，古镇所在地的电视台对当地古镇十分熟悉，手头资料也很丰富，占有先天优势，比较容易拿出精品。一旦片子成套，好片子又多，各台都易于安排播出，还可以推到海外市场，社会效益、经济效益也就有了。

第三是市场。改革开放二十多年，电视工作者越来越认识到电视节目是特殊商品，电视频道是特殊资源，电视业是特殊产业，市场意识越来越强了。大家已经清醒地看到，要想使一个节目或一类节目引得社会广泛注意，就绝不能只靠制作者的主观想象，而是要注重市场调查，了解市场需求，了解观众的需求，使传播和接受达到最佳结合点。

当前，纪录片消费市场有两个。一个是国内市场，主要是各级电视台。我们在创作时，必须很明确我的片子是为谁制作的。在特定的时期，比如重大纪念日或者举行某项重要活动，电视台需要什么节目？观众需要什么节目？在平常日子里，电视台需要什么节目？观众需要什么节目？中央电视台、省级电视台、地级电视台以及县级电视台各需要什么节目？上星频道和地面频道各需要什么节目？总之，一定要考虑电视台和电视观众的需求。我们提倡艺术创作的个性化，但是这和追求"自我表现"、"自我欣赏"、"自娱自乐"那套玩意儿是两码事。另一个是国外市场。就接受兴趣而言，国外观众和国内观众有许多共同之处。但是，由于文化背景的差异，接受水平的不同，在表现方式上，一定要讲究"内外有别"和"外外有别"。这是我们开拓国际电视节目市场的生命线。

第四是研究。近二十年，纪录片的学术研究有了很大进展，出版了一些学术专著，报刊上发表了大量学术论文。但是，在一些问题上（例如，对电视纪录片的界定、纪录片和专题片的区别、纪录片品格的认定、创作手法的评判，等等），仍然存在不少争论，对一些作品的评价"仁者见仁，智者见智"。首先，这是好事情，说明我们的研究工作在步步深入，而且并不妨碍纪录片的实际创作。其次，我主张我们的创作还是走多样化的道路。种类、风格、样式、手法都要不拘一格，千万不要形成"千人一面"、"千篇一律"的格式化局面。第三，在现有的基础上还要大胆创新。发现新题材，挖掘老题材的新内涵，创造新的表现形式和创作技巧，起用风格独特的主持人，等等，都是我们要做的事情。总之，还是要在探索中前进，以创新求发展。

20年只是人类历史的一瞬间，前面的道路还很长很长。

（2002 年 5 月 27 日）

"电视纪录片"辨析

电视纪录片是电视节目中的重要品种,具有记载历史、讲述现实、传播知识、弘扬民族文化、加强对外传播的作用。电视纪录片不是"易碎产品",不是"一次性消费产品",而是可以长远流传的精神产品。纪录片制作水平的高低是衡量一家电视机构业务水平和经济实力的标尺。在这个意义上,纪录片的兴衰可以代表电视业的兴衰。然而,作为电视大国,我国的纪录片创作和流通的现状却是喜忧参半。个中既有社会转型的原因,也有行业管理的原因,既有理论问题,也有实践问题。

在我国电视界,存在"电视纪录片"、"专题片"和"专题(性)节目"三个名称。那么,什么是"电视纪录片"?什么是"专题片"?什么是"专题(性)节目"?三者之间存在什么关系?

这个问题从何提起呢?

2005年11月,笔者参加了调整后的"中国广播影视大奖"中的2004年度广播电视节目奖的终评。在优秀电视社教节目中,分列出"优秀专题"和"优秀纪录片"两项。在《中国广播电视协会全国性评奖评选章程实施细则(试行)》中,对"专题片"(注意:不是"专题(性)节目")作界定为"以声画对位的解说词为主要表达方式的议叙结合"的节目。对"纪录片"作界定为"以声画合一的现场实景为主体拍摄的纪实风格"的节目。这两项界定是在一次学术研讨会上经过反复研究后作出来的。然而,我认为,"声画对位"和"声画合一"只是创作手法不同;"议叙结合"为主和"现场实景"为主只是表现方式不同,均不足以科学地分清"专题片"和"纪录片"之间的本质差别。待到看了节目以后,更感到难以区分,比如,在"优秀系列专题"分项中四个获奖节目的主创人员或者把自己的节目定名为"系列片"(《中国律师》、《学者》),或者干脆就叫"纪录片"(《犹太人在哈尔滨》、《1943·驮工日记》)。

这种划分不清而又强行划分的现象究竟是怎么产生的呢?

终评结束后,笔者先查阅了《广播电视词典》(北京广播学院出版社1999年版),其中只有"专题性节目"的条目,而没有"专题片"和"纪录片"条目。原因不详,可能是作者认为电影以"片"为单位,而电视应以"节目"

为单位吧。既而查阅了《中国应用电视学》（北京师范大学出版社 1993 年版），该书谈到 20 世纪 80 年代初，兴起过一股"驱赶纪录片"的潮流，而代之以"专题片"。究其原因，"可能是出于要闯出电视独家道路，丢掉'电影拐棍'"。关于电视纪录片和电视专题片之间的关系，书中介绍说，学术界存在着四种说法，即等同说、从属说、畸变说和独立说。该书作者认为，"在学术界、学术场合，广泛一致地认同'纪录片'这个称谓，有着十分积极的意义"。这是一种见解。

最后，阅读了中国传媒大学高鑫教授撰写的《电视专题片创作》（中国广播电视出版社 1993 年出版）和四川大学欧阳宏生教授 2004 年在《西部电视》上发表的《分类设奖，促进发展》一文。两位教授的见解一致，认为"纪录片"和"专题片"是各自独立的不同片种。他们分析了纪录片和专题片的异同。相同之处在于取材于真实的现实生活；以"真实性"作为创作的生命；运用纪实主义的创作方法。总而言之，强调真实性，排斥虚构。相异之处在于反映生活的方式不同；结构作品的形式不同；表现生活的手段不同。由此可见，两位教授认为，纪录片和专题片本质相同（真实地纪录真人、真事、真情、真景），不同的是反映生活的方式、结构作品的形式和表现生活的手段。

近年来，笔者参加过"白玉兰"和"金熊猫"纪录片评选，观看了不少欧美亚各国的电视纪录片。其创作手法不拘一格，而且特别强调故事性，以扮演形式再现真实历史人物、事件的片子所在多多，早已突破了纪录片的传统概念。

在观看了国外不同类型的纪录片并拜读了以上几位专家的大作后，形成了以下几点认识：

首先，以镜头为主、解说为辅真实纪录自然、社会和人类活动的电视节目形态宜统称为"电视纪录片"。"真实"（或"非虚构"）指的是纪录片表现的内容，至于表现形式，则不必拘泥于一种固定格式，提倡走"多样化"的道路，传统的、探索的、表现的、再现的、各种结构、无解说词，等等，均可运用。

其次，按照题材、规模、风格、样式再行细分，比如：新闻纪录片、文献纪录片、人物纪录片、风光纪录片、民俗纪录片、单本纪录片、系列纪录片，等等。

第三，"专题片"可舍弃不用，而保留"专题（性）节目"一词，指的是"内容相对集中且可以形成统一主题"的节目（《广播电视词典》230 页）。专题（性）节目形式多样，既包括纪录片，也包括访谈、座谈、讲座等。

　　这样做的好处：首先，有利于纪录片的系统研究，彻底摆脱难以区分（或勉强区分）"专题片"和"纪录片"两个称谓的尴尬。其次，在纪录片创作中可以大胆使用各种不同表现手段。第三便于以共同语言和国外同类片种创作人员开展交流。

　　这些认识是否得当，衷心希望能够听到纪录片创作人员及研究专家的意见。

（2006 年 1 月 23 日）

在喧嚣中保持沉静心态*

一、对 2006 年我国电视纪录片发展的评价

如何评价我国纪录片在 2006 年的进展？

人们首先想到的自然是纪录片的创作情况，包括作品的质量、数量以及社会影响。

（一）质量

广播电影电视总局领导在总结 2006 年工作的时候，说了一句话，就是"影视纪录片创作取得重要进展"，随即点出了五部"播映后获得好评"的作品。这五部作品是：《脊梁》、《不可忘却的长征》、《风雨历程——中共中央早期在上海》、《圆明园》和《再说长江》。这是专门就纪录片创作质量作出的评价，我觉得是实事求是的。2006 年，确实出现了几部引起广泛关注的优秀的人文纪录片。除了这几部片子外，去年 11 月中央电视台播出的《大国崛起》，在国内外均产生了"一石激起千层浪"的反响，甚至引起国外舆论的种种猜测。此外，像《跨国风云》、《德行天下》、《解读皇粮国税》，等等，也在不同程度上得到好评。

2006 年，纪录片评奖、评优、评析活动正常进行。专家评委评选出的作品同样反映了 2006 年纪录片质量的新水平。第十二届上海电视节的"白玉兰奖"、2006 中国（广州）国际纪录片大会的评优活动都评选出代表我国纪录片最高水准的作品。中国广播电视协会纪录片委员会 9 月组织了"2006 首届中国·玉溪国际环保纪录片周"，10 月举办了"2006 年度中国纪录片国际选片会"。中外评委一起认真观看了大量来自不同国家和我国各地拍摄的纪录片，并且严格按照规定程序评选出优秀纪录片。

概括起来说，这些在各种评选活动中获得好评如潮的作品坚持了真实性的原则，突出了深刻的哲理性和精确的时代性，表现出真挚的人文关怀，生

---

* 本文是作者在"2005—2006 年度真实中国纪录片年度导演评选"活动颁奖典礼上的讲话摘要。

动地展现了引人入胜的生活细节，灵活运用多种创作手法和高超的技巧。无论是思想内涵还是艺术质量都达到了新的水平，国内评论家赞赏有加，同时也赢得国外纪录片专业人士的青睐。

（二）数量

2006 年，我国究竟生产多少部电视纪录片？《中华新闻报》2006 年 9 月 13 日发表的一篇报道，记者提供了这样一个数字，"最近五年制作纪录片年均至少在 12000 分钟以上"（《中国纪录片：以突破求复兴》），或者说是 200 小时。这个数字是否准确，关键在于如何界定纪录片。我个人倾向于把电视纪录片界定得宽泛一些。

具体地说，我是这样界定的。以镜头为主、解说为辅真实纪录自然、社会和人类活动的电视节目形态统称为"电视纪录片"。"真实"（或"非虚构"）指的是纪录片表现的内容，至于表现形式，则不必拘泥于一种固定格式，提倡走"多样化"的道路，传统的、探索的、表现的、再现的、各种结构、无解说词，等等，均可运用。

按照比较宽泛的标准计算，2006 年纪录片的产量肯定不止 200 小时。宽泛的界定可以容纳数量更多的片子，但是，是否会降低纪录片的品格，出现鱼龙混杂的局面呢？

我以为，这是两个不同的问题。一个是如何界定电视纪录片；一个是如何评价电视纪录片。只要我们坚持以高标准衡量一部纪录片的成败得失，就不会出现滥竽充数的现象。制定纪录片的标准，恰恰是纪录片委员会责无旁贷的任务，也是提升纪录片委员会存在价值的基础性工作。

（三）社会影响

从 2006 年出品的纪录片中，我们可以再次看到纪录片的独特作用。举例来说，2006 年是中国红军长征胜利 70 周年。新闻节目可以及时传递纪念活动的最新信息；文艺节目可以充分渲染庆祝胜利的热烈气氛。这些都是不可或缺的。不过，要想以生动感人的影像手段深刻分析红军长征的重大历史意义、深入挖掘 70 年前这一历史事件鲜为人知的细节，从而给观众留下不可磨灭的印象，唯有纪录片才能做到。多年来，这样的例证可以说是不胜枚举。

如果从更广泛的领域来说，2006 年纪录片委员会首次编辑出版了《2006 年中国纪录片年鉴》；中央新闻纪录电影制片厂开办了又一个纪录片专业频道——老故事频道；中国纪录片网网站内容日益丰富；纪录片委员会对外交流健康发展；还成立了纪录片女导演俱乐部。

基于这些事实，我个人对 2006 年我国电视纪录片的评价是：在电视泛娱乐化的喧嚣中，我国纪录片稳步前进，有所突破。

二、对我国电视纪录片发展的展望

我国电视纪录片的发展前景如何？

近年来，人们的环保意识有所增强，"生态环境"成为使用频率越来越高的时髦词汇。电视评论家也不断议论电视的生态环境。咱们也从俗一次，谈谈"纪录片的生态环境"。

（一）政府扶持

这是优化纪录片生态环境的决定性因素。谈到 2007 年工作的时候，广播影视部领导提出"继续抓好影视纪录片生产"，表明总局领导高度重视纪录片的生产。去年，总局继续参与主办"中国（广州）国际纪录片大会"，表明总局为支持纪录片发展正在采取实际行动。早在 2004 年，总局就公开表示已经确立了中国纪录片发展的目标，要进一步发挥政府主管部门的行业组织、产业扶持和市场引导功能；同时，还建议设立中国纪录片发展基金，设立专门的基金会。2007 年年初，总局向离退休的部级干部征求对广播影视工作的意见。我向总局提交了"进言十则"。其中一条就是建议总局像扶持动画片一样扶持纪录片，而且提出了我国纪录片基础雄厚，用不了花费像扶持动画片那么多的资金，就可以见到更加明显的效果。我相信，总局领导一定会进一步采取实际行动。

另外，最近，一位总局领导认为，当前，我国广播影视已进入了一个新阶段，新阶段的特点之一是更多地依靠科技创新推动广播影视的快速发展；特点之二是更多地依靠统筹兼顾推动广播影视的全面协调可持续发展。我的理解是：总局正在采取措施，更多地依靠科技创新和科学管理推动广播影视的健康发展。据此，总局领导提出了"十一五"期间要基本形成四个总体框架，就是：保障安全播出的总体框架、广播影视公共服务的总体框架、广播影视数字化发展的总体框架以及广播影视产业发展的总体框架。

"十一五"的结束期是 2010 年，还有三年多的时间。如果在三年多的时间里，四方面的总体框架基本形成，将为广播影视发展创造一个良好的生态大环境，对我国纪录片的发展真正是个莫大的福音。简单地说，在当前国内外的环境下，安全播出对所有广播电视节目都是至关重要的。强调公共服务，有助于扭转、端正一些被扭曲的办台理念，促进各类节目均衡发展。数字化大幅度地增加播出频道数量，使开办真正的专业频道成为可能。产业发展将为建立公平、透明、有序的市场运作创造条件。

（二）视觉资源

我国视觉资源丰富，这是纪录片良好生态环境的物质基础。论空间，我国国土幅员辽阔，自然景色多姿多彩。论时间，我国正处在社会转型期，时时可见社会变动，人的思想观念变化多端。再加上我国历史悠久，具有丰厚的传统文化；民族众多，民风民俗多种多样。我就亲耳听到过一些外国纪录片老手对此羡慕不已。一些国家的纪录片创作人员瞄准中国题材，绝不是偶然的。美国探索频道亚洲公司制作部总监维克多·夏纳说："在过去三年中，我们制作的纪录片 25％与中国有关。"（《中国纪录片怎么让外国人拍"火"了》，见《中国青年报》2007 年 1 月 8 日）中美合拍的《中国建筑奇观》全球热播（见《中国广播影视报》2006 年 2 月 28 日）。显然，我国纪录片人更应该充分利用眼下我国时空提供的优越资源拍摄出令我国观众喜闻乐见的纪录片。

（三）创作队伍

我们拥有一支执著于纪录片事业的队伍，这是保证纪录片生态环境良好的主体因素。据前面引用的《中华新闻报》的报道，我国"直接从事纪录片制作的队伍至少在 5000 人以上"。以往的纪录片评奖、评优、评析活动着重在评选作品。本次活动开启了评选人物的先河。这是一个重要的变化。十几年来，我参加了那么多的评选活动，深深感到评作品和评人物所产生的社会效果是大不相同的。"金话筒"的社会影响，有目共睹，如今已经成为中广协会的第一品牌。纪录片"明星"同样应该耀人眼目。

我们应该把培养更多的纪录片人才提到重要的议事日程。前几天，我参加了第九届电视外宣"彩桥"节目评选。参评的节目都是通过黄河电视台在美国 SCOLA 播出的。制作单位是城市电视台和县级电视台。和在座的纪录片高手的作品相比，部分片子的质量确实有差距，有的甚至差距还很大。主要是那些片子的主创人员创作手法比较陈旧，基本上还是停留在画面加解说的阶段。但是，相当多片子的题材却十分精彩，能够反映各地独特的历史风貌和现实生活，特别是普通人的生存状态。对这些主创人员加以培训，对他们拍摄的纪录片进行精加工，肯定可以进一步壮大纪录片队伍，也给观众提供更多的好节目。

（四）市场培育

近年来，培育纪录片市场是业内的热门话题，普遍认为开拓纪录片消费市场是进一步繁荣纪录片创作的必由之路。关于如何推动这项工作，大家出了不少主意，例如，坚持高品质，培育忠实收视群体；学会讲故事，吸引广大观众；"一鸡三吃"，多重开发；节目加活动打包经营；跨媒体营销；紧跟国际纪录片潮流，拓宽国际市场，等等。这些主意均有待于在实践中检验其有效性。

一些评论家判断，我国纪录片是"创作热，市场冷"。对这个说法，我有三点认识。一是纪录片创作还热得不够；二是规范化的市场培育需要一个比较长的过程和多方面的努力；三是市场也有两面性，既能够推动纪录片的良性循环，也可能将纪录片创作引入歧途。

把这四条综合起来说，我国纪录片创作主体事业心强，后继有人；拍摄对象动感性强，丰富多彩；只要政策及时到位，市场健康发展，我国纪录片发展前景肯定是美好的。对此，我充满信心。

这些意见纯属个人的浅见，仅供同行们参考。

我们都有这样的人生经验，在喧嚣中，赶过去凑热闹很容易；在喧嚣中，保持沉静心态就很难。

最后，我想讲一句让我们共勉的话：在喧嚣中保持沉静心态！

（2007 年 3 月 31 日）

和时代同步行进*

一、近期对电视纪录片的议论

所谓"近期"是指从 2007 年年初到现在；所谓"议论"是指在这段时间里我从报刊上看到的、在和同行们谈话或在会议上听到的关于我国电视纪录片的议论。

归纳起来，有八条：

（一）关于 2007 年我国电视纪录片的发展状况

总的来说，发展平稳，处于常态，"按部就班地向前走"。有些亮点，没有大的突破；难点依旧，需要努力克服。我们期待了几年的"纪录片的春天"还是没有到来。

（二）几个亮点

在创作上，受到比较普遍关注的纪录片有《大国崛起》的姐妹篇《复兴之路》、中国第一部自然类商业纪录片《森林之歌》、我国首部手绘纪录片《大唐西游记》、首次被买断版权的纪录片《寻访健在老红军》、人文纪录片《河之南》、五个邻国的国家电视台合作拍摄的《同饮一江水》、首次登陆"美国历史频道"的红色纪录片《长征》和在美国"动物星球频道"播出的《守护藏羚》以及《中国已远——安东尼奥尼和中国》，等等。虽然还说不上"蔚为大观"，就题材选择、拍摄手法、合作方式、发行途径来看，也算得"万紫千红"了。另外，还有美国纪录片艺术家拍摄的《南京》和《南京梦魇》。作为纪录片平台的央视 10 套和在歌华有线电视网上开办的"老故事"纪录片频道受到高端观众的普遍赞扬。上海文广新闻传媒集团的"纪实频道""坚持 5年，不仅培育了大批观众，成为上海城市文化标记之一，而且扭亏为盈，创出奇迹"。活动方面，为时半年的"真实中国"2005—2006 纪录片年度导演评

---

* 本文是作者在"中国广播电视协会纪录片工作委员会 2008 年度年会"上的发言摘要。

选活动引起业内人士的相当广泛的关注。《2006 中国纪录片年鉴》出版凝聚了诸多专家学者和纪录片人的心血，开启了以文字、图片全面记录纪录片发展的工作。

（三）几个难点

难点之一是投入不足。《森林之歌》的总导演说，这部纪录片"每集的投资大概是 80 万人民币，而外国拍摄一集这样的片子经费大概是 300 万美元"。也就是说，相差 30 倍。难点之二是回收困难。据《人民日报》记者报道，"2000 元一分钟成本的节目，只能卖三四十元，我国纪录片市场有价无市，萧条落寂"。据上海《文汇报》报道，"现在生产 30 分钟的纪录片一般要 5 到 10 万元经费，最低的也要 3 万元。可是，一般卖到电视台去播出，即使有人出 1 分钟100 元的高价，起码要卖给 30 个台才能持平成本"。难点之三是进入国际市场困难重重。难点之四是体制不顺，机制不活。我国电视台定性为事业单位，但是所需经费主要靠自己创收。管理者既要承担社会责任，又要千方百计赚钱。而纪录片恰恰是"窄播"片种，其价值在于长期效应，短期内不可能带来丰厚收入。在"唯收视率马首是瞻"的理念支配下，纪录片不断失去阵地。"绿色收视率"至今还是一个口号，尚未见到与传统收视率不同的统计指标体系。

（四）纪录片真实性的讨论

"真实性是纪录片的灵魂"，一直为纪录片人奉为圭臬。自从十年前引进"情景再现"的创作手法以来，争议不断，成为热门话题。赞成者认为，这种手法可以"提升纪录片的观赏性和可视性"。反对者提出，这种手法"大大消减纪录片的真实性"，而"一旦失实，纪录片就不再是纪录片了"。折中者主张关键在于"度"的把握。主要观点是"纪录片中关键性场面是不能'再现'的"。还有的专家提出对真实性要从哲学、社会学、新闻学、文化学、接受美学角度作多维关照（基于这个观点，提出了"生活真实"、"选择性真实"、"本质真实"、"真实的相对性"等概念），不可拘泥于传统认识。

（五）纪录片和对外传播

纪录片在对外传播中是"主力军"。我国正处于社会转型期，各国民众迫切希望了解我国社会的真实情况。这种需求是客观存在的，毫无疑义的。近年来，纪录片在对外传播中发挥了相当重要的作用。问题在于如何把真实情况更广泛、更有效地传播出去。一个办法是外国电视人来华拍摄纪录片。美国国家地理频道中国区高级经理十分感慨找不到适合他们播出的中国自己拍摄的纪录片，"只好选用外国人制作的中国题材纪录片"。第二个办法是我国纪录片人和国外电视制作公司合作拍摄中国题材的纪录片。第三个办法是我们独立拍摄适合国外观众观看的纪录片。应该说，这是最为理想的办法，可惜还没有成为主流。目前，我们拍摄的纪录片主要还是为了满足国内观众的需求。有的朋友告诉我，像《故宫》这样投资巨大、内容精彩的纪录片，由于外国观众缺少应有的历史知识，很难看懂。据他说，美国人买了去，从十集改编为两集，竟然出售到八十几个国家。看起来，我们一直提倡的"制作两个版本"的主张，还得大力宣传推广。

(六) DV (digital video) 影像

在我国，以小型的数码摄录机拍摄纪录片已经有十余年的历史。由于 DV 片的迅速发展，总结经验、研究现状、展望未来成为迫切需要完成的任务。冷冶夫同志编写出版了厚厚的四册《民间影像的革命》，从 DV 价值、DV 创作理念及方式、DV 创作与技术以及 DV 与新媒体论述了有关 DV 的各个方面。目前，DV 创作题材狭窄，制作者没有像职业记者那样的采访资格。积极参与 DV 创作的大学生们呼吁相关机构给予支持。纪录片委员会也准备为指导、培训 DV 创作人员做些实际工作。

(七) 官方声音

政府扶持是纪录片兴旺的重要条件。在 2007 年 3 月举行的"中国纪录片的机遇与挑战"主题论坛上，我曾经介绍了广电总局为了发展纪录片提出的进一步发挥政府主管部门的行业组织、产业扶持和市场引导功能的设想以及设立中国纪录片发展基金的建议。至今，还没有明确具体措施。听说总局还在积极进行调研，但愿早日出台扶持政策。在 2008 年年初的"全国广播影视局长会议"上，总局局长王太华表扬了《复兴之路》和《香港十年》等纪录片，说这些"理论文献片取得良好效果。"在 2007 年 9 月举办的"中国广播影视大奖"的"2005—2006 年度广播电视节目奖"评选中，6 部电视纪录片（《故宫》、《百年留学》、《梁子岛纪事》、《躁动》、《潜水十年》、《漓江渔火》）被评为"优秀纪录片"；14 个片子（《大国崛起》、《好医生华益慰》等）被评为"优秀专题节目"。在"优秀栏目"、"优秀科普节目"和"优秀对外电视新闻"中也有几部纪录片（如《再说长江》、《人证》等）。

(八) 前景预测

谈及电视纪录片的发展前景，乐观预测仍是主流意见。有人认为，中国纪录片正处于"从小作坊向模式化、产业化、国际化转变的过程中"。有人提倡纪录片人要有讲故事的能力和竞争精神。有人主张要积极和外国纪录片同行合作，请他们教会我们如何利用"中国菜"大宴天下宾客。还有人认为，"纪录片要在严酷的市场竞争面前仍拥有一席之地，提升品位是关键"。既要注重取材、主题、手法的多样化，也要注重"矛盾、冲突和追问"这些外国纪录片题材的"内核"。

我了解的情况有限，前面说到的八点肯定不够全面。希望哪位专家撰写一篇全面总结 2007 年我国纪录片发展的文章。我负责推荐给《中国广播电视学刊》发表。

二、时代的特点

纪录片的一大功能是记录时代，即便是历史题材的纪录片，也要从当代高度予以审视，即如"讲坛类"节目，讲历史，史实必须准确，而解读就要有现代眼光。因此，纪录片人应该深刻了解我们生活的时代的特点。

改革开放 30 年，中央按照解放思想、实事求是、与时俱进的思想路线，对当代国际形势和国内形势的特点进行了深入分析。

根据党的"十七大"报告，"当今世界正处在大变革大调整之中"，国际形势的基本特点可以概括如下。

（一）和平与发展仍然是当今时代的主题

"文革"前，我们曾经把时代特征认定为"战争和革命时代"。十一届三中全会以后，在仔细观察和认真研究以后，得出"新的世界大战在可预见的时期内打不起来"的结论。我们要珍惜时代提供的有利于纪录片创作的难得条件。在以和平与发展为特征的时代，综合国力竞争日趋激烈。竞争的一个显著特点是文化的地位和作用更加凸显。提高文化软实力成为越来越多国家的重要发展战略。电视是文化创意产业的主力军，纪录片在提高民族文化自信心以及向外国观众介绍中国方面可以起到其他类型节目不可替代的作用。

（二）世界多极化是时代的不可逆转的发展趋势

从两大阵营对抗到美苏争霸，到"一超多强"，再到世界多极化，国际形势发生了重大变化。在多极化的格局中，美国以 14 万亿美元的国内生产总值仍然位居"一号"。经济强势必然带来文化强势。好莱坞的电影风靡全球，麦当劳、肯德基、可口可乐行销世界各地。面对美国"文化入侵"，世界各国纷纷起而保护民族文化，倡导文化多样性。各种民族文化之间的交流、交融、交锋愈加频繁。传承文化历来是电视的一大功能。纪录片不仅传递丰富信息，而且以巧妙方式解读文化价值，理应在文化竞争中占据重要地位。

（三）经济全球化深入发展是时代的一个基本特征

以跨国公司的出现和现代科技进步、先进的交通工具和通讯手段的产生为标志的经济全球化给世界带来了双重影响。唯有善于审时度势的国家才能趋利避害，在激烈竞争中立于不败之地。充分利用经济全球化的机遇，推动本国经济大发展，为民族文化传播创造了有利条件。电视是高投入、重装备的事业，特别需要依靠雄厚的经济基础。一部含有丰厚文化底蕴、能够广泛传播、长远流传的纪录片总要耗费巨资才能圆满完成。我们已经初步具备了经济条件，机遇难得，时机转瞬即失，千万不可错过。另外，经济全球化促成各国间"你中有我，我中有你"的局面。因此，世界各国面临越来越多的共同性话题，像保护环境、节约资源、贫富分化、石油粮食涨价、民族问题、金融危机，等等，为纪录片人提供了广阔的活动天地。

（四）科技革命加速推进是时代又一基本特征

科学家曾经预言，21世纪将会发生三场重大产业革命，就是生物工程产业革命、生命工程产业革命和信息产业革命。如今，这些已经变成活生生的现实，其中，信息产业革命和电视业息息相关。卫星电视打破了电视传播的区域限制，使电视进入"短兵相接"的竞争阶段；以互联网为代表的新媒体迅猛发展冲破了不同媒体原有的业务边界，改变了信息传播和信息接收的老模式，模糊了传者和受者之间的界限。在内外、新旧交错竞争面前，包括纪录片在内的电视业只有及时搭乘数字化、网络化的"快车"，才能保持领先地位。

关于国内形势，党中央认为：我国基本国情（处于并将长期处于社会主义初级阶段）和社会主要矛盾（人民日益增长的物质文化需要同落后的社会生产之间的矛盾）都没有变。在这个大前提下，经济社会发展呈现出一系列阶段性特征。我以为"阶段性特征"可以概括为"全面转型"。

经济上，由高度集中的计划经济体制转变为社会主义市场经济体制，由重视GDP快速增长的发展转变为又好又快的科学发展，由建设小康社会进入到全面建设小康社会。

政治上，坚定不移地发展社会主义民主政治，坚持党的领导、人民当家做主、依法治国的有机统一。

文化上，由发展功能比较单一的文化转变为全面发展多元文化，包括先进文化、精英文化、大众文化、地域文化、优秀的传统文化。

社会建设上，加快推进以改善民生为重点的社会建设，大力推动和谐社会建设。

对外关系上，由封闭、半封闭转变为全方位对外开放，"大胆吸收和借鉴人类社会创造的一切文明成果，吸收和借鉴当今世界各国包括资本主义发达国家的一切反映现代社会生产规律的先进经营方式、管理方法"。

简言之，市场经济、民主政治、先进文化、和谐社会、科技创新、对外开放，就是我国当前推进社会主义现代化建设的基本方针。

在社会全面转型时期，社会现象比过去复杂得多，变化比过去快得多。各种事物，中国的、外国的、现代的、古老的同时并存。各种人物，富足的、贫困的、先进的、落后的、英雄、丑类生存在同一片国土。各种思想，本土的、外来的、正统的、另类的、成熟的、启蒙的、深刻的、肤浅的、健康的、颓废的互相争夺阵地。

我国电视工作者要深入研究国家发展的基本路数和现实情况，特别要研究在社会转型期国民的心态变化，并以此为根据制作有助于推动国家发展、民族振兴的电视节目。

三、创作思想

纪录片人大都敏于思考，勤于劳作。作为知识分子，我们有幸生活、工作在这样一个复杂多变的时代。有太多的复杂问题，需要我们思考、分辨；有太多的矛盾现象，需要我们研究、剖析；有太多的分歧意见，需要我们思索、探讨。

面对复杂多变的情况，我觉得应该转变"非白即黑"的形而上的思维方式，大力提倡辨证思维。在纪录片创作领域，就是增强四种意识。

（一）责任意识

2008年1月下旬，中央召开了"全国宣传思想工作会议"。会议明确提出了当前和今后一个时期宣传思想工作的总要求，就是"高举旗帜、围绕大局、服务人民、改革创新"。作为宣传思想工作的重要方面，电视当然要认真贯彻落实。

当前，在强调发展电视产业的时候，我们不可忘记电视主要还是公共服务行业，电视节目主要还是公共物品。特别是在电视台播出的节目公共物品性质更为明显。每一个节目，每一部纪录片总应该有个有助于提高全民族素质的主旨，有个健康向上的基调。

提供公共服务，当然要以营造良好的舆论氛围来服务大局。近来，报刊上发表了一些谈论"国家形象"的文章。文章作者都认为国家形象和传媒导向之间存在着密切关系。

2008年3月14日西藏发生打砸抢烧严重暴力事件后，我们和一些西方主流媒体展开了一场激烈的"新闻战"（实质上是一场政治交锋、文化交锋）。他们不顾事实真相，进行歪曲报道，甚至采取移花接木、张冠李戴的低劣手法大肆诋毁我国形象，影响公众舆论。我国媒体理所当然地奋起反击，把事实真相告诉各国公众。我国民众（包括居住在海外的民众）利用互联网揭露这些媒体的误导受众的行为，痛斥他们违背起码的新闻职业道德的做法，迫使他们公开道歉。通过这场舆论交锋，不但我国人民进一步认清了西方媒体所谓"客观公正"的虚伪性，就连国外舆论也认为这是"媒体恐怖主义的又一个新案例"。一旦事实真相大白于天下，这些西方媒体收获的只能是对自己声誉的损害。

从这个事例中，我们可以得出许多有益的结论。除了必须大力加强我国媒体对外传播力度外，严肃的媒体必须坚持"诚信为本"的理念，提高媒体的公信力。

2007年以来，我国媒体连续出现虚假报道，先是"纸馅包子"、后是"广场鸽子"，又是"陕西华南虎"、又是"平江华南虎"，不一而足。既误导了受众，又损害了媒体公信力。教训深刻，值得记取。

纪录片，尤其是历史题材的纪录片，由于缺乏影像资料，往往需要采用补救措施，像"情景再现"、"表演"、"摆拍"、使用影视剧片段。稍不慎重，就会出现虚假现象，损害纪录片的真实。希望大家慎之又慎，该舍弃的舍弃；该标明出处的标明出处。

（二）忧患意识

改革开放30年，我国取得了长足进步，特别是经济建设，成就之大，令世界震惊。"文革"结束时，我国经济濒临崩溃边缘，2007年国内生产总值超过24万亿人民币。五年经济增长速年均10.6%。可是，中央第三代领导人多次表示要有忧患意识，一再强调要"始终忧患在心，准备在先，居安思危、防患未然"。这是为什么？因为他们清楚地知道我国的基本国情，不但近期而且将长期处于社会主义初级阶段，也就是不发达阶段。读一读2008年的《政府工作报告》，经济运行、人民生活、社会建设等方面都还存在很多问题，比如今年 1 月的冰雪灾害、4 月的汶川地震都是大天灾。不过，至少说明我们的气象预报、地震预报还没有达到超前水平。"人定胜天"还只是一个美好的愿望。

我们看到过一些展示某地建设成就的纪录片，画面绚丽多彩，解说辞藻华丽，似乎那里已经是"人间天堂"，但是，总给人一种夸张、空泛的感觉。有些纪录片人关注到贫困现象和弱势群体，努力拍摄反映困难人群的生存状态和心态，显示出可贵的人文关怀。不过，这类纪录片中有些作品反映贫困现象有余，挖掘个中原因显得不足，缺乏应有的思辨力量。

（三）全球意识

如今，世界已经成为"地球村"，任何一个国家、任何一个民族都不可能脱离世界潮流单独发展。2007 年，美国发生次贷危机，不但引发美国金融动荡、居民生活困难，而且对各国金融业产生了负面影响，就是个明显的例证。

对我们来说，树立全球意识就是制作每部准备播出的纪录片，都要考虑到对全球观众的影响，都要考虑到可能在各国舆论引起的反应，因为卫星电视早已抹掉了对内传播和对外传播的界限。

我国总人口超过 13 亿。大凡以人数为基础的国际比较项目，我们很容易位居第一。2008 年 2 月，我国网民数达到 2.21 亿人。有的报道只说，中国网民人数"超过美国居全球首位"。这样说，固然没错，可是，美国人听了肯定会笑话我们片面。对那些不了解国外情况的国人，也只能是一种误导。实际上，我国互联网的普及率不仅没有赶上美国，还大大低于韩国和日本。更重要的是哪些人上网？上网干什么？我国网民中 31.8％是 18 岁到 24 岁的青年，主要是学生。网民中，收集信息的有多少？吸取知识的有多少？玩游戏的有多少？上班炒股的又有多少？

2008 年，我国将举办第 29 届夏季奥运会。估计奥运会结束后，会出现一批体育题材的纪录片。奥运会是全世界体育界的盛会，报道基调应该是世界各国运动员和观众的广泛参与，千万不能说成是中国一家"办喜事"。现在的报道中就有眼睛只盯住自家的倾向。

（四）创新意识

"创新是民族进步的灵魂，是事业发展的不竭动力"，这是我国领导人经常说的一句话。包括电视在内的文化恰恰是最需要创新的领域。文化创新包括方方面面，体制机制、传播手段、生产方式、表现方式以及品种、样式、风格，等等。

5月12日汶川发生地震，党和政府当即采取各种应急措施。有些措施属于常规性的，有些措施就突破了常规。18日，国务院发表公告，决定5月19日至21日为全国哀悼日，全国和各驻外机构下半旗志哀。这是首次为非国家领导人逝世举行的全国哀悼活动。情况发布和新闻报道也打破常规，央视及时停止日常节目，转入连续十几天的全天直播"抗震救灾，众志成城"专题节目。这次新闻报道的创新实践，应该给纪录片人很大启示。

这些年来，纪录片人在继承优良传统的同时，扩大题材面、使用新形式、新手法，取得了公认的成绩。在纪录片学术研究上，也出现了许多新观点、新理念。创新没有止境，创新之路肯定还要走下去。在今后的创新之路上，除了继续汲取国外同行的先进经验外，我建议大家花些时间研究一下我国的传统文化。一百多年来，为了寻找强国之路，我国传统文化屡受批判，其结果是我们这一代人对传统文化知之甚少，隔膜甚深。近年来，人们越来越重视研究我国传统文化的现代价值。古代哲学、史学、文学、绘画、医学等含有宝贵的思想材料。或许我们可以在我国传统文化的启发下开辟出我国独特的纪录片创新的道路。另外，我觉得，创新者要有勇气，更要有智慧。观看者和研究者要有宽容大度的气魄。

纪录片和时代同步行进，忠实地纪录时代前进的步伐，不仅会得到当代人的赞扬，更会赢得后人的感激！

（2008年5月23日）

电视文娱节目散论*

1991年5月，笔者开始介入电视文艺管理工作。屈指算来，15年的时间匆匆过去了。十几年来，目睹我国电视文艺节目的发展变化，既有兴奋，又有无奈，真可谓感慨万千。

和十几年前相比，电视文艺节目变化很大，突出的表现是娱乐性节目的兴起。如今，再用"电视文艺节目"这个词儿，还能不能囊括所有相关类型的节目呢？恐怕有些困难。用"电视文娱节目"（包括文艺节目和娱乐节目两部分），是不是用词更准确？涵盖得更宽泛？

把电视文艺节目和电视娱乐节目分成两部分，有什么根据？主要是这两类节目的定位不同。2006年11月10日，胡锦涛总书记《在中国文联第八次全国代表大会、中国作协第七次全国代表大会上的讲话》中提出："文艺历来是陶冶人们道德情操、抒发人类美好理想、丰富人们艺术享受、推动社会发展进步的一个重要领域。"这和过去中央领导提倡的"寓教于乐"的基本要求是一致的。电视文艺节目应该符合这个要求。在内容上，电视文艺节目注重文艺的教化作用；在形式上，讲究端庄大方、清新淡雅。电视娱乐节目追求的是"找乐子"。在内容上，寻求有刺激性的、能参与竞赛的、能逗乐的或是能赚人眼泪的"卖点"；在形式上，讲究轻松愉快、火爆热闹（笔者并不反对娱乐性节目，生活中缺少娱乐，就会变得干瘪无趣。电视娱乐节目可以为人们的紧张生活增添一份乐趣。但是，娱乐也要讲求格调，起码的要求是积极向上，有益身心健康）。二者分野清楚，分开来说，可能更切合实际。

按照这个思路，陈述六点想法。

第一，十几年来，电视文娱节目发展迅猛，变化多端。

从20世纪90年代初起，各种文艺门类纷纷和电视联姻，除了传统的综艺晚会以外，出现了各种样式的专栏节目，像电视文学（电视散文、电视诗歌、电视报告文学）、电视曲艺（电视相声、电视评书）、电视音乐、电视戏曲、电视小品、电视舞蹈、戏歌，等等。到90年代中期，陆续开办了电视文艺的专业频道，像综艺频道、音乐频道、戏曲频道。在推进数字电视和数字

* 本文是作者根据在广州召开的"第六届百家电视台优秀电视文艺节目表彰暨创作研讨会"上的讲话改写的。

付费电视的进程中，这类专业频道还会增加，比如书画频道。与此同时，电视娱乐节目涌现出来，包括游戏类节目、有奖竞猜类节目、情感类节目、选秀类节目、"真人秀"节目，等等。这些文艺门类和娱乐活动竞先和电视结缘，主要是看重电视传播速度快，覆盖范围广，观众数量大的优势。2005年，凭借着2234座电视台和广播电视台，2899套电视节目以及1.26亿有线电视用户，电视覆盖了全国12.5亿人。就连普及学术知识的《百家讲坛》都能引起轰动，更不用说文艺和娱乐节目了。总之，借助现代科技成果、电视传媒网络和广阔的消费市场，电视文娱节目得以大展宏图，影响力越来越大。

第二，电视文娱节目"雅俗共赏"和"雅俗分赏"双向推进。

20世纪90年代，如何处理电视文艺节目的雅俗关系曾经是学术研究的热门课题。一些专家认为，"雅俗共赏"是电视文娱节目的顶级追求。但是，真正做到"雅俗共赏"，用一档节目吸引尽可能多的观众，确实很难。当时就有人提出了"雅俗分赏"，高雅节目、通俗节目各找各的目标受众，从而在总体上达到有"雅"有"俗"。如今，部分电视文艺节目向更为雅致的方向发展，比如电视散文。电视娱乐节目历来就以通俗取胜。这样一来，在实践中，就推进了"雅俗分赏"。同时，我们也注意到，一部分电视文艺节目吸收了更多通俗和时尚元素；有些电视娱乐节目开始注意增加知识含量，提升文化品位。这说明大家还没有舍弃"雅俗共赏"的努力。由此形成"雅俗共赏"和"雅俗分赏"双向推进的局面。

第三，电视文娱节目依然是收视热点。

据调查，近年来，影视剧、新闻信息节目和文娱节目一直占据较大的收视份额。以中央电视台为例，综合频道处于遥遥领先的地位（市场份额为11.6%），紧随其后的就是电视剧频道（4.3%）、综艺频道（3.7%）和电影频道（3.3%）。春节联欢晚会尽管遇到不少难题，不同调查机构给出的收视率高低不同，总的来看收视率还是比较高的。2006年6月发布的《中国电视综艺娱乐节目市场报告》显示，从2005年以来，电视娱乐节目的收视比重以超过10%的增长率直线上升。另据《中国文化报》报道，湖南电视台的2005年度的"超级女声"吸引了4亿人次。河南电视台的戏曲栏目《梨园春》平均收视率一直保持在18.6%，位居全台第一。眼下，各家电视台围绕电视文娱节目不遗余力地"出点子"，变换花样，有的还明确提出以"娱乐性"为频道特色，这都表明电视文娱节目市场还有开拓空间。

第四，电视文娱节目的兴起和衰落具有深刻的社会经济文化背景。

这些年来，我们眼见得电视文娱节目潮起潮落，有些节目生命周期超过十年；有些节目"各领风骚一两年"。究其原因，不外乎内外两方面的因素。

就外因而言，就是深刻的社会经济文化背景。"文化大革命"结束后，我国开始了社会转型期，特别是 1992 年 10 月，党的"十四大"把建立社会主义市场经济体制确立为经济体制改革的目标。恰好从这个时候起，电视开始进入高速发展阶段，逐渐跃升为影响最为广泛的主流媒体。这样，电视人就必须适时调整思路，满足三方面的要求。政治上，党和政府要求电视坚持正确的舆论导向；要求电视文艺坚持"两为"方向，贯彻"双百"方针，弘扬先进文化，传承中华文明，唱响主旋律，提倡多样化，积极为社会主义精神文明建设作贡献；贯彻"三贴近"、"三深入"的原则；本月 10 日，胡锦涛总书记进一步提出，现阶段我国文化工作的主题是"繁荣社会主义先进文化，建设和谐文化"。这就要求电视人具有高超的掌控能力。经济上，电视必须适应市场经济规律，千方百计努力创收，为自身的发展创造雄厚的物质基础，进而成为文化产业的重要组成部分。文化上，电视必须面对社会转型期必然出现的文化、思想多样化以及对价值判断、道德标准、行为准则认知复杂化的现实。因此，电视台在制作、播出文娱节目的时候，既要圆满地完成作为主流媒体必须承担的任务，又要认真考虑作为大众媒体必须满足的市场需求，特别是适应观众的审美情趣、接受水平以及"喜新厌旧"的心理。不断权衡各方面的要求，适时调整制作播出不同类别节目的比重，也就决定了不同形态的电视文娱节目的起起落落。

第五，电视文娱节目的兴起和衰落还有媒体自身的因素。

除了外因之外，内因也很重要。就内因来说，首先，电视台主管领导的办台理念对电视文娱节目的走向起着决定性作用。办台理念，简单地说，就是为什么要办电视台？当前的关键问题是电视台领导要恰当地使用国家免费提供的频道资源，在做好公益性事业和开展经营性活动两者之间把握好"度"。另外，还有一个考核节目优劣的标准问题。现在通行的是"唯收视率论"，按收视率高低实行"末位淘汰"，已经惹得议论纷纷。中央电视台领导表示要大力提倡"绿色收视率"。既然涉及"收视率"，就不能仅仅停留在"口号"上，需要通过实践设计出一套适合我国国情的收视率调查办法。其次，电视文娱工作者的政治思想水平，审美追求，策划和制作节目的能力，视野开阔的程度，对电视消费市场的敏感度以及打造品牌的意识决定了他们选择哪种节目样式，舍弃哪些类型的节目，使用哪种类型的演员。这些都是影响不同形态的文娱节目起起落落的内在因素。

第六，对电视文娱节目的批评声不绝于耳。

观众喜爱电视文娱节目，这并不妨碍他们批评电视文娱节目，所谓爱之深则责之切吧。现在，频道这么多，观众的批评是感性的，办法就是手持遥控器不断转换频道。专家们的批评则是理性的。从报刊上发表的文章看，对电视文娱节目批评的重点之一是缺乏原创能力，"克隆成风"。文艺节目也好，娱乐节目也好，多数都能找到发源地。引进、模仿甚至抄袭外国电视或者港台电视创办的节目类型。大台先用，小台跟风，全国互相"克隆"，其结果就是严重的同质化。分开来说，对电视文艺节目的批评集中在"三老"上，就是"老观念，老套路，老面孔"。"老观念"指的是市场意识、观众意识淡薄；"老套路"指的是节目样式、节目安排、节奏、包装、动情点安置大同小异；"老面孔"指的是表演者、主持人总是那么些熟面孔。对电视娱乐节目的批评集中在两点。一是文化品位不高；二是商业气息浓重。20 世纪 90 年代，就曾经讨论过电视文艺节目的文化品位问题。电视是大众传媒，观众的教育文化程度相差悬殊，即便如此，文艺节目还是要讲求文化品位，要做到"寓教于乐"。专家学者和业内人士批评过文艺节目的"平庸"、"媚俗"倾向。到了 21世纪，在商业大潮席卷之下，娱乐节目风起云涌，节目从"媚俗"到"庸俗"，又从"庸俗"到"低俗"，一路下滑。以至总局连续两年召开会议，批评"低俗风"。2006 年 5 月，在广电总局召开的"抵制低俗之风和收听收看工作座谈会"上，总局有关领导详细地列举了"低俗风"的种种表现，无外是宣扬暴力、展露色情、诱导犯罪、传播迷信、恶炒绯闻、揭露隐私，尤其是一些节目主持人一味扭捏作态，插科打诨，打情骂俏，说脏话，揭秘闻，如此等等。为了纠正这些和我国传统美德以及社会主义精神文明建设背道而驰的现象，总局已经制定了 2006 年抵制低俗之风专项行动计划，还要建立抵制低俗之风的长效机制。扫除低俗之风，净化荧屏当然还需要我们共同努力，积极参与。在现行的管理体制下，电视台办节目，需要资金支持。除了财政少量拨款以外，还要拉赞助、播广告。有奖竞猜类节目、选秀类节目可以名正言顺地引入赞助。一时间，这类节目铺天盖地，纷至沓来。有人甚至说，电视荧屏变成了一个"巨大的博彩业"、"选秀场"，而且奖金额度越来越大，奖品档次越来越高。其实，说它是"竞猜"也好，"益智"也好，"选秀"也好，"恶炒"也好，对提高观众的知识水平、审美能力未必有多大益处，对增强观众的"博彩"心理、"一夜成名"的渴望倒是有很大推动；同时，也为电讯公司、电视台大开财源。人们终于发现一场"选秀"活动长达数月，反复号召多发高价短信，原来是一个"商业陷阱"。2005 年 4 月，总局发布了《关于进一步加强电话和手机短信参与的有奖竞猜类广播电视节目管理的通知》，对这类节目做了诸多必要的限制性规定，明确表明了行政部门的态度。这两个问题不可小视，千万不可低估那些冲破道德底线和法律底线的节目对社会文明、心理健康的负面影响。

我们的责任是充当改进电视文娱节目的助推器。中广协会是行业组织，按照中央的要求，应该起到"提供服务、反映诉求、规范行为"的作用。协会下属的专业委员会也要起到相应的作用。不过，时至今日，社会团体的社会地位还有待进一步加强，很多想要做和应该做的事情，一时还不可能都做起来。目前，电视文艺研委会可以起到三个作用。

一是引导创作。组织电视文娱节目评析创优活动是研委会的重点活动。制定评析标准，按照标准评选优秀节目，就是向社会、向行业表明我们支持哪种节目，不赞成哪种节目。开展主题性研讨活动，也是研委会的重要任务。选择一种节目类型（比如游戏类）、一种节目样式（比如电视散文）或者某个主创人员的作品，举办研讨会，可以深入研究创作思想和路数。

二是提供信息。研委会可以建立一个通报信息的网络，可以使用协会的网站或者纪录片研究委员会的网站，也可以出版一份内部通讯。有了联络手段，就能够及时提供有用信息。总局领导提出："当今，中国广播影视正经历着一场深刻的技术变革、体制转型和结构调整，这标志着广播影视一个新的发展阶段的开始。"这是对广播影视业面临的形势作出的重要判断。三个方面的发展变化，对电视文娱节目至关紧要，研委会应该及时向同行们通报这方面的信息。另外，从专业角度，还可以及时通报国内外文娱节目的最新发展，以供策划节目参考。

三是加强培训。组织短期培训、专题培训、定向培训，也是研委会的一项必不可少的任务。研委会和本行业的专家学者保持着经常的、广泛的联系，一年举办一两个培训班，应该不算困难。在这次评析活动中，有些节目没有得到表彰，并不等于说这些节目完全不行。有时候，稍加点播，主创人员就能猛然醒悟，即使使用原有的画面，重新编辑，也能大幅度提高原作的水准。

粗略地谈了六点想法，均属个人意见，仅供同行们参考。希望大家通力合作，为提高电视文娱节目的原创能力，提升电视文娱节目的文化品位作出应有的贡献！

（2006 年 11 月 17 日）

方向正确，质量第一[*]

中国广播电视协会电视文艺工作委员会举办的"胜视 2011 年全国春节电视文艺晚会节目"评选活动于 2011 年年初启动，至 3 月下旬全部结束。

一、本届春晚节目评选过程

本届评选工作共分三个阶段。

第一阶段：发动征集节目。评委会一共收到参评节目 114 个。据《中国青年报》刊载的一篇文章统计，从腊月二十八到正月初六，全国 37 个上星频道总共播出了 51 台各类春节联欢晚会。本届评选活动参评节目数量比上星频道播出的春晚节目多出 63 个。数量之多说明本届评选活动具有很强的号召力，也说明电视文艺工作者对评选活动有着很高的认同感。

第二阶段：初评。初评委员会从 114 个节目中，评出 67 个入围节目，包括央视、总政、公安部和省级台的 39 个节目和地县级电视台的 28 个节目。

第三阶段：终评。从 3 月 26 日到 28 日，终评委员会在北京审看入围节目，并投票选出 2 个节目获得特等奖，14 个节目获得一等奖，24 个节目获得二等奖，27 个节目获得三等奖。另外，还有 81 个节目和个人获得 19 个项目的单项奖。

二、本届春晚节目评选的特点

本届电视春节晚会评选是第二届。和第一届相比，既有继承，也有发展，显示出四个明显的特点。

（一）重视群众的参与性

在初评阶段，本届评选活动特别强调发动群众参与评选。受电视文艺工作委员会的委托，会员单位中广影业公司和农工民主党负责组织初评，以中

---

[*] 本文是作者在"盛视 2011 · 绽放牡丹江春节电视文艺晚会评选颁奖典礼"上的讲话摘要。

广影业公司为主。中广影业公司对初评工作非常重视。在春节过后18天，先后召开了初评新闻发布会、编制了初评观众评议表，得到河南省18个地市的宣传、文化、广电部门以及河南电视台、《大河报》、政府网站、广播、手机等18家媒体的紧密配合，在工人、农民、军队、公安、企业、艺术、戏迷、妇女等18个小组中进行了广泛的问卷调查，召开了座谈会，征求对春晚的意见，并于终评前完成了初评工作以及对春晚的建言文稿的撰写工作，圆满完成了电视文艺工作委员会委托的初评调查任务，为整个评选工作作出了重要贡献。

（二）提高评选的权威性

终评委的成员包括中国广播电视协会领导、高等院校老师以及各个文艺门类的著名专家学者，还有多名电视文艺晚会主要工种的专家，说明评选工作具有足够的权威性。评委数量之多，是我多年来参加电视节目评选活动之最。参与终评的评委专业水平之高、涵盖文艺门类之全，也是我多年来参加电视节目评选活动之最。在评选过程中，各位专家充分发表意见，中国电视文艺网还对多名专家进行了专访，为评选的准确性提供了保证。

（三）确保评选的全面性

考虑到各家制作单位掌握的人力、物力、财力资源的不均衡，为了照顾全面，提供平等竞争的机会，本届活动和上届一样，仍然采取了A、B两组分开评选。A组包括省级以上的制作单位选送的春晚节目。他们制作的春晚节目体现了我国节庆综艺晚会的高品质。央视、总政、公安部以及北京、上海、天津、辽宁、重庆、四川、河南电视台都推出了各自高水平的代表作。B组包括地市级以下的电视台。他们同样制作了一批优秀节目。比如，烟台电视台的春晚节目具有浓厚的原创色彩；延边电视台的春晚节目具有鲜明的民族特色；东莞电视台的春晚节目具有时尚创新特点；苏州电视台的春晚节目将传统的曲艺与现代晚会巧妙结合，等等。此外，鼓励原创，鼓励创新，关照少数民族、戏曲、少儿春晚也是评委自觉把握的评选标准。

设置单项奖是从另一个角度确保评选的全面性。本届评选活动共设了19个单项奖。为什么设置这么多单项奖？主要原因是节目奖主要是表彰制作单位，而单项奖主要是表彰个人。入围的晚会节目有几十台，估计创作群体多达上千人，受到表彰的总共81人，的确不算太多。

（四）网络春晚方兴未艾

随着我国互联网的飞速发展，网络电视呈现出快速发展的势头，比如，央视的网络春晚节目、北京电视台的网络春晚节目都具有新老媒体紧密结合、有机融合的鲜明时代特色，受到网民的称赞，体现了传统媒体与新兴媒体共存共荣的新趋势，也体现了电视春晚节目发展的新趋势。

另外，为了进一步推动春晚节目创作健康发展，电视文艺工作委员会专门编辑出版了《春晚·建言》一书，内容十分丰富。在本次会议上，将举行这本新书的首发式。

一项节目评奖、评选、评析活动能否成功，历来取决于三个因素。

第一是参评节目的数量，尤其是参评节目的质量。从获得名次的节目质量看，主创人员以严肃认真、精益求精的态度进行创作，做到了导向正确，格调健康向上，气氛欢乐祥和，风格多样，特色鲜明。这些都表明在节庆文化中电视文艺工作者坚持了"为人民服务，为社会主义服务"的正确的创作道路。

第二是评委会的权威性。

第三是组织工作到位。每次节目评选活动，组织工作非常重要。组织工作包括制定规则，确定程序，聘请评委，合理分组，准备审看设备和选票以及安排食宿，等等。在评选进程中，还要随时妥善处理发生争议的问题。总之，处处考验组织者的执行力。本次评选活动所以取得成功，在很大程度上应该归功于组织工作不仅到位，而且相当出色。

当然，春晚节目也还有些缺点需要克服。把所有参评节目放在一起来看，同质化是个明显的毛病。有些节目，主持人占用时间过长也是个缺点。

三、围绕春晚节目的争议

1983年中央电视台播出的《春节联欢晚会》被认定为春晚节目的首创。从那时起，连续几年，每到大年三十，地无分南北，人无分老幼，都在翘首期盼央视播出春节联欢晚会。回想当时的情景，真可以说是"万人空巷"，亿万观众同看一台戏。到今年，29年过去了。如今，从中央电视台到省、副省、地市以至一些县级电视台和视频网站都在办春节联欢节目，再加上娱乐多元化，和当年相比，情况已经大不相同。因此，围绕春晚节目出现一些争议应该说是很自然的事情。对待春晚收视调查问题，植入广告问题，审美和审丑问题，都存在一些不同意见。

如何处理存在争议的问题？只要我们有比较明确的看法，就愿意随时和大家交流。一时还说不清楚的问题，不妨暂时放一放，求同存异，留待将来解决。

我想借本次会议谈两个问题。

一个是要不要办那么多春节晚会？

这个问题很难回答。第一，按照传统观念，从腊月二十三（小年）到翌年正月初五（破五）一共 13 天，都算在春节期间。在此期间播出的文艺晚会，基本上都可以归于春晚节目。第二，2010 年，我国共有 247 座电视台、2120 座广播电视台、44 座教育电视台。每家电视台都有资格制作、播出春晚节目。究竟按照什么标准允许哪家办春节晚会，不允许哪家办？由哪个机构出面协调？实在很难回答。第三，我国幅员辽阔，中华文化在东南西北中都有不尽相同的分支，岭南文化不同于燕赵文化，齐鲁文化不同于吴越文化，无论哪家电视台也不可能在春晚节目中顾及各个分支文化的特点。第四，我国还是多民族的国家，每个民族都有独特的习俗，只有民族地区的电视台才有可能在春晚节目中突出显现当地民族的文化特质。因此，与其计算应该播出多少个春晚节目，还不如把这事交给市场处理，市场总会逐渐淘汰某些春晚节目。

另一个是春晚节目的定位。有人强调"新民俗"，有人认为是"中华民族大联欢"。归纳各种说法，我个人提出一个春晚节目定位的表述，供大家参考。这个表述是："春节晚会是中华民族一年中最重要的民俗节庆大联欢。"这个表述明确了春晚节目的性质（"民俗节庆大联欢"，不同于政治节庆联欢）、排位（最重要的）、范围（参与人群：中华民族，即全球华人；时限"一年中"）。

如果这样的定位大体上得到认同，我们就可以提出一个问题：为什么年年要办春节晚会？我的回答是：为了提高全球华人的文化自觉和文化自信。在全球化的大背景下，各种文化交流、交融、碰撞甚至冲突是必然的，不能回避的。任何一个民族，任何一个国家都希望自己的文化得到更广泛的传播，更能为广大的人群接受。我们既要以开放的心态吸收其他民族文化的营养，也要把中华文化推广出去，让更多的人了解、喜欢、接受中华文化。春节联欢晚会就是一个无比适当的文化载体。

为此，我们首先必须做到尊重中华民族的传统道德和新时代的伦理道德。就当前情况看，特别要强调两点，一是诚信（"人，无信不立"、"人言为信"以至"童叟无欺"）；二是尊重人（"天地之间人为贵"、"人为万物之灵"、"以人为本"），特别是尊重弱势群体。其次，要在节目中充分融入中华文化统一的以及各地特有的民俗因素、历史因素、自然因素和人文因素，借以显现丰富多彩的民族特色、地域特色。第三，更要遵循文化产品的创作规律。纵观古今中外，凡是传世之作，多是作者长期苦心经营、潜心创作的成果。凡是精品力作，都具有质量高超、不同凡响的特点。

电视台每天都要播出大量节目，不可能精雕细刻地制作每个节目。即使春节晚会制作时间较长，也不可能像"现代小说之父"塞万提斯那样花费 13 年时间创作《堂吉诃德》。但是，不管制作什么文艺节目，我们还是要守住底线，那就是坚持"为人民服务、为社会主义服务"的政治方向，坚持"真善美"的美学原则。

在第二届春晚节目评选活动即将结束的时候，我代表本届终评委会再次感谢全国电视文艺工作者对评选活动的支持，同时恳切希望大家对春晚评选活动提出宝贵意见，以利于改进今后评选工作。

（2011 年 8 月 14 日）

我们的责任[*]

2011年，中广协会电视文艺工作委员会在河南开封组织了"第八届全国电视戏曲'兰花奖'终评会"；在河北沧州召开了"第十一届全国电视文艺'百家奖'终评会"。两次评选的结果均符合中广协会规定的获奖比例，并且得到协会的批准。

今天，我们在这里召开两个评选活动的颁奖会。我代表终评委对所有获得各个奖项的单位、集体和个人表示热烈祝贺！

12月14日，中央电视台发展研究中心电视传播研究部在梅地亚多功能厅专门召开了"纪念建党90周年优秀电视节目观摩活动"。这是中央电视台首次举办地方台制作的优秀电视节目观摩活动，开创了中央台和地方台互相学习的新模式。与会人员观摩了两个在"百家奖"评选中名列一等的节目，就是山东有线电视台制作的专题片《本色》和青岛电视台制作的专题片《经典之魂》。两部专题片的主创人员介绍了创作思想和创作过程，五位评委和专家对两部专题片做了点评。希望中央电视台继续组织优秀节目观摩活动，希望地方台也在力所能及的范围内组织类似活动。

2011年10月，召开了中国共产党十七届六中全会，通过了《中共中央关于深化文化体制改革、推动社会主义文化大发展大繁荣若干重大问题的决定》。这是一个关于我国文化建设的十分重要的文件。文件明确规定了我国文化体制改革和文化发展的指导思想、重大方针、发展道路以及到2020年的奋斗目标和主要任务，是指导我国文化建设的纲领性文献。

我想结合学习《决定》，谈一谈在推动文化体制改革和文化发展当中我们应该承担的责任。

1986年，中国共产党十二届六中全会通过了《关于社会主义精神文明建设指导方针的决议》。10年后，在1996年，党的十四届六中全会通过了《关于加强社会主义精神文明建设的若干重要问题的决议》。又过了15年，今年通过了专门研究文化建设的决定。这个历程说明党中央非常重视我国的文化建设。《决定》明确阐述了几个重要的理论问题。

---

* 本文是作者在"第八届全国电视戏曲'兰花奖'·第十一届全国电视文艺'百家奖'颁奖会"上的讲话摘要。

比如，"社会主义核心价值体系"是个十分重要的科学概念。什么是"社会主义核心价值体系"？听说在全会期间，与会者曾经提出希望能用简洁明了的语言加以概括。这个问题还需要花些时间进一步研究。全会明确提出了社会主义核心价值体系是当代中国文化之"魂"，包括四个层次的内容，就是：指导思想（马克思主义）、共同理想（建设中国特色社会主义，建设富强、民主、文明、和谐的社会主义现代化国家）、民族精神（核心是爱国主义）和时代精神（核心是改革创新）以及共同的思想道德基础（社会主义荣辱观）。

在座的同行们都是从事节目创作的。把握了社会主义核心价值体系的基本内涵，就可以保证沿着正确的创作道路不断前进。

作为电视节目的创作人员，我们的责任可以概括为三条：

首先，适应广电体制改革引起的新变化，坚守本职岗位。

从20世纪80年代起，广电体制改革已经出现三波。

第一波改革开始于1983年，内容就是"四级办广播，四级办电视，四级混合覆盖"。这次改革受到业内的普遍欢迎，收到了很好的效果。尽管由于管理工作没有及时跟上，出现了"散"和"滥"的问题，从总体上看，还是利大于弊。至今还保持"四级办"的体制结构。

第二波改革发生在本世纪初，核心是广播电视集团化。从结果来看，这一波改革并不成功，而且调整起来相当费劲。主要是出现了五花八门的体制。有的集团属于事业性质，有的集团属于产业性质；集团"一把手"，有的叫"管委会主任"，有的叫"董事长"，有的叫"总裁"，不同叫法反映了对集团性质的不同理解。审批标准也多次变化，从组建集团到组建总台，又否定总台建制。直到今年，有的地方还在组建已经被否定的事业型集团。

第三波开始于2005年，基本思路是"三局合并"（副省级市、地级市、县级市和县文化局、广电局、新闻出版局合并成立文广新局）、"两台合并"（地方广播电台和电视台合并，成立广播电视台）。改革的本意是要改变体制多种多样的局面。但是，据我们调查，在实际执行过程中，既削弱了行政局的管理职能，又加剧了这样的局面。我个人认为，还是要进一步理顺关系，努力实现总局提出的"局管台、台控企"的目标。即使"两台合并"，还是要按照广播和电视的不同传播规律办事。

二十多年的改革历程证明，凡是符合广电发展规律的，都能推动广电事业迅速发展，都能充分调动工作人员的积极性；凡是违背广电发展规律的，总是妨碍广电事业（尤其是广播事业）的发展，总是在不同程度上挫伤工作人员的积极性。其实，最了解广电发展一般规律以及本地广电发展特殊规律的就是本系统的广大职工。因此，不管如何改，我们都要按照客观规律办事，作为节目制作人员，要坚守本职岗位，坚持不懈地做好节目。

其次，为广大观众源源不断地提供优秀的文化产品。

为落实六中全会精神，广电总局提出了八项措施，其中一项就是大力繁荣广播影视节目。这是电视工作者必须尽力做好的本职工作。

从电视戏曲"兰花奖"评析结果来看，戏曲晚会、戏曲栏目和戏曲专题仍然是电视戏曲节目的三大支柱。无论是策划，还是制作，都显示出很高的艺术水准。其中，有些节目得到评委的好评，给评委留下深刻印象。

今年，中国传媒大学杨燕老师和她的学生们完成了一项研究课题，题目是：《中国电视戏曲栏目的发展现状与分析研究报告》。这是一件很有益的工作。他们调查了 415 家电视台 1239 个频道。调查的结论是：戏曲栏目在整个电视节目系统中所占的比重非常小。例如，在 415 家电视台中，只有 66 家电视台开设了戏曲栏目，占被调研的电视台总量的 15.9%。在 1239 个频道中只有 82 个开设了戏曲栏目，占被调研频道总量的 6.62%。

戏曲是"包含文学、音乐、舞蹈、美术、杂技等各种因素而以音乐和舞蹈为主要表现手段的总体性的演出艺术"。我国民族戏曲历史悠久，源远流长。这是先辈留给我们的宝贵遗产，是推进先进文化、和谐文化发展的根基，也是中国文化走向世界的一张名片。如今，尽管民族戏曲不能和往日兴旺景象相比，但"京、评、豫、越、黄"这样的普及率较高的剧种还是拥有相当多的观众。其他地方剧种在相应的区域里也受到热烈欢迎。从传播来说，在各种媒介当中，只有电视才能全面展示这门综合性艺术的特长。因此，在弘扬民族戏曲的历史重任中，电视人责无旁贷。关键问题在于多想办法，吸引更多的观众。河南电视台《梨园春》编导提出的"固本求新，稳中求变，寓教于美，喜闻乐见"的栏目创新理念，上海提出的"用年轻的方式传播古老的艺术"作为戏曲频道风格的定位，等等，都值得我们借鉴。

总之，以现代先进传播技术和先进创作理念重新焕发古老艺术的灿烂光华是所有电视戏曲工作者的历史责任和光荣任务。

从"百家奖"评析的结果来看，综艺晚会、文艺栏目继续保持领先地位；电视专题类也有一些光彩夺目的作品；电视音乐、电视文学这些几年前还是"重头戏"的项目出现了"滑坡"。

10 月 21 日，广电总局发布了《关于进一步加强电视上星综合频道节目管理的意见》，要对形态雷同、过多过滥的七类节目实行播出总量控制，要求扩大经济、文化、科技、少儿、纪录片等多种类型节目的播出比例。据报道，各地卫视正在采取具体措施，调整娱乐节目的比重和内容。可以预期 2012 年文艺节目在内容和形式上可能会出现积极变化。

娱乐是电视文艺节目不可缺少的要素。但是，把娱乐定为文艺节目的唯一属性是不合适的。当然，在执行《意见》的实践中，也要避免克服了一种同质化，又出现另一种同质化。

精心策划和精心制作是节目创新和提高节目质量的保证。策划者需要具备敏感和灵性；制作者要有耐性，要有善于捕捉细节的本领，要有语不惊人死不休的毅力。

希望在2012年的文艺节目评析中，能够看到数量众多、质量高超的优秀作品。

再次，在报道广电事业和产业发展中坚持实事求是的原则。

第一，既报喜也报忧，养成喜忧兼顾的辩证思维。2010年电影年产526部，票房达到100亿元，是"喜"；能在影院里放映的电影，国产片赚钱和亏钱的比例是二八开，就是"忧"。全国号称"文化产业园区"超过一万家，是"喜"；真正能够做到文化产业集聚的不到5%，就是"忧"。2011年，我国出版三十多万种图书，年图书印数超过70亿册，是"喜"；我国人均图书消费量（包括图书馆和农家书屋采购量）是5.6册，就是"忧"。报喜能让人看到成绩，报忧能让人承认差距。报喜能使人增强信心，报忧能使人保持冷静。总之，既报喜又报忧才能够发扬成绩，弥补不足，才能使文化产业健康有序地发展。

第二，不要虚造浮夸。当前，世界文化市场美国占有43%，欧洲占有34%，亚洲占有19%，我国只占不到4%。这是总体的客观形势，不是短期内可以改变的。据报刊报道，一些地方正在打造"文化航母"，有的还说"航母出海"了。"文化航母"到底应该具备什么标准？恐怕是首先应该弄清楚的。否则，只要聚集多种文化行业就是"文化航母"，标准是不是低了一点？文化产业必须靠实实在在的数字说话，来不得半点虚夸。

第三，不要急于求成。目前，社会上存在"三躁风"，就是急躁、浮躁和暴躁。不少人患了焦急病，总希望立竿见影、马到成功。在文化建设中，这是不切实际的想法。

中央全会通过的《决定》为到2020年文化改革发展规定了六大奋斗目标。哪一项目标都需经过艰苦努力才能达到。文化部领导认为，2016年我国文化产业可占国内生产总值的5%，成为国民经济的支柱产业。这当然是个可喜的消息。但是，首先需要界定哪些产业项目属于文化产业，不能凡是和文化沾点边儿的全都装进文化产业的"筐子"里。至于提高全民族思想道德风尚、基本建立覆盖全社会的公共文化服务体系、推动中华文化走向世界，绝非一日之功。精品力作不断涌现、高素质文化人才队伍发展壮大更需要长期努力。

　　《决定》列举了我国文化建设中还存在八大矛盾和问题。尽管如此，只要我们树立坚定的文化自觉、文化自信，创作者坚定不移地坚持"两为"方向，涵养良好的创作心态，兢兢业业地从事创作。管理者认认真真执行"双百"方针，创造宽松的创作环境，我们一定能够为文化大发展大繁荣作出应有的贡献！

（2011 年 12 月 18 日）

回乡忆旧话戏曲

今天，我们在天津聚会，成立电视文艺研究委员会的电视戏曲研究委员会。我代表中国广播电视学会热烈欢迎各台代表踊跃参加这个新的研委会！

这个地点选得非常好。天津戏曲历来十分发达，就京剧而言，素来就有"南北荟萃，京海交融"的说法。天津广播影视系统的同行们一直大力支持振兴民族戏曲的活动，对成立电视戏曲研委会同样表现出极大的热情。我代表中国广播电视学会对他们表示由衷的感谢！

前几天，我们在北京成立了电视旅游节目研究委员会。这两个研委会的处境不大相同。我国旅游业正处在日益上升阶段，电视旅游节目比较容易受到各方关注。我国民族戏曲还处在振兴阶段，在多数电视台，戏曲节目仍属于各类电视节目中的弱项。学会既要支持强项节目，更要关注弱项节目。

中国广播电视学会原来只有一个电视音乐研究委员会。电视音乐研委会成立以来，领导班子健全，办事机构工作人员积极努力，无私奉献，为推动电视音乐节目的发展做了大量工作，取得显著效果。正因为这个原因，学会总部建议把电视音乐研委会扩大为电视文艺研委会，换句话说，除了电视音乐之外，把其他艺术门类，例如戏曲、曲艺、舞蹈、文学，等等，也包括进去。主要由原班人马负责组织协调。洪民生同志和电视音乐研委会其他领导同志欣然接受了这个建议。电视戏曲研委会就是率先成立的电视文艺研委会的一个组成部分。今后，电视戏曲研委会既可以单独活动，也可以和电视文艺研委会联合举办活动，一切服从活动的需要。

在今天的会上，大家对今后研委会如何开展活动谈了很好的意见，我都表示同意。我想从个人的经历出发对电视戏曲节目谈些不成熟的意见，对电视戏曲研委会提几点希望。

天津是我的出生地。从 1936 年到 1953 年，我在天津度过了 17 年的时光，读完了小学和中学。每次回到家乡，总是不由自主地回忆起难忘的往事。

那时候，天津戏曲就非常兴旺，主要剧种有京剧、评剧、昆曲和河北梆子。我们国家还没有电视，不像现在一到晚上，90%多的人呆在家里看不花钱的电视节目。想看文艺演出，只有到戏园子去。我爸爸爱看京剧；我妈妈爱看评剧，特别是"苦戏"，像《锯碗丁》一类的戏，一边看戏一边掉眼泪。

天津的剧场不少，像中国大戏院、天华景、北洋戏院，都是专门演出京剧的，而且多是京剧名角登台献艺。但是，这些地方票价太贵，不是随便能够进去的。只有我父亲偶发善心，带我看过几场戏，至今还留有深刻印象的像金少山"声震屋瓦"的洪亮嗓音，侯喜瑞的漂亮工架，还有李万春演出的《济公传》、《铁公鸡》一类的连台本戏。如果是我自己省下家里给的零花钱买张戏票，只能到南市的大舞台、群英戏院或者庆乐戏院看戏。在这些戏院演出的大多是海派戏，像小盛春演出的带机关布景的猴戏以及《薛家将》一类的连台本戏。今天看来，这些戏编写得比较粗糙，只是情节生动，结尾处来一场大开打，对像我这样不大懂得戏曲艺术真谛的人还是满有吸引力的。记得我上中学的时候，有一天，下大雨。我已经买了一张大舞台的戏票。南市那个地方地势低洼，很容易积水。我就卷起裤腿儿，趟着齐大腿根儿的水赶到大舞台。到那儿一看，来了不到十位观众。剧团团长出来，一个劲儿拱手向大家抱歉，说：今天没法演了，答应给大家换票。我只能乘兴而去，败兴而归。

我讲这段经历，想说明什么问题呢？

首先，和当时相比，现在时代不同了。现在是信息时代，电视已经覆盖了94％以上的人口，人们休闲生活多样化了，戏曲舞台演出不可能像过去那样吸引那么多观众。可是，电视播出一出戏，只要有0.1％的收视率，就意味着有100万观众。一个大型剧场可以容纳一两千人，舞台演出要想达到100万观众，就得演出500场到1000场，即使天天演，也需要两三年的时间。由此可见，振兴民族戏曲，离不开电视；反过来说，电视在振兴民族戏曲中担负着重大责任。

其次，振兴戏曲要从孩子抓起。一个人在小时候受到的艺术熏陶，一辈子也不会淡漠。直到今天，我虽然不懂京剧的曲牌、锣鼓经，但是，一听到某个曲牌，耳边立马儿就会响起一些唱段；一听到某些锣鼓点，眼前马上就会出现京剧人物的一些身段。这就是从小时候耳濡目染的结果。戏曲界历来把京戏分为"京派"和"海派"；把"海派"又称为"外江派"。我一直不同意贬低"海派"京戏的言论。只要是京剧，内容健康，情节曲折生动，能够引起孩子们的兴趣，就不妨让他们听，让他们看，久而久之他们就能由浅入深，提高欣赏水平。现在，电视台播出的儿童节目、青少年节目数量不少。应该在弘扬民族艺术、普及民族戏曲方面多做些工作。

第三，过去，只有广播，人们不去剧院，还可以从电台听到戏曲节目。广播是听觉艺术，大多播出以唱工为主的戏曲。近年来，有些广播电台把播出戏曲节目的时间一减再减，一再增加播出流行音乐的时间，我看不是个好兆头。和广播相比，电视可以同时运用图像、声音和文字三种传播手段，播出戏曲节目的选择余地就大多了。电视台播出的戏曲节目应该也可以多样化，兼顾南北各地的剧种、各个流派以及唱念做打各类剧目，以满足不同观众群的不同欣赏需求。

后来，年岁渐长，看了更多的戏，对戏曲传统剧目渐渐产生了不满情绪。主要是觉得有些剧目传递的思想观念和我们生活的时代格格不入。许多民族戏曲的剧种产生于封建时代，带有相当浓厚的时代烙印，其中，既有思想性和艺术性俱佳的作品，也有不健康的东西，比如愚忠愚孝、江湖义气、因果报应，甚至凶杀色情、封建迷信，等等。周恩来总理生前提出了传统戏、新编历史剧和现代戏"三并举"。相比之下，我更喜欢新编历史剧，比如，《江汉渔歌》、《野猪林》、《三打祝家庄》、《杨门女将》，等等。我觉得，传统戏除了思想内容问题外，有些文理不通的"水词儿"实在令人难以接受。现代戏又难免要丢掉戏曲中许多优美的身段。而新编历史剧既能保留了京剧自身的特色，又传递了先进思想。相对来说，评剧、豫剧和一些地方戏表现形式就自由多了。

在党的"十六大"上，江泽民总书记提出了四种文化，就是：先进文化、健康有益文化、落后文化和腐朽文化，分别提出"大力发展"、"支持"、"努力改造"和"坚决抵制"的要求。传统戏曲节目中哪些剧目属于哪种文化，是一个需要认真研究的课题。电视戏曲研委会可以抓一下这个课题。电视影响这么大，电视戏曲工作者也要善于分辨美丑，不能有什么播什么。

1991年以前，我只是一个戏曲爱好者。除了找机会看看戏之外，从来也没想过有朝一日会对保存、传播我国民族戏曲做点儿什么事。当年5月，我到部里任职，艾知生部长安排我分管广播电视宣传和对外交流。按照我们的传统习惯，"广播电视宣传"既包括新闻、社教节目，也包括文艺节目。当时，正赶上中央领导同志大力提倡"弘扬民族艺术，振奋民族精神"。回顾那几年，广播电视系统积极响应中央的号召，和文化部互相配合或者单独承担，一共做了五件大事。

1. 1992年到1994年连续3年举办"梅兰芳金奖大赛"。

2. 1993年中央电视台海外中心举办首届"北京国际京剧票友大赛"。

3. 1994年12月文化部、广播电影电视部等9个单位联合举办"梅兰芳、周信芳诞辰100周年纪念活动"。

4. 1995年6月在昆明召开"全国电视戏曲研讨会"。

5. 1995年1月文化部等在天津举办首届"中国京剧艺术节"。

这些都是我直接参加的社会活动。实际上，全国电视戏曲工作者为振兴民族戏曲还做了大量实际工作，对保存、传播、普及我国民族戏曲作出了有目共睹的贡献。像中央电视台参与录制了《京剧音配像精粹》，拍摄了为数不少的戏曲电视剧和介绍戏曲剧种和演员的专题片，开办戏曲专栏、戏曲讲座，举办民族戏曲竞赛节目和戏曲晚会，等等。

学会决定成立电视戏曲研究委员会，目的在于把全国电视戏曲工作者联合起来，为振兴民族戏曲、弘扬民族文化再多做一些实际工作。为此，我提出以下几点建议：

1. 加强研究。电视戏曲研委会是二级学术团体，应该把电视戏曲学术研究定为中心任务。当前，需要研究的问题很多，比如，中央电视台办起了"戏曲频道"，对这个频道如何评估？如何改进？电视普及戏曲知识的栏目和戏校课堂讲课应该有什么区别？怎么样发挥电视的特点和优势？需要好好研究。再比如，有的电视戏曲栏目办得很成功，究竟有什么规律可循？像河南电视台的"梨园春"，据我所知，电视台领导和主创人员为办好这个戏曲栏目花费了大量心血，既考虑到地方特色，又照顾到观众的参与心理，还充分运用了市场运作方式。其他地方台也开办了观众普遍欢迎的戏曲专栏，大家可以利用这次以及今后开会的机会交流交流经验。像优秀戏曲电视剧、和戏曲有关的优秀电视专题片，可以通过评奖评出优劣，开展深入的研讨活动，找出规律性的东西。这样的工作不但有利于提高电视戏曲工作者，还可以对戏曲改革提供参考经验。

2. 联合制作大型系列性电视片。市场经济讲求规模效应。一家电视台力量有限，制作一些节目，只能供播出需要，往往播完了，就束之高阁。这是一种电视资源浪费。大家联合起来，力量就大了。研委会每年可以确定几个选题，比如戏曲剧种、戏曲脸谱、戏曲服装、戏曲音乐、戏曲舞台、戏曲演员，等等，邀请各地电视台联合制作大型系列片，既可以满足播出的需要，也可以制成光盘推向国内市场，还可以对外发行，为"走出去工程"添砖加瓦。

3. "开门办会"，加强对外联合。电视再强大，也只是一种传媒。现在讲"内容为王"。任何一家电视台都不可能把各行各业的专业人才网罗进来。作为社会团体，研委会有方便条件和戏曲演员、剧作家、戏曲评论家、戏曲团体、戏曲研究机构以及文化管理单位建立联谊关系，和他们联合举办社会活动。这些活动既有益于加强戏曲界的社会影响，也能够扩大研委会的活动领域，增加研委会的活力。

总而言之，希望电视戏曲研委会充分利用社团的优势，在力所能及的范围内多搞一些活动，为振兴民族戏曲做些实实在在的工作。

（2002 年 12 月 24 日）

试论电视戏曲的六个问题

中国传媒大学"电视戏曲节目课题组"向本人提出了 10 个采访题目,理论性、专业性都很强。然而,我既不是戏曲专家,对电视戏曲的研究也只是浅尝辄止,只能根据个人认识谈些浅见。

一、关于戏曲和电视结合问题

在我国,从 20 世纪 90 年代初起,电视进入蓬勃发展阶段。各种艺术门类纷纷和电视联姻,创造出一些新的样式,比如:"电视音乐"、"电视曲艺"、"电视散文"、"电视小品",等等。依靠新兴的电子技术和强大的传输网络,其中一些新的电视样式得以广为流传,找到新的消费市场;另外一些也引起观众的注目和专家的评说,甚至争议。响应中央关于"振兴民族戏曲"的号召,电视工作者做了大量工作,在各类节目中尽力安排与戏曲相关的内容。简单地列举一下,就有:

1. 电视新闻节目报道戏曲创作和演出动态。
2. 电视栏目介绍戏曲知识。
3. 电视记者或主持人对当代戏曲演员进行访谈。
4. 电视专栏教唱名段,教练身段做派。
5. 电视播出供观众欣赏的著名戏曲唱段。
6. 电视直播或录播目前活跃在戏曲舞台上的戏曲演员的舞台演出。
7. 播出电视戏曲晚会,组织戏曲票友大赛。
8. 按照保持"原汁原味"的要求,录制戏曲名家的代表性剧目。
9. 制作音配像,保留经典戏曲剧目。
10. 以"音乐电视"方式制作戏曲唱段。
11. 用电视手法适当改编传统戏曲节目,制作电视戏曲艺术片。
12. 拍摄戏曲电视剧,等等。

其中,有些项目被统称为"电视戏曲"。"电视戏曲"似可定义为"戏曲和电视相结合产生的新的艺术品种"。根据戏曲和电视结合的紧密程度(换句话说,就是"戏曲电视化"的程度),大体可以分为三个层次,就是浅层次、中层次和深层次，其中，戏曲电视剧是戏曲和电视结合的最高层次。

狭义地说，"电视戏曲"主要是指戏曲电视剧。舞台戏曲是凭借超时空的舞台、以注重程式的虚拟表演为基础的虚拟表演体系；而由话剧、电影演变而来的戏曲电视剧则是以写实为基础的表演体系（原文化部副部长陈昌本语）。这种"虚"和"实"的差别就构成舞台戏曲和电视戏曲之间的主要差别。

二、关于电视传播戏曲问题

自从电视为民族戏曲提供了新的传播路径以来，对此一直存在不同的看法。一种意见认为：民族戏曲振兴的标志是观看舞台戏曲演出的观众数量大量增加，由此出发批评电视戏曲抢夺了剧场观众。

电视戏曲夺走了相当一部分剧场观众，确是不争的事实，但是，通过电视观看戏曲的观众数量却大大增加了。举例来说，1994年12月20日，举办纪念梅兰芳、周信芳百年诞辰的开幕式及晚会，现场观众不过一两千人。当晚，中央电视台在一套节目中现场直播开幕式和晚会，仅北京地区的收视率就达到19.6%，全国收视率达到15.7%。按照通常的抽样调查计算方式，全国15.7%的收视率，就意味着当天晚上有13323万人收看了这个节目。设想把开幕式和晚会放在一个容纳2000人的剧场演出，那得上演67000场才能容纳上亿观众。事实上，这是做不到的。除此而外，电视录像（录像带、光盘）可以长期保留，反复播放，十几年、几十年后，未来的观众还可以欣赏到当天的精彩演出。

另外，我非常赞成把观众拉回到剧场的努力。戏曲舞台演出具有独特的魅力，演员和观众之间、观众和观众之间能够形成有声和无声的交流。现场的掌声、叫好声都能激发演员的艺术激情，将艺术功力发挥得淋漓尽致。只要剧目精彩、演员优秀，不少观众还是乐于在"剧场氛围"中欣赏戏曲舞台演出。不过，观众不去剧场，除了戏曲自身的因素之外，还有其他原因，诸如剧场的多少，票价的贵贱，交通是否便利，天气是否偏冷偏热，以至老年观众行动是否方便，如此等等。在诸多因素的作用下，不少观众宁可坐在家里，静心欣赏电视播出的戏曲节目。这也是技术进步和时代前进带给人们的福音。解决这个问题，需要综合治理；一味埋怨、指责电视戏曲是无济于事的。

三、关于民族戏曲的兴衰问题

近几十年来，由于各种因素，我国民族戏曲严重滑坡。2006 年 6 月 19 日，《中国青年报》报道了中国艺术研究院院长王文章先生在 6 月 14 日举行的"中国戏曲剧种保护和发展座谈会"上的讲话。他说："根据 20 世纪 50 年代末的调查，全国各地方、各民族戏曲剧种共有 368 个。到了 1982 年，编撰《中国大百科全书·戏曲卷》做调查统计时发现，还有 317 个剧种。而根据 2005 年中国艺术研究院完成的《全国剧种剧团现状调查》，我国现存剧种仅剩 267 个，就在这 267 个剧种中，有一半的剧种仅有业余演出，有 60 多个剧种没有音像资料保存，许多地方剧种正在走向消失。"面对这幅惨淡的图景，报纸惊呼"中国戏曲到了最危险的时候"！

一种文艺门类的兴衰有其复杂的社会因素，比如，作为中国民族戏曲"头牌"的京剧，在 200 年的发展史上，就曾经几起几落。在国民党政权统治末期，我就亲眼见到京剧的衰落。究其原因，经济上，"物价暴涨，生活艰难"；社会上，"军警特务盯梢、威胁"，"加上流氓、戏霸的干扰、欺诈与压迫"。"社会的黑暗与畸形，造成了戏曲舞台艺术的畸形发展。这时，低格调的剧目，在京剧演出中愈演愈烈，从而使京剧更加远离民族戏曲艺术的规范，走向低劣精神产品的歧途，京剧艺术的发展渐趋衰落。"（《中国京剧史》中卷第 495 页）我记得，那时候在天津的戏曲舞台上，演出过《济公活佛》、《铁公鸡》（有时"八八"，有时"十十"）一类剧目，靠的是机关布景、真刀真枪招揽观众。

至于民族戏曲是否退出主流文化，还需要具体分析。近年来，为了吸引年轻的观众，一些戏曲演出团体做了可贵的努力。比如，上海京剧院多次组织"京剧进大学"活动，收效十分明显。像于魁智、张火丁等著名演员，已经成为"京剧明星"。每次演出，不少郊区的大学生都不惜"长途跋涉"赶往剧场观看。中央电视台戏曲频道的主管告诉我，虽然戏曲频道的收视率不算高，但是观众的忠诚度还是蛮高的。河南电视台的戏曲栏目《梨园春》平均收视率一直保持在 18.6%，位居全台第一。由此可见地方戏曲的强大吸引力。

当然，戏曲滑坡并没有停止，否则中央就不必号召"振兴民族戏曲"了。解决这个问题，不可能是一日之功，需要多方面的长期努力。包括社会经济的发展，人民生活水平的提高，文化生活的进一步丰富，社会浮躁风气的消除。其中重要的还是戏曲改革。戏曲改革的重任落在文化行政部门、戏曲演出团体、戏曲演员以及戏曲研究人员身上。电视界自然也要竭尽全力做更多的工作。譬如：

1. 精心办好各种电视戏曲专栏。
2. 主动参与各种社会戏曲活动。
3. 高度重视戏曲图像资料的积累。
4. 积极探索电视与戏曲相结合的更好的形式。
5. 切实抓好各项"配套工程"，包括电视戏曲的评奖、评论和研究工作。

四、关于处理"虚""实"矛盾问题

舞台戏曲讲究"虚"，电视戏曲（这里专指戏曲电视剧）讲究"实"。以舞台戏曲的美学标准衡量电视戏曲，必然会提出种种批评。问题在于这样的"衡量"是不是合适？

我的基本看法是：应该把舞台戏曲和电视戏曲看作是两种不同的戏曲艺术形式，承认存在两种不同的创作路数，承认这两种样式各有各的艺术特征，各有各的创作规律。

近二十年间，电视戏曲工作者努力创作了数量可观的戏曲电视剧。我看到这样一个材料：自从 1985 年戏曲电视剧在荧屏上崛起以来，到 1995 年仅中央电视台就播出了近百部（300 多集）戏曲电视剧。从第六届到第十四届全国电视剧"飞天奖"的评奖中，获得"优秀戏曲电视剧奖"的就有 45 部，包括京剧、昆曲、越剧、黄梅戏、河北梆子、沪剧、川剧、湖南花鼓戏、东北二人转等重要剧种。

相对来说，许多地方戏表演比较自由，在编写或改编为戏曲电视剧时，难度不大，观众、专家都能接受，比如，获得首届电视戏曲"兰花奖"电视剧类一等奖的评剧《小白玉霜》（吉林电视台、中央电视台制作），评委审看后，同声赞赏，没有一点别扭的感觉。

难办的倒是表演程式十分严格的京剧、昆曲。无论是编写京剧电视剧，还是改编传统京剧，都要十分慎重。否则，难免遭到"话剧加唱"的批评。首先需要慎重选择适于在电视上播出的剧目。有些剧目，电视只能转播舞台演出，不可能改编为戏曲电视剧，比如，《三岔口》、《武松打店》，精华所在就是摸黑开打，这和电视的灯光运用之间的矛盾是没法解决的。再如《徐策跑城》，"跑城"的强烈舞蹈动作也难以在电视实景中展现。中央电视台近日播出的《忠义千秋》，是把舞台演出的一出出"关公戏"串联在一起，和公认的戏曲电视剧还有不小的距离。

优秀的戏曲电视剧，一方面保留了戏曲的精华，另一方面又显现了电视剧的特色。归纳一下，大致要有这样几个特点：

1. 戏曲音乐是区分不同剧种的基本要素，戏曲电视剧必须保持不同剧种的戏曲音乐特色。

2. 程式化动作是戏曲的重要表演特征，戏曲电视剧应该尽量予以保留。

3. 戏曲电视剧在使用实景的时候，要给演员留出了充分的表演空间。

4. 除此而外，戏曲电视剧的编导必须突出电视剧自身的特点，符合电视剧的创作规律。

五、关于电视戏曲专题节目问题

除了制作戏曲电视剧而外，电视人还开办了许多电视戏曲专栏，拍摄了戏曲人物纪录片。河南电视台的《梨园春》、安徽电视台的《相约花戏楼》、山西电视台的《走进大戏台》、陕西电视台的《秦之声》、天津电视台的《鱼龙百戏》、北京电视台的《同乐园》、上海东方电视台的《绝版赏析》、辽宁电视台的《戏苑景观》、吉林电视台的《乡村戏苑》，等等，都在当地以至全国产生了程度不同的影响，有的甚至影响巨大。

这是一个值得认真研究的文化现象。这些年来，我特别关注《梨园春》，从中得到很多启示。这个戏曲专栏是 1994 年开播的，特点是以豫剧为主干，其他剧种为枝叶，熔欣赏性、参与性、竞赛性和趣味性于一炉，吸引了广大戏曲（特别是豫剧）爱好者。12 年来，收视率稳居第一，最高达到 35.7%，现场直播超过 400 次，参与的戏迷高达 10 万人次，一千多名擂主成为"戏曲明星"。河南电视台台长周绍成把《梨园春》火爆的原因概括为 12 个字："特色支撑、创新推动、互动出彩"。我以为，尊重电视观众的多元化选择，研究电视观众的收视心理以及改革管理体制和运行机制，使剧组充满生机活力，是《梨园春》取得成功的主要经验。这是电视戏曲专栏的一个典型例子，同时也为推进戏曲电视产业发展创造了可资借鉴的经验。

电视戏曲专题节目数量很多，值得关注的是戏曲人物纪录片。电视纪录片是重要的片种。国外一些重量级的电视机构都把拍摄优秀纪录片认作是衡量制作水平的标尺。纪录片的本质特征、纪录片的灵魂是真实。优秀纪录片历来以真实的故事、深刻的哲理、完美的声画感动观众。京剧名净方荣翔先生逝世后，山东电视台拍摄了一部纪录片《方荣翔》。纪录片通过许许多多的真实细节展现了方先生高超的表演艺术和高尚的艺德，十分令人感动，尤其是结尾处，画面上出现了一座空荡荡的剧场，真可谓独具匠心，意味深长，让人过目不忘。1999 年，中国广播电视学会主持拍摄了 10 集系列艺术片《当代中国京剧人》，记录了12位中青年京剧表演艺术家的丰富的人生经历和辉煌的艺术成就。每集只有二十多分钟，不可能面面俱到。这套系列片以精炼的手法突出每位京剧名家的个性以及他们对新中国成立后50年京剧艺术发展的独特贡献，比如，《孟广禄》一集记录了他从北京到山东看望师娘（方荣翔的夫人）的情节。那种不忘师恩的情愫确实感人至深。

六、关于加强电视戏曲学术研究问题

中国民族戏曲是我国特有的艺术门类。专家认为，秦汉时期的乐舞、俳优、百戏是中国民族戏曲的源头。经过千余年的发展变化，终于形成了集文学、音乐、舞蹈、美术、杂技、武术以及人物表演于一身的综合艺术。以"源远流长"、"博大精深"来形容我国民族戏曲绝非夸大之词。人类开始进入信息时代，文化交流越来越频繁，越来越广泛，交流方式越来越多样。任何一个国家、一个民族必须拿得出"独此一家"的艺术，方能跻身于世界文化之林，为人类文明的繁荣作出独特的贡献。我国民族戏曲、民乐、民歌、民间传说是中华文化的标识，日益引人注目，正是时代特征的表现。

研究民族戏曲的本体艺术特征是研究戏曲电视的基础。这方面，戏曲专家已经出版了大量学术专著。研读这些专著是戏曲电视研究人员必修课程。

就电视本身而言，十几年来，事业发展迅猛，人人忙于实践，加上领导重视不够，投入不足，学术研究（特别是软件研究）一直显得相当滞后。节目办好了，办砸了，说不出个道理。电视戏曲的研究工作也不例外。实际上，电视戏曲有待研究的问题还是很多的。电视戏曲和舞台戏曲之间存在什么相同点和相异点？如何处理舞台戏曲的"虚"和电视戏曲的"实"之间的矛盾？戏曲和电视如何才能结合得水乳交融？哪些戏曲剧目适于上电视，哪些不适于上电视？电视戏曲究竟有多少类别？每个电视戏曲类别有什么特点？如何充分利用技术变革提供的有利条件推进电视戏曲的发展？如何借中央提倡发展文化产业的大好时机改革电视戏曲的管理体制和运行机制？凡此种种都是需要加紧研究的课题。研究这些问题，既要以党的文艺方针、政府的文艺政策为指导，又要密切关注社会环境的变化、文化生态环境的演变以及社会各阶层文化心理的动向，还要从文艺学、美学、社会学、分类学、电视学中吸取理论营养。

学术研究贵在创新，忌在重复；贵在言之有物，忌在空话连篇；贵在实事求是，忌在脱离实际；贵在谦虚谨慎，忌在无知妄说。理论创新绝不是随心所欲地爱说什么就说什么，也不是事事"从头开始"，而是要扎根于现实土壤，遵循事物发展的客观规律。我以为，理论创新的突进方向大体有四：一曰探索未知领域；二曰修正原有结论；三曰提高研究层次；四曰加强研究深度。

中国传媒大学拥有良好的学术研究的条件，既有众多研究人才，又有和电视界联系的方便，年年都有许多研究成果问世。我相信，只要在学术带头人的科学管理下，人人各展所长，假以时日，成效自见。

（2006 年 11 月 30 日）

悉心呵护这株素雅的兰花 *

自从 1958 年电视在我国诞生以来，民族戏曲就逐渐进入电视这种现代化的传播工具，从而为广泛传播具有悠久历史的民族戏曲打开了一片新天地。近半个世纪过去了，几代电视人不停歇地为传播我国民族戏曲竭尽全力，创造了多种传播形式，电视戏曲成为电视文艺节目中最具民族特色的节目品种。电视戏曲肩负的四项任务——保留传统剧目、普及戏曲知识、推出戏曲新人、推动戏曲改革——都落实到中央和地方电视台的戏曲栏目和戏曲频道。

关于当前民族戏曲的处境和发展前景，戏曲专家们的意见迥然不同。乐观者认为，"现在中国戏曲就在爬坡，而且已经快到山顶了"。悲观者认为，"社会已进入电视电脑时代，时尚以斗室为主"，而"戏曲，正被挤压出时尚之外"。甚至还有的专家问道："一个吃着麦当劳、看着美国大片的民族如何使传统戏曲复兴？"

就电视戏曲而言，我认为是有喜有忧。2004 年 6 月 9 日，广电总局发文，要求"省级电视台要创造条件，尽快开办地方戏曲栏目"。明确表达了行政主管部门的意见。中央电视台和十几家省级电视台一直坚持办好戏曲栏目，而且有所发展，有所创新，赢得了戏曲爱好者的欢迎。但是，也有的电视台单纯考虑收视率不高，取消了好端端的戏曲栏目。中广学会（中广协会）主办的电视戏曲"兰花奖"也面临类似的情况。在整顿全国性文艺评奖中，"兰花奖"从节目评奖改为节目评析。参评单位和参评节目的数量也在萎缩。尽管如此，电视文艺委员会还是决心克服重重困难，把这件有利于繁荣和发展我国传统戏曲艺术的事情办下去。

借此机会，我想谈三个问题。

一、坚定信心，坚守阵地

第一届电视戏曲"兰花奖"是在 2003 年举办的。共有 55 家电视台选送

---

* 本文是作者在武夷山举行的"颁布第三届电视戏曲'兰花奖'参评节目的评选结果会议"上的讲话摘要。

了116个节目。2005年举办第二届，共有46家电视台选送了112个节目。今年举办第三届，共有23家电视台选送了99个节目。参评单位和送评节目数量都在减少，这是客观事实，不必讳言。

前两届"兰花奖"按时举行了颁奖晚会和研讨会。从本届起，评奖改为评析。评奖也好，评析也罢，目的之一就是检阅两年来电视戏曲创作的成绩，研讨创作的得失，总结经验，明确方向。这一点我们做到了。

最近七年，我和我的同事们编写了一部近60万字的《中国电视史》。在编写过程中，深感年度评选节目的重要性。评选节目的结果即是衡量一段时期节目创作的依据。凡是没有组织评选的节目，在史书上就留下了空白，十分可惜。

另外，2005年电视文艺委员会还编辑出版了《感受电视戏曲》。这本30万字的文集专门收集了关于电视戏曲的论文、讲话和资料，用文字记载下近年来电视戏曲的改革和发展的历程、学术研究的成果以及电视戏曲栏目积累的经验。

2006年9月，公布了《国家"十一五"时期文化发展规划纲要》，规定了五年中党和政府发展文化事业和文化产业的指导方针和全方位的政策，为我国研究电视戏曲提供了理论依据和政策依据。文化、教育和广电行政管理部门根据这个文件的要求制订了具体措施。戏曲表演团体、广电播出单位正在采取实际行动。在这种形势下，我们更应该坚定信心，坚守阵地，在力所能及的范围内为发展和繁荣传统戏曲作出应有的贡献。

二、开展活动，凝聚队伍

我历来认为，开展有益的社会活动是社会团体存在的价值的体现。除了继续评选电视戏曲节目外，我建议电视文艺委员会组织几个活动。

首先，建立电视戏曲"兰花"俱乐部。这是一个松散的联谊性组织。目的是为电视界、戏曲界以及研究人员提供一个在轻松气氛中交流经验、沟通情况、交换看法的场所。电视文艺委员会可以就地点问题和电视纪录片委员会商量，把地点设在新闻纪录电影制片厂的中国纪录片俱乐部。

其次，除了办好网站以外，电视文艺委员会还可以创造条件创办一份定期或不定期的内部刊物。在社团工作十年，我得到了这么个印象：凡是办有内部通讯刊物的专业委员会，都是经常举办活动、及时通报信息、凝聚力比较强的团体。内部通讯刊物是一条有形的联系纽带，拿到这份刊物的会员，首先会增强"成员意识"和"团队意识"。其次通过阅读刊物可以了解到行业动态，发表自己撰写的文章，就普遍关心的问题展开讨论。

再次，电视文艺委员会积极创作条件，编辑出版《中国电视文艺年鉴》，把电视戏曲列为其中的一个分目。这件事说难，也不难。只要筹集到资金，确定好框架，出版了第一本年鉴，余下的事情就好办了。去年，电视纪录片委员会出版了《2006 中国纪录片年鉴》，业内反映良好。一个专业社团有能力编辑出版本专业的年鉴或双年鉴，表明这个社团在本专业内的权威地位。同时，也为本专业记录下年度发展步伐，为教育界、专业人士和研究人员提供一份准确的参考资料。另外，继续收集整理近期发表的有关电视戏曲的学术论文，待时机成熟，编辑出版《感受电视戏曲》的续集，对电视戏曲改革和发展提供智力支持。

最后，寻求企业界和电视台的支持。目前，全国许多社会团体都面临经费短缺的困难。中广协会也不例外。各个专业委员会处境有所不同。能否得到企业界或电视台的财力支持是摆脱困境的决定性一招儿。根据我们前几年拍摄《当代中国京剧人》的经验，自愿为繁荣传统戏曲捐赠款项的企业确实不多。和电视台联手作业，机会可能更多一些。这就需要我们大家同心协力，一起争取了。

三、加强研究，推动创新

自从 1986 年成立起，中国广播电视学会一直把广播电视学术研究确定为中心任务。2004 年，学会更名为协会，性质由学术团体变为行业组织，职能也由单纯的学术研究扩大到参与行业管理。在这种情况下，个别人曾经有过误解，以为广播电视学术研究不再重要，在"职能"转变的口号下，希图在参与行业管理上大做文章。实践证明，这种想法是不现实的。经过一段时间的讨论，终于确定了中广协会的两项基本职责，一是以自律维权为主要内容的参与行业管理，另一个是继续组织开展广播电视学术研究。这是符合当前社团管理实际情况的决定。

大家都很清楚，电视是当代影响广泛的大众传媒。每一种文艺门类，一旦和电视结合，立即显示出巨大的传播优势，戏曲也是如此。我们曾经开列出十余种戏曲和电视联姻的形式。根据戏曲和电视结合的紧密程度（也就是"戏曲电视化"的程度），可以分为三个层次，就是浅层次，例如，电视新闻节目报道戏曲创作和演出动态；中层次，例如，播出电视戏曲晚会；深层次，例如，拍摄戏曲电视剧。

尽管戏曲和电视结合取得了有目共睹的成绩，在学术领域内却存在不少争论。想一想，有一个很有意思的现象，就是说，越是处于戏曲和电视浅层次的结合，争论就越小；反过来说，结合的层次越深，争论就越大。

据我个人观察，戏曲电视剧应该是戏曲和电视结合的最高形式。恰恰在如何创作戏曲电视剧的问题上，争论是最为激烈的。

根据戏曲专家的分析，舞台戏曲和电视戏曲之间的主要差别在于前者的特点是"虚"，后者的特点是"实"。或者说，一"虚"一"实"构成两者之间的主要矛盾。恰当处理这两者之间的矛盾，就能保证戏曲电视剧取得成功。

一个十分流行的说法，就是认为戏曲电视剧是"话剧加唱"。事实确实是这样。我们看过的大量戏曲电视剧，包括众口称赞的戏曲电视剧，基本上都是在唱段上保持各种传统戏曲的特色，而念白则用普通话或者方言。一定要用韵白，才算不破坏传统戏曲吗？听起来，恐怕也未必那么舒服。原中国京剧院院长苏移同志有个看法，他认为要把舞台戏曲和电视戏曲看作是两种不同的艺术形式，不能用同一个标准来衡量。我以为，这是真知灼见。

近年来，戏曲电视剧创作不大景气。本届电视戏曲节目评选，仅仅收到一部戏曲电视剧。原因自然是多方面的。对戏曲电视剧创作人员还是应该多加鼓励。

除了电视戏曲和舞台戏曲之间存在什么相同点和相异点，如何处理舞台戏曲的"虚"和电视戏曲的"实"之间的矛盾而外，电视戏曲有待研究的问题还是很多的，例如，戏曲和电视如何才能结合得水乳交融？哪些戏曲剧目适于上电视，哪些不适于上电视？电视戏曲究竟有多少类别？每个电视戏曲类别有什么特点？如何充分利用技术变革提供的有利条件推进电视戏曲的发展？如何借中央提倡发展文化产业的大好时机改革电视戏曲的管理体制和运行机制？凡此种种都是需要加紧研究的课题。研究这些问题，既要以党的文艺方针、政府的文艺政策为指导，又要密切关注社会环境的变化、文化生态环境的演变以及社会各阶层文化心理的动向，还要从文艺学、美学、社会学、分类学、电视学中吸取理论营养。

研究是创新的基础。有了理论上的坚定性，才能树立改革创新的信心。

我们栽种了"兰花"，就要悉心呵护她，让这株素雅的兰花永远散发出迷人的幽香。

（2007 年 5 月 11 日）

找准位置，找出原因，找对方向[*]

　　我想借此机会谈谈加强播音和主持节目的学术研究工作。对播音学和节目主持学，我基本上是门外汉。只能就最近看到的一些问题谈点个人的粗浅看法，供大家参考。概括起来说，就是找准位置，找出原因，找对方向。

一、找准位置

　　我在学会工作了三年多，深深体会到：找准位置是做好任何一项工作的前提条件。"到位而不越位"是找准位置的基本要求。不到位，工作跟不上去；越位，也会造成工作秩序混乱。

　　广播电视系统大体上可以分为五个子系统，就是：管理、编播、技术、后勤和经营。和记者、编辑、制片人、导播、翻译以至导演、编剧等一起，播音员和节目主持人列在编播这个子系统内。播音员是和广播同时诞生、一起成长的。据调查，我国的主持人节目出现于 20 年前，如今已经风靡全国。播音员和节目主持人是广播电视业的最为特殊的行当。和报纸、通讯社、杂志等传媒相比，通过播音员和节目主持人和受众沟通，传播信息，传播知识，进行社会教育，提供娱乐服务，是广播电视的最大特点。在这个意义上说，没有播音员和节目主持人，也就没有广播电视节目。

　　正因为播音员和节目主持人的工作如此重要，所以历任广播电视系统的主要领导同志都十分重视播音和节目主持工作。原中央广播事业局局长梅益同志曾经就播音工作发表过许多真知灼见。他说："播音工作的重要性我想是用不着多说的。当全国千千万万的人经常而且细心地倾听着一个人的声音，并且从这个声音里受到教育、得到鼓舞的时候，你说这个工作不重要？这个岗位不光荣？播音工作是值得你们终身全力以赴的。"在 20 世纪 60 年代初，我国处于三年经济困难时期，梅益局长曾经为部分播音员争得一次提高两级工资的优厚待遇。艾知生部长说过："我们的播音工作和播音员是党联系群众的重要桥梁和纽带。如果说广播电视是党、政府和人民的喉舌，我们的播音

---

　　* 本文是作者在"播音学研究委员会 2000 学术年会"闭幕式上的讲话摘要。

工作和播音员就是喉舌的直接的、具体的体现。"又说："我们的播音工作体现了广播电视最基本的特点，是一道必不可少的、最重要的和最后的一道工序。"吴冷西和孙家正部长也都非常重视播音和节目主持工作。这些领导同志和许多播音员、节目主持人都很熟悉，和他们结下了深厚的友谊。我们在座的播音员和节目主持人都能讲出许多生动感人的故事。总局徐光春局长对播音和主持节目工作重要性的论述，对播音员和节目主持人的要求，刚才大家都亲耳听到了。

播音和节目主持工作同样受到社会上的重视。拿 2000 年举行的"第四届范长江新闻奖"和"第四届韬奋新闻奖"的评奖为例，中央人民广播电台的于芳同志、湖南电视台的李兵同志、佳木斯电台的李群同志都因为工作出色而以相当高的票数榜上有名，得到新闻界的认可。不少著名的播音员和节目主持人成为党代会的代表、各级人大代表或者政协委员，在国家或者省市县的政坛上发挥着不可替代的作用。不过，就全社会而言，情况十分复杂，既有对播音员和节目主持人的尊重、敬仰、羡慕、关怀这类正常现象，也有对播音员和节目主持人的吹捧、"追星"、拉拢这类不正常的现象。

当然，我这样说，绝不意味着编播工作的其他岗位不重要，更不是说播音员和节目主持人高人一等。"谦虚使人进步，骄傲使人落后"，我们每一个人都要终生牢记这句名言。只有和周围的同事和谐相处，紧密合作，才能创造出优异的成绩。这些都属于思想修养范围的事，并不否定一个基本事实，就是播音和主持节目是在广播电视最后一道工序上以个体劳动体现集体劳动的成果。

找准位置的目的无外是加深对自身工作重要性的认识，增强社会责任感，发扬协作精神，提高工作质量，无愧于集体的托付，对得起千千万万坐在收音机、电视机前面细心聆听的受众。

二、找出原因

中国共产党领导下的播音员队伍已经走过 60 年的艰苦而辉煌的历程，节目主持人队伍也有了 20 年的历史。几代播音员和节目主持人为发展我国的广播电视事业作出了突出的贡献。几乎每一个广播电视节目（广告除外）都是通过播音员或节目主持人和广大听众观众见面的。这些年来，播音员和节目主持人向听众观众介绍了国内外发生的重大政治、经济、社会事件、有用的信息、最新的知识、令人赏心悦目的文艺表演。以专业而论，我们的确看到许多优秀的播音和主持作品，语言干净利索，生动流畅，节奏适度，表现力强；神态亲切自然，分寸把握得当；风格多种多样，突出个人特色，具有明显的现代感，等等。这些成绩都是播音员和节目主持人队伍的主流，是为世人所公认的事实。

但是，我们的播音和主持节目工作并非十全十美了。实事求是地说，还存在许多急待研究和解决的问题。依我个人观察，这些问题可以归结为三个层面的问题，一个是管理层面，一个是认识层面，一个是业务层面。

（一）管理层面

有些广播电台、电视台的管理人员对播音和主持节目工作重视不够，对播音员和节目主持人要求不严，管理不善，使用不当，培养不力。有些播音员和节目主持人不服从管理，不遵守规定，纪律松弛，经不住金钱的诱惑，缺乏社会责任感。

（二）认识层面

有的播音员和节目主持人自视甚高，骄傲自满，只看到自己的成绩，忘掉了他人的贡献；有的心态脆弱，缺乏自信，听到赞扬则沾沾自喜，听到批评则垂头丧气；还有的工作马虎，浅尝辄止，缺少强烈的进取心。还有一个很值得探讨的问题，就是不少人喜欢作节目主持人，不愿意当播音员。据说理由有三，一是播音员只会"照本宣科"，缺少创造天地，而节目主持人可以自由发挥，充满创造活力（这纯粹是外行话）；二是播音员不如节目主持人容易出名，不如节目主持人行动自由（这是工作动机不纯）；三是播音工作是"夕阳事业"，早晚会被节目主持人取代。这倒是个需要讨论的问题。起码我个人还没有看到这个前景。

（三）业务层面

有些播音员基本功不扎实，不会偷换气，喘息不匀，尾声不清，让人听着很累；有的断句不对，停顿不当（特别是碰到外国的人名地名），强调点不准，有时甚至歪曲稿件原意；有的情绪不饱满，神态不亲切，无论什么内容的稿件，念起来全是一个味道，平铺直叙，缺乏应有的起伏转换；有的备稿不充分，应付差事；至于打奔儿、"拉抽屉"、读错白字，几乎天天可以听到。有些节目主持人说话南腔北调，刻意模仿港台艺员的腔调；有的说话词不达意，引导不当，个别的甚至低俗无聊，拿肉麻当有趣；有的不会提问，或者提问不恰当让对方为难，或者提出根本无须回答的幼稚问题，甚至总想降低对方的精神境界；有的知识水平偏低，不时出现常识性错误。

前面讲到的这些不足，只是我在收听广播、收看电视或者审听审看参评作品的时候注意到的。有些可能只是个别现象，没有普遍性。如果有失言之处，还希望大家给予谅解，提出批评。

我们的任务不在于指出问题，而是要找出存在问题的原因，想出解决问题的办法。

我以为，存在这些问题的原因有三个：

一是随着广播电视事业的迅猛发展，播音员和节目主持人的队伍迅速扩大，一些缺乏政治准备、思想准备、知识准备、专业准备的年轻人加入了播音员和节目主持人的行列，一时还不能适应这项重要工作的实际要求，再加上培训跟不上，学习的自觉性不强，以至一些问题迟迟没有得到解决。

二是在社会经济转型期间，对播音员和节目主持人的管理工作不够完善，虽然出台了一些规定，执行的也不够严格，特别是还需要制定一套既符合我国优良的传统道德规范，又适应社会主义市场经济要求的管理办法，另外，一段时间以来，政治思想工作有所放松，一些专业人员又缺乏自律精神。

三是随着时代的进步，人们对播音学和节目主持学提出了许多问题，但是这方面的理论指导显然不够，学术研究尚须大大加强。比如，不少文章十分推崇克朗凯特、丹·拉瑟、沃尔特斯等这些美国的"大牌儿"节目主持人，到底有多少人亲眼见过他们主持的节目？有哪些东西是值得我们借鉴、吸收的？与此相关，如何创建有中国特色的播音学和节目主持学？"主持人中心制"是什么含义，需要创造哪些条件才能付诸实现？如何正确评价"说新闻"的成败得失？今天我们在广播电视中惯常使用的语言是否就是"广播语言"和"电视语言"？如此等等，都需要我们静下心来，潜心研究，得出合乎实际的结论，给实际工作以有力的理论指导。

三、找对方向

21世纪即将到来，"信息社会"、"知识经济"、"全球化"已经成为人们的日常话题，我国加入世界贸易组织已经指日可待。面对这样的新形势，我国广播电视业的发展进入了关键时期，广播电视业的改革迈进了攻坚阶段。此时此刻，我们应该如何动作？前天，徐光春局长给大家分析了难得机遇与严峻挑战并存的局面，介绍了我们面临的"内挤外压"的形势，特别是讲述了在党中央的直接领导下总局制定的应对措施。

管理体制和运行机制深化改革是带有全局性、根本性的措施。深化改革的责任主要落在广播电视各级机构的管理人员肩上。对播音员和节目主持人来说，主要是认清形势，支持各项改革措施，推动改革的顺利进展。

我个人认为，无论管理体制如何变化，"节目是根本，人才是关键"这两条是不会改变的。在这方面，播音员和节目主持人是大有可为的。

和我们相比，国外（尤其是美国）的强势媒体有哪些优势？他们的规模比我们大，资金比我们雄厚，技术比我们先进，管理比我们规范。但是，他们用来直接和我们一较高低的还是节目。谁能做出吸引听众观众的优秀节目，谁就赢得了市场，谁就在社会"注意力"上占据了上风，因此，节目创优和节目创新就是在激烈竞争中根本的取胜之道。最近几个月，中广学会连续召开多次节目创新和节目创优研讨会，或者支持各地广播电台、电视台举行类似活动，目的就在于联合各方力量把节目制作普遍提高到一个新水平。和国外强势媒体相比，我们的优势在哪里？我们是社会主义国家，广播电台、电视台是各级行政部门出资兴办的事业。政府肯定要千方百计限制国外媒体的进入，保护我国的民族广播电视事业。但是，这种限制和保护措施是有一定时限的。根据《服务贸易总协定》规定，允许少数成员在 2005 年以前存在与最惠国待遇不符的暂时性措施，在 2005 年之后，最惠国待遇原则上应是无条件地、永久地在所有成员国间实施。这就是说，我们大体上可以赢得 5 年的时间。无论如何，我们必须在这宝贵的 5 年内使节目制作再上一层楼。这就需要包括播音员和节目主持人在内的全体编播人员共同努力。

为了适应广播电视节目创优和节目创新的要求，播音员和节目主持人应该认清今后的发展方向。是不是可以这样说，播音员和节目主持人的发展方向是就全能化、多样化和个性化。

如果说在节目制作方面，我们还有一段得到保护的时间，那么在人才争夺方面情况就更为紧迫。21 世纪肯定会出现一场人才争夺战。目前，我国的分配制度还是采取低工资的办法。高薪聘用就成为国外媒体以及新兴媒体和我们争夺人才的有力手段。2000 年上半年，一些网络公司以月工资 5000 元的价码向我们的广播电台、电视台招聘节目主持人，一时间形成一股不小的冲击。后来，许多网站经营不善，这股招聘风才停了下来。国外许多规模巨大的电子传媒公司正在实施"本土化"策略。他们可没把 5000 元人民币看在眼里。可以设想一旦他们以月薪 5000 美元招聘我们的广播电视、电视台的播音员、节目主持人以及其他专业人才，那会出现什么局面！

面对这种情况，广播电视机构应该怎么办？

第一，要以"三个代表"重要思想为指针，大力加强政治思想工作，提高播音员和节目主持人的社会责任意识和光荣感。

第二，要趁着广播电视管理体制和运行机制深化改革的大好时机，加快人事制度和分配制度的改革。

第三，要加紧系统内外的联合，按照"联合起来造大船"的指导思想发扬集体智慧，形成整体优势。

第四，要关注广播电视技术进步，充分利用先进技术提供的方便使广播电视节目的优势发挥得淋漓尽致。

最后，要加强理论研究，尽量缩短盲目实践造成的走弯路的过程，在科学的理论指导下努力做到"频道创新，栏目创新，节目创新"。

（2000 年 11 月 6 日）

【附】

再谈找对方向

2000年12月9日，中国广播电视学会节目主持人研究委员会在北京梅地亚中心举办了"主持人世纪论坛暨《主持人20年》画册首发式"。在开幕式上，节目主持人研委会给我颁发了"特别贡献奖"。在致答词时，我以《和节目主持人谈谈心》为题，再次谈了"找对方向"问题。

在今天的会议上，我想就在新世纪广播电视节目主持人"找对方向"问题再补充几点看法。

关于新世纪我国的广播电视事业的发展道路，我有一个基本看法，就是："四管齐下"。改革管理体制，概括为"联合起来造大船"；优化广播电视节目，概括为频道、栏目、节目创新创优；推动科技进步，概括为"数字化、网络化、信息化"；加强经营创收，概括为经营项目产业化，开发新的经济增长点。一切努力最终要体现在优化广播电视节目上。换句话说，无论管理体制如何变化，"节目是根本，人才是关键"这一点是不会改变的。而推动科技进步，加强经营创收，还是要为培养、吸引优秀人才，优化广播电视节目服务。

为什么这样说？大家都很清楚，国外广播电视界和我们的竞争主要集中在节目竞争上，而节目竞争的背后就是人才的竞争。我们用来吸引听众观众的唯一办法就是把节目办得好听、好看。因此，充分发挥人的聪明才智，加大智慧投入，搞好节目创新和节目创优，就是在激烈竞争中根本取胜之道。在节目竞争中，各个广播电台、电视台的各级领导、策划、制片人、出品人、编导、编辑、记者、翻译、播音员等都要承担起繁重的责任，节目主持人同样大有用武之地。

自从节目主持人诞生那天起，主持人就和节目紧紧地连在一起。没有适合的节目，主持人就失去了活动的天地；没有合适的主持人，节目也就失去了应有的魅力。顺带说一句，我们研究节目主持人，一定要和对他们主持的节目的研究紧密结合起来。节目主持人的成败得失，原因是多方面的。其中一个重要原因是节目的设置和主持人的风格、特长是否相吻合。孤立地探讨节目主持人的成功或者失败，容易失于偏颇。从现实情况看，全国广播电台、电视台的各类节目当中，主持人节目已经名副其实地成为主体。因此，在节目创新、节目创优的活动中，节目主持人起着举足轻重的作用。我这样说，丝毫没有贬低其他行当的作用的意思，只是突出强调节目主持人应该认清自己的重要位置，能和其他行当的工作人员通力合作，把节目搞上去。

面向新世纪，节目主持人应该怎样办？除了时时关注改进节目外，我建议大家密切关注四个方面的情况，就是：全局变化、技术进步、学术研究和自身提高。

一、关注全局变化

从大的方面来说，全局是指国际国内形势的变化，这是党和政府决定方针政策的总的依据。就我们的具体情况来说，就是国内外广播电视事业的发展变化。大家千万不要认为那是管理者的事情，与我无关。我可以举几个例子。

自从开始介入电视管理工作起，我一直在关注国际电视业的发展变化。20世纪90年代国际电视业呈现出一些新的发展趋势。其中之一就是频道专业化。与这个发展趋势不谋而合的是今年我们提出了有线电视台和无线电视台合并，实行频道化管理。这就预示着频道专业化在我国势在必行。频道专业化必然要求开办一批高度专业化的节目，就像美国"探索"频道的科教节目。开办高度专业化的节目，就需要高度专业化的节目主持人。换句话说，今后节目主持人会面临两个发展前途：一个是成为通才，也就是全能型节目主持人；另一个就是专攻一行的专业节目主持人。对这两类节目主持人的要求当然会有所不同。

再有，制播制度改革的内容之一就是广播电视节目制作的社会化、多元化。过去，没有播出渠道的电视节目制作公司只是制作电视剧；现在，有的公司或者节目制作中心开始制作电视专题片了。专题片大都需要设立节目主持人。这就是说，节目主持人分成两类，一类是广播电台、电视台的节目主持人，另一类是社会上制作公司所属的节目主持人。一方面，节目主持人的活动范围、选择余地扩大了；另一方面，节目主持人之间的竞争变得更加激烈了。

至于广播电视内部的人事制度改革，竞争上岗，双向选择，末位淘汰，这些做法更是直接牵扯到节目主持人的工作位置。

二、关注科技进步

大家都很清楚，任何一项重大的科技进步都直接影响到广播电视传播方式和节目形态的变化。比如，有了卫星转播车，我们才能随时随地搞现场直播。正是由于科技进步，广播电视传播信息的优势才发挥得淋漓尽致。现场直播把事件发生的时间和报道的时间缩小到"零秒差"，使听众观众产生身临其境的感觉。科技进步事关大局，大家千万不要把科技进步只看成是技术人员的事。

卫星电视已经把各位节目主持人主持的节目传播到全国以至三十多个国家和地区。今后随着广播电视节目进入"互联网"以及"互联网"用户的迅速增加，所有节目主持人，无论是中央台的还是地方台的，都将在完全相同的传播范围内一展风采，平等竞赛，而且还会和其他国家和地区的节目主持人一较高下，甚至还要同类似"安娜诺娃"那样的人造节目主持人展开竞争。

再如，虚拟演播室的起用，肯定会对节目主持人提出高度发挥想象力的特殊要求。面对一块幕布，要设想自己处身于车水马龙的闹市，或者荒无人烟的沙漠，以至冰天雪地的南极、北极。这需要多么丰富的想象力！

我不是广播电视技术方面的专家，但是可以肯定在新世纪里广播电视科技还会进一步发展，对节目主持人提出越来越高的要求。

三、关注学术研究

节目主持人的工作具有很强的实践性。自古以来，凡是从事实践性强的工作的人都有"家"、"匠"之分。"家"是专家，"匠"是工匠。为"匠"者，只知其然，不知其所以然。他们可以制作出令人叹为观止的工艺品，但是说不出为什么这样做是成功的。为"家"者，既知其然，又知其所以然。这就是因为他们掌握了事物发展的客观规律，能够讲出一番道理。希望大家不但成为成功的节目主持人，而且能给后来者留下一份足以指导实践的宝贵的精神财富。

围绕着节目主持人的工作，争论一直很多。这也不奇怪，因为在我国主持人节目出现的时间毕竟还不长。有些争议的问题，我们不必花费太多的精力和时间，比如，节目主持人到底是从美国引进的，还是古已有之；在美国，到底是叫节目主持人还是主播，等等。我们应该更多地关注那些和实际工作密切相关的理论问题。总的题目是：什么是有中国特色的节目主持学？具体题目可以开列很多。例如，节目主持人在广播电视系统内如何定位？在新世纪节目主持人将会出现什么样的发展趋势？在和采访或谈话对象交谈中，节目主持人和记者有什么区别？在我国能否建立"主持人中心制"？需要哪些前提条件？各类节目的主持人具有哪些不同的特点？"说新闻"的优缺点是什么？什么是"广播语言"和"电视语言"？如何提问？等等。大家千万不要把学术研究只看作是理论工作者的任务。希望诸位除了忙于日常工作外，抓紧时间总结自己的和他人的实践经验，并且加以理论概括，撰写论文。本人任主编的《中国广播电视学刊》愿意发表具有相当水平的文章。

四、关注自身提高

"学无止境"，"学如逆水行舟，不进则退"，这是古人多次告诫我们的真理。节目主持人，无论是名闻遐迩的，还是刚刚出道的，都有不断学习、不断提高、不断充实自己的任务，也有帮助他人不断超越自身的任务。

节目主持人都是社会人物，来自各方的评头品足是难以避免的。从各种议论来看，大致涉及三个方面：一是思想修养，二是学识水准，三是专业水平。

就我听到、看到的节目而言，政治导向上问题不多。说明大家平时注意理论、政治、政策、法规学习。思想导向上，问题就多一些。特别是有些节目主持人爱提一些低水平的问题，就像"你赚多少钱"、"不觉得吃亏吗"、"后悔不后悔啊"，等等。至于个别节目主持人专爱开些低俗的玩笑，拿肉麻当有趣，那就更是等而下之了，只能表明这些人的情趣偏低。

学识水准问题主要是指不时出现一些常识性的错误。知识好比是汪洋大海，新知识又在不断涌现，学问再大的人也不可能什么都知道。要求节目主持人，特别是年轻的主持人"才高八斗，学富五车"，"博古通今，学贯中西"，那是不切实际的。但是，既然是经常面对成千上万的听众观众说话，总希望大家刻苦学习，不断积累，少出常识性错误。

专业水平当中，最关键讲究语言艺术。关于语言问题，最近看到一些同志发表的谈话或文章，我觉得有些偏颇，比如，有人说主持人的语言不在乎字正腔圆，而是要有魅力，似乎把字正腔圆看作是死板的代名词，这显然是一种误解。难道南腔北调就有魅力？难道港台腔就吸引人？广播电视历来就有在全国推广普通话的任务。最近，《中华人民共和国国家通用语言文字法》已经正式颁布，其中规定"广播电台、电视台以普通话为基本播音用语，广播、电影、电视用语用字等都应当以国家通用语言文字为标准"，还要求播音员、节目主持人的普通话水平应当分别达到国家规定的等级标准。我们还是应该依法办事，不要别出心裁，另立章法。

（2000 年 12 月 9 日）

关于播音和主持节目工作的一个认识问题 *

受广播电影电视部的委托，中国广播电视学会从 1997 年开始承办"中国播音与主持作品奖"的评奖工作。这是一项经过中宣部正式批准的"全国性奖"（即"政府奖"），也就是我们国家播音和主持作品的最高奖。到 2001 年为止，已经完成了五届评奖。在五届评奖当中，北京电视台的播音员和节目主持人获得了五次一等奖。这个事实无可争辩地说明北京电视台的播音和主持作品达到了国内的高水平。成绩是客观存在，原因值得认真总结。希望这次会议对播音员和节目主持人的管理、培训以及每位播音员和节目主持人勤学苦练取得好成绩做一次认真的探讨和科学的总结。相信会议研讨的成果一定会有助于提高全国播音员和节目主持人的工作水平。

除了对本次会议表示祝贺和希望之外，我想借此机会谈一谈对播音和节目主持工作的一个认识问题。

大家都知道，截至 20 世纪 80 年代初，我国的广播电台和电视台向听众观众传递信息基本上采用播音员的播报形式。公开打出"节目主持人"旗号，是在 1980 年 7 月中央电视台创办的《观察与思考》栏目。节目主持人出现以后，特别是主持人节目普及以后，在广播电视学术界围绕着播音和主持节目工作出现了一些争论，有时争论还相当激烈。

学术争论是件好事。把道理讲清楚，有助于播音员和节目主持人找准位置，找对方向。

关于播音和主持节目，有好多学术问题需要专家们深入研讨。今天，我只想谈谈我对两者之间的关系的认识。这个问题包括两个方面：一个是播音和主持节目工作之间的关系，我认为应该强调两者之间的差别；另一个是播音员和节目主持人之间的关系，我认为应该强调两者之间的融合。

就工作而言，播音和主持节目有相同之处。两者的相同之处主要有四点：

首先，播音和主持节目都是广播电视媒体不同于平面媒体的最具特色的传播形式，是广播电视媒体传播"接力棒"的最后一棒。

---

* 本文是作者在北京电视台举办的"播音主持业务表彰研讨会"上的发言摘要。

其次，播音和主持节目都是以个体劳动体现集体劳动的成果。

再次，播音和主持节目都是创造性劳动。

最后，播音和主持节目都是具有个性化特点的工作。

在这里，我主要强调的是播音和主持节目之间不存在谁优谁劣，谁高谁低的问题。只是各有各的用途，各有各的优势。我们是社会主义国家，广播电台、电视台都定位为"党、政府和人民的喉舌"。在新闻节目中，党和政府的各类"公报"、"声明"、重要的报纸"社论"、文章占有相当的比例。这类题材的稿件，恐怕只有用播音员播报方式才显得郑重其事。就连我能够看到的美国、英国、法国、意大利、西班牙以及日本电视台的正式新闻节目，基本上还是采用播音员播报的形式。所以几年前我就在一次会议上表示过：我还看不到播音时代将要过去的迹象。

有人认为播音不是创造性劳动，不具有个性化特点；只有主持节目才是创造性劳动，才有个性化特点。如果说这个话的人是外行，也就罢了。遗憾的是有些从事播音或主持节目工作的专业人士也有这样的看法。1999 年，在上海评选优秀音乐节目主持人的时候，就有一位节目主持人说"照本宣科"的播报时代过去了。我当时就表示，他还不了解播音的基本知识。播音也好，主持节目也好，都是运用语言艺术向受众传递信息。"运用语言艺术"这本身就是创造性劳动。大家都会记得毛主席讲过的名言："语言这东西，不是随便可以学好的，非下苦功不可。"我们可以套用一句：运用语言艺术，不是随便可以做好的，非下苦功不可。播音员有书面稿件，可能是某些人断言"照本宣科"的主要依据。但是，一篇稿件，个人默读和听播音员播报，效果不尽相同，原因是播音员把个人的理解融入到稿件里去，又以适当方式表达出来。一篇稿件，张三播报和李四播报，听起来效果大不相同，原因是两个人的理解和表达水平不一样。这都是常识范围的事。播音员播报一篇稿件，看起来似乎简单。实际上，却包含了丰富的内容。理解稿件，需要有相应的文化水平、知识水平和生活经验的积累。表达稿件，需要有相应的专业训练、心理素养和表达能力。至于个性化问题，每个人都有各自的人品、气质、性格、生活经历、文化素养，综合表现为人的独特风格，就连说话的声音都各不相同。播音员也是如此。著名的播音员，受众单凭声音就能判断出这是齐越，那是夏青。有的人播音缺乏创造性，缺乏个性化的特点，那是因为他的功夫不到家，不是播音本身造成的。

播音和主持节目是有差别的。在主持人节目出现的时候，强调这两项工作的区别，还是十分必要的。据我观察，播音和主持节目之间的主要差别有四点：

首先，播音和主持节目运用语言艺术的方式不同。

其次，播音和主持节目的出镜人在公众面前的身份不同。

再次，播音和主持节目对出镜人参与节目制作流程的要求不同。

最后，播音和主持节目与受众交流的方式不同。

主持人节目是改革开放以来出现的新鲜事物，是广播电视改革的产物，主要是为了贯彻广播电视"自己走路"方针，改变广播电视是报纸、通讯社的"声音版"和"图像版"的传统形象。主持人节目出现以后，又反过来推动广播电视节目的改革，把媒体的单向传播变为媒体和受众的双向交流，提高了广播电视节目口语化的水平，增强了广播电视节目的亲切感和灵活性，更能发挥广播电视独有的优越性。如今，主持人节目已经遍布在全国各地广播电台、电视台的新闻节目、社教节目以及文艺节目。节目主持人的队伍越来越大，其中有些节目主持人已经成为受人尊敬的社会知名人士。这些事实说明主持人节目是受到受众欢迎的、具有时代特点的节目形式。

不过，和自从延安时代就已经存在的播音员播报形式相比，主持人节目毕竟还很年轻，节目主持人队伍发展很快，结构比较庞杂，素质参差不齐，专业培训也没有及时跟上去，理论探究相对滞后，管理工作有待加强。不时可以听到社会上对一些节目主持人信口开河、庸俗搞笑、缺乏常识、读错白字等不良现象的批评声音。对于主持人节目中存在的问题千万不可小视。

自从 1993 年以来，由于工作的需要，我一直关注主持人节目的发展，对主持人节目的现状和问题讲了不少意见。今天，我只想谈一点，就是如何看待节目主持人。

我觉得，有两种倾向值得注意：一种是夸大节目主持人的作用；另一种是忽视节目主持人工作的艰巨性。

2001 年 7 月，在中国广播电视学会播音学研究会评选"优秀播音和主持作品"的时候，评委们看了几十篇论文。其中好几篇论文谈到一个事实。在美国发动的侵略越南战争后期，美国的著名新闻节目主持人克朗凯特到越南采访，制作了一个节目，提出美国应该退出越战。后来，美国政府果然采纳了他的意见，结束了越南战争。论文的作者企图用这个例子说明在美国节目主持人的重要作用。大家想一想，越南战争的发生、发展和结局是由复杂的政治、经济、军事、社会心理、国际形势等各种因素决定的。一个再有社会影响的节目主持人只能顺应客观形势提出个人的见解。要说一个电视节目就能左右一场战争的延续还是结束，恐怕是难以说服人的。

我们时常听到呼吁像美国那样建立"节目主持人中心制"的意见。依我个人看，即使不说是不可能的，也是很难做到的。按照国务院颁布的《广播电视管理条例》，我们的广播电台、电视台毫无例外地都是各级政府主办的舆论机构，特别讲究舆论导向。尽管节目主持人在公众面前以个人身份出现，但是谁都知道实际上他讲出来的话起码还是代表一个台。像香港凤凰台天天打出的"以上访谈纯属嘉宾个人意见，与本台无关"的字样，我们是做不到的。即使一些台实行了"节目主持人中心制"，那和美国的商业台、私营台也是两码事。原因很简单，两个国家的社会制度不同，台的性质也不相同。在这个问题上，我希望我们的节目主持人无论面对多少褒奖，也要保持平常人的心态，如实地把自己看作是个普通劳动者。

　　主持人和节目之间存在着辨证的关系。主持人成功与否，和节目是否优秀关系十分密切。创办一个优秀节目，往往需要几个人、十几个人甚至几十个人的策划、采访、制作班子。主持人只是其中一员。但是，我们决不能因此就忽视主持人工作的艰巨性。做一名合格的节目主持人，特别是一致公认的优秀节目主持人，是很难很难的。现在，全国的广播电视节目主持人有几万人。真正得到受众和专家认可的，为数并不很多。即使是比较著名的节目主持人，也有他们的弱项，可见其难度之大。

　　关于节目主持人应该具备什么修养，我看过不少文章，也讲过不少话。政治方面，要求节目主持人懂政治，懂政策，懂法律，掌握各种问题的表态口径；业务方面，要求节目主持人会策划，会采访，会制作，会主持节目（俗称"采编播合一"）；文化方面，要求节目主持人具有广博的知识和文字修养；交往方面，要求节目主持人灵活机智，对答如流，善于化解尴尬场面，等等。提出这些要求的人大都出于好心，至于能否做到，可能考虑得少了些。就拿知识水平来说，全国那么多的学者，堪称"学贯中西、博古通今"的也就是有数的几位，那还是就他们的主攻专业和相关专业而言的。我以为，我们可以对节目主持人提出普遍的要求，这种要求可以高一些，全面一些，理想一些；同时，还应该对单个节目主持人提出更加切合实际的要求。

　　所谓切合实际的要求，我觉得首先是运用语言艺术的功力。这就是我要谈的第二点：就人员而言，对播音员和节目主持人要强调融合。

　　语言艺术包括的范围很广，行当很多。说评书，说相声，讲演，都是语言艺术的不同门类。其中，广播电视播音员和节目主持人最为相近。所谓"融合"，就是希望我们的播音员和节目主持人都能成为广播电视语言艺术的"全能"，"多面手"，或者说"复合型人才"。

　　就广播电台、电视台的工作来说，肯定要有分工。有人专门负责播报消息，有人专门负责主持某类节目。但是，播音员也好，节目主持人也好，不能只胜任一项工作。在运用语言艺术上，只要是工作需要，应该是既能播报新闻，又能主持某类节目，还要能采访，能配音，能朗诵文学作品。说新闻，播新闻，都能拿得起来，并且形成为受众欢迎的独特风格。

我相信，经过努力，每个播音员或者节目主持人都能够达到这样的水平。

（2001 年 10 月 17 日）

播音主持工作发展趋势预测[*]

　　今天，我想和与会的同志们一起做一件事，就是预测一下我国播音和主持工作的发展趋势。这件事包括两层含义：一是在新形势下播音主持工作自身将会发生哪些变化？二是在新形势下播音员和节目主持人将会面临哪些机遇和挑战？将会作出什么样的选择？

　　播音和主持工作是广播电视传播长链条的最后一个环节，和广播电视业的发展改革，尤其是广播电视节目制作的新变化，联系密切，不可分隔。因此，预测播音主持工作的发展趋势，不可能离开对广播电视业总体发展趋势的预测。

　　预测不是瞎猜，必须有一定的现实依据。我们的主要依据有三：

　　一是政策依据：首先是党和政府的大政方针，像"三个代表"重要思想、党的"十六大"文件、党的十六届三中全会文件以及中央领导同志的重要讲话。其次是有关宣传思想文化工作的文件和领导同志的讲话。第三是有关广播电视发展和改革的文件和领导同志的讲话。这些文件和讲话指明了在世界多极化、经济全球化、文化多元化和科学技术迅猛发展的国际大背景下我国的前进方向和各项工作的指导思想以及各个领域的方针政策，指明了包括广播电视业在内的宣传思想文化的工作方针以及改革思路。

　　二是学理依据：主要是指近期内发表的关于广播电视业发展和改革的论文论著以及有关播音和主持艺术的学术研究成果。

　　三是事实依据：主要是指各家广播电台、电视台关于播音和主持工作的改革实践以及近期内看到的播音和主持作品。

　　从前面列举的三方面依据出发，我们可以看到我国播音和主持工作呈现出哪些发展趋势呢？

　　我估计：总的趋势是播音员和节目主持人将会越来越受到重视。在我国，广播电视系统历来重视播音和主持工作。这是符合广播电视传播规律的。播音员和主持人站在广播电视传播最前沿，听众观众全凭播音员、主持人的表现来判断节目的优劣，从而决定采取欢迎还是屏弃的态度。和受众定期约会，

---

　　* 本文是作者在南宁召开的"中国广播电视学会播音学研究会2003年会暨颁奖会"开幕式上的讲话摘要。

在一定意义上说，就是播音员、主持人的职责。我们国家十分重视精神鼓励，对优秀播音员、主持人给予表扬，颁发奖状，在一些广播电台、电视台的走廊上悬挂著名播音员、主持人的照片，甚至在室内户外张贴带有播音员、主持人形象的大幅招贴画。同时，也相当重视物质鼓励。我记得，1962年梅益局长就曾经为播音员争取到一次提两级工资的优待。尽管工资上涨幅度只有十几块钱，但是体现了"在最需要的时候给予最需要的东西"的奖励原则。近年来，各家广播电台和电视台的品牌意识越来越强，都知道打造名牌节目、名牌栏目、名牌频道（频率）是吸引受众的极为重要的手段。而播音员和节目主持人正是品牌的主要标识之一。最近，中央电视台对优秀栏目的播音员和主持人给予重奖，表明这种趋势将从改革分配制度入手向前推进。

其他发展趋势，我想提出八条。

一、学习的经常化和终身化

首先是政治理论学习。党的"十五大"的历史功绩是确立邓小平理论为党的指导思想。五年过后，党的"十六大"把"三个代表"重要思想和马克思主义、毛泽东思想、邓小平理论一道确立为党必须长期坚持的指导思想。这说明我们党在理论创新方面在不断前进。在我国，广播电台、电视台是党、政府和人民的喉舌和耳目。既要向广大听众观众准确地传递党和政府的路线、方针、政策，又要向领导者如实地反映群众的呼声，因此，把握正确的舆论导向历来是最为重要的。播音员和节目主持人是和听众观众直接交流传播者，都很明白这个道理。把握正确的舆论导向，指导思想又是最根本的。所以，我们必须按照党中央的要求，把学习和贯彻"三个代表"重要思想视为长期的首要政治任务，而且要不断深化政治理论的学习，跟上时代前进的步伐。自从2000年年初江泽民同志提出"三个代表"重要思想要求以来，全国性的学习活动经历了三个阶段。目前正在兴起学习贯彻"三个代表"重要思想的新高潮。三个阶段的活动，我们都积极参加了。学习的经常性已经是现实存在，以后还要坚持下去，形成终身学习。

学习有三忌：一忌脱离实际，崇尚空谈；二忌浅尝辄止，囫囵吞枣；三忌时断时续，一曝十寒。至于学习效果如何，全要靠应用得如何来检验，比如，科学技术是第一生产力。我们就要时刻关注与通讯、广播电视传播有关的科学技术的进步。一方面，充分利用科技进步的成果提供的方便创造新的节目形态；另一方面，还要适应科技进步的要求、节目形态的变化，提高播音和主持节目水平。人是生产力中最活跃的因素。我们就要时刻关注人的思想变化，提供能够帮助听众观众解疑释惑的节目。在文化多元化，多种文化——主流文化、精英文化、外来文化、通俗文化、商业文化——相互碰撞激荡的复杂局面中，我们要学会分辨哪些是先进文化？哪些是健康有益文化？哪些是落后文化？哪些是腐朽文化？明确表明我们的"大力发展"、"支持"、"努力改造"和"坚决抵制"的态度。判断哪些是先进文化并非易事。最近，我第一次在涪陵观看了一场广场音乐会。你说它不好，确实吸引了成千上万的观众，连马路上也挤得水泄不通，确实很有群众性。你说它好，那根本不是音乐欣赏。台上吼，台下叫，全场一起起哄。改革开放以来，人们非常崇尚"自主意识"。可是，到了现场，大家全都跟着歌手的指挥棒打转转，"自主意识"消失殆尽。不好好学习，怎么能分辨清楚？全心全意为受众服务本来就是广播电视工作者的天职，心里时刻装着受众，贯彻"三贴近"原则，就是我们为最广大人民根本利益服务的途径。"三贴近"讲的是"贴近实际"、"贴近生活"、"贴近群众"。"实际"是错综复杂的；"生活"是千姿百态的；"群众"是分属不同阶层的。究竟如何做到"三贴近"，同样需要我们坚持不懈地学习。

其次是学习各种知识。在人类走向知识经济时代、信息社会的过程中，知识增量大幅度上升。我们真正体会到什么叫"一天等于二十年"。拿科学技术来说，每天我们要碰到多少新名词儿！连调频广播和调幅广播还没有完全搞清楚呢，又来了宽带网、数码技术以及纳米技术、转基因，等等。像我这样年近古稀的人，实在觉得跟也跟不上。播音员、主持人天天面对上亿的受众，回答各式各样的问题。以其昏昏，岂能使人昭昭！年轻同志精力旺盛，一定要坚持不断学习，牢牢站稳播音主持岗位，拿稳跨进新世纪的"入门证"。

第三是业务学习。广播电视传播技术在不断进步，广播电视节目形态在不断变化。无论是科班出身的，还是半路出家的，每个播音员、主持人都要不断加强语言训练。现场直播是广播电视的拿手好戏，今后肯定会有大发展。但是，直播和录播造成播音员和主持人心理的复杂变化，大家比我更清楚。按照事先安排好的条数播新闻和突然插入一两条刚刚收到的新闻，同样如此。

由此可见，学习经常化和终身化是现代社会每个人的必备功课，当然也是播音员和主持人不可或缺的功夫。

二、文化体制改革将使节目制作方式多样化

"十六大"提出"积极发展文化事业和文化产业"和"继续深化文化体制

改革"的任务。我国公益性的文化事业和经营性的文化产业共同的缺陷是机制不灵、活力不足，因此改革的共同任务就是"转换机制"和"增强活力"。文化事业另外的缺陷是资金有缺口、服务不到位。所以，改革的任务是政府和社会"增加投入"，文化单位"改善服务"。文化产业另外的缺陷是管理体制和消费市场还处在初级阶段。所以，改革的任务是"创新体制"和"面向市场"。就广播电视业来说，首先是要划分清楚哪些属于文化事业范畴？哪些属于文化产业范畴？其次是对属于不同范畴的项目，分别采取什么样的政策？广播电视产业化不是没有任何风险。现在，按一般的说法，把广播电视定为两种属性，就是政治属性（新闻节目和新闻类的专题节目）和产业属性（文艺节目以及其他社教节目）。我想，恐怕还要加上"文化属性"。否则，一些针对弱势群体的节目以及市场尚未成熟的节目就要滑坡，甚至消失。据我所知，有的美国学者反对"文化产业"一说。我的看法是：商业因素适度介入文化，可以激发文化的活力；过度介入，就可能降低文化品位，甚至造成文化丢失。而文化一旦丢失，是很难找回的。

　　和播音员、节目主持人关系最为密切的自然是节目制作。当前的节目制作，除了电视剧以外，基本上还是延续多年来实行的"前店后厂、自产自销"的小农经济的生产方式。这种生产方式有其形成的历史原因，不必怪罪任何人，更不能苛求前人。不过，在发展社会主义市场经济体制的过程中，这样的节目生产方式确实落后于时代，需要改革。文化体制改革将使节目制作方式多样化势在必行。播出机构肯定还要制作节目，社会节目制作公司将像雨后春笋般地大量涌现。无论是制作专题节目，还是制作专栏节目，播出机构和社会节目制作公司都需要大量从事播音和主持工作的人员。一方面，为播音员和节目主持人提供了广阔的发展空间；另一方面，又加剧了相互竞赛和竞争的激烈程度。同时，随着人事制度的改革，还为播音员和节目主持人"职业化"创造了可能。一位优秀的播音员或节目主持人可能会在各个制作单位当中自由流动或者多处任职，也有人甚至提出了"转会制"的设想。

三、推广数字广播电视频道将使稀缺资源发生转化

　　广电总局已经制定了广播电视数字化的发展日程。简单地说，在 2005 年停止上星节目的模拟传送；同年，开始地面数字电视广播，2008 年全面推广。到 2010 年全面实现数字广播电视，2015 年停止模拟广播电视播出。2003 年要在我国全面推行有线数字广播电视，到 2005 年用户要超过 3000 万户。有

线电视数字化将大大增加广播电视频道的数量。和目前有线广播电视分配网只能传送四五十套节目电视节目相比，可以增加十倍，而且都是专业化、对象化、个性化的节目。这样，就可以向观众提供多层次、多样化、对象化、个性化的广播电视节目。可以想见，今后几年内，广播电视频道资源稀缺将会转化为适应市场需求的节目稀缺。这种转化将为播音员和节目主持人提供发挥个人创造力的广阔天地。对播音员和节目主持人来说，估计今后犯愁的不再是缺少用武之地，而是有没有真本事。

四、频道（频率）专业化将进一步推进主持人专业化

广播电视频道（频率）专业化是世界广播电视发展的潮流，也是实现"三贴近"的重要措施，还是节目制作社会化的动力。以电视为例，目前全国共有 1971 个广播电视播出机构，总共播出 2334 套电视节目。按说节目套数不算少，但是观众却反映可供选看的频道不多，原因即在于这些套电视节目存在着严重的"同质化"现象。目前所谓"专业频道"，也只是约略的划分。真正的专业频道应该划分得更加细致，比如音乐频道，就可以分为古典音乐、现代音乐、民族音乐、外国音乐、流行音乐、校园音乐、儿童音乐，等等。总局领导提出，今年年底力争开办 30 套付费节目频道，争取发展数字机顶盒用户 100 万户。这就为实现真正意义上的频道专业化开个好头儿。再往前看，如果真有一天，开办了几百套付费节目频道，需要配套的是什么？就是极为丰富的专业化的节目源。单凭电视播出机构的力量，是绝对满足不了需求的。肯定要成立相当数量的节目制作公司，而且是高度专业化的节目制作公司。到那时候，各个公司需要的节目主持人就不再是"什么节目都能主持，哪个行当也不精通"的通才，而是专精一两门专业的专业人才。事实上，这样的人才已经存在了。比如，在评选第六届金话筒奖的时候，我们听到了扬州人民广播电台朱宁主持的《东西南北商业街》和合肥人民广播电视柳溪主持的《庐大姐拉家常》。他们对市场的商品如数家珍，对如何处理家庭日常生活中碰到的各种问题了如指掌。在回答听众提出与购物和生活常识有关的五花八门的问题的时候，真可谓对答如流，根本不需要依靠专家帮助。

五、丰富多彩的节目将使语言运用形式走向融合

目前，我们对播音员和节目主持人划分得还是比较清楚的。大体上说，播音是有稿播出，主持是无稿播出；再简单一点：一个是"播"，另一个则

是"说"。我们审听审看了那么多参加评奖的节目，其中有的是纯粹的播音作品，比如各台的新闻联播节目，有的纯粹是主持作品，比如谈话类节目。但是，更多节目却是"播"中有"说"，"说"中有"播"，甚至还有对话、朗诵、呼口号，总之语言运用形式多种多样，以至于有时分不清究竟是播音作品，还是主持作品，而且越是结构复杂的节目，越是要求语言运用多样化。这就意味着我们的播音员和节目主持人必须具有十分扎实的语言基本功，能够自由运用各式各样的语言表达方式，才能适应日益丰富多彩的节目要求。

六、播音主持艺术竞争国际化

自从中央电视台和省级台的电视节目纷纷上星落地以来，播音员和节目主持人之间的竞赛和竞争已经扩大到全国范围。各地观众对播音员和节目主持人的评价，不仅限于本地的范围，而是增加了大量对比和参照对象。香港凤凰台在内地有限落地后，播报新闻的方式对内地的影响和冲击已是有目共睹。我国加入世界贸易组织以后，国外一些电视频道扩大了落地范围，包括珠江三角洲地区。目前，大量节目还是原声版加中文字幕。不过，据说有的外国公司正在考虑制作华语新闻和专题节目。互联网上已经推出了虚拟主持人。至于国外广播电台开办的华语节目早已进入我国。这样一来，在中华大地上，播音和主持艺术的竞争将越来越国际化。华语是我们的母语，内地活跃着一大批优秀播音员和节目主持人，当然不怕语言方面的竞争。但是，在信息选择、播报方式以及与受众交流方面，能否胜过对手，还要看我们改革的力度。

七、谈话类节目的迅猛发展促使主持人走向成熟

自从"实话实说"开播以来，谈话类节目铺天盖地地在全国迅速扩展开来，而且受到观众的热烈欢迎。谈话类节目最能展现主持人驾驭现场的能力、知识根底和语言功力。最近看到了不少谈话类节目，从中发现：在话题内容选择上，普遍向生活化、平民化方向发展，话题"大而空"、"东拉西扯"的现象有所改变；节目表现形式更加灵活多样，技巧运用更加娴熟，主持人显得心中有底，更有自信心。估计今后谈话类节目还会进一步增加，介入谈话类节目的主持人会越来越多。乍看起来，谈话类节目好像省力省钱，其实办好这类节目是十分困难的。单凭几个人坐在那里滔滔不绝地聊天，就能吸引

住成千上万的听众观众，那得需要多么精心的策划，多么认真的准备，多么灵巧的引导！话题、嘉宾和主持人历来是谈话类节目的三个基本元素，而主持人又要起到主导作用。只要谈话类节目能够健康发展，越来越多的主持人会在实践锻炼中走向成熟。

八、播音员和主持人力求个性化

播音员、主持人个性化主要表现在三个方面。首先是语言；其次是风格；第三是语言习惯。有声语言是播音员、主持人传播信息的基本手段，而声音又是一个人区别另一个人的重要标志。常听广播的人，对播音界的前辈齐越、夏青的声音一听就能分辨出来。对他们不同的播音风格，像我这样的外行，可能一下子说不出来，可是专家们可以讲得清清楚楚。至于语言习惯，每个人都和其他人有所不同。这就是个性化的表现。

除了一般的合格的不算，我把播音员和主持人分成三类。

第一类是优秀的播音员和主持人。他们在政治上比较成熟。我们不能要求每个播音员和主持人都是共产主义者；但是，他们必须具有强烈的爱国主义情愫和高尚的道德情操，具有强烈的社会责任感和事业心。这是我国广播电视机构的性质决定的。在学识上，他们要有比较广博的知识；在专业上，他们要具备基本语言功力、应变能力、控制场面的能力，等等。

第二类是专业播音员和主持人。目前，广播电视节目的品种越分越细，频道专业化水平越来越高，这就势必向节目主持人提出特殊的要求，比如，新闻节目的播音员和主持人要有新闻敏感，语言准确可信，神态庄重大方；文艺节目的主持人要性格活泼，善于活跃气氛，以至多才多艺；谈话节目的主持人要能随机应变，敏于捕捉契机，善于引导谈话方向，如此等等。还要掌握所主持的节目（新闻、经济、法律、文学、影视、书画、少儿、老年以至家居、汽车、种花种草，等等）涉及的专业知识。

第三类是个性化播音员和主持人。播音员和主持人以个体劳动体现集体劳动的成果，是节目、栏目的主要标识之一。没有个性化，流于一般化，听众观众很难得到深刻印象。反过来说，只有播音员、主持人个性化突出，才能吸引受众的注意力，才能达到和受众定期相约的目的。这样的播音员和主持人以独特的个性化突显了节目、栏目的个性化，几乎可以说达到了无可替代的境界。换了他们，原来节目的风格必然发生变化。

我概括地提出了播音和主持工作的八个发展趋势，肯定不够全面，也不够深刻，比如，播音和主持艺术的教学应该如何适应新形势？建立什么样的播音员和主持人管理和培训体制？如何开展切合实际的播音学和主持学的研究？等等，都是值得探讨的新鲜课题。

预测不可能完全准确。就连天气预报都有失误的时候，更不用说属于人文科学的播音和主持工作了。说的不准确、不合适的地方，希望大家批评指正。说的脱离实际的话，大家就姑妄听之吧。

（2003 年 10 月 21 日）

四十五载挺立潮头

光阴似箭，眨眼间中央电视台迎来了 45 华诞。

在历史的长河中，45 年的时光不过是一滴水，然而中央电视台却经历了天翻地覆的变化。从一个黑白电视频道发展为 13 个彩色频道，从百余位观众拓展为十亿观众，从覆盖北京部分地区扩大到世界各地，从单纯依靠财政拨款进展到创收六七十亿。今昔对比，确实令人欢欣鼓舞！确实让人不禁击节赞叹！

用一句什么话来概括这 45 年的风雨历程呢？想来想去，想出了这句"四十五载挺立潮头"。中央电视台是我国的"第一大台"，理所当然地在诸多领域中担当我国电视界的"排头兵"、"领跑者"、"第一个吃螃蟹的人"的角色。中外传媒专家们为衡量一家电视台的综合实力制定了多项指标，其中最重要的无外是管理、人才、技术、资金、节目、覆盖面、观众数量和质量以及市场份额这八项。在这些指标当中，多数能够以数字做定量分析。中央电视台可以无愧地说，在这八项指标中均处于国内领先地位。

这样的骄人成绩应该归功于中央的正确领导和决策，归功于各个部门、各个地区的大力支持，归功于几代电视人——管理人员、专业人员以及后勤人员——的艰苦奋斗。

社会在发展，时代在前进，形势在变化。只有坚持党的"十六大"提出的解放思想、实事求是、与时俱进的精神，才能引领潮流不断奔涌向前。

进入新世纪，人人都看到了我国电视业的生存环境发生了巨大变化。2001 年 12 月 6 日，中国广播影视集团正式挂牌成立；2001 年 12 月 11 日，我国正式成为世界贸易组织成员。一周内发生的这两件大事将中央电视台推进到一个充满机遇和挑战的全新的环境中。作为中国广播影视集团的重要成员、强势媒体和产业支柱，中央电视台不但要研究确立自身的发展战略和改革思路，还要服从于集团关于广播影视业的改革和发展的总体规划。我国加入世贸组织，电视业对外开放的大门将进一步敞开。中央电视台与实力雄厚的国外电视机构的合作必将日益密切，竞争必将在各个领域形成"短兵相接"的局面。

目前，我国广播电视业的发展正处在关键时期，改革正处在攻坚阶段。

据我个人观察，国家广播电影电视总局已经十分明确要以全局性改革和结构性调整推动我国广播影视业健康有序的发展；改革的路数是清晰的，改革的势头是强劲的。我把这次全局性改革和结构性调整的内容概括为"四管齐下"。就是：

1. 建立以组建广电集团为核心的新的管理体制。

2. 建立以数字化、网络化为基础的新的技术体制。

3. 建立以频道专业化、栏目对象化、节目精品化为目标的新的内容创优体制。

4. 建立以赢收多元化为重点的新的产业经营体制。

在新一轮改革中，中央电视台依然走在电视界的前列。近来，最为明显的是按照中央的部署大力推进电视新闻改革。2003年的"两会"报道，电视新闻改革已现端倪；伊拉克战争的报道跨出了一大步，显示出在争分夺秒、激烈竞争的国际热点问题报道中的新气象；在报道全国抗击非典、攀登珠峰、三峡蓄水以及其他一些国内问题报道中，充分考虑到观众的需求，最大限度地发挥了电视的优势；5月1日，开办了社会需要最为迫切、敏感性最强、最难把握的新闻专业频道，把电视人多年来梦寐以求的理想化为现实，为频道专业化树立了又一个榜样。

据我所知，在推进其他各项改革、推动整体发展方面，中央电视台也作出了周密安排。尽管如此，作为中央电视台各级管理人员和专业人士的挚友，笔者还是想借"45台庆"的机会提出四点建议。但愿老生常谈不致成为多余的话。

首先，确立一个大目标。

在世界多极化、经济全球化、文化多元化的大背景下，中央电视台在国内外电视消费市场上不可避免地要"与狼共舞"，主要竞争对手就是实力雄厚的世界级电视机构。想要在竞争中立于不败之地，就必须把中央电视台建设成世界级大台。几年前，中央电视台曾经提出过这个目标，引起过一些争议。我以为，关键在于不使这句话沦为空洞的口号。为此，就要研究各国大台的现状和走势，承认实际存在的差距，确立各项量化的指标，拟订达到目标的实际步骤，制定实现目标的日程表。在确定目标时，要扬长避短，充分发挥社会制度的优越性，把各项优惠政策使用到最大限度；同时，牢记"取法于上，仅得其中，取法于中，不免为下"的古训。

其次，打赢两场主动仗。

管理体制改革涉及全局，非一台所能左右。然而，改革台内运行机制和发展内容产业，主动权完全操在台的管理层手中。打赢这两场主动仗，无人可以替代。中央电视台似应仔细研究事业单位的长处和弊端，彻底摆脱多年来束缚生产力发展的条条框框，以大无畏的精神克服传统观念的阻碍，以改革频道管理为中心加快推进内部运行机制改革，主要是人才管理、财务管理、劳动管理，建立合乎电视台运行规律的激励机制、调控机制、竞争机制和约束机制。几年前，人们多爱提"网络为王"，如今又认可"内容为王"，说明人们的对技术和节目之间关系的认识呈螺旋式上升态势。我国传统文化博大精深，当代发展变化引起世人广泛瞩目。充分利用这一优势，努力打造精品节目、名牌节目，发展内容产业，把开发"本土文化"的主动权牢牢掌握在自己手中。

再次，多方吸纳人才。

加入世贸组织后，我国广播影视业将在更加开放的格局中面对来自各方的竞争，我们既会得到"走出去"的更大的空间，也将在我国广播影视消费市场上遭遇强大的对手。这种竞争将会在各个领域的展开，观众的注意力是争夺的目标，产品（节目、影片）是竞争的主要手段，而人才竞争首当其冲。境外电视频道在珠江三角洲地区落地为我们提供了判断的依据。常言道，"为政之要，唯在得人"，"得人才者，得天下"。为政如此，管台也是如此。要以"海纳百川"的气度广泛吸纳各类人才，特别是优秀的策划人、营销人才和频道管理人才。同时，推行灵活多样的用工制度，为优秀人才创造广阔的活动天地，为有潜力的年轻人成长搭建宽敞的平台；还要充分利用"外脑"，发挥"旁观者清"的优势。

最后，加强调查研究。

在广播影视改革逐步深化的过程中，新问题层出不穷，新矛盾随处可见。习惯性的"拍脑袋，定政策"显然无法应对这些问题和矛盾。事业单位实行企业化管理；建立综合性大型传媒集团，实现跨地区、跨媒体经营；开辟多元化赢利渠道；发展电视文化产业；推进资本运营；实行频道专业化，等等。总之，在广播影视宏观、中观和微观管理中提出了许多新设想。改革的道路不是笔直的，改革的设想不是一成不变的。在这些问题上出现不同意见，显然是正常的，有益的。要想减少决策失误，必须加强调查研究。这种调查必须是认真的，而不是马虎的；实在的，而不是虚妄的；深入的，而不是肤浅的；细致的，而不是粗略的。研究问题，一定要讲究实事求是，领导者要有听取不同意见的雅量，被领导者要有讲实话的勇气。特别是出现突破现行政策规定的意见和建议的时候，更加需要上下协调，反复磋商。

党的"十六大"提出了全面贯彻"三个代表"重要思想和全面建设小康社会的号召，勾画出今后20年我国经济社会发展的明晰的蓝图。指导思想是明确的，奋斗目标是明确的，前进道路是明确的，发展前景也是明确的。

广播影视的发展和改革离不开社会经济大环境，离不开社会提供的条件和现实可能。遵循"十六大"设计的宏伟纲领的要求，我国广播影视的改革和发展肯定会乘风破浪，不断前行。中央电视台定能挺立潮头，率先奋进。

(2003 年 6 月 9 日)

不拘一格，因地制宜*

这次研讨会开了一天，听了关于"东方卫视"的介绍和几位专家的发言，还参观了东方卫视"梦工厂"演播室，得到很多启发。

回想我在广播影视部任职期间，艾知生部长曾经两次指派我参加华东地区广播电视厅局长协作会。目的很明确，除了通报情况外，主要是要我认真了解华东地区广播电视的发展情况，因为他认为华东五省一市是出经验的地方。事实果然如此，每次参加协作会都能听到不少新的思路、新的做法。

这次研讨会开得很及时，很有价值。为什么这么说呢？

目前，广播电视业正处在发展的关键时期、改革的攻坚阶段。

"关键时期"、"攻坚阶段"，我们说了好几年了。这两个词儿究竟意味着什么？这两个词儿意味着我们正处在深化改革阻力增大时期。"改革越是向前推进，触及的矛盾就越深，涉及的利益就越复杂，碰到的阻力也就越大"（任仲平：《再干一个二十年》）。

前几天，我在一次学术研讨会上说，从各方面的信息来看，今年以及今后三五年，我国广播电视业正在和将会呈现出四个主要特点。

第一，改革与发展互相促进，以改革推动发展步伐，以发展检验改革成果，坚定改革信心。

第二，内容产业与技术进步互为动力，以先进技术为先导带动内容产业的增长，以内容产业为支撑完善先进技术的应用。

第三，广播电视产业属性得到空前重视，从而导致管理体制、运行机制的根本变化以及利益格局的重大调整。

第四，对外开放逐步扩大，渐次形成在国内、国际两大市场上内外交叉的竞争格局。

在这四个方面遇到的矛盾都很复杂，需要处理的问题都很难办。

如果说这几个特点大体符合实际的话，那么，广播电视体制改革、数字化以及产业经营成为当前三个互相联系的热门话题就很是自然的了。

---

* 本文是作者在"跨媒体品牌建设——东方卫视现象研讨会"上的发言摘要。

这是就广播电视系统内部工作来说的。然而，不管你改革如何成功，技术如何进步，产业如何发展，归根结底听众观众还是根据我们的节目、栏目、频道表现来判断广播电视业的成败得失。因此，借着"东方卫视"开播周年举办这次研讨会，我认为是很有意义的。

2003 年 10 月 23 日，"上海卫视"改为"东方卫视"，我是知道的。但是，我生活在北京，家里可以收看到 116 个电视频道，不可能专门盯住哪一个频道。对"东方卫视"的情况了解不多。这次开会前，收到了几份介绍材料，又有意识地观看了几档重点栏目，比如《看东方》、《城际连线》、《直播上海》、《东方夜谭》、《东方夜新闻》以及《环球新闻站》，总算增加了一些感性认识。

单凭这些粗浅的了解，谈些看法，也难逃"肤浅"二字。

我对"东方卫视"的总体评价是八个字：不拘一格，因地制宜。不知道是不是有的朋友认为这样的评价偏低？我再解释两句。

"不拘一格"是指海纳百川，广采博收，以市场为改革取向，以服务观众为目标，以咨询类节目为主体，辅之以电视剧、娱乐类、体育类节目。

"因地制宜"是指立足上海，面向全国，兼顾海外，挖掘本地及关联地区的信息资源，发挥自身优势，吸收他人长处，广泛吸纳人才，缔造独特风格，打造名牌栏目。

这些话表达了三层意思：一是"东方卫视"公开表述的办台理念；二是"东方卫视"已经做到的现实表现；三是"东方卫视"已见端倪的发展方向。

通过看书面材料和荧屏节目，我觉得有几点还值得多说几句。

一、从保守走向开放——可喜的选择

在全国省级电视频道上星以后，在比较长的一段时间里，总能听到一些卫视台的同事说，最难的是外地频道在上海落地。我也打听过原因是什么。有人说是因为有线电视的线路正在改造，也有人说是上海的同事们不愿意让外地卫星频道落地。当时，我觉得很奇怪。上海历来是最讲究市场意识的，应该最不怕竞争，为什么会出现这样的现象呢？据我在北京收到的《东方卫视的战略与启示》这篇文章的作者说，上海卫视的作风是稍显保守；而东方卫视"在几个月的时间内积极快速地同其他卫视展开'对等落地'，覆盖范围以破竹之势猛增"。目前，东方卫视的节目已在全国一百多个省、地级城市和澳门地区落地，而且还在继续扩大覆盖面。

在国家发展市场经济，特别是总局积极推动广播电视数字化的背景下，

"对等落地"是迟早的事，也是双赢的事。如今，东方卫视打破地域拘囿，大胆拓展发展空间，而且初见成效，我觉得是件可喜的事。

二、新闻立台——正确的选择

电视台是新闻机构，"新闻立台"是电视人多年形成的共识。自从各地先后开办卫星频道以后，节目同质化一直受到专家的诟病和观众的批评。于是，频道专业化就成了解决问题的妙方。坚持新闻立台，还是选择电视剧当家，一时人们议论纷纷。

听说上海台曾经考虑过花费上亿元的投入，购买首轮播放的电视剧，以此来吸引观众，提高收视率，最后，还是选择了"新闻见长、影视支撑、娱乐补充、体育特色"的办台方针。这个选择是正确的。

上海台是个实力雄厚的大台，资金、人才、技术设备、管理水平、经营创收都走在全国的前列。从我看过的几档新闻节目来说，东方卫视在新闻内容的选择上，眼界开阔，兼容并包，尤其注重报道国际事件，而且有独家新闻（比如，重建"哥德堡号"船的报道）。在报道手段上，可以说无所不用其极。从传统的画面加解说、口播新闻、插播新闻、字幕新闻、演播室谈话、观众参与的互动话题，到现场报道、新闻连线、直播，等等。没有足够的资金、人才、设备的保证，这些是不可能做到的。

有些卫视台选择了"电视剧当家"，也取得了可观的效果。对此，我不想多加评论。只想提醒一点：这样做，从短期来说，得到的是什么？从长期来看，失去的又是什么？很值得研究。

三、面向市场——必然的选择

早在 20 世纪 80 年代，广播电视行政管理部门就从政策上支持电视节目进入市场。然而，除了电视剧以外，其他节目交易一直不成规模。究其原因，首先是对市场准入的限制过多，民间制作机构，以至其他国有媒体，常常被挡在门槛之外，两年多前甚至还批判过"制播分离"；其次是各家电视台习惯于"自制自播，自产自销"，缺乏市场意识。由此造成的资源浪费，人人都看在眼里。

解决这个问题，既需要政策推动，更需要电视播出机构转变观念。

党的"十六大"和十六届三中全会明确提出文化体制改革的艰巨任务。放宽政策，降低门槛，社会节目制作机构正面临着大发展的良好机遇。现在，电视台能否转变观念就成为市场运作成功与否的关键。

东方卫视以各种形式与新华社以及一些民间制作机构联袂制作专栏节目，取得明显成效。东方卫视还提出"从为播出而制作，逐步转向为市场而制作"。我以为这两条很重要。虽然交易公平、运作规范、政策透明的全国电视节目大市场的形成尚需一定时日，东方卫视的带头作用是毋庸置疑的。

东方卫视开播只有一年的时间，存在一些有待解决的问题是毫不奇怪的。

（一）新闻节目面临激烈竞争，"海派风格"尚待形成

"新闻立台"说起来容易，做起来就要全靠实力了。目前，以新闻节目取胜的电视台各有绝招。中央电视台占据垄断重大新闻资源的地位，不但开办了"新闻频道"，而且第二套节目早晨的"第一时间"、中午的"环球咨询榜"都很抢眼。地方电视台具有地域优势，拥有当地的新闻资源，精心打造的独具特色的新闻节目很有吸引力。像黑龙江的"新闻夜航"、北京的"第七日"、江苏地区开办的几档"民生新闻"在当地影响广泛。再加上凤凰中文台、咨询台，在相对宽松的舆论环境中显示出强大的竞争力。

面对这些台，东方卫视如何在激烈的竞争中凸现本台特色，吸引观众"眼球"，说实在的，不是一个容易化解的难题。

我对比了一下9月2日"第一时间"和"看东方"在同一时间播出的节目。两个栏目播出的带画面的消息都是十几条。相比之下，"第一时间"主要选择的是国内新闻；"看东方"国际新闻更多一些。在"读报"时段，"第一时间"选择面更宽，包括外国报纸的消息，表达形式更生动。一天的节目可能说明不了什么问题。不过，就这一天的节目来看，大致上可以说两个栏目"旗鼓相当"，也都还有改进的余地。

每天，国内外发生的事情就那么多。办新闻的人都认识到传递信息固然重要，而更重要的是解读、诠释信息；短缺的不是值得报道的事件，而是深刻的观点。

东方卫视提出"谁在说"、"说什么"和"怎么说"，而且要在"怎么说"上大做文章。我以为，"怎么说"实际上是指报道风格。"海派风格"究竟有什么特色？在文学、戏曲方面，我们都能说出个一二三。可是，我觉得，从目前东方卫视的节目来看，风格还不够明朗，还需要进一步探索。

现在，大家都讲究创造品牌栏目、品牌频道。品牌的最显著的特征是与众不同的独特性。只有具备了独特性，栏目、频道才能和目标观众建立起定期约会的紧密关系，才谈得上知名度、美誉度、满意度和忠诚度。达到这一

点，绝非一日之功。

希望在不久的将来，东方卫视以更加明白无误的标识显现出自己独特的"海派风格"。

（二）公司运作的思路已经确定，如何运作尚需探索

从材料上看，2003 年 3 月成立了"上海东方卫视传媒有限公司"。以新闻见长的全卫视频道采取公司化运作，这可是件新鲜事。

在我国，电视台一直被定位为事业单位，拿政府的钱（经营创收的钱也视为财政拨款），办公益事业。2004 年上半年以前组建的广播影视集团和广播电视集团也都定性为"事业性质"。直到 2004 年 6 月在"广播影视体制改革试点工作座谈会"上，总局领导才正式表示，"试点期间，广电总局将暂停审批事业性质的广电集团"，原因是"事业性集团已不利于广电事业、产业的发展，不符合经济领域运行的规律"。这是政策上的重大变化。不过，对政治性、新闻性强的频道实行产业化发展试点，限制还是很严格的。

目前，各家电视台都在响应中央关于发展电视产业的号召，研究如何按照各自实际情况走出一条适合我国国情的产业发展道路。南京广播电视总台划出三个频道，和其他出资人组建股份制公司，按照《公司法》运作。但是，这三个频道是文体、时尚和生活股市信息频道，和东方卫视的情况有所不同。

东方卫视传媒公司既然叫公司，那就是企业。企业讲究的是利润最大化，这和办公益性事业是有矛盾的，而且矛盾还不小。一个以"新闻见长"的电视机构如何实现企业运作，我觉得，还需要认真探索。

如果问我持什么态度？我可以明确地回答，我支持探索试验。从道理上说，广播电视是第三产业，而作为经营创收大户的电视台是事业单位。要事业单位搞产业，似乎说不大通，而且电视业的核心竞争力就在于掌握若干频道，组织节目制作和播出。脱离核心竞争力，搞经营创收，效果究竟如何？恐怕可以打上个问号。问题在于东方卫视是以"新闻见长"的频道。如何破解这道难题，希望不久能得到一个答案。

2004 年，总局公布了两个排行榜，一个是地方广播电视的总收入，另一个是地方电视台的总收入。在两个排行榜当中，上海都是名列前茅。只是这两个排行榜只公布了收入，没有涉及支出；因此，看不出利润是多少，利润率是多少。在我们大力提倡发展电视产业的时候，利润和利润率是不可或缺的数字。

希望 2004 年年底，不但能够看到东方卫视的总收入的数字，还能看到利

润和利润率的数字。

上海历来是出经验的地方。我在北京期待着不断听到好消息。

拉拉杂杂说了这么多。这些话既不代表学会的集体意见，更不是经过深思熟虑得出的研究成果。大家把它当作是朋友之间围炉夜话，我就心满意足了。

（2004 年 9 月 18 日）

回顾与瞻望[*]

　　"时光老人"的脚步实在太轻快了！眨眼间，《中国广播电视学刊》已经 20 岁了。今年第 11 期，又是总 200 期。创刊 20 周年，出满 200 期，的的确确是个双喜临门的日子。作为曾经担任过《学刊》的主编，我向所有为《学刊》慷慨提供稿件的作者、大力支持《学刊》的读者表示衷心的感谢！向所有辛勤劳作的编者表示由衷的祝贺！

　　今天，我们在这里欢庆这个双重纪念的日子，自然而然地会忆及《学刊》20 年艰难而又光彩的历程。

　　1987 年 7 月，《中国广播电视学刊》创刊。当时是双月刊，内部发行。1988 年 2 月，经国家新闻出版署批准，从当年第 2 期起改为公开出版，全国发行。从 1995 年第 1 期起，又改为月刊，延续至今。

　　把 20 年间出版的一本本《学刊》摆在一起，我们首先看到的是刊物开本变大了，篇幅增加了，专栏增多了，编排形式更活泼了，装帧更漂亮、更时尚了。这些显而易见的变化反映了时代的变迁。

　　20 年来，《学刊》几经改革，从创业、成长走到成熟。成熟的标志是什么？第一，具有明确的办刊方针和办刊方向；第二，建立一套制度化的管理办法；第三，发表过一系列高质量、有创见的文章；第四，拥有一批高水平的作者；第五，得到社会、同行和读者的认可。

　　如今，《学刊》已经有了四张响亮的"名片"，就是："国家中文/信息与知识传播核心期刊"、"中国新闻传播核心期刊"、"中国人文科学/信息与知识传播核心期刊"以及"全国广播电视优秀学术期刊"。单单凭借表面的变化，是不可能获得这些称号的。了解个中原因，还需要深入探究《学刊》一贯坚持的"高层次、高质量、高品位"的办刊特色及其创下的历史功绩。

　　在《学刊》的创刊号上，发表了吴冷西同志的"代发刊词"，题目是《做学问》。他告诉我们做学问的三条原则，就是"要有立足点，要扎根中国大地"；"要重视实践，切忌闭门造车，从书本到书本"；"要有民主风气，最怕专横独断"。立足我国国情、注重理论联系实际、发扬学术民主，就成为《学

---

　　* 本文是作者在"《中国广播电视学刊》20 周年 200 期纪念座谈会"上的讲话。

刊》20 年来一以贯之的办刊方针。

20 年来，《学刊》的主要功绩在于真实地记录了我国广播电视业改革发展的历程；为我国广播电视业改革发展提供了智力支持；团结了一大批专家学者，培养了一批青年研究人员。这三者之间互相联系，互相促进，互为因果。

我想借此机会，和大家一起回顾一下《学刊》的历史功绩。为了叙述的方便，我打算分为三个阶段谈谈印象最为深刻的几点。

1987 年到 1991 年是第一阶段。这个阶段，广播电视业的主要特点是在正确的决策指引下蓬勃发展。1983 年召开的第十一次全国广播电视工作会议按照党的"十二大"精神，做出了一系列重大决策，提出以新闻改革为突破口，推动广播电视宣传的全面改革，调整事业方针和技术政策，实行"四级办广播、四级办电视、四级混合覆盖"，适当加快广播电视事业建设的步伐。这些经过党中央批准的正确决策促使广播电视工作者进一步解放思想，激发了各级党政领导机构和广播电视工作者办好广播电视事业的积极性，广播电视业进入了蓬勃发展的新时期。

这个阶段，《学刊》紧跟客观形势的发展变化，做了大量卓有成效的工作。

首先，明确提出广播电视学术研究的基本要求是构建中国特色广播电视学。为此，《学刊》连续发表了数篇领导和专家撰写的文章，探讨中国特色广播电视学的基本特征、研究层次和理论框架。同时，还确定了广播电视学术研究的四大领域，就是基础理论、应用理论、决策研究和史学研究；刊登了中国广播电视学会筹备组在 1986 年 10 月拟定的 115 个广播电视学研究题目。这些都为 1990 年出版的《中国广播电视学》做了前期准备。

其次，发起"广播电视性质、功能、任务"的讨论。那次讨论意义重大，关乎在这些根本问题上能否突破传统观念。从《学刊》发表的文章看，关于我国广播电视的社会性质，大部分作者表达的观点基本上属于"拨乱反正"的范畴，即彻底否定广播电视是"阶级斗争的工具"的论调，坚持广播电视是党、政府和人民的"喉舌"的观点。只有少数作者初步论述了我国广播电视的经济属性和产业经营。这在当时不仅是敏感话题，而且是犯忌的话题。关于我国广播电视功能，作者们的认识大体一致，都认为广播电视有主功能，还有多种功能，包括传播信息、社会教育、社会服务、文化娱乐，等等。随后，《学刊》又组织了关于"商品经济与广播电视改革"的讨论，参加讨论的作者进一步阐述了广播电视是新兴产业、广播电视节目的商品属性以及如何开展经营活动的问题。此外，《学刊》还密切关注当时的热门话题，比如，就新闻的党性和人民性问题刊登了几篇文章，就方兴未艾的我国有线电视建设问题组织了笔谈，就敏感的舆论监督问题发起了讨论。

第三，深入探讨新闻改革以及全面宣传改革问题。在 20 世纪 80 年代前期我国广播电视新闻改革取得明显进展的基础上，《学刊》陆续发表了许多作者论述深化新闻改革的文章。这些文章充分肯定了广播电视在改进新闻报道方式方法（"新"、"多"、"快"、"短"，形声并茂）上取得的成绩，进一步探索广播电视新闻改革的目的、方向。文章作者论述了诸如"见物，更要见人"、"人民群众是报道的主体"、"反映舆论的多样性"、"加强评论"、"重视同期声"、"发展现场直播"、"及时回答群众关心的问题"这样一些重要的见解。此外，《学刊》还发表了一系列探讨除新闻节目以外的其他类型节目改革的文章。文章广泛涉及包括广播剧电视剧在内的文艺类节目、教育类节目、服务类节目、主持人节目以及对外节目。

特别值得提到的是《学刊》紧紧抓住珠江经济广播电台这个改革的典型，发表了大量文章，召开了全国经济广播电台研讨会，出版专刊，不仅介绍了珠江台在宣传改革方面的经验，而且进而探讨了广播电台运行机制以至管理体制的创新。珠江台的影响从而得以扩大，推动了全国广播电台的改革创新。

1992 年到 2000 年是第二阶段。这个阶段，广播电视业的主要特点是以邓小平理论为指导，借经济体制改革的东风，推进各项改革，实现突飞猛进的发展。1992 年年初，邓小平视察南方，发表重要谈话；10 月，党的"十四大"确立了邓小平建设有中国特色社会主义理论在全党的指导地位，决定"将我国经济体制改革的目标，确定为建立社会主义市场经济体制"。在"十四大"精神的指引下，广播影视部领导首先提出新闻报道要适应社会主义市场经济新体制的要求，更好地服从、服务于经济建设这个中心，继而在1995 年拟订了《关于进一步加强和改进广播电影电视工作的报告》和《广播电影电视事业"九五"计划和 2010 年长远规划》，全面部署了广播影视当前和长远的各项改革和发展工作。我国广播电视业进入深化改革、全面发展新时期。

这个阶段，《学刊》继续根据"追踪时代步伐"的要求，推动广播电视改革发展中的重点、热点、难点问题的研究。

首先，开辟"改革论坛"专栏，组织"广播电视改革大家谈"征文活动。"十四大"以后，广播电视业如何深化改革在系统内外成为热门话题。《学刊》审时度势，拿出大量篇幅刊登研究改革的文章，转变观念，推进改革成为这一阶段《学刊》的主调。有的作者提出对广播电视性质、功能来一次再认识。在广播电视被正式列入第三产业的情势下，几年前还是禁忌的命题，一下子成为人们的共识。"广播电视属于第三产业"，"广播电视具有经济属性、产业属性"，"广播电视节目必须进入市场"，"广播电台、电视台必须开展经营活动"，"事业单位要实行企业化管理"等论断得到普遍认可。不仅如此，有的作者还展开论述了广播电视业的经济政策、开展经营活动的路径、提供有偿服务的项目。少数作者还提出"新闻也是商品"这样有争议的问题。

其次，主动发起或积极参与各类业务研讨，尤其关注广播电视前沿课题。在全国大力推进改革，传播技术飞速发展的带动下，广播电视业各个领域面临日益增多的新课题。《学刊》以发起或参与研讨会、开辟研讨专栏、组织笔谈等形式全面关照各种前沿课题。

这些课题大体上可以分为三类。第一类是综合性研究课题，比如："建设有中国特色社会主义广播电视学"、"社会主义市场经济条件下转变广播电视传播观念"、"中国广播改革回顾与展望"、"全国城市广播电视体制改革理论与实践"、"城市电视台办台特色及走向"、"中国城市广播的现状和发展趋势"、"西部开发论坛"、"华语电视走向世界"、"民族宣传业务"、"艺术创作业务"，等等。第二类是广播电视节目研究课题，特别是当时新鲜出炉的节目和兴旺发达的节目，例如：广播热线电话节目、广播剧、小说连播、新闻评论节目、电视现场直播、电视纪录片、音乐电视、电视生活服务类节目、国际广播业务、对港澳台节目、节目主持人现状与发展，等等。第三类是其他研究课题，如：栏目专业化、有线电视业务、广告宣传业务、经济台、系列台、收听率和收视率、受众研究、史志研究等。从列举的这些题目中，可见《学刊》视野之广阔、关照之周全。

第三，在新世纪即将到来之际，对广播电视发展前景进行了全方位的预测。20世纪90年代中期，我国连通了国际互联网，并开始向用户正式开放。经过一段时间的研究、试用，我国传播界逐渐认识到应该充分利用互联网，增加我们的传播手段，扩大传播范围。《学刊》从1999年起开设了"迎接新世纪"专栏，先后发表了三四十篇文章，召开了"高新技术与跨世纪广播电视的发展研讨会"，报道了在江苏省举办的"21世纪大众传播媒介竞争新格局学术研讨会"。这些文章和研讨会上的发言，集中探讨了新技术，特别是数字技术和网络技术的发展在广播电视业引发的一系列新问题，包括新媒体和传统媒体之间的竞合关系，新的传播市场的开发，新型产业的形成，传播方式的变化，从业人员的观念更新，卫星电视改变国内外电视台以及中央和地方电视台竞争格局，等等。这些理论探讨在本世纪已经演变为普遍的实践。

2001年到现在是第三阶段。这个阶段，广播电视业的主要特点是借助技术进步和政策支撑实现科学发展，改革进入攻坚阶段，在曲折中继续推进。进入新世纪，党的"十六大"提出全面贯彻"三个代表"重要思想和全面建设小康社会的奋斗目标。为此，具体部署了经济体制改革、政治体制改革和文化体制改革的任务。"十六大"以来，党中央领导集体结合新世纪新阶段国际国内形势发展变化，提出以人为本、科学发展观、构建社会主义和谐社会、建设社会主义新农村等重大战略思想和重大战略任务。按照中央的部署，广播电视系统着力推进以"集团化"为核心的管理体制改革，着力促进以数字化、网络化为核心的技术进步，进一步加强了系统管理和行业管理。以技术变革、体制转型、结构调整为标志，广播电视进入了改革发展的新时期。毋庸讳言，在完成这些崭新的任务过程中，由于主客观的原因，走些弯路，调整政策，修改措施，在所难免。

这个阶段，《学刊》已经积累了 13 年的办刊经验，在继续遵循既定的办刊方针的同时，更加注重研究广播电视业如何贯彻落实中央提出的重大战略思想，更加注重探讨深化改革中出现的新矛盾。

首先，回顾上个世纪广播电视发展变化，总结经验教训，明确发展方向。刚刚迈入新世纪，人们自然而然地要静下心来，回头看看走过的道路。与"迎接新世纪"专栏相呼应，《学刊》及时开辟了"世纪回眸"专栏。十几位作者撰文，比较全面地回顾了 20 世纪 90 年代国际电视业的发展趋势、20 年来我国广播电视改革发展历程，总结了在广播电视新闻改革、频道专业化对象化、电视剧、经济台和系列台建设、交通广播、广电产业经营、受众研究、电视法制节目、广电理论和业务研究、广电传播技术、广播电视史志等方面积累的经验。回顾以往为的是预测未来。21 世纪 7 年来的发展变化证实了这些文章的价值。

其次，结合广播电视实际情况，积极宣传马克思主义中国化的最新成果。近年来，《学刊》以各种形式紧密配合党中央提出的各项重大战略思想和战略任务，论述在广播电视业如何贯彻落实，例如，"学习实践'三个代表'重要思想"、"广播电视传播先进文化"、"和谐社会和媒体责任"、"社会主义荣辱观与广播电视"、"广播电视服务'三农'"、"科学发展观和广播电视"，都是《学刊》设置过的论题。党中央提出的每个重大战略思想都能牵动人心，无论哪个层次的广播电视工作者都会结合各自的工作思考如何贯彻落实，因此，为这些论题撰写文章的作者既有广播电视研究人员、各级局台领导，也有一线工作人员，覆盖面空前宽阔，一些文章颇有深度。

第三，开辟各类专栏，刊登有分量的文章，专门论述广播电视人普遍关心的问题。这些年，广播电视人最关心的问题有两个。一个是广播电视业体制改革，另一个是数字化、网络化建设。

从 20 世纪末开始组建广播电视集团起，到 2005 年陆续建立了 20 多个中央级、省级和地市级广电集团和总台。2003 年，开始文化体制改革试点，对广电集团性质的认识有所变化，相关政策一再调整。关于集团化改革，《学刊》及时刊登总局领导关于调整政策的讲话和为数不多的文章。文章作者既对议论多年的体制改革表示赞同，又就广电集团的性质、组建方式和步骤、如何整合资源和发展产业以及集团成立后出现的各种矛盾提出了各自的看法。

关于广播电视数字化、网络化建设，《学刊》刊登过数量较多的文章。文章作者从国际广播电视技术发展潮流、观念、产业、管理的角度论述技术变革的重要性和必要性，并且对各项措施提出了具体建议。同时，《学刊》也及时向读者传递相关政策调整的信息，例如，2004 年第 4 期报道了"到 2015年，我国将关闭模拟电视"。2007 年第 6 期报道了"所有实施数字化整体转换的有线电视网络，要长期保留至少 6 套模拟电视节目"。3 年内作出政策调整，是总局领导贯彻"以人为本"这一科学发展观的核心原则，为确保最基本的公共服务而采取的具体行动。

除了这两大问题以外，《学刊》从 2004 年起对头一年广播电视改革发展进行扫描，为读者提供了了解广播电视发展全貌的鲜活资料；还就"广播电视村村通"、"农村广播电视公共服务体系建设"、"加入世界贸易组织后，中国电视经营对策"、"北京奥运和广电传媒"、"广播电视节目创新与品牌建设"、"广播电视管理创新"、"坚持高雅，抵制低俗"等紧迫的现实问题发表了大量文章。

回顾过去为的是展望未来。

一个多月来，我们认真学习了党的"十七大"文件。学习文件，领会精神，目的是要贯彻落实。贯彻落实"十七大"提出的新思想、新任务既是今后广播电视业的主要工作，也是以研究广播电视为己任的《学刊》的主要工作。

2005 年 1 月，中国广播电视协会即将举行换届会议，本人将退出协会管理岗位。此时此刻，我愿意向一起和谐合作长达 10 年之久的《学刊》同事们提出 6 条建议。

1. 密切关注并及时报道广播电视业为贯彻落实"十七大"精神拟订的战略部署、具体政策和实施步骤，特别是在技术变革、体制转型、结构调整方面采取的新措施。

2. 弘扬学术民主，大力推进广播电视理论创新，根据国际广播电视业的新发展和我国广播电视业的新变化，深化中国特色广播电视学的研究，特别要把广播电视行业管理纳入研究范围。

3. 发扬 20 年来办刊的优良传统，继续高举"服务"大旗，为各级领导宏观决策提供智力支持，为作者表达创见提供发表园地，为读者及时知情提供有用信息。

4. 广泛开展调查研究，汇集群体智慧，提倡创新创优，拟订评估标准，扭转"追风"现象，抵制低俗恶搞，为广播电视节目大发展大繁荣出谋献策。

5. 坚持正确舆论导向，维护刊物声誉，实施品牌战略，编织更大的作者网络，进一步加强策划，提高思想含量，完善专栏布局，改进文风，扩大发行，把每期《学刊》都办成目标读者的必读刊物。

6. 依照文化产业政策，继续加强内部制度创新，改革人事、劳动、分配制度，激活办刊的内在动力，同时为作为行业组织的中广协会的改革探索道路，积累经验。

我相信，在广电总局和中广协会的领导下，经过编委会和编辑部的努力，我们确定的把《学刊》办成一面理论旗帜、一块学术园地、一座思想宝库、一个无声课堂和一所信息中心的目标一定能够完满实现！

（2007 年 12 月 10 日）

广播电视报的出路：服务、市场、联合 *

《每周广播电视》的前身是《一周主要节目预告表》，出版发行于 1953 年 7 月 18 日，是我国第一家介绍广播节目的报纸。一张广播电视周报能够办上 50 多年（尽管中间停刊十多年），而且在全国广播电视报普遍滑坡的情况下仍然在社会效益和经济效益两方面一直获得较好的成绩，的确可喜可贺！

从 20 世纪 80 年代中到 90 年代中，差不多全国的广播电视报办得都不错，坚持正确的舆论导向，开展多种经营，报社的日子都很好过。据统计，1996 年，全国共有 270 多家广播电视报，每期总发行量多达 4200 余份。

1990 年 9 月，我从中国国际广播电台调到广播电影电视部总编室，担任室主任。总编室综合处负责广播电视报的管理工作。那时候，我到外地出差，接待单位就是各地颇有实力的广播电视报社。

1991 年 12 月 12 日，在北京召开了中国广播电影电视报刊协会第一次会员代表大会。报刊协会和中国广播电视学会一样，是一级社团。从那儿以后，关于广播电视报刊的管理、研究工作一直由报刊协会负责。

对广播电视报的发展，我想讲六个字：服务、市场、联合。

一、服务

广播电视报的基本功能就是提供双重服务。一方面，为听众观众服务，包括预告节目播出时间，介绍节目内容，讲述制作节目的幕后故事，等等。另一方面，为广播电视服务，包括评介节目得失，传递业内信息，反映受众意见，等等。就提供双重服务而言，广播电视报应该具有广阔的发展空间。

我国现有三百多座广播电台、三百六十多座电视台和一千五百多座县级广播电视台，开办二千多套广播节目和二千二百多套电视节目。收音机的社会拥有量超过 5 亿台，电视机的社会拥有量超过 4 亿台。广播电视覆盖人口超过 12 亿。不管是播出机构，还是收听收视人群，都是庞大的数字，而广播电视报正是在这两个庞大的数字之间架起的条条沟通的桥梁，活动的余地应

---

* 本文是作者在上海举行的"庆祝《每周广播电视》创刊 50 周年座谈会"上的发言摘要。

该是很大的。

据业内人士说，从 1997 年起，广播电视报发行量开始下滑。原因有三：一是信息来源和娱乐方式多元化，广播电视受众在流失，需要广播电视报的读者也在减少；二是报业竞争激烈，许多都市报和晚报取代了广播电视报的部分服务功能；三是随着数字技术的推广应用，电子传媒增加了预报节目的手段。除了北京、上海和少数城市出版的广播电视报以外，其他各地的广播电视报都遭遇到不同程度的困难。因此，为了谋求生存，有的广播电视报转为都市生活报。一方面，我个人对此表示理解；另一方面，我觉得这些广播电视报也就放弃了原有的基本功能，恐怕不能说是可取的办法。

二、市场

广播电视报的特点是直接为读者、为家庭服务。在广播电视系统内，是最早进入市场的，也是最早启动经营活动的。在这方面积累了相当成熟的经验，也聚集了一批人才。现在以及今后，还是要按照市场经济规律办事。

产品的生产者都懂得既要适应消费，又要引导消费的道理。报纸是否有销路，关键在于是否适应读者的消费需求。适应者可以很好地生存下去；不适应者就难以维持，比如，随着广播听众的流失，《中国广播报》读者大为减少。这两年改为《中国广播影视报》，分为产业版和明星版。产业版面向业内人士和大专院校、研究所的研究人员。明星版专门办给青年人看。听说和原来的报纸相比，效益有比较明显的提高。

目前需要认真研究的就是广播电视报的读者有什么消费需求。

首先是传统消费需求。普通老百姓当中，仍然有一部分人（比如老年人、学生、城市打工者）还是以看电视为获取信息来源、享受娱乐活动的主要手段。对他们来说，从广播电视报上了解节目预告、节目介绍依然是主要渠道。

其次是新增消费需求。这些年，我国广播电视业正经历着一场大变革。体制改革，产业发展，数字化，引进外资，付费电视，卫星直播电视等，都是业内研究、议论热门话题。其实，这场大变革和广大听众观众息息相关，将会极大地改变他们的收听收视习惯和收听收视方式。但是，他们的关心点和希望了解的问题和业内人士显然是不同的。广播电视报就应该从读者的需要出发解释这些变化以及将会给他们带来的影响。这已经进入引导消费的领域。

第三是阅读需求。广播电视报本来就和广播电视节目有着十分紧密的联系。不过，目前广播电视报对广播电视节目资源利用得不够充分。有些文化人一再宣称他们不看电视。实际上，他们并不是不关心电视，只是不情愿天天坐在沙发上，瞪着两眼无谓地消耗时间。

近几年，广播电视节目在"三贴近"上取得很大进步。有些费了很大工夫做出来的节目，或者趣味盎然，或者具有很高的知识含量，或者系统地介绍生活知识，受到普遍欢迎。报纸、书籍从这类节目中获益匪浅。比如，《北京青年报》全文转登多期《夫妻剧场》的谈话；最近，《北京晚报》登载央视的《法治在线》的《七载命案侦破始末》；中华书局出版的畅销书《正说清朝十二帝》，就是取材于中央电视台《百家讲坛》的《清十二帝疑案》。这些例子都说明文字可以弥补广播电视"转瞬即逝"的缺点。对那些不肯花时间看电视的人，特别是有一定文化水平的人，自由阅读应该更有吸引力。

广播电视报充分利用广播电视节目资源，恰好可以比较容易地实现双重服务的功能。一方面，可以推广广播电视优秀节目，以文字形式保留下这些节目；另一方面，向广播电视受众推荐优秀节目，给他们提供长期阅读的材料。这样一来，广播电视报就不仅仅是一张"快餐报纸"了。

三、联合

11月底，《中国新闻出版报》刊登了一篇访谈。受访者是《北京广播电视报》社长陈克学同志。他谈了广播电视报如何突围，谋求发展。核心的意思是联合起来，资源共享，打造统一品牌。我觉得这套设想很有价值。

广播电视体制的一大缺陷就是"条块分割，各自为政"。所以，我在在职期间也好，到学会工作也好，一直主张联合起来，减少内部矛盾，发挥整体优势。在实际工作中，感到做到这一点很难很难。其中一个原因就是谁也不靠谁，日子仍然很好过。目前，广播电视报普遍遇到了困难，也许联合的时机到了。

具体说，就是全国现有的三百多家广播电视报使用统一报头，分别出版地方版；通过互联网实现稿件资源共享；刊登的材料按照各地需要有分有合；组建一个对外统一征集广告的机构。如果使用统一报头的广播电视报总发行量达到几千万份，地方广播电视报就不再是弱势媒体。作为强势媒体，它的必读性、美誉度、读者的忠诚度就可以逐步建立，品牌也就形成了。

当然，说说容易，还需要做大量细致工作。依靠中国广播影视报刊协会的组织力量，这个想法还是可以实现的。

广播电视报发展的条件是客观存在的；广播电视报发展的思路大体是明确的。所以，我相信，广播电视报的发展前景是光明的。

（2004 年 12 月 14 日）

电视价值全面评估的新探索*

一、研究"电视网络影响力"是对电视价值全面评估的新探索

2008 年年中，我收到课题组赠送的四份 2008 年"中国电视网络影响力报告"，包括中国最具网络影响力的省级卫视频道、省级卫视栏目、电视事件和中央电视台栏目。看到四份报告，只觉眼前一亮，立即意识到这是件新鲜事，课题组为电视价值评估开辟了一条新路。

改革开放以来，我国陆续引进了国外使用多年的电视收视率调查标准、技术和设备，作为对电视频道、栏目、节目的评价方法。时至今日，仍然受到电视界、广告界和企业的青睐。毫无疑问，相对于无视观众反馈信息或纯粹主观评判，这是一大进步。但是，这些年来，围绕着收视率调查如何符合我国国情？是否完全准确？是否十分合理？一直存在争议。譬如，每年中央电视台春节晚会的收视率调查结果和网络调查结果之间差距甚大，不免让人心存疑惑。"唯收视率马首是瞻"已经给电视业带来消极影响。构建电视价值全面评估体系已是传媒学术界面临的一大课题。

课题组提出了"网络影响力"概念体系，设立了科学的评价方法和合理的指标权重，将"网络影响力"概念运用于电视价值评估，结合电视媒体的特点，分解出多项指标，构建起中国电视网络影响力评估体系。显然，这是对电视价值全面评估的新探索，具有创新意义的做法，值得高度重视。

二、不断完善电视网络影响力研究是今后工作的着力点

任何一项新做法是否成功都要经受实践的检验，在检验过程中，不断改进，不断完善，使之日臻成熟。电视网络影响力研究也不例外。

---

* 本文是作者在"2009 中国电视网络影响力颁奖盛典"上的讲话摘要。

　　2008年公之于众的四份报告具有明显的特点：主要是以科学的统计数据为基础，通过排行榜形式对我国电视行业的领先者进行全方位扫描，以案例解析的方式全景展示电视发展前沿。在报告中，我们看到了那些走在电视网络影响力前列的组织和个人取得成功的经验，看到了电视媒体各个分支领域的开拓者奋斗的身影，看到了电视行业发展的最新理念，还看到了传统媒体和新兴媒体融合时代中电视媒体的改革方向。换句话说，我们不仅仅看到了对现象的描述，更能看到对经验的总结、对趋势的分析和对规律的揭示。

　　正如一切新生事物难免存在缺憾一样，电视网络影响力研究也有需要改进的地方，比如，对什么是电视栏目、电视节目，要有科学的界定。"英雄剧场"是电视栏目；而一部电视剧就不可以算作栏目。

　　我们欣喜地得知课题组已经考虑如何改进。正在编制中的《中国电视网络影响力报告（2009）》把"最具网络影响力的电视剧"从电视栏目分支中分离出来，单独列项。另外，还增加了中国最具网络影响力的省级地面频道、媒介人物、社会制片电视栏目和城市台。

　　科学界定，增加项目，都意味着课题组自觉加大工作分量，同时也意味着电视网络影响力研究进一步走向科学化，更加全面系统。拿老百姓的话说，这么干，值了！

　　我们更欣喜地得知，课题组已经提出专利申请。和欧美国家相比，我国黑白电视和彩色电视的发展都滞后大约20年。"亦步亦趋"是必经阶段。到今天为止，电视栏目依然多是仿照他人的创意。电视网络影响力研究申请专利成功将标志着我国广电领域软科学方面自主知识产权科研工作零的突破。为今后创建自主知识产权蹚出了一条可行的路子。

　　作为我国电视业年过古稀的老人，每当看到电视领域出现新鲜事物，电视人得到切合实际的褒奖，我都感到无比高兴。高兴之余，还想叮咛两句。

　　据我所知，近来广电管理机构和研究机构都在分别制定电视节目评估规则或评估体系。读了这些研究成果，总体感觉是各有各的科学性，也各有各的局限性。其实，这也没什么奇怪。客观世界具有无限的多样性，人类的认识能力总是有限的。庄子早就说过，"计人之所知，不若其所不知"。探索真理，永无尽头。

　　希望课题组永远坚持科学评估标准，永远保持公平对待所有电视媒体的态度，排除一切可能的干扰，以诚实守信赢得媒体和公众的永久信赖。

　　明天就要举行"中国电视网络影响力高峰论坛"了。我希望与会专家学者本着"知无不言，言无不尽"的精神，不仅充分肯定此项研究的成功之处，也要提出实际存在的不足，以集体智慧提升研究水平，以创新精神开拓前进道路。总之，实事求是才能真正维护此项研究的品牌价值。

（2009 年 6 月 20 日）

依靠两根支柱，开辟一条新路

今天，我们在这里聚会，共同庆祝中国广播电视学会的又一个新的专业委员会——电视旅游节目研究委员会的诞生。

近几年，中广学会对原有的四十多个专业委员会进行的整顿，主要措施是取消一些长期停止活动的专业委员会，改组一些领导不力的专业委员会，合并几个性质相近的专业委员会，成立少数新的专业委员会。

成立一个新的专业委员会，大体需要三个条件：第一是该专业发展迅猛，前途广阔，有必要开展有组织的社会活动；第二是从事该专业的工作人员有联合起来壮大力量的愿望；第三是有一批肯于为推动该专业健康发展作出无私奉献的热心人。经过一段时间的调查研究，我们认为电视旅游节目研究委员会具备了这些条件，因此才积极推动它的成立。

在电视旅游节目研究委员会成立的时候，我想说两句话：一句是"依靠两根支柱"；另一句话是"开拓一条新路"。

先说依靠两根支柱：一根是蓬勃发展的旅游业，另一根是号称"第一传媒"的电视业。紧紧依靠这两根支柱，电视旅游节目研究委员会肯定会成为中广学会的又一个举足轻重的专业委员会。

我国是个旅游资源大国。无论是山河湖海的自然风光，还是上溯千年的人文景观，都不亚于世界上任何一个旅游大国。但是，旅游业的起步却迟至20世纪70年代末。1979年1月6日，邓小平说："旅游事业大有文章可做，要突出地搞，加快地搞。"旅游业开始发展起来。但是，20世纪80年代末，旅游业受到一次挫折。90年代初，才又进入快速发展的新阶段。如今已经成为仅次于信息业和制造业的第三大产业。在世界旅游大国中仅次于美国、西班牙、法国和意大利，位居第五。展望前景，我国旅游业肯定还要有个大发展，随着全面建设小康社会的进展，我国将从旅游大国成长为旅游强国。

在20世纪90年代，我国电视业经历了突飞猛进的发展和日新月异的变化。目前，正处在发展的关键时期，改革的攻坚阶段。据国家广电总局公布的数字，2001年，我国共有358座电视台和1263座县级广播电视台，总共播出2080套节目，有线电视用户近一亿户，人口覆盖率达到94.1%，全社会拥有3.7亿台电视机，电视观众超过10亿，广播电视广告收入达到247亿人民币。电视业是广播影视系统中当之无愧的优势产业，是广播影视集团的核心业务。按照广电总局的部署，今后还要继续发挥电视作为优势产业的龙头作用。

尽管我国旅游业和电视业和世界上旅游强国和电视强国相比还存在相当大的差距，还有不少问题和矛盾急待解决，但是旅游产业和电视产业在我国经济中的强势地位已经是确定无疑的了。

电视业和旅游业之间存在着互相促进、互为补充的亲密关系。电视为旅游做宣传；旅游为电视提供丰富的节目资源。记得我在职期间，正赶上国家旅游局举办主题系列旅游，包括 1992 年的中国友好观光年、1993 年的中国山水风光游、1994 年的中国文物古迹游、1995 年的中国民俗风情游和 1996 年的中国度假休闲游。当时，广播电影电视部积极开展了各项有声有色的宣传活动。中央和地方各家电视台的旅游专栏和旅游节目借此机会得到了充实和扩展。事实证明：通过这些活动，旅游业和电视业取得了双赢的效果。随着旅游业和电视业的进一步发展，这种互动关系还会更加紧密。

电视旅游节目研究委员会更应该依靠这两根强大的支柱，积极参与这项与国与民极为有利的互动进程。

再说开拓一条新路。

12 月初，中国广播电视学会在苏州市召开了"2002 年工作会议"。会议主要内容是讨论两个文件。一个是《中国广播电视学会 2003 年—2007 年工作规划》，另一个是《中国广播电视学会 2003 年—2007 年广播电视理论研究纲要》。此外，还专门研究了对专业委员会进一步加强管理问题。各个专业委员会是学会下属的二级学术团体，没有独立法人资格。对专业委员会，我们的方针是既要严格管理，又要大力支持，目的只有一个，就是要使专业委员会在"依法办会"的前提下个个都成为十分活跃的社团。

我是 1997 年 4 月到学会工作的。5 年多来，看到一些专业委员会的领导总是把节目评奖视为专业委员会存在的关键，似乎没有节目评奖，专业委员会就无事可干了。首先，我声明我不反对必要的节目评奖，因为节目评奖是节目评估的重要组成部分。只讲节目制作，不讲节目评估，就是"只管耕耘，不问收获"。翻开广播电视史看一看，这类教训够多的了。其次，我认为，如果把节目评奖看成是专业委员会安身立命之本，那路子就会越走越窄。我提出开拓一条新路，不是说我有多少高明的主意，而是希望大家多走"长安大街"，少钻"耳朵眼儿胡同"。在这个意义上，我想提出几点建议：

1. 切实把学术研究摆在中心位置。广播电视理论研究是学会的中心任务，同样也是专业委员会的中心任务。理论研究贵在结合实际，忌在搞"空对空"。研委会成立后，可以确定几个结合实际需要的实用性研究课题，比如，如何丰富和改进电视旅游节目的形态。目前，我们看到的电视旅游节目大体包括信息类、服务类和艺术类。信息类节目需要更加及时，这就需要建立一个通畅的信息网络。服务类节目需要拓宽领域，把与旅游业相关联的行业包容进来。艺术类节目需要文化品位，也需要通俗易懂，让观众更容易接受。此外，还可以考虑增加谈话类节目和益智类节目，目的在于吸收观众参与，实现双向交流，提高观众的旅游兴趣。

2. 加强内部联合。联合起来力量大，这是人人皆知的道理。一家电视台孤立地介绍一个景点，影响到底有限。但是，办节目的同志最关心的还是播出时间到了得要有节目。要求每个节目制作人员都去筹划规模宏大的系列节目，那就未免是苛求了。但是，研委会可以有计划地每年确定几个重点题目（像古镇、古桥、古关、古塔、古路，等等）或者几个重点景区，集中各家电视台的力量精心拍摄，集中时间联合播出，在社会上造成规模性影响。经过几年的努力，就能拍摄出几大系列，既便于长期使用，又可以进入国际电视节目市场。近几年，学会组织三亚南山、武夷山等地的异地采访，在社会效益和经济效益上都取得了明显效果，可供研委会参考。

3. 实行"开门办会"。研委会是电视旅游节目圈内的团体，但是必须建立广泛的社会联系。旅游行政管理部门和各个风景名胜区管委会是研委会时刻要保持联系的机构，与其他有关单位，像林业、交通、民航、文物、建设、旅馆、饭店、商务等部门以及旅游教学和科研机构，也要建立固定的联系渠道。从他们那里可以及时获得信息，得到支持，也可以联合起来开展一些社会活动。

（2002 年 12 月 20 日）

五年辛苦不寻常[*]

    自从 1997 年 4 月中国广播电视学会举行换届选举、组成第三届理事会以来，已经完成了五届"中国广播电视新闻奖"的评选工作。我想借此机会和大家一起回顾一下五届评选工作的情况，对这项评奖工作的经验教训做一个初步总结，以利于改进今后的工作。

一、五年评奖工作的回顾

    1996 年 10 月 23 日，中共中央办公厅和国务院办公厅发出了《关于加强全国性文艺新闻出版评奖管理工作的通知》。《通知》对全国性文艺新闻出版的评奖宗旨、原则、管理部门、申报程序等都做了明确规定。同时，要求可以主办全国性评奖的单位按照"必要、精简"的精神对各自主办的全国性评奖项目进行一次清理。

    按照《通知》的规定，广播电影电视部属于有资格主办全国性评奖的单位。我们当即对涉及广播电影电视的全国性评奖项目进行了认真的清理，并及时上报中宣部。1997 年 3 月 7 日，中宣部发出《关于全国性评奖的立项通知》，同意广播电影电视部设立 15 个全国性奖项，其中包括电影类 5 项、广播电视类 10 项。

    在广播电视类评奖当中，"中国广播电视新闻奖"是最复杂的一个项目，一共包括七个奖项，就是：广播新闻奖、电视新闻奖、广播社教节目奖、电视社教节目奖、报刊新闻奖、报刊专稿奖以及后来加进去的"中国彩虹奖"（其中又分为对外广播节目奖和对外电视节目奖）。

    1997 年 4 月 11 日，广播电影电视部正式发出《关于全国性评奖立项的通知》。《通知》规定广播新闻奖、广播社教节目奖、电视新闻奖和电视社教节目奖委托中国广播电视学会承办；报刊新闻奖和报刊专稿奖委托中国广播电视学会和中国广播电影电视报刊协会联合承办。

    1997 年 4 月刚刚组建的第三届理事会还来不及研究如何改进全国性奖的

---

* 本文是作者在西安举行的"2000 年度中国广播电视新闻奖"颁奖仪式上的讲话摘要。

评选工作。因此，1996 年度的全国性评奖工作完全是按照学会第二届理事会规定的办法去做的。1996 年度评奖的结果是：广播新闻奖获奖作品总数为 171 件，其中一等奖 24 件、二等奖 62 件、三等奖 85 件；获广播社教节目奖的作品总数为 162 件，其中一等奖 25 件、二等奖 50 件、三等奖 87 件；获电视新闻奖的作品总数为 188 件，其中特别奖 1 件、一等奖 28 件、二等奖 59 件、三等奖 100 件；获电视社教节目奖的作品总数为 163 件，其中一等奖 25 件、二等奖 49 件、三等奖 89 件。

为了进一步改进评奖工作，使评奖工作更加规范化，1997 年 6 月，学会拟订了中国广播电视学会《全国性奖项评奖章程》以及章程的《实施细则》，作为草案发到各个参评单位，征求意见。本来打算是这样：收到各单位的意见后，对草案进行修改和补充，作为今后比较长的一个时期的全国性奖的评奖的合法依据。但是，由于某些原因，这件事被耽搁下来。

1997 年度的评奖工作基本上是按照《章程》草案的规定完成的。获奖情况和 1996 年度大体持平。获广播新闻奖的作品总数为 179 件，其中一等奖 27 件、二等奖 57 件、三等奖 95 件；获广播社教作品奖的作品总数为 168 件，其中一等奖 24 件、二等奖 53 件、三等奖 91 件；获电视新闻奖的作品总数为 179 件，其中特别奖 4 件、一等奖 26 件、二等奖 53 件、三等奖 96 件；获电视社教节目奖的作品总数为 164 件，其中特别奖 4 件、一等奖 25 件、二等奖 50 件、三等奖 85 件。

1998 年度的全国性奖的评选规则发生了重大变化。当时的国家广播电影电视总局领导提出大量削减全国性奖的获奖数量，目的在于提高获奖作品的"含金量"。经过一番讨论，总局在 1999 年 3 月 30 日发出了《关于加强和改进广播电视文艺新闻政府奖评奖工作的通知》。《通知》的主要内容是在 1997 年度获奖节目额度的基础上把获奖数量削减一半。具体规定广播新闻奖、广播社教节目奖、电视新闻奖和电视社教节目奖的每个奖项原则上一等奖不超过 2 名，二等奖不超过 4 名，三等奖不超过 9 名。虽然当时对此有不同意见，我们还是严格按照总局的规定办事。当年评奖结果是：获广播新闻奖的作品总数为 90 件，其中一等奖 11 件、二等奖 24 件、三等奖 55 件；获广播社教节目奖的作品总数为 82 件，其中一等奖 11 件、二等奖 24 件、三等奖 47 件；获电视新闻奖的作品总数为 93 件，其中特别奖 3 件、一等奖 12 件、二等奖 25 件、三等奖 53 件；获电视社教节目奖的作品总数为 91 件，其中特别奖 3 件、一等奖 11 件、二等奖 27 件、三等奖 50 件。

1999 年年底，学会根据当年评奖的实际情况向总局打了一个报告，提出获奖数量偏少，送评渠道单一，评奖结果不能全面反映节目制作取得的成绩。

总局领导的意见是"再看一年"。

1999年度的评奖还是按照总局3月30日的《通知》进行的。不过，也有一项变化，就是把广播电视新闻性节目编排单独评选。这项评选活动是中国广播电视学会和中华全国新闻工作者协会联合举办的。目的在于提醒、鼓励各家广播电台和电视台的新闻部门更加注意改进新闻性节目编排。1999年度的获奖情况和前一年度持平。具体来说，获广播新闻奖的作品总数为91件，其中特别奖2件、一等奖12件、二等奖24件、三等奖53件；获广播社教作品奖的作品总数为90件，其中一等奖10件、二等奖27件、三等奖53件；获电视新闻奖的作品总数为93件，其中特别奖2件、一等奖12件、二等奖24件、三等奖55件；获电视社教节目奖的作品总数为93件，其中特别奖3件、一等奖12件、二等奖23件、三等奖55件。

2000年9月，我专门向新任总局局长和中广学会会长的徐光春反映了全国性奖评奖当中的问题，特别是获奖节目数量偏少，不能反映节目制作发展实际情况。光春同志当即回答说：可以适当扩大。即使如此，我们仍然采取了慎重的态度，还是坚持"质量第一"的原则，保证获奖节目的"含金量"。2000年度评奖的变化是除了广播电视新闻性节目编排单独评选外，把广播电视新闻性现场直播也单独评选。此项评选活动还是由中国广播电视学会和中华全国新闻工作者协会联合举办。今年举行的2000年度评奖的结果是这样：获广播新闻奖的作品总数为132件，其中特别奖1件、一等奖19件、二等奖38件、三等奖74件；获广播社教节目奖的作品总数为114件，其中特别奖2件、一等奖17件、二等奖32件、三等奖63件；获电视新闻奖的作品总数为132件，其中特别奖1件、一等奖19件、二等奖43件、三等奖69件；获电视社教节目奖作品总数为120件，其中特别奖3件、一等奖18件、二等奖36件、三等奖63件。

前面，我简单地回顾了最近五年来"中国广播电视新闻奖"部分奖项的评奖情况。从中可以看到：

1. 严格按照行政管理部门的规定办事。"中国广播电视新闻奖"是政府奖，主办单位是原来的广播电影电视部、现在的国家广播电影电视总局，学会只是承办单位。所有评奖活动都要按照广播电视行政管理部门的部署进行。五年来，学会从来没有自作主张，擅自更改行政管理部门的规定。

2. 认真坚持实事求是的原则。作为政府奖的承办单位，学会负责评奖工作的实际操作。在操作过程中，容易了解实际情况，了解参评者的心情。五年来，凡是发现不合理的情况，学会都如实向上反映，详细说明理由，提出解决办法，既对上负责，也对下负责。在大多数情况下，都得到了行政管理部门的支持。

3. 不断改进评奖办法。节目制作人员十分关心评奖工作，这是很容易理解的。他们希望评奖结果能够最大限度地体现公平原则。为了保证评奖的公正，必须通过不断改进评奖办法，使评奖逐步走上制度化、规范化的轨道。五年来，学会为此做了大量细致的工作，同时得到广播电视界的管理人员、专家学者以及节目制作人员的大力帮助和支持。

二、评奖工作的基本经验

中广学会承办的几项评奖当中，"中国广播电视新闻奖"的主要目的是检阅年度节目创作成绩，开展内部经验交流，展望节目发展趋势，而不是制造社会轰动效应。因此，我们一贯重视评奖的科学性、公正性、权威性、高质量以及成果的推广。五年来积累的经验，可以概括为三句话，就是"抓住三个关键环节，突出三条重要原则，做好三项后续工作"。

（一）抓住三个关键环节

第一个关键环节是参评作品的数量和质量。参评作品数量多少和质量高低是评奖结果好与差的决定性因素。目前，全国每年生产的新闻节目和社教节目数量很大，大约占节目总量的 40％以上。学会按三个送评渠道（主渠道是中央三台和省级学会，补充渠道是学会下属的部分研究委员会）分配参评作品的数量。评出的获奖节目大致占参评作品的 50％左右。这样的做法基本上得到了大家的认可。但是，也不是万事大吉了。

当前存在的问题有两个。一个问题是究竟应该评出多少获奖节目？说句坦率的话，我们还是没有十足的把握，因此在五年当中才出现了"削减了又增加"这样比较盲目的现象。解决这个问题，需要进行一次认真的调查研究，统计出全国每年生产的新闻节目和社教节目的大致数量、好节目占多大比例以及地区分布情况，然后再确定如何进行合理分配。另一个问题是如何保证把当年生产的优秀节目送到终评委员会？据我们了解，各个送评单位的工作情况是不完全相同的，有的态度十分认真，有的就比较马虎。特别是在送评过程中搞不适当的"平衡"，今年送张三的作品，明年就得送李四的作品，免得造成内部矛盾。这样一来，一些真正优秀的作品就送不到终评委员会，其结果是评奖不能充分反映评奖年度生产的作品的最高水平。解决这个问题，既需要不断提醒送评单位提高责任心，又需要开辟更多的送评渠道，以保证尽可能多的优秀作品能够有参评资格。

第二个关键环节是评委会的结构和评委的水平。评委会的结构是否合理以及评委会成员的政治水平、业务水平和道德水平的高低，直接影响到评奖结果。目前，评委会的结构是"三三制"，就是行政领导干部占三分之一，专家占三分之一，参评单位轮流派出的评委占三分之一。由于现职领导干部工作比较忙，实际上每次都到不了三分之一，专家的比例更大一些。看来，这个结构还是比较合理的。对评委的资格，规定为行政领导干部的职务要在副司局长以上，专家的职称要在副高级以上。每次召开评委会，我们都要提出三项要求，就是对参评作品保持"一视同仁"的公平态度；认真审听、审看参评作品，积极参加评审讨论；严格遵守纪律，不到万不得已绝不缺席，不擅自传播讨论情况，在总局批准前不向外透露评奖结果。从五年的评奖情况看，这个环节还是很好的。大家千万不要以为评委的工作很惬意，其实是很辛苦的脑力劳动。评委对一个作品作出恰如其分的评价，需要调动他们常年积累下来的知识和信息，而且需要迅速作出准确的判断。我想借此机会对参加过评奖工作的各方面人员表示衷心的感谢！

第三个关键环节是准备工作是否充分。评奖准备工作包括两部分。一部分是分发评奖通知，接收参评作品，审核参评作品资格（播出时间，节目长短，推荐单位，类别鉴定），制作评奖册。五年来，学会评奖办公室的成员为此做了大量工作，而且越做越好。另一部分是协办单位为评选工作安排的工作条件和生活条件，包括提供审听审看设备，派出熟练的设备操作人员，安排评委的食宿。五年来，这部分工作得到了各地广播电视机构的大力帮助。准备工作十分繁杂、琐碎，往往要花费很多时间和精力。我也想借此机会对评奖办公室以及各地协办评奖工作的广播电视机构表示由衷的谢意！

（二）突出三条重要原则

第一条原则是牢牢把握好舆论导向。

舆论导向是新闻节目和社教节目的灵魂。正如江泽民总书记说的，"舆论导向正确，是党和人民之福；舆论导向错误，是党和人民之祸"。如果导向错误，节目作的越好，社会影响就越坏。因此，在五年的评奖当中，我们始终注意节目的舆论导向是否正确，并且把这一条作为首要标准。据我的理解，舆论导向可以分为四个层次。第一个层次是政治导向，任何参评节目的内容都不能违背党的路线、方针、政策，特别是对敏感问题（例如，宗教问题、民族问题、台湾问题以及一些国际问题）尤其要认真仔细。第二个层次是法规导向。我国正在按照"依法治国"的原则建设社会主义法治国家。近二十年来，不断加强法制建设，计划到 2010 年形成有中国特色的社会主义法律体系。与此同时，人民群众的法制观念也在不断增强。我们的广播电视节目面向广大听众观众，当然处处需要符合各项法律、法规、条例的规定。在这方面，我们还需要加紧学习，熟悉各项法规，严格把关。第三个层次是思想道德导向。我国正处在社会转轨时期，利益多元化是社会发展的必然趋势。在此基础上，人们的思想意识、道德标准、价值观念、人生追求也呈现出纷繁复杂的局面。一方面是对传统道德观念的重新审视，另一方面是新的道德观念层出不穷。作为大众传媒，广播电视播出的节目应该体现先进文化的发展方向。这也是我们在评选节目时注意把握导向的地方。第四个层次是行为导向。行为是思想的外在表现。广播电视，尤其是以图像作为主要传播信息手段的电视，对人们（特别是社会经验不足的青少年）的行为影响很大。从主持人的服装发式、待人接物的神态，到荧屏上出现的人物的言谈举止，都不能等闲视之，一定要考虑到其社会影响。

第二条原则是始终把质量放在首位。

大家都是节目制作人员，或者是节目部门的领导，肯定都会明白，足够的节目数量固然重要，更重要的还是节目的质量。人们常说，一个优秀节目能够顶得上几十个平庸的节目。实际上，无论从节目产生的社会影响来看，还是从提高制作人员的水平来看，优秀节目和平庸节目是不可同日而语的。在评奖当中，评委们总是从三个方面衡量一个节目的质量。首先是节目内容。反映重大题材的节目，反映社会热点的节目，反映群众普遍关心的话题的节目，具有前瞻性的节目或者"以小见大"（以小角度反映重大问题）的节目，都会得到评委的高度评价。其次是表现形式。形式新颖，不落俗套；形式多样，不单一化；切入点选择巧妙，而不是直奔主题；语言或者镜头语言叙述清楚，妙语连珠，衔接流畅，而不是东拉西扯，平铺直叙，颠三倒四。这样的节目同样会得到评委的高度评价。评委们特别注意参评节目是否具有广播电视特色以及有没有创新点，比如，现场感、同期声、多角度拍摄、多点连线直播，等等。第三是制作水平，包括录音清晰，声音纯正，画面干净、透亮，编辑很见章法。应该说，这三条标准是节目质量的基本保证，也是节目制作人员应该努力做到的。

第三条原则是严格遵守评奖的程序。

什么是程序？程序就是民主。在评奖当中，遵守程序就是发扬业务民主。程序是大家经过反复谈论才议定的，也是多年评奖工作经验的总结。比如，我们规定了审听、审看一个节目不得少于多少分钟，对一个节目是否获奖的投票表决不得超过三次，特别奖的设立要经过大多数评委的同意，获得特别奖和一等奖的作品需要得到三分之二以上的赞成票，获得二等奖和三等奖的作品需要得到半数以上的赞成票，等等。这些程序性的规定，一定要严格遵守。原因是：一符合我国建设民主政治的大趋势；二在一般情况下，任何个人都不会比多数人更高明；三可以在最大限度上体现评选的公平原则。

（三）做好三项后续工作

今年的评奖应该对下一年的节目创作起到导向作用，获奖作品应该对创作人员起到示范作用。只有这样，评奖工作才算完满。因此，评奖的后续工作十分重要。

第一项后续工作是点评。我们多次说过，"评奖评奖，重在评，而不在奖"。评奖工作本身不追求任何功利性目的。至于获奖者得到高额奖金，获得评职称的资格，或者得到提拔重用，那都是其他规定的结果。每次颁奖会，我们都要组织评委当中的专家对获奖节目和落选节目进行点评。点评的目的是要讲清楚节目的优缺点以及获奖或者落选的理由，让创作人员知其然，也知其所以然。从五年的情况来看，许多专家的点评都能讲出个"子丑寅卯"，对大家很有帮助。

第二项后续工作是研讨。结合具体节目的研讨是广播电视学术研究的重要组成部分。获奖者可以深入地谈创作体会和创作经验，并且举一反三，使经验得到理论升华，可供其他创作人员参考。由于参加颁奖会的大都是获奖节目的代表，2000 年学会单独举行了电视新闻、电视社教节目以及广播新闻和社教节目研讨会，邀请了更多的创作人员参加，借以推广获奖者的创作经验，实际效果还是很不错的。今后，只要时间和条件允许，学会还准备这样做。

第三项后续工作是出书、出带子。广播电视节目都有"转瞬即逝"的缺点。把获奖节目的解说词汇集成书，再配上原作的录音带或录像带，就可以把评奖成果在更大范围内推广开来，产生更大的社会效益。对广播电视理论工作者和教学人员来说，这样的书和带子是十分宝贵的研究素材和课堂教材。

五年时间不算长，五年辛苦不寻常。前面谈到的基本经验只是阶段性的小结，还说不上多么完整，多么成熟；但是，也是许多人的心血结晶，值得在今后的评奖工作中借鉴、继承和发展。

评奖工作中还有不少问题需要进一步研究，找到解决的办法。比如，目前的评奖是否具有足够的科学性？新闻专题和社教专题到底有什么区别？广播社教节目奖和电视社教节目奖的设项是否合理？评委会"三三制"结构是否恰当？为了扩大评奖成果，还应该做哪些工作？等等。这些问题都需要冷静下来，进行仔细的研究。当然也希望与会代表提出宝贵意见。

三、从评奖看广播电视新闻节目和社教节目的发展变化

每次评奖都给我们提供了比较全面了解广播电视节目发展变化的机会。从最近五年的评奖工作中，我们看到以下几个值得注意的现象。

（一）新闻改革的进展

新闻改革是广播电视新闻工作者的永恒的话题。社会在进步，为新闻报道提供了越来越宽阔的题材；科技在发展，为新闻报道提供了越来越方便的手段；各种传统媒体都在探讨改进新闻报道的方式，以便争取更多的受众；以"互联网"为代表的新兴媒体在给传统媒体带来方便的同时，也对传统媒体形成越来越大的冲击。在这样的客观形势下，广播电视新闻改革迫在眉睫。如果说五年来中央和各地的"新闻联播"节目变化不大的话，那么早间、午间和晚间新闻节目却有了很大进步。据我观察，这几档新闻节目的改革理念是实实在在地贯彻"三贴近"原则，就是贴近现实，贴近生活，贴近群众。这些新闻节目的典型结构是要闻简报、国内新闻、国际新闻、当地新闻、社会新闻、短评、趣闻。编辑手法更加多样，比如，要闻回顾、新闻背景介绍，等等。一批年轻的新闻节目主持人也随着新闻改革脱颖而出。显然，这是十分可喜的现象。不过，有些台专门猎奇，追求感官刺激，报道社会消极现象过多，主持人过分张扬。评委们对这些现象提出了批评。

（二）报道题材大为拓宽

新闻节目和社教节目最便于反映现实生活。现实生活的快速发展变化大大拓宽了新闻节目和社教节目的题材。近五年来，法制节目、股票节目、彩票节目、生活服务类节目、交通广播发展得都很迅猛，及时反映了社会生活的发展变化。这些节目的成功之处在于三条：一是走专业化的路子；二是适应固定受众需求，适度进入信息消费市场；三是开门办节目。新闻节目中的经济报道和国际问题报道也日益丰富多彩，说明我国经济体制改革正在向纵深发展，说明我国国际交往更加频繁。当然，这些节目还有待于进一步成熟，有的节目时时涉及敏感问题（例如法制节目），创作人员还需要小心谨慎。

（三）谈话类节目全面铺开

在国外，谈话类节目已经存在多年。中央电视台在 1996 年 4 月 28 日推出了《实话实说》栏目，大体上和美国的"脱口秀"相似。只是我们多了一

批现场观众。据中央电视台的同志作出的界定，"这种节目形式，通过主持人、嘉宾、观众的共同参与和直接对话，在生动活泼的气氛中，展开社会生活或人生体验的某一话题，经过参与者的叙述或讨论，大家各抒己见。增进相互交流和理解"。换句话说，这类节目优点十分明显。另据他们统计，在《实话实说》栏目开办前后，全国电视屏幕上推出了八十多个以谈话为主要形式的栏目。广播中的谈话类节目也不在少数。谈话类节目能否成功取决于四个条件，就是选题得当，主持人功力深厚，嘉宾水平高超以及现场群众积极参与。就我们听到、看到的节目而言，水平参差不齐，有高有低。我的认识是大家千万不要把谈话类节目看得太容易。实际上，谈话类节目是高难度的节目。只有充分估计到开办这类节目的难度，做好各种准备，才有可能办好。反过来说，仓促上马，很容易让人"倒胃口"。

（四）"说新闻"和"播新闻"相互融合

近几年，围绕着"说新闻"和"播新闻"孰优孰劣问题，展开过一场争论。主张"播新闻"的学者认为"说新闻"随意性太强，净往信息里掺水，摈弃了我国广播电视的优良传统，离开了我国广播电台、电视台的本质特征。主张"说新闻"的学者认为"播新闻"只是"照本宣科"，没有什么创造性，甚至还有人认为，只有"说新闻"才有说服力。这场争论似乎还没有结束。我们从许多参评的新闻节目中看到不少播音员或者节目主持人已经把"播新闻"和"说新闻"和谐地融合在一起了。该"说"则"说"，该"播"则"播"，完全依据新闻稿件的要求办事。我以为，这才是我国播报新闻的发展方向。说和播都是运用语言艺术的不同方式，任何一个播音员或者节目主持人应该两者都能掌握。顺带说一句，对于播音员和节目主持人的发展方向，我也是持同样看法，就是说，要走融合之路，成为复合型人才。

此外，我们还看到新闻现场直播节目正在逐步普及开来；新闻节目"套餐式"组合得到越来越广泛的使用；新闻节目和社教节目的制作人员的创新意识、竞争意识和受众意识都在加强，而且为了节目创新，提高竞争能力，最大限度地吸引受众，想出了许多具体办法。

基于这些事实，我相信，在未来的五年内，我国广播电视新闻节目和社教节目一定能够"百尺竿头，更进一步"！

（2001 年 8 月 28 日）

后 记

在重读一篇篇旧作的时候，直觉得往事历历，如在眼前。坦率地说，三百多篇存稿绝大部分都是应时应事之作。也许正因为如此，这些文稿才和近些年来发生的各种变化有着密切的联系。任何一种变化只要对广播电视业产生影响，必然引起广播电视工作者的思考和追问。作为广播电视理论工作者，总是孜孜不倦地寻求答案，在交流、交谈、交锋中力争使答案更加切合实际，更加符合党的实事求是的思想路线。为了便于有兴趣翻阅本书的读者阅读，我想在《后记》中交代若干文稿的写作背景。

比如，世纪交替之际，势必要回顾上个世纪广播电视的发展状况，预测新世纪广播电视的发展趋势。我国加入世界贸易组织前后，势必要探讨"入世"对我国广播电视业的影响。广播电视体制改革不断深化，势必要研究体制改革的成败得失。科技迅猛进步，势必要解读广电部门的应对策略。涉及上述重大问题的文稿多是以在各地举行的学术研讨会上的发言、讲课为基础整理而成。

关于广电体制改革，需要多说两句。作为文化体制改革的组成部分，广电体制改革十余年来已历两波。第一波开始于本世纪之初，关键词是"集团化"；第二波正式开始于 2005 年，关键词是"合并潮"。改革伊始，笔者虽然有些疑虑，还是一再表示积极拥护。得知各地同行心存疑问，依然奉劝大家"以积极的姿态迎接改革"。随着改革的进展，个人也产生越来越多的疑惑。在陆续发表的讲话和文章中，直言不讳地表述了不同于主流意见的看法。尽管如此，还是认为广电体制弊端不少，必须改革。问题在于改革者要尊重广电不同于出版社、文艺院团的特点（网状结构、上下贯通、高科技支撑、发展极不平衡等），找准科学的改革设计的路径。对当前广播电视的改革发展，基本看法是：发展迅速，呈直线上升趋势；机制改革取得一定成效；体制改革进入攻坚阶段，呈现曲折前进的特点。

另外，这些文稿和个人工作岗位的变迁更有着千丝万缕的联系。近十年，个人工作岗位两度变迁，从常务副会长到驻会副会长，再到顾问兼学术委员会主任。

有这样三个时间节点：1）2002 年 4 月，中国广播电视学会召开了第四届理事会会议，总局领导让笔者继续担任常务副会长。2) 2004 年 1 月 9 日，根据国家干部政策，总局人事部门为本人办理了退休手续。4 月 28 日，总局领导召开中广学会全体职工大会，宣布李丹同志担任学会常务副会长，本人改任驻会副会长。8 月 4 日，民政部正式批复同意中国广播电视学会更名为"中国广播电视协会"。12 月 21 日，在三亚召开了更名大会。3) 2008 年 1 月 29日，中国广播电视协会召开第五届理事会会议。在本次会议上，本人退出协会副会长职务，受聘为协会顾问。5 月 15 日，中广协会成立第三届学术委员会，又聘本人为委员会主任。

在担任常务副会长时期，中广学会四位会长（艾知生、孙家正、田聪明、徐光春）都是广电部、广电总局的主要领导同志，不可能把很多精力放在协会工作上。每年，笔者势必要参加诸多会议（年度常务理事会会议、工作会议、学术年会、各地以及各个专业委员会举行的研讨会、纪念会，等等），而且逢会必讲话。每年必须起草三四十篇（最多高达五十二篇）工作报告、讲话稿、讲课提纲。担任驻会副会长期间，每年起草二十篇左右；担任顾问的几年，只有十几篇（最少八篇）。

中广学会年度会议和学术年会的工作报告占据全部文稿的很大比重。本文集仅选入五篇，多属于对社会团体工作规律的集体探索和总结，可供协会工作参考，如《关于广播电视学术研究的几个问题》提出了广电学术研究的领域、原则、目标和创新；《突出中心，狠抓重点，积极拓展》提出了学会工作"四个平台"（理论研究，社团管理，节目评估，咨询开发）的布局。

广电总局将部分"政府奖"评奖交由中广学会（协会）完成。每年，这项工作占据学会（协会）成员很多时间。在担任常务副会长期间，每年在颁奖会上都要讲一讲各类节目（新闻、社教、文艺）的发展变化和取得的成绩，展望下一年各类节目的发展趋势。《五年辛苦不寻常》是这类讲话的代表。其中还提出了评奖的"三个三"（三个关键环节，三条重要原则，三项后续工作），似可供评奖工作参考。2005 年 10 月，我最后一次参加（2004 年度）广播电视节目大奖的终评。从 2008 年起，彻底退出了"政府奖"的评选。

十余年来，笔者和中广学会（协会）下属多个专业委员会保持着紧密联系。其中，特别是播音学研究委员会（方明任会长期间）、节目主持人委员会（白谦诚任理事长期间）、纪录片工作委员会（贡吉玖任秘书长期间）、广播电视文艺工作委员会、电视制片人委员会等。多次参加这些专业委员会的评奖、评析和颁奖会。关于论述播音学、电视节目主持人工作、纪录片、电视文艺的文稿基本上都是在颁奖会上的发言摘要。由于个人工作岗位变迁，加上机构变动，人事更迭，和部分专业委员会中断了联系。如今，每每忆及当年无话不谈的交流、亲密无间的合作还是感到十分愉快。

笔者从事广播电视对外传播长达 37 年。对评选对外节目可谓情有独钟。受对外宣传办公室和广电部委托，中国黄河电视台承办电视外宣"彩桥奖"（后改为"'彩桥'节目评析"）。至 2012 年为止，总共举办了 14 届。笔者参加了全部活动。《神州瞭望》是其中的一个栏目。几乎每年评选完毕，县级城市电视台外宣协作网秘书长虞平同志都约我参加《神州瞭望》颁奖会，谈一谈对外传播问题。文集中关于电视对外传播的文章即是会上发言稿的摘要。

既然是应时应事之作，往往是命题作文，而且有的时候时间非常急迫。那些"急就章"学术含量必然会打折扣。笔者聊以自慰的是：1）文稿中列举的事件、时间、数据都有可靠的依据；2）从来没有隐晦自己的学术观点，特别希望听到批评意见。

最后，我想对在不同时期、不同工作环节上曾经给予慷慨帮助的同事们表示由衷感谢。他们是单亦励、张务纯、李志勇、刘大琳、王志亮等人。

感谢中国国际广播出版社祝晔同志耐心审读全部文稿。

2013 年 3 月 1 日
于知还室

图书在版编目（CIP）数据

知还集 / 刘习良著. —北京：中国国际广播出版社，
2013.5
ISBN 978-7-5078-3611-0

Ⅰ.①知… Ⅱ.①刘… Ⅲ.①广播电视—中国—文集
Ⅳ.①G229.2-53

中国版本图书馆CIP数据核字（2013）第046132号

知 还 集

著　　者	刘习良
责任编辑	祝　晔
版式设计	国广设计室
责任校对	徐秀英

出版发行	中国国际广播出版社（83139469　83139489[传真]）
社　　址	北京复兴门外大街2号（国家广电总局内）
	邮编：100866
网　　址	www.chirp.com.cn
经　　销	新华书店
印　　刷	北京广内印刷厂

开　　本	710×1000　1/16
字　　数	400千字
印　　张	25.25
版　　次	2013 年 5 月　北京第一版
印　　次	2013 年 5 月　第一次印刷
书　　号	ISBN 978-7-5078-3611-0 / G・1407
定　　价	65.00 元

CRI
中国国际广播出版社
官方网站 www.chirp.cn

欢迎关注本社新浪官方微博